贯彻落实
中央重大决策部署
深化财政改革发展的生动案例

中华人民共和国财政部　组织编写

中国财经出版传媒集团
经济科学出版社
Economic Science Press

图书在版编目（CIP）数据

贯彻落实中央重大决策部署　深化财政改革发展的生动案例／中华人民共和国财政部组织编写．—北京：经济科学出版社，2021.10（2021.12 重印）
ISBN 978－7－5218－2913－6

Ⅰ.①贯…　Ⅱ.①中…　Ⅲ.①财政改革－研究－中国
Ⅳ.①F812.2

中国版本图书馆 CIP 数据核字（2021）第 198464 号

责任编辑：殷亚红
责任校对：隗立娜　杨　海
责任印制：范　艳

贯彻落实中央重大决策部署　深化财政改革发展的生动案例
中华人民共和国财政部　组织编写
经济科学出版社出版、发行　新华书店经销
社址：北京市海淀区阜成路甲 28 号　邮编：100142
总编部电话：010－88191217　发行部电话：010－88191522
网址：www.esp.com.cn
电子邮箱：esp@esp.com.cn
天猫网店：经济科学出版社旗舰店
网址：http://jjkxcbs.tmall.com
北京季蜂印刷有限公司印装
710×1000　16 开　32 印张　370000 字
2021 年 10 月第 1 版　2021 年 12 月第 2 次印刷
ISBN 978－7－5218－2913－6　定价：115.00 元

前　言

习近平总书记指出，善于学习，就是善于进步，没有全党大学习，没有干部大培训，就没有事业大发展。在“不忘初心、牢记使命”主题教育工作会议上，习近平总书记强调要宣传正面典型，宣传党员干部身边可信可学的先进人物，推广一批可复制可普及的好经验。中共中央印发的《2018—2022年全国干部教育培训规划》明确提出，开发一批学习贯彻习近平新时代中国特色社会主义思想的教学案例和现场教学点。为贯彻落实习近平总书记重要指示精神和中央有关部署要求，财政部组织编写了《贯彻落实中央重大决策部署 深化财政改革发展的生动案例》（以下简称《生动案例》）。

党的十九大以来，在以习近平同志为核心的党中央坚强领导下，财政部门坚持以习近平新时代中国特色社会主义思想为指导，坚决贯彻落实习近平总书记重要指示批示精神和党中央决策部署，牢记“国之大者”，扎实实施积极的财政政策，有力推动经济社会高质量发展。在推进财政改革发展工作中，地方财政部门和部内单位强化政治担当，解放思想、锐意进取，进一步创新完善工作理念、思路、方法，创造性落实党中央关于财经工作的大政方针和决策部署，涌现出一批先进典型做法。《生动案例》以提升财政干部政治判断力、政治领悟力、政治执行力为导向，深入总结党的十九大以来财政部门贯彻落实习近平新时代中国特色社会主义思想、深化财政改革发展的好经验好做法，充分展现了财政部门在全面建成小康社会、决战决胜脱贫攻坚中的新担当新作为，对更好落实党中央决策部署、推进财政高质量发展、提升财政干部队伍素质能力具有重要作用。

当前，我们正意气风发迈向实现第二个百年奋斗目标的新征程。各级财政部门和广大财政干部要持续深入学习贯彻习近平新时代中国特色社会主义思想，增强“四个意识”、坚定“四个自信”、做到“两个维护”，自觉在思想上政治上行动上同以习近平同志为核心的党中央保持高度一致，切实把党中央交给的“责任田”管好种好，为党中央治国理政、当家理财服好务。要注重用好《生动案例》，勤学苦干、多思善悟，不断增强把握新发展阶段、贯彻新发展理念、构建新发展格局的政治能力、战略眼光、专业水平，蹄疾步稳推进财政改革发展各项工作，为全面建设社会主义现代化国家、实现中华民族伟大复兴的中国梦作出新的更大贡献！

刘昆

2021 年 10 月

目　录

"四步法"加大减税降费力度　有效应对经济下行压力
——财政部推动减税降费落地生根的探索实践 ………… 1
敢于斗争　善于斗争
——财政部灵活运用关税措施有效应对中美经贸摩擦 ………………………………………………… 21
构建"制度 + 技术"的管理机制
——财政部推进预算管理一体化建设 ……………… 56
让绿色成为发展最动人的色彩
——浙江探索实施绿色发展财政奖补机制 ………… 71
统筹山水林田湖草一体化保护和修复
——中央财政深入支持开展山水林田湖草生态保护修复工程试点 ……………………………………… 88
牢牢把握财政资金产生绩效规律和环节
——财政部江苏监管局强化预算执行动态监控 ……… 103
坚持五种思维　切实兜牢底线
——宁夏财政扎实做好基层"三保"工作 …………… 121
加快健全"四梁八柱"
——财政部深入推进国有金融资本管理改革 ………… 132

优化政府投资基金管理　创新产业升级财政支持方式
——上海闵行区优化政府投资基金管理探索 ………… 146
运用“互联网+政府采购”模式　深化“放管服”改革
——福建提升政府采购现代化监管能力的
实践探索 …………………………………………… 162
夯实现代财政制度根基
——财政部积极推进政府会计改革 ………………… 178
积极主动　勇于创新
——财政部谱写“一带一路”资金融通合作
新篇章 ……………………………………………… 198
提升银行小微企业金融服务能力　破解小微企业融资难题
——江苏财政创新“小微创业贷”工作 …………… 208
进一步理顺中央与地方财政分配关系
——财政部实施更大规模减税降费后调整中央与地方
收入划分改革 ……………………………………… 223
在深化财政改革中运用信息技术　加强政府性资金监管
——上海市奉贤区政府性资金综合监管平台
建设与应用 ………………………………………… 232
筑牢制度根基　强化技术支撑
——河南财政构建扶贫资金动态监管 ……………… 248
运用大数据思维　健全财政资金监管体系
——云南财政大数据应用系统建设实践探索 ……… 262

促进制度长期可持续发展
——财政部推动尽快实现养老保险全国统筹 ………… 277
持续打造市场化、法治化、国际化营商环境
——财政部牵头对标国际先进水平优化营商
环境实践 ………………………………………… 296
深化改革　强化监督
——北京财政完善预算执行动态监控机制实践 ……… 311
改革完善财政体制　激发基层经济活力
——广西构建完善保障与激励并重的财政体制实践
与启示 ………………………………………… 320
持之以恒贯彻落实中央八项规定精神
——财政部健全完善厉行节约反对浪费制度
体系实践 ………………………………………… 384
惩治微腐败　提升获得感　确保惠民惠农政策落地见效
——财政部等七部委扎实开展惠民惠农财政补贴资金
“一卡通”专项治理 …………………………… 393
深化财政改革　建立健全制度
——黑龙江关于建立事权、支出责任和财力相适应
制度的做法 ……………………………………… 401
如何有效整顿软弱涣散会计师事务所党组织
——中国注册会计师行业党委“三落实两核实一步
抓到底”方法实践 ……………………………… 413

坚持生命至上　全力救治患者
——湖北财政支持新冠肺炎患者救治实践 ……………… 426
建设动态监控平台　建立动态监控机制
——财政部加强财政扶贫资金监管实践 ……………… 439
推进涉农资金统筹整合　打造乡村振兴齐鲁样板
——山东加快推进涉农资金统筹整合的实践探索 …… 453
扎实推进污染防治资金和项目监管
——财政部天津监管局积极助力污染防治攻坚 ……… 468
一个理念　两条指引　三项管控　四类挂钩
——天津积极探索零基预算管理4G新模式 ………… 487

后　记 ……………………………………………… 502

“四步法”加大减税降费力度 有效应对经济下行压力

——财政部推动减税降费落地生根的探索实践

【引言】习近平总书记于2018年11月1日在民营企业座谈会上明确指出，要抓好供给侧结构性改革降成本行动各项工作，加大减税力度。推进增值税等实质性减税，要简明易行好操作，增强企业获得感。对小微企业、科技型初创企业实施普惠性税收免除。根据实际情况降低社保缴费名义费率。[①] 2019年7月30日，中共中央政治局会议强调，财政政策要加力提效，继续落实落细减税降费政策[②]；2020年2月23日习近平总书记在统筹推进新冠肺炎疫情防控和经济社会发展工作部署会议上发表重要讲话，明确指出要继续研究出台阶段性、有针对性的减税降费政策，加大对一些行业复工复产的支持力度，帮助

① 《习近平：在民营企业座谈会上的讲话》，中国政府网，http：//www. gov. cn/gongbao/content/2018/content_5341047. htm，2018年11月。

② 《中共中央政治局召开会议分析研究当前经济形势和经济工作》，载于《人民日报》2019年7月31日第1版。

中小微企业渡过难关。[①]

【摘要】实施减税降费是积极财政政策的重要内容，是应对经济下行压力的重大举措。按照党中央、国务院决策部署，近年来，我国持续推进减税降费，2019 年实施了规模空前的减税降费措施，2020 年为应对疫情及时出台了一系列阶段性、有针对性的减税降费政策。实践证明，减税降费措施在减轻企业负担、稳定市场预期、促进居民消费和扩大就业等方面发挥了重要作用，有力支持了经济稳定发展。当前要进一步优化和落实减税降费政策，不折不扣落实落细相关政策措施，把该减的税减到位、把该降的费降到位，使企业切实享受到政策红利，帮助市场主体恢复元气、增强活力，推动高质量发展。

【关键词】减税降费　深化改革　减轻企业负担

一、背景情况

近年来，我国社会发展面临诸多困难挑战。世界经济增长低迷，国际经贸摩擦加剧，国内经济下行压力加大。我国 GDP 增速从 2014 年的 7.3% 下降为 2018 年的 6.6%，稳增长压力加大。党中央、国务院统筹国际、国内形势和经济社会发展大局，作出实施减税降费的重大决策部署。通过持续推进减税降费，加大逆周期调节力度，降低实体经济成本，推动高质量发展，对应对复杂的经济环境、稳定市场预期、顶住经济下行压力发挥了重要作用，广大企业和社会公众的获得

---

① 《在统筹推进新冠肺炎疫情防控和经济社会发展工作部署会议上的讲话》，中国政府网，http：//www.gov.cn/gongbao/content/2020/content_5488908.htm，2020 年 2 月。

感和满意度提高，也有效改善了我国营商环境。2013—2017 年，实施营改增改革、清理规范收费基金等减税降费措施，共减轻市场主体负担 3 万多亿元。2018 年继续实施减税降费，在完成年初确定的 1.1 万亿元减税降费措施基础上，年中根据经济形势发展变化，又出台了促进实体经济发展、支持科技创新的一系列措施，全年为市场主体减负约 1.3 万亿元。

实施更大规模减税降费是顶住经济下行压力、应对复杂环境的关键之举。党中央、国务院高度重视减税降费工作。习近平总书记于 2018 年 11 月 1 日在民营企业座谈会上明确指出，要抓好供给侧结构性改革降成本行动各项工作，加大减税力度。[①] 2019 年 7 月 30 日，中共中央政治局会议强调，财政政策要加力提效，继续落实落细减税降费政策。[②] 2020 年 2 月 23 日，习近平总书记在统筹推进新冠肺炎疫情防控和经济社会发展工作部署会议上发表重要讲话，明确指出要继续研究出台阶段性、有针对性的减税降费政策，加大对一些行业复工复产的支持力度，帮助中小微企业渡过难关。[③]

2019 年，我国实施了规模空前的减税降费措施，全年减税降费 2.36 万亿元。2020 年，突如其来的新冠肺炎疫情给我国经济社会发展带来前所未有的冲击，按照党中央、国务院关于统筹推进疫情防控和经济社会发展的工作部署，财政部会同有关部门及时出台了

---

① 《习近平：在民营企业座谈会上的讲话》，中国政府网，http：//www. gov. cn/gongbao/content/2018/content_5341047. htm，2018 年 11 月。

② 《中共中央政治局召开会议分析研究当前经济形势和经济工作》，载于《人民日报》2019 年 7 月 31 日第 1 版。

③ 《在统筹推进新冠肺炎疫情防控和经济社会发展工作部署会议上的讲话》，中国政府网，http：//www. gov. cn/gongbao/content/2020/content_5488908. htm，2020 年 2 月。

一系列阶段性、有针对性的减税降费政策，全年为企业减负超过2.6万亿元。实践证明，实施减税降费是党中央、国务院应对当前复杂的经济环境、激发市场活力、顶住经济下行压力的重大举措。一是深化供给侧结构性改革的重要举措。全面减税以后，实际上会激发投资、促进消费。激发投资的导向是聚焦制造业，促进消费的方向是扩大最终消费，通过推动制造业升级、加快服务业发展，调整经济结构和转型升级，推动了经济高质量发展。二是推动经济和税收可持续增长的重大举措。减轻企业税费负担、降低制度性交易成本，通过放水养鱼、培育税源，激发微观主体活力，带动经济发展、相应扩大税基，壮大了税源，有助于推动经济可持续发展和促进税收收入可持续增长。三是创新和完善宏观调控的关键举措。前些年宏观政策实践证明，我国经济不能搞量化宽松、“大水漫灌”，创新宏观调控思路和方式的一项重要措施是减税降费。持续实施更大规模减税降费，能强化宏观政策逆周期调节，对应对经济下行压力、促进经济平稳增长、对冲新冠肺炎疫情冲击、推动复工复产发挥了重要作用。

实施大规模减税降费，短期内也加大了财政收支矛盾，但从长远看，随着企业效益改善、税基扩大，财政收入形势会逐步好转。要算大账、算长远账，即使眼前困难再大，也要坚决落实落细相关政策措施，把该减的税减到位、把该降的费降到位。当前支持疫情防控，扎实做好“六稳”工作、全面落实“六保”任务，要不折不扣落实各项减税降费政策措施，使企业切实享受到政策红利，帮扶企业渡过难关，加快推动经济社会恢复正常运行。

二、主要做法

(一)"四步法"加大减税降费力度

1."第一步"研究部署：提高政治站位、把准政治方向，细之又细安排方案

按照党中央、国务院决策部署，财政部旗帜鲜明讲政治，坚守政治立场，不断提高政治站位、增强政治定力、强化责任担当，牢固树立"四个意识"，坚定"四个自信"，做到"两个维护"和"三个表率"，第一时间部署落实，把思想和行动统一到推动减税降费落地生根行动上。

一是进一步提高政治站位，第一时间研究部署贯彻落实工作。财政部党组书记、部长刘昆同志第一时间主持召开党组会议，传达学习习近平总书记关于减税降费重要批示精神，及时把思想和行动统一到习近平总书记重要批示精神上来，研究布置有关落实事项。按照部党组会议精神，税政司党支部第一时间召开专题会议，深入学习研讨习近平总书记重要批示精神、交流减税降费理论和政策的心得体会，提高党员干部政治站位、思想认识和行动自觉，不断提高服务人民群众和市场主体的积极性与主动性。

二是坚持把准政治方向，注重从政治和全局的高度把握形势、分析问题、谋划工作。财政部在研究推进减税降费工作中重细节、重落实、重成效，着力加强党风廉政建设，打造忠诚干净担当的高素质税政干部队伍，把责任扛在肩上，研究出台更大规模的减税降费政策措施，扎扎实实推动减税降费落地生根，确保经济保持平稳运行。

三是周密部署安排减税降费方案。细之又细地落实好部党组形成的工作方案，包括舆论宣传、对企业家的宣介、政策解读、措施出台后的检查监督等；逐条逐项分析增值税减税方案、小微企业普惠性减税方案，完善政策措施；研究制定宣传解读工作方案，及时配合税务总局做好相关技术准备工作。为确保减税降费政策落到实处，财政部及时成立减税降费领导小组，制定《落实减税降费政策措施工作方案》，细化明确了工作任务，建立部内以税政司为主、办公厅等相关单位共同配合的工作机制。

四是认真贯彻习近平总书记重要指示批示精神，坚决支持打赢疫情防控阻击战。2020 年新冠肺炎疫情暴发以来，以习近平同志为核心的党中央高度重视疫情防控工作，习近平总书记亲自指挥、亲自部署，作出一系列重要指示批示，为疫情防控工作指明了方向，提供了基本遵循。财政部党组坚持把学习贯彻习近平总书记重要指示批示作为基本政治规矩，第一时间组织传达学习，认真抓好研究部署、贯彻落实，积极发挥财政职能作用，抓紧恢复生产生活秩序。特别是贯彻落实“积极的财政政策要更加积极有为”的要求，注重发挥财政调控作用，积极作为，为打赢疫情防控阻击战、保持经济社会良好发展势头提供了有力支撑。财政部把打赢疫情防控阻击战作为首要政治任务，坚定不移全力推进。第一时间成立疫情防控工作领导小组，对“非典”时期出台的税收政策进行整理，密切关注分析疫情对行业发展带来的影响，研究支持疫情防控的税费政策预案，牢牢把握工作主动权，为后续税费政策顺利出台打下了坚实基础。

2. “第二步”及时出台：积极谋划，精准施策，切实推动相关政策及时出台

按照党中央、国务院决策部署，财政部积极谋划、及时出台大规模减税降费政策，助推供给侧结构性改革和经济高质量发展。

一是及时出台受益面广、力度大的小微企业普惠性税收减免政策。2018 年 11 月 1 日，习近平总书记在民营企业座谈会上明确指示对小微企业实施普惠性税收减免。[①] 由于前期政策储备充足，财政部次日就拟定了具体实施方案，并专门召开民营小微企业座谈会，认真听取民营企业家对减税降费的政策诉求。此后，召开地方财税部门座谈会，与相关部门进行了多次沟通，向国务院领导同志多次请示汇报。2019 年 1 月 9 日，国务院常务会议审议通过小微企业普惠性减税方案。1 月 17 日，财政部、税务总局印发《关于实施小微企业普惠性税收减免政策的通知》，明确自 2019 年 1 月 1 日起至 2021 年 12 月 31 日，对月销售额不超过 10 万元的增值税小规模纳税人，免征增值税；大幅放宽享受企业所得税优惠的小型微利企业标准，并加大所得税优惠力度；由省、自治区、直辖市人民政府根据本地区实际情况，对增值税小规模纳税人在 50% 的税额幅度内减征“六税两费”（即资源税、城市维护建设税、房产税、城镇土地使用税、印花税、耕地占用税和教育费附加、地方教育附加）；扩展投资初创科技型企业享受优惠政策的范围。政策惠及 1798 万家企业，占全国纳税企业总数的 95% 以上。

二是实施个人所得税专项附加扣除政策。2018 年，第十三届全国人大常委会第五次会议对个人所得税法进行了第七次修正，对部分劳动性所得实行综合征税，优化调整税率结构，提高综合所得基本减除费用标准，初步建立了综合与分类相结合的个人所得税制。为确保

① 《习近平：在民营企业座谈会上的讲话》，中国政府网，http：//www. gov. cn/gongbao/content/2018/content_5341047. htm，2018 年 11 月。

个人所得税专项附加扣除政策有效落实，按照党中央、国务院统一部署，税政司会同有关部门组建了6个专项附加扣除专项小组和综合组，形成“6+1”专人专班的工作机制，经过反复研究论证、测算推敲，在广泛征求部门、地方和社会公众意见的基础上，形成了《个人所得税专项附加扣除暂行办法》。同时，会同税务总局等11个部门建立“1+11”专人专班工作机制，组织制定了相关工作方案和信息化建设具体方案。2018年12月13日，国务院印发《个人所得税专项附加扣除暂行办法》，明确自2019年1月1日起，正式实施6项专项附加扣除政策。

三是确保按期顺利实施增值税改革。前期，为科学制定深化增值税改革方案，财政部设计了多套改革方案，逐一进行测算、对比分析。为全面了解国际增值税现状，查阅了大量外文文献，整理了160多个国家的增值税税制要素，并多次向国务院领导请示汇报深化增值税改革方案。2019年3月20日，国务院常务会议审议通过了增值税减税配套措施。3月21日，国务院领导同志专程到财政部、税务总局调研减税降费，并召开座谈会部署深化增值税改革后续工作。由于部署到位，《关于深化增值税改革有关政策的公告》顺利出台并于4月1日按期实施，明确将制造业等行业现行16%的税率降至13%，将交通运输业、建筑业等行业现行10%的税率降至9%，相应调整部分货物服务出口退税率、购进农产品适用的扣除率等；进一步扩大进项税抵扣范围，将旅客运输服务纳入抵扣，并将纳税人取得不动产支付的进项税由分两年抵扣改为一次性全额抵扣；对生产、生活性服务业纳税人，按进项税额加计10%抵减应纳税额（10月1日起将生活性服务业加计抵减比例提高到15%）；试行增值税期末留抵退税制度，并放宽部分先进制造业留抵退税条件，加大留抵退税力度。

四是清理规范行政事业性收费和政府性基金。清理规范行政事业性收费和政府性基金，对中央财政和收入形势较好的地方财政不会有明显影响，但可能扩大困难地区财政收支缺口，特别是一些收费基金对应政府专项债务，需要把握好力度和节奏。财政部积极研究降低行政事业性收费和政府性基金的可行方案，反复权衡降费方式、部门意见、财政保障等因素，提出了有关意见和建议。2019 年 4 月 3 日，国务院常务会议审议通过了降低政府性收费和经营服务性收费的措施，财政部会同有关部门及时印发了《关于减免部分行政事业性收费有关政策的通知》《关于调整部分政府性基金有关政策的通知》《关于降低部分行政事业性收费标准的通知》，明确自 2019 年 7 月 1 日起，减免不动产登记费，减征文化事业建设费，扩大减缴专利申请费、年费等范围；降低出入境证照类收费等收费标准，将国家重大水利工程建设基金和航空公司民航发展基金征收标准降低一半；对产教融合型试点企业兴办职业教育，按投资额的 30% 抵免应缴纳的教育费附加和地方教育附加。

3. “第三步”组织实施：精心组织、周密安排，确保减税降费政策落地生根

一是加强组织领导，完善工作机制。财政部、税务总局、人力资源和社会保障部等部门成立减税降费领导小组及工作专班，统筹协调减税降费各项工作，围绕方案制定、舆论宣传、监督检查、预算保障、综合协调等方面，细化分解工作任务，明确时间表和路线图，严格对标对表，确保各项工作扎实推进。各省、自治区、直辖市结合本地区实际，加强减税降费组织领导和工作力量，建立健全工作机制，压实工作责任，形成工作合力。

二是深入开展调研，加强政策评估。各地区和有关部门积极开展减税降费调研，了解政策实施情况，听取企业和群众对减税降费政策落实情况的评价和意见建议，及时跟踪评估，强化政策效应分析，针对政策落地过程中出现的新情况、新问题，深入分析成因，及时研究解决。深入开展减税降费统计核算分析，打造“硬账单、铁账本”。

三是加强政策解读，确保宣传效果。各地区和有关部门综合运用多种形式、多个平台，广泛宣传解读减税降费政策，积极营造良好舆论环境。通过新闻发布会、政务网站、微信微博、移动客户端、纳税服务热线等，开展多渠道、广覆盖的减税降费宣传，主动阐释政策、做好数据解读，及时回应社会关切。组织多轮减税降费政策专项辅导和培训，帮助纳税人和缴费人用足用好减税降费政策，增强纳税人和缴费人的获得感。

四是优化纳税服务，简便办税程序。按照深化“放管服”改革的要求，税务机关及时出台便民办税缴费新举措，针对小微企业普惠性减税、深化增值税改革、降低社会保险费率等政策，分门别类出台具体办税服务措施。取消60项涉税证明，健全完善电子税务局业务功能，让纳税人和缴费人“多跑网路、少跑马路”。

五是加强监督检查，保障落地见效。各地区和有关部门聚焦减税降费政策实施效果，持续加强监督检查，严肃查处不作为、慢作为、乱作为等问题。坚决打通“中梗阻”“最后一公里”，对搞变通、打折扣或变换花样乱收费抵销减税效果的，发现一起查处一起，决不姑息，确保企业切实享受到减税降费的政策红利。

4. “第四步”监督落实：蹄疾步稳、跟踪督促，全力推进落地见效

一是纪检、督查等部门积极开展减税降费督导调研等有关工作。纪检部门通过多种渠道指导财政系统纪检监察机构做好减税降费政策监督检查，认真纠治减税降费工作中的作风和腐败问题。监督检查部门专门召开会议，布置各地财政部门和财政部各地监管局开展减税降费专题调研与监督检查工作。

二是配合中央纪委国家监委、审计署等开展减税降费专项检查。及时向中办、国办督查室汇报减税降费有关情况。2019 年，审计署开展减税降费专项审计，按季度通报减税降费落实情况，同时，在开展国家重大政策措施落实跟踪审计中，把减税降费作为重点内容。根据审计结果，财政部对属于职责范围的事项认真研究整改，对属于地方事项的审计问题督促地方抓紧整改。

三是积极参与国务院第六次大督查、中办督查室专题督查。按照国务院统一部署，财政部负责国务院第六次大督查第二组督查任务。2019 年 9 月，部领导带队赴山西省就减税降费等专题开展实地督查。督查组赴太原、运城、大同等 6 个地市开展实地督查，对发现的减税降费问题反馈地方，要求举一反三抓好整改，对地方落实减税降费起到了指导和震慑作用。2019 年 10 月，选派干部赴辽宁省参加习近平总书记重要讲话回访调研工作，参与减税降费、防范化解财政金融风险等专题报告撰写工作，调研报告获得党和国家领导重要批示，并转发地方党政主要领导同志，对推动落实减税降费等相关工作发挥了积极作用。

（二）2019 年减税降费主要特点和成效

1. 特点突出

减税降费着眼于降低实体经济成本，调整优化经济结构，具有几个突出特点。一是制度性减税与临时性减税相结合，以制度性减税为主。推进税制改革实施减税降费，兼顾了近期需要和远期目标，短期内起到降低企业成本，激发市场活力，稳定市场预期作用，同时又通过改革统一优化税制，推动建立现代税收制度体系。二是普惠性与导向性相结合，在普遍减轻各行业企业税负的基础上，集中力量降低制造业和小微企业税负，加大对制造业和小微企业的支持。三是减税降费与保持财政可持续性相结合。加强财政收支管理，积极安排预算，加大对下转移支付力度，向基层财政困难地区和受减税降费影响较大的地区倾斜，足额保障“三保”支出，认真研究减税降费背景下财政收入可持续发展问题。四是简明性、及时性与便捷性相结合。政策设计上突出了简明易行原则，通过统一政策标准，直接降低实际税率，提高政策通俗性、直观性和简明性；政策出台上体现了宜早不宜迟的要求，各项政策措施落地早、见效快，迅速形成积极稳定的预期；政策实施上强调了优化服务和提高便利性，使企业能够实实在在享受优惠政策。

2. 成效显著

从各方面反映情况看，减税降费实施效果良好，广大企业和社会公众的获得感和满意度高，普遍反映 2019 年实施的减税降费政策力度超出预期，是最直接、最有效、最公平的惠企措施。据财税部门测算，减税降费拉动当年 GDP 增长 0.8 个百分点，拉动固定资产投资增长 0.5 个百分点，拉动社会消费品零售总额增长 1.1 个百分点。减税降费政策对促进经济运行处于合理区间、延续总体平稳、稳中有进的发展态势发挥了重要作用。

一是有效降低企业成本负担。2019 年全国新增减税降费 2.36 万亿元，其中新增减税 1.93 万亿元，促进了企业轻装上阵。坚持普惠性减税和结构性减税相结合，民营企业和小微企业受益显著，企业成本降低较多，2019 年民营企业合计减税 1.26 万亿元，占减税总规模的比例达到 65.5%；小微企业普惠性政策新增减税 2832 亿元。深化增值税改革后，增值税高档税率由 16% 下降至 13%，在 G20 国家中处于中等偏下水平，低于一些发达国家和新兴市场国家。

二是较好实现“三个确保”要求。深化增值税改革及减税成效明显，确保了制造业等主要行业税负明显降低，制造业及其相关环节实现增值税减税 5928 亿元，减税幅度为 24.1%；确保了建筑业和交通运输业等行业税负有所降低，两行业分别实现增值税减税 257 亿元和 44 亿元，减税幅度分别为 5.2% 和 6.7%；现代服务业和生活服务业等其他行业增值税负担也实现不同程度降低。对推动经济发展方式转变、产业结构优化升级特别是制造业高质量发展具有重要现实意义和深远影响。

三是有力促进企业加大研发投入。加快落实研发费用按 75% 比例税前加计扣除，同时落实好其他各项减税降费政策，促进企业将减少的成本用于研发、技改等再投资。2019 年，在投资增幅整体下行的形势下，全年高技术产业投资同比增长 17.3%，高于全部投资增幅 11.9 个百分点，比上年加快 2.4 个百分点，其中高技术制造业和高技术服务业投资分别增长 17.7% 和 16.5%。这充分表明，减税降费政策的有力有效实施，为提升企业科技创新能力、加快突破“卡脖子”技术难题提供了重要支撑，政策深层效果将会在以后年度进一步显现出来。

四是明显增加居民收入和消费能力。2019 年实施个人所得税专项附加扣除政策，加上 2018 年 10 月 1 日提高个人所得税基本减除费用标准和优化税率结构翘尾因素，合计减税 4604 亿元，个人所得税纳税人人均减税 1842 元，直接增加了居民收入，提升了消费能力。这对改善国民收入分配结构、促进社会公平具有深远影响，改革的深层效果将会进一步显现。

（三）2020 年减税降费主要措施和成效

1. 出台多批次、针对性强的应对疫情的减税降费政策

财政部党组认真学习、深入领会习近平总书记关于疫情防控重要讲话和重要指示批示精神，把支持疫情防控作为最为重大的政治任务，切实抓好抓实。第一时间成立应对新型冠状病毒感染肺炎疫情工作领导小组，压实责任分工，细化应对措施，全力支持打赢疫情防控阻击战。税政司主要负责同志切实履行第一责任人职责，主动放弃春节假期，坚守岗位、靠前指挥，带领全司党员干部日夜奋战在工作岗位。2020 年 2 月 1 日（正月初八）后，税政司要求有关同志到岗，组织编发《税政司学习贯彻习近平总书记关于疫情防控的重要指示批示精神汇编》，印发全司党员干部专题学习，及时出台应对疫情的税收政策，加大减税降费力度。按照党中央、国务院决策部署，财政部会同有关部门坚持积极的财政政策更加积极有为，加大减税降费力度，出台实施了 7 批 28 项有针对性的减税降费措施。

一是对疫情防控重点保障物资生产供应给予税费优惠。对疫情防控重点保障物资生产企业新购置设备，允许一次性税前扣除；对疫情防控重点保障物资生产企业，全额退还增值税增量留抵税额；对运输疫情防控重点保障物资免征增值税；对相关防疫药品、医疗器械免收注册费。

二是对受疫情影响较大的行业企业给予税费减免。对受疫情影响较大的交通运输、餐饮、住宿、旅游、电影等行业企业，延长亏损结转年限；对纳税人提供公共交通运输服务、生活服务、电影放映服务，以及为居民提供必需生活物资快递收派服务取得的收入，免征增值税；免征文化事业建设费、国家电影事业发展专项资金和航空公司缴纳的民航发展基金；各地对受疫情影响较大行业企业给予房产税、城镇土地使用税困难减免。

三是加大鼓励社会捐赠的税收优惠力度。企业和个人捐赠用于应对疫情的现金和物品，允许在缴纳所得税前全额扣除；对无偿捐赠用于应对疫情的货物，免征增值税、消费税等。

四是对防疫补助收入免征个人所得税。对疫情防治医务人员和工作者取得的临时性补助和奖金，以及单位发给个人的预防药品等，免征个人所得税。

五是加大小微企业和个体工商户税收优惠力度。对湖北省增值税小规模纳税人适用3%征收率的应税销售收入免征增值税，其他地区小规模纳税人征收率由3%降至1%。允许小微企业和个体工商户所得税延缓到2021年缴纳。

六是出台扩大汽车消费的税收政策。对二手车经销企业销售二手车，减按销售额0.5%征收增值税；将新能源汽车免征车辆购置税政策延长2年。

七是完善出口退税等稳外贸税费支持政策。对除“两高一资”外所有未按名义税率退税的出口产品，全部实现足额退税；免征进出口货物的港口建设费，减半征收船舶油污损害赔偿基金。

八是出台系列企业降费措施。自2020年2月至12月底免征全国中小微企业基本养老保险、失业保险、工伤保险（以下简称“三项社会保险”）单位缴费，自2020年2月至6月底对湖北省以外各省大型企业等其他参保单位（不含机关事业单位，下同）三项社会保险单位缴费部分实行减半征收政策，2020年2月至6月底免征湖北省大型企业等其他参保单位三项社会保险单位缴费。

九是继续实施有关到期税费政策。将前期出台的部分阶段性减税降费政策执行期限延长到2020年底；西部大开发企业所得税优惠政策延长至2030年12月31日，并降低享受优惠政策的门槛；延续实施支持普惠金融发展的税收优惠政策；继续实施物流企业大宗商品仓储设施用地城镇土地使用税减半征收政策。

2. 成效显著

2020年以来，针对疫情影响，实施阶段性与针对性相结合的减税降费政策措施，既有支持疫情防控保供的应急措施，也有帮扶受疫情影响较大困难行业的措施，还有为企业纾困、支持复工复产的措施。全年新增减税降费规模超过2.6万亿元，拉动当年GDP增长1.1个百分点，有效对冲了疫情影响，对纾解企业困难、支持复工复产和经济平稳运行发挥了重要作用。

截至2020年底，全国10万户重点税源企业销售收入税费负担率（企业缴纳的税收和社保费等支出占销售收入比重）同比下降8%。

助推我国经济持续稳定恢复，通过多种税费减免，有力支持各类市场主体复工复业，受疫情影响行业呈恢复性增长。有力支持稳就业、保民生。有针对性的减税降费政策，叠加近年来出台的小微企业普惠性税收减免措施，实实在在降低了企业用工成本，有力支持了企业稳定岗位和生存发展。2020 年，全国新办涉税市场主体 1144 万户，同比增长 10.1%，有力支撑了保居民就业。

三、经验启示

实施减税降费是积极财政政策的重要内容，是应对经济下行压力、深化供给侧结构性改革的重要举措。财政部党组"不忘初心、牢记使命"，把减税降费作为实施积极财政政策的首要举措、2019 年工作的头等大事、2020 年应对新冠肺炎疫情和稳定经济的关键举措切实抓紧抓好，带领全体党员干部切实提高政治自觉、思想自觉和行动自觉，把认真贯彻落实重要批示作为重要政治责任、工作责任，在认真学习、深刻领会和狠抓落实上下功夫，把思想和行动统一到习近平总书记重要批示精神上来，确保落地生根、开花结果。

（一）始终坚持党的领导

习近平总书记指出，党政军民学，东西南北中，党是领导一切的。[①] 财政部始终坚持党的领导，把抓好党建工作作为落实各项工作的基础，坚决推动减税降费政策落地生根。按照部党组统一部署，作

① 《习近平：决胜全面建成小康社会　夺取新时代中国特色社会主义伟大胜利——在中国共产党第十九次全国代表大会上的报告》，中国政府网，http：//www.gov.cn/zhuanti/2017－10/27/content_5234876.htm，2017 年 10 月。

为部内落实减税降费的主要司局，税政司将实施减税降费作为2019年和2020年工作的重中之重切实抓紧抓好，充分发挥党支部战斗堡垒作用，创新工作思路，推动党建与业务“两不误、两促进”，统筹做好“研究部署、及时出台、组织实施、监督落实”等方面减税降费工作，实施了更大规模的减税降费，各项减税降费措施落实有力，取得积极成效。面对新冠肺炎疫情冲击和经济下行压力，税政司领导班子发挥关键少数作用，以上率下，深入学习领会习近平总书记关于加强中央和国家机关党的政治建设和牢固树立政治机关意识重要论述的核心要求，带头做到“两个维护”，加强政治建设，牢固树立政治机关意识，自觉在思想上政治上行动上同党中央保持高度一致。主要负责同志以“强化政治机关意识、扎实推进税政工作”为主题为全司党员干部讲党课，积极主动作为，增强责任感、使命感，主动服务大局，提前谋划税收政策，围绕做好“六稳”“六保”工作，在抓好疫情防控相关工作的同时，及时出台实施一批阶段性、有针对性的减税降费政策，支持企业纾困和发展，推动有序复工复产，加快恢复正常生产生活秩序。

（二）始终坚持以人民为中心

改革开放40多年的实践启示我们：为中国人民谋幸福，为中华民族谋复兴，是中国共产党人的初心和使命，也是改革开放的初心和使命。习近平总书记强调，以人民为中心的发展思想，不是一个抽象、玄奥的概念，不能只停留在口头上、止步于思想环节，而要体现在经济社会各个环节[①]。面对艰巨任务，财政部不断改进工作作风和

① 《习近平总书记在省部级主要领导干部学习贯彻党的十八届五中全会精神专题研讨班上的讲话》，新华网，http：//xinhuanet. com/politics/2016 –05/10/c_128972667. htm，2016年1月。

方法，筑牢宗旨意识，实施减税降费，提高保障和改善民生水平。促进社会事业发展，保障改善民生福祉，出台对养老托幼家政等社区家庭服务业、促进重点群体创业就业的税收优惠政策。进一步密切联系群众、联系实际，积极开展第三方评估工作、进一步加大政策实施效果跟踪分析，提高税收政策的科学性、合理性和可操作性。改进工作方法，积极开展调研、加大对地方税政工作人员培训和日常工作指导，提高工作实效。

（三）始终坚持以问题为导向

习近平总书记指出，当前，我国改革发展形势正处于深刻变化之中，我们要保持战略定力，坚持问题导向，因势利导、统筹谋划、精准施策，在防范化解重大矛盾和突出问题上出实招硬招，推动改革更好服务经济社会发展大局。[①] 减税降费涉及千家万户，牵一发而动全身，面临的现实问题比较多，尤其是2020年新冠肺炎疫情暴发以来，经济下行压力加大，企业经营困难，政策制定难度加大。面对各种难题，财政部税政司始终“咬定青山不放松”，拿出攻坚克难的气势，始终坚持问题导向，发扬审慎细致、慎终如始的作风，要求全司党员干部，拿出抓铁有痕、踏石留印的韧劲齐抓落实。

（四）始终坚持向改革要空间

习近平总书记指出，改革是我们进行具有新的历史特点的伟大斗

① 《习近平主持召开中央全面深化改革委员会第八次会议》，人民网，http：//jhsjk.people.cn/article/31109582，2019年5月。

争的重要方面。[①] 全面深化改革，必须坚持问题导向，必须深化对改革规律的认识和运用，坚定不移将改革进行到底。面对减税降费的压力和阻力，财政部始终坚持深化改革，用改革的办法化解矛盾。坚持税制改革与减税降费相结合，系统整体推进。2019 年，进一步深化增值税改革，降低增值税税率，优化税率结构，进一步健全抵扣链条，重点降低制造业负担；推进个人所得税改革，初步建立了综合与分类相结合的个人所得税制度，重点减轻中等以下收入者税收负担。同时，坚持深化改革与加强管理协同推动，印发《实施更大规模减税降费后调整中央与地方收入划分改革推进方案》，大力压减低效无效支出，保障减税降费实施。通过持续深化改革，激发市场活力和动力，实现经济高质量发展，为减税降费腾出更大空间。

【思考题】

1. 如何加强党建确保减税降费落地生根?
2. 减税降费应如何与税制改革、“六保”“六稳”有效协调配合?

① 《习近平主持召开中央全面深化改革领导小组第三十八次会议》，人民网，http://politics.people.com.cn/n1/2017/0829/c1024－29502438.html，2017 年 8 月。

敢于斗争　善于斗争

——财政部灵活运用关税措施有效应对中美经贸摩擦

【引言】2017年10月18日，习近平总书记在党的十九大报告中指出："实现伟大梦想，必须进行伟大斗争。社会是在矛盾运动中前进的，有矛盾就会有斗争。我们党要团结带领人民有效应对重大挑战、抵御重大风险、克服重大阻力、解决重大矛盾，必须进行具有许多新的历史特点的伟大斗争，任何贪图享受、消极懈怠、回避矛盾的思想和行为都是错误的。""全党要充分认识这场伟大斗争的长期性、复杂性、艰巨性，发挥斗争精神，提高斗争本领，不断夺取伟大斗争新胜利。"①

2017年11月9日，在美国总统特朗普来华进行国事访问期间，国家主席习近平指出："一个健康稳定发展的中美关系不仅符合两国

① 《习近平：决胜全面建成小康社会　夺取新时代中国特色社会主义伟大胜利——在中国共产党第十九次全国代表大会上的报告》，中国政府网，http：//www. gov. cn/zhuanti/2017－10/27/content_5234876. htm，2017年10月。

人民根本利益，也是国际社会的共同期待。对中美两国来说，合作是唯一的正确选择，共赢才能通向更好的未来。”① “随着中美经贸合作快速增长，两国难免会出现一些摩擦。双方要本着平等互利、互谅互让精神，通过对话协商妥善处理。”②

2018 年 11 月 5 日，习近平总书记在首届中国国际进口博览会开幕式上指出：“当今世界正在经历新一轮大发展大变革大调整，各国经济社会发展联系日益密切，全球治理体系和国际秩序变革加速推进。同时，世界经济深刻调整，保护主义、单边主义抬头，经济全球化遭遇波折，多边主义和自由贸易体制受到冲击，不稳定不确定因素依然很多，风险挑战加剧。”③

2019 年 4 月 26 日，国家主席习近平在第二届“一带一路”国际合作高峰论坛开幕式上的主旨演讲中指出：“我们要促进贸易和投资自由化便利化，旗帜鲜明反对保护主义，推动经济全球化朝着更加开放、包容、普惠、平衡、共赢的方向发展。”“规则和信用是国际治理体系有效运转的基石，也是国际经贸关系发展的前提。中国积极支持和参与世贸组织改革，共同构建更高水平的国际经贸规则。”④

2020 年 11 月 25 日，国家主席习近平致电约瑟夫·拜登，祝贺他当选美国总统，并指出：“推动中美关系健康稳定发展，不仅符合两国人民根本利益，而且是国际社会的共同期待。希望双方秉持不冲突不对抗、相互尊重、合作共赢的精神，聚焦合作，管控分歧，推动中

---

① 《习近平同美国总统特朗普共同会见记者》，载于《人民日报》2017 年 11 月 10 日第 2 版。

② 《中美元首共同出席中美企业家对话会闭幕式》，载于《人民日报》2017 年 11 月 10 日第 1 版。

③ 《习近平：共建创新包容的开放型世界经济——在首届中国国际进口博览会开幕式上的主旨演讲》，载于《人民日报》2018 年 11 月 6 日第 3 版。

④ 《习近平出席第二届“一带一路”国际合作高峰论坛开幕式并发表主旨演讲》，载于《人民日报》2019 年 4 月 27 日第 1 版。

美关系健康稳定向前发展，同各国和国际社会携手推进世界和平与发展的崇高事业。”①

【摘要】2017年以来，财政部认真学习习近平新时代中国特色社会主义思想，坚决贯彻落实中央决策部署，在部党组的直接指挥下，直面严峻多变的国际经贸形势，紧紧围绕中美博弈大局，提高政治站位，强化责任担当，有效应对中美经贸摩擦。面对新矛盾新挑战新困难，迎难而上，科学谋划，以钉钉子的精神做实做细做好各项工作，充分发挥关税政策工具的作用，敢于斗争，善于斗争。针对美国以301条款为名对我国商品加征关税的单边主义做法，坚决果断按部署实施关税反制，根据形势变化调整加征关税措施，创建关税排除制度体系。这些措施坚决捍卫了国家尊严和人民利益，反制了美霸凌主义措施，维护了自由贸易和多边体制，同时也服务对美工作大局，促进稳定中美经贸关系。相关工作取得明显成效，积累了宝贵经验，得到党中央、国务院的肯定。

【关键词】关税　反制　经贸摩擦　对美工作

一、背景情况

1979年，中美两国正式建交，40多年来中美关系历经风雨，有合作与互助，也有分歧和摩擦，但始终向前，得到了历史性的发展。进入21世纪以来，在经济全球化快速发展过程中，中美双方通过优势互补、互通有无，促进了各自经济发展和产业结构优化升级，也提升了全球价值链效率与效益，形成了“你中有我，我中有你”的利益

① 《习近平致电祝贺拜登当选美国总统》，载于《人民日报》2020年11月26日第1版。

交融局面，也达成了“致力于互利共赢的中美经贸合作”的共识。中美经贸关系发展成为全球影响最广泛和深远的双边经贸关系。2017年双边货物贸易额达5837亿美元，美国是中国第一大货物出口市场和第六大进口来源地，中国是美国增长最快的出口市场和第一大进口来源地。经贸关系是双边关系的“压舱石”和“推进器”，它既对两国意义重大，也对全球经济稳定和发展有着举足轻重的影响。

但是，世界处于百年未有之大变局，在各国经济社会发展联系日益密切的同时，国际经贸格局发生深刻调整变化，保护主义、单边主义抬头，多边主义和自由贸易体制受到冲击。与此同时，美为维护其长期霸权地位和所谓战略优势，从未放弃过对我国的遏制和打压。2016年11月，美国共和党候选人特朗普赢得美国总统大选，成为美国第四十五任总统。特朗普在竞选期间和赢得大选之后，提出了各项贸易保护主义措施，在“美国优先”的口号下，抛弃相互尊重、平等协商等国际交往基本准则，奉行经济霸权主义和贸易霸凌主义，对许多国家和地区特别是中国作出一系列不实指责，不断挥舞关税“大棒”。他多次在推特和演讲中指责中国通过单边贸易从美国攫取巨额财富，操纵人民币汇率，使美国企业丧失竞争力，造成美中巨额贸易逆差，表示将对中国输美商品征收45%的高额关税，试图采取极限施压方法将自身利益诉求强加于中国。2018年4月3日，美国运用沉睡多年的《1974年贸易法》第301条，以中国强制技术转让、侵犯美知识产权为借口，宣布启动对340亿美元中国产品加征25%关税程序，打响了中美贸易战的第一枪，制造了中美经贸史上的危险先例。这导致此前稳步前进的中美经贸关系出现了“脱轨”的风险，也违背世界贸易组织规则，辜负了国际社会普遍期待，使多边贸易体制和自由贸易原则遭遇严重威胁。

美国挑起的经贸摩擦，是危害我经济安全、发展利益的重大风险挑战。美陆续公布的加征关税措施覆盖的商品范围广泛，涉及每年约5500亿美元进口额，几乎覆盖全部自华进口产品。据世界贸易组织统计，美实施的平均关税税率为2.4%。对我国输入美国商品加征高达25%的额外关税，将使得我国商品面临不公平的巨额成本，严重损害我国的出口利益，影响相关生产企业、贸易企业及关联企业的生产和经营。而且，美方措施高度不确定，各轮措施内容有所差异，特朗普反复无常，甚至数次违背两国磋商共识，将关税当作极限施压的工具，反复威胁提高税率或扩大加税商品范围，严重干扰了正常贸易秩序，侵犯我合法权益，增加企业运营风险。

针对美方加征关税措施，一方面，我必须进行坚决果断反制，引导美方重回磋商解决分歧的正确轨道，维护国家尊严和人民利益，捍卫多边贸易体制和自由贸易原则。另一方面，关税措施应对具有相当难度。首先，加征反制关税会增加我进口成本，相关措施必须统筹利弊，权衡考虑，尽量降低对我产业链供应链安全、国内消费需要等各个方面的不利影响。其次，2017年我自美进口达1539亿美元，只有美自华进口4298亿美元的1/3，双方进口额悬殊，我反制空间有限。还有，美方措施在前，范围、力度、时机都是未知的，我措施在后，要及时进行反击，就必须准确预估形势和进行充分准备。

二、主要做法

面对严峻复杂的中美经贸关系，财政部在以习近平同志为核心的党中央坚强领导下，在应对中美经贸摩擦的第一线，作为国务院关税税则委员会（以下称“税委会”）重要组成部门，充分发挥税委会的协调机制，迎难而上，勇挑重担，提前谋划，研判形势，不断增强工作的科学性、预见性、主动性和创造性，妥善、有效应对经贸摩擦，坚定捍卫国家和人民的利益，实现既定的目标任务。

（一）深耕细作，科学谋划，以钉钉子的精神做实做细做好工作

1. 提前精心谋划，积极早做准备

一方面，针对近年来中美经贸情况和两国产业实际开展综合分析，预测实施加征关税可能的影响。另一方面，系统梳理美国相关法律法规，剖析历史上美国与他国经贸摩擦的实际案例。在上述工作基础上，做好充分准备，并根据形势变化等因素不断调整完善。国际知名智库和国内外研究机构都认为，我反制措施体现了较高的专业水准，针对性强。

2. 持续关注经贸摩擦形势变化，力求知己知彼

长期跟踪分析美方法律、政策和实践，夯实基础。认真研究分析双边贸易情况，建立和更新相关数据库。加强动态信息收集整理，及时分析梳理有关动向，提前研判形势，对可能出现的情况及时预警，对已经出台的情况及时分析，提出政策建议。跟踪分析美方措施落地和实施情况，以供借鉴参考。

3. 长期保持备战状态，应对突发状况

由于美方措施存在很大不确定性，为确保按部署及时出台我方措施，探索建立了一套应急工作机制，在紧急时刻加强值守，保持应急状态，确保人员随叫随到，随时实现高效协同作战。完善工作管理制

度，将工作流程细化分工，落实到人，分工协作，集体战斗，确保规范、有序、高效地开展工作。

（二）敢于斗争，善于斗争，按部署坚决实施关税反制

2018 年 4 月以来，美国在 301 条款项下分三轮六次对我输美商品加征关税。我在税委会协调机制下，按部署对美实施了三轮六次关税反制。

第一轮，美对我加征关税商品涉及年进口额（下同）约 500 亿美元，分别于 2018 年 7 月 6 日（340 亿美元）、8 月 23 日（160 亿美元）起分两次加征 25% 关税。我对美约 500 亿美元商品亦分两次与美方同步加征 25% 关税。这是双方第一次交锋。为维护我国家尊严，彰显我反对单边主义的立场，既坚决不能打第一枪，又要第一时间进行反击。在关键时刻，同志们不论假期，不舍昼夜，枕戈待旦。2018 年 6 月 15 日晚 8 点半，美发布对我加征关税的 500 亿美元商品清单。在部领导亲自坐镇指挥下，同志们召之即来，来之能战，高效运转，迅速行动，结合美方清单最新情况，研究提出我反制建议。在美方清单公布 5 个半小时后，我于 6 月 16 日凌晨 2 点对外发布对美加征反制关税的 500 亿美元商品清单，涵盖农产品、汽车和水产品等 659 项商品，坚决对美实施反制，捍卫自身合法权益。

第二轮，美对我 2000 亿美元商品，第一次于 2018 年 9 月 24 日起加征 10% 关税，第二次宣布将提高加征税率，但多次推迟实施时间，最终于 2019 年 5 月 10 日起将加征税率由 10% 提高到 25%。我相应对美 600 亿美元商品加征关税，第一次与美方同步加征 10%、5% 关税，第二次于 2019 年 6 月 1 日起提高部分商品加征税率，分四档次加征

25%、20%、10%、5%关税。加征关税商品范围扩大，对双边贸易和经济发展的不利影响逐步显现。为了在反击美方的同时尽量减轻对我自身的不利影响，我综合评估各种因素影响，精心设计，不断调整完善，对5140项商品分档加征关税，最高税率不超过美方措施。

第三轮，美对我约3000亿美元商品，分别于2019年9月1日（清单A）、12月15日（清单B）起分两次加征15%关税。我对美约750亿美元商品分两次与美方同步加征10%、5%关税，并对此前已暂停加征第一、第二轮反制措施关税的汽车及零部件恢复加征关税。此轮加征关税规模超过前两轮，经贸摩擦进一步升级。我反制范围和力度进一步扩大，对大豆等农产品在已有反制关税基础上，进一步加征关税，对原油等商品首次加征反制关税，共涉及5078项商品。我反制措施出台彰显了我捍卫国家利益的坚定决心，重挫了美金融市场，美国内反对贸易战的呼声日益强大，国际上进一步形成了反对单边主义和贸易霸凌主义的力量。同时，此次反制充分考虑到加征关税后的可替代性问题、细致考虑到对于人民生活和产业升级的影响，相关排除工作也同步推进，相关举措被专家评价为“既有力度，又有温度”。

（三）服务对美工作大局，根据形势灵活调整加征关税

当地时间2018年12月1日晚，在二十国集团领导人阿根廷布宜诺斯艾利斯峰会期间，习近平主席应邀同特朗普举行会晤，就中美经贸问题达成了重要共识。双方决定，停止升级关税等限制措施，包括不再提高现有针对对方的关税税率，不对其他商品出台新的加征关税措施。中方愿意根据国内市场和人民的需要扩大进口，包括从美国购买汽车等适销对路的商品，逐步缓解贸易不平衡的问题。双方同意，

本着相互尊重、平等互利的精神，立即着手解决彼此关切问题。双方工作团队将朝着取消所有加征关税的方向加紧磋商，尽早达成共赢双赢协议。

为落实两国元首阿根廷会晤共识，及时、明确向外释放缓解中美经贸摩擦的信号，扩大适销对路产品进口，满足国内市场和人民需要，同时兼顾对国内汽车生产的影响，我宣布从2019年1月1日起，对已纳入第一轮、第二轮关税反制措施范围的211种汽车及零部件，暂停加征25%或5%的反制关税3个月。暂停加征反制关税后，自美进口汽车及零部件关税与自其他国家进口适用的最惠国税率一致。同时，美方宣布，将原计划对第二轮2000亿美元商品加征税率由10%提高至25%的时间，由2019年1月1日推迟至2019年3月2日。

2019年3月，双边磋商仍在继续。美方宣布，继续推迟提高加征税率时间，加征税率维持10%。为继续落实两国元首阿根廷会晤共识，给双边磋商创造良好氛围，考虑到美方亦有推迟提高税率的积极姿态，我宣布在对美汽车及零部件暂停加征关税3个月的期限到期后，继续暂停加征反制关税，同时呼吁美方与中方一道共同努力，加紧磋商，朝着终止贸易摩擦的目标作出切实努力。

2019年12月13日夜，双方宣布已就第一阶段经贸协议（以下称“经贸协议”）文本达成一致。同时，美方承诺将取消部分对华拟加征和已加征的关税，大幅修改根据301条款采取的加征关税措施。中方表示也将相应考虑不实施第三轮加征关税第二步措施。2019年12月14日，美方宣布暂不实施第三轮第二次加征关税措施，即不实施原计划于2019年12月15日对3000亿美元清单B商品加征15%的关税。2019年12月15日，我宣布暂不实施原计划于当日生效的第三轮关税反制第二步措施，即对750亿美元清单二商品不加征10%、5%关税；对美汽车及零部件不恢复加征第一、第二轮反制措施关税，对这些商品继续暂停加征关税。我呼吁美方在平等和相互尊重的基础上，共同努力，妥善解决彼此核心关切，促进中美经贸关系稳定发展。

2020年1月15日，中美双方签署经贸协议。1月16日，美方宣布，自2月14日起，调整第三轮加征关税措施，对2019年9月1日起已加征关税的3000亿美元清单A商品，加征税率由15%降至7.5%。2月6日，我方宣布，自2月14日起，调整第三轮关税反制措施，对2019年9月1日起已加征关税的750亿美元清单一商品，加征税率由10%、5%分别降至5%、2.5%。

（四）开创性地开展对美加征关税商品排除工作

2018年我对自美进口商品加征了反制关税后，客观上会对我国的生产生活造成一些不利影响，主要是我加征商品范围广、牵涉行业多，对部分企业特别是外向型企业的供应链完整性带来一定影响。因此，有必要在征税后设置评估和排除环节，缓解受经贸摩擦影响大的行业企业困难。

此前，我国没有关税排除的工作机制。我们研究借鉴美国、加拿大和世界贸易组织的有关规定和实践，根据我国有关法律法规规定，结合我国实际情况，研究制定了《对美加征关税商品排除工作试行办法》，经国务院批准，于2019年5月13日发布公告，试行开展对美加征关税商品排除工作。按公告要求，企业、协（商）会等市场主体提出排除申请应基于以下三方面理由：寻求商品替代来源面临困难；

加征关税对申请主体造成严重经济损害；加征关税对相关行业造成重大负面结构性影响。税委会对申请逐一进行审核，制定公布排除清单。对排除清单内商品，自排除清单实施之日起一年内，不再加征我为反制美301措施所加征的关税；具备退还税款条件的，对已加征的关税税款予以退还。

考虑到关税排除涉及各行各业，如果采用层层递交申请的方式，对许多企业，特别是中小微企业存在困难。为便于企业申报，确保政策公开公平，创新工作机制，税委会同步组织开发了关税排除商品申报系统，以“互联网+”方式直接服务企业。企业不仅通过网络系统直接提交申请，还可以第一时间在线咨询、获知受理及结果反馈等信息。排除制度成为最贴近一线、直接与企业“云见面”的一项关税制度。

排除工作开展以来，市场主体踊跃提交排除申请。税委会对每一份申请都予以公平对待，组织了各行业领域专家逐一认真审核，并充分听取行业主管部门意见，最终针对第一批、第二批对美加征关税商品，2019年9月至2020年5月相继公布了四次排除清单，包括166项商品。企业进口排除清单内商品，一年内不再加征对美301措施反制关税，无需再单独申请。对其中海关有附加编码的146项商品，已加征的关税税款还可以全部予以退还。这些排除商品主要是自美进口替代性较差的各类生产资料、化工产品、先进设备、医疗器具等，如虾苗、乳清、苜蓿、润滑油添加剂、棉花采摘机、医用直线加速器、核磁共振设备零件等。排除清单的及时公布，有效回应了社会关切，切实降低了企业进口负担，保证了产业链供应链稳定。特别是2020年初新冠肺炎疫情发生后，主动行动，迅速反应，将无创呼吸机等疫情防控所需的重要医疗设备列入2020年2月28日实施的第二批第一次排除清单，彰显了以人民健康为中心的政府担当。

（五）优化流程，升级措施，开展市场化采购排除工作

为适应形势变化，更好地满足我国消费者日益增长的需要，加快受理企业排除申请，2020年2月17日，税委会发布公告，在此前排除工作基础上，进一步开展对美加征关税商品市场化采购排除工作。根据企业申请，对符合条件、按市场化和商业化原则自美采购的进口商品，逐一进行审核，经核准后在一定期限内不再加征我对美301措施反制关税。市场化采购排除本着服务企业、便利进口的理念，统筹考虑，精心设计，进一步稳定中美经贸关系，推动扩大自美采购和进口。

1. 政策覆盖范围广，稳定企业预期，打消企业自美进口顾虑

市场化采购排除公告列明了696项可直接申请排除的商品，覆盖了自美进口的主要商品；对其他未列明商品，企业在说明商品替代性等因素后也可申请排除。为稳定企业预期，政策设计了分步填报程序，允许企业在签订合同前，根据自身计划的采购情况提交排除申请。

2. 申请流程灵活便利，有效减少企业办事负担，便利企业按市场化需要开展采购

根据“放管服”改革精神，大幅简化申请流程，以企业自我声明取代各类证明材料，企业提供少量必要信息即可在线提交排除申请。事中事后环节按照国务院关于加强和规范事中事后监管有关要求和精神，进行必要监管，维护企业合法权益。市场行情瞬息万变，为满足企业商业化需求，政策设计考虑了各种可能性。考虑对外贸易操作实

际，企业可就未来一个季度的采购预先提交排除申请，而且消费使用进口商品的企业、代理报关的中介都可以申请相关政策。为避免企业错失商机，全流程开放调整，申请企业可以随时根据实际情况，在排除申报的各个环节动态修改填报信息。

3. 审核快速高效，政策宣传咨询到位，服务企业充分利用政策

为服务企业抓住商机、及时作出商业决策，组织专门力量快速审核企业申请，确保企业及时得到反馈结果。对进口时间临近的排除申请优先审核。为更好服务小微企业，对 3000 美元以下的采购计划提高审核速度。加强政策指导，召开十余次重点企业和协（商）会座谈会，分领域、有侧重地对企业进行辅导和宣传。陆续在排除申报网站上发布并实时更新填报说明、操作指南和常见问题解答等数万字支持文件，内容详细，有的放矢，手把手辅导企业填报申请。安排电话和在线咨询人员，开通邮件征集专用邮箱，有问必答，有求必复，耐心细致，及时解决企业问题。

市场化采购排除工作已开展一年有余，企业纷纷表示，排除政策是及时雨，在境内外疫情先后冲击进出口的困难时期，有效降低了企业的进口成本，提升了市场竞争力，为企业及时纾困解难，让企业真正享受到了“真金白银”的政策红利，振奋了企业的发展信心。

（六）坚持科学决策，着力防范化解风险

1. 充分发挥税委会机制，最大程度凝聚共识，实现科学决策

加征关税是一把“双刃剑”，在对外反制的同时，也会增加我进口成本。为尽可能实现内外兼顾、趋利避害，充分、广泛征求意见。主动与各领域数十个行业协（商）会和有代表性的企业沟通联系，听

取意见，反复论证。积极向行业专家请教，深入了解产业状况和措施影响。在税委会机制下加强沟通协商，按程序征求相关部门和机构意见，税委会委员多次专题讨论，形成决议，凝聚成员单位、行业协（商）会共识，不断调整完善方案和措施。

2. 深入一线开展调研，扎扎实实从实际出发

拓展调研渠道，通过开会座谈、问卷调查、实地走访和电话访谈等多种方式，研究探讨经贸摩擦对企业的影响及应对。深入北京、上海、江苏、浙江等外贸大省（市）一线，通过多种方式直接调研企业，切实了解实际情况，准确掌握一手资料。创新研究方式，深入研究经贸摩擦对我贸易、宏观经济的影响，形成相关分析报告。

3. 高度重视宣传工作，打好舆论战、信心战

财政部领导多次接受境外和国内媒体采访，强化国内必胜信念和发展信心。每次公布有关关税措施，都同时发布政策解读，主动发布新闻稿和政策解读 20 余份。对美方有关动态及时对外发声，驳斥美方不实言论，明确阐述我方立场，呼吁通过磋商解决分歧，促进经贸关系稳定发展。积极回应社会关注热点问题，就药品加征关税、税率叠加、排除措施实施等问题，通过新华社等主要媒体，有针对性地批驳谬论，澄清事实。对美反制得到广大人民的普遍支持，增强了发展信心。相关工作有利于统一思想、凝聚共识，坚定斗志。

对美关税反制工作充分体现了我坚定捍卫国家尊严和人民利益、维护自由贸易和多边体制的决心，在国际上形成了反对单边主义和贸易霸凌主义的强大力量。对美加征关税排除工作立足我自身需求，及时缓解了企业困难，支持企业按市场化和商业化原则自主开展自美采购和进口，有助于推动中美经贸关系健康发展。

三、经验启示

（一）坚持党的领导，党中央高度重视，部党组靠前指挥

美国强化对华遏制是我国发展面临的最大外部风险，关税领域的战斗取得良好效果，来源于党中央的坚强领导和英明指挥，统一部署，统一行动；来源于财政部党组迅速贯彻落实决策部署，实施有效动员；来源于全体同志增强“四个意识”、坚定“四个自信”、做到“两个维护”。在应对中美经贸摩擦的全过程中，部领导坚持亲自抓，带头干，重要任务亲自部署、重大方案亲自把关、关键环节亲自协调、落实情况亲自督查，确保在规定时间内保质保量落实各项部署。全体同志把应对中美经贸摩擦作为头等大事，围绕中心，服务大局，统一步调，协同配合，有力有序，以高度的政治责任感抓好落实。

（二）实现伟大梦想必须进行伟大斗争，敢于斗争、善于斗争

进行具有许多新的历史特点的伟大斗争，要牢牢掌握斗争主动权，发扬斗争精神、增强斗争本领。中美经贸摩擦是新形势下面临的重大外部挑战。美挑起经贸摩擦的本质是实现对我打压阻遏的战略图谋，会伴随中国崛起的整个过程，直到我国综合国力超过美国。因此应对经贸摩擦，缓解其不利影响也是一个长期的系统性工程。要充分认识这场斗争的长期性、复杂性、艰巨性，坚持底线思维，居安思危，未雨绸缪。面对美方挑起的经贸摩擦，我们不愿打，不怕打，必要时不得不打，凡事从最坏处着眼、向最好处努力，在维护国家核心

利益上敢于针锋相对，坚持在斗争一线真枪真刀真磨砺。面对经贸摩擦发展过程中的种种不确定性，积极研判形势，全面分析利弊，打有准备、有把握之仗，牢牢把握工作主动权。

（三）坚持以人民为中心，以服务支持万千企业为政策出发点

美国的关税“大棒”使我企业发展的不确定性明显上升，经营困难增多。应对经贸摩擦的最终目的是捍卫我发展权益，为千千万万市场主体公平竞争、人民安居乐业创建和维护良好的外部环境。相关关税措施充分考虑行业发展需要，保证全球产业链运转，得到广大人民的普遍支持。排除措施积极落实“放管服”改革精神，简化程序，加快审批，联通数据，优化服务，在复杂多变的形势下为企业稳定预期、保驾护航，缓解经贸摩擦的不利影响。即使在国内新冠肺炎疫情期间，相关工作从不停歇，调整加征关税税率、出台对美加征关税排除清单、启动市场化采购排除措施，紧锣密鼓，及时出台，旨在给企业雪中送炭。

（四）坚持改革创新，发挥主动性和创造性

事业越发展，新情况新问题就会越多，面对不可预料的事情就会越多，必须不断有所发现、有所创造、有所前进。美对我大规模加征关税是前所未有，我实施反制措施关税也是前所未有。我们系统分析了美国法律法规，剖析实际案例，为反制打好基础。通过深入分析我国法律法规和国际法基本原则，探讨法律授权和法定程序，研究方案制定原则和考虑因素，衔接实施事项，在实践中不断丰富措施，探索出一套关税反制的成熟做法。2018 年至 2021 年三年多时间里，我国关

税排除从构建到实施，从深入研究借鉴到不断优化完善，初步探索出了适合我国国情的工作制度。排除工作直接面对千千万万企业，拓宽了财税政策听取意见渠道，丰富了经贸摩擦救济手段，有力保障了经贸摩擦应对工作的有序推进，也为今后进一步做好关税工作打下基础。反制措施的实践和排除措施的建立，成为完善我国关税制度体系的重要一环。

【思考题】

1. 世界正经历百年未有之大变局，保护主义、单边主义上升，全球产业链供应链因非经济因素而面临冲击，除关税措施外，还可以采取哪些措施应对风险和挑战?

2. 中美战略博弈更加激烈，美在科技、金融、人文等领域对我打压遏制。请结合你的工作，谈谈如何坚持底线思维，应对相关领域的中美摩擦。

3. 为推动形成以国内大循环为主体、国内国际双循环相互促进的新发展格局，在全面提高对外开放水平、提升国内产业核心竞争力、维护公平竞争环境等方面，关税如何进一步发挥宏观调控作用?

【附录】

1. 中美加征关税措施统计（截至 2020 年 8 月 31 日）
2. 应对中美经贸摩擦的部分关税措施公告列表
3. 国务院关税税则委员会发布的部分新闻稿件

附录 1

中美加征关税措施统计（截至 2020 年 8 月 31 日）

<table>
<tr><th rowspan="2">轮次</th><th colspan="4">美方加征关税措施</th><th colspan="4">中方关税反制措施</th></tr>
<tr><th>公布时间</th><th>实施时间</th><th>税率</th><th>涉及金额</th><th>公布时间</th><th>实施时间</th><th>税率</th><th>涉及金额</th></tr>
<tr><td rowspan="2">第一轮</td><td>2018 年 6 月 15 日</td><td>2018 年 7 月 6 日</td><td>25%（340 亿美元）</td><td rowspan="2">500 亿美元</td><td>2018 年 6 月 16 日</td><td>2018 年 7 月 6 日</td><td>25%（340 亿美元）</td><td rowspan="2">500 亿美元</td></tr>
<tr><td>2018 年 8 月 8 日</td><td>2018 年 8 月 23 日</td><td>25%（160 亿美元）</td><td>2018 年 8 月 8 日</td><td>2018 年 8 月 23 日</td><td>25%（160 亿美元）</td></tr>
<tr><td rowspan="2">第二轮</td><td>2018 年 9 月 18 日</td><td>2018 年 9 月 24 日</td><td>第一步 10%</td><td rowspan="2">2000 亿美元</td><td>2018 年 9 月 18 日</td><td>2018 年 9 月 24 日</td><td>第一步 10%、10%、5%、5%</td><td rowspan="2">600 亿美元</td></tr>
<tr><td>2019 年 5 月 9 日</td><td>2019 年 5 月 10 日</td><td>第二步 25%</td><td>2019 年 5 月 13 日</td><td>2019 年 6 月 1 日</td><td>第二步 25%、20%、10%、5%</td></tr>
<tr><td rowspan="3">第三轮</td><td rowspan="3">2019 年 8 月 15 日</td><td>2019 年 9 月 1 日</td><td>清单 A 15%</td><td rowspan="3">3000 亿美元</td><td rowspan="3">2019 年 8 月 23 日</td><td>2019 年 9 月 1 日</td><td>清单一 10%、5%</td><td rowspan="3">750 亿美元</td></tr>
<tr><td>2020 年 2 月 14 日</td><td>清单 A 7.5%</td><td>2020 年 2 月 14 日</td><td>清单一 5%、2.5%</td></tr>
<tr><td>暂不实施</td><td>清单 B 15%</td><td>暂不实施</td><td>清单二 10%、5%</td></tr>
</table>

附录2

应对中美经贸摩擦的部分关税措施公告列表

编号	标题	税委会公告文号	公告时间
1	国务院关税税则委员会关于对原产于美国的部分进口商品加征关税的公告	2018年第1号	2018年4月4日
2	国务院关税税则委员会关于对原产于美国500亿美元进口商品加征关税的公告	2018年第5号	2018年6月16日
3	国务院关税税则委员会关于对原产于美国的部分进口商品（第二批）加征关税的公告	2018年第6号	2018年8月3日
4	国务院关税税则委员会关于对原产于美国约160亿美元进口商品加征关税的公告	2018年第7号	2018年8月8日
5	国务院关税税则委员会关于对原产于美国的600亿美元进口商品实施加征关税的公告	2018年第8号	2018年9月18日
6	国务院关税税则委员会关于对原产于美国的汽车及零部件暂停加征关税的公告	2018年第10号	2018年12月14日
7	国务院关税税则委员会关于对原产于美国的汽车及零部件继续暂停加征关税的公告	2019年第1号	2019年3月31日
8	国务院关税税则委员会关于试行开展对美加征关税商品排除工作的公告	2019年第2号	2019年5月13日
9	国务院关税税则委员会关于对原产于美国的部分进口商品提高加征关税税率的公告	2019年第3号	2019年5月13日
10	国务院关税税则委员会关于对原产于美国的部分进口商品（第三批）加征关税的公告	2019年第4号	2019年8月23日
11	国务院关税税则委员会关于对原产于美国的汽车及零部件恢复加征关税的公告	2019年第5号	2019年8月23日
12	国务院关税税则委员会关于第一批对美加征关税商品第一次排除清单的公告	2019年第6号	2019年9月11日
13	国务院关税税则委员会关于暂不实施对原产于美国的部分进口商品加征关税措施的公告	2019年第7号	2019年12月15日

续表

编号	标题	税委会公告文号	公告时间
14	国务院关税税则委员会关于第一批对美加征关税商品第二次排除清单的公告	2019年第8号	2019年12月19日
15	国务院关税税则委员会关于调整对原产于美国的部分进口商品加征关税措施的公告	2020年第1号	2020年2月6日
16	国务院关税税则委员会关于开展对美加征关税商品市场化采购排除工作的公告	2020年第2号	2020年2月17日
17	国务院关税税则委员会关于第二批对美加征关税商品第一次排除清单的公告	2020年第3号	2020年2月21日
18	国务院关税税则委员会关于第二批对美加征关税商品第二次排除清单的公告	2020年第4号	2020年5月12日

附录 3

国务院关税税则委员会发布的部分新闻稿件

国务院关税税则委员会办公室有关负责人对自美部分进口商品加征关税的解读

2018 年 6 月 16 日

2018 年 6 月 15 日，美国政府宣布，将对从中国进口的约 500 亿美元商品加征 25% 的关税，其中对约 340 亿美元商品自 2018 年 7 月 6 日起实施加征关税措施，同时对约 160 亿美元商品加征关税开始征求公众意见。美方做法违反了世界贸易组织相关规则，有悖于中美双方经贸磋商已达成的共识，严重侵犯我方合法权益，损害我国国家和人民利益，中方坚决反对。

美方对我上千种、金额约 500 亿美元的商品加征 25% 关税，将实质性改变这些商品的对美贸易条件，影响这些商品的生产企业和贸易企业，及其上下游关联企业的生产和经营。为此，对于美方违反国际义务对中国造成的上述紧急情况，中方按照国际法基本原则，根据《中华人民共和国对外贸易法》《中华人民共和国进出口关税条例》等法律法规规定及授权，决定对自美国同等金额进口商品实施同等程度的征税，捍卫自身合法权益。

中方注意到，美方发表声明称，如果中国采取报复性措施，美国将继续追加额外关税。对此，中国将保留采取相应措施的权利。

国务院关税税则委员会有关负责人发表谈话

2018 年 7 月 4 日

我们注意到日本《朝日新闻》关于“中国的‘报复’行动将先

于美国开始”的报道，就此，国务院关税税则委员会有关负责人表示，中国政府立场已多次申明，我们绝不会打第一枪，不会先于美国实施加征关税措施。

国务院关税税则委员会发布公告试行开展对美加征关税商品排除工作

2019年5月13日

根据《中华人民共和国海关法》《中华人民共和国对外贸易法》《中华人民共和国进出口关税条例》等有关法律法规规定，经国务院批准，国务院关税税则委员会已发布公告，试行开展对美加征关税商品排除工作。根据公告，国务院关税税则委员会接受有关利益主体申请，并在对有关申请逐一进行审核的基础上，将部分符合条件的商品排除出对美加征关税范围，并制定公布排除清单。对排除清单内商品，自排除清单实施之日起一年内，不再加征我为反制美301措施所加征的关税；具备退还税款条件的，对已加征的关税税款予以退还，相关进口企业应自排除清单公布之日起6个月内按规定向海关申请办理。对排除清单公布前已经停止或已暂停加征关税的商品，已加征关税不予退还。

申请主体为申请排除商品的利益相关方，包括从事相关商品进口、生产或使用的在华企业或其行业协（商）会。可申请排除商品范围为我已公布实施且未停止或未暂停加征关税的两轮对美反制措施商品。

申请主体在申请时应以事实和数据说明以下三方面申请理由：寻求商品替代来源面临的困难；加征关税对申请主体造成严重经济损害；加征关税对相关行业造成重大负面结构性影响（包括对行业发展、技术进步、就业、环境保护等方面的影响）或带来严重社会后果。填报不符合要求的将不予受理。申请主体应通过财政部关税政策研究中心网址 http：//gszx. mof. gov. cn，按要求填报并提交排除申请。

国务院关税税则委员会将组织专家和成员单位对有效申请逐一进行审核，按程序制定、公布排除清单。

国务院关税税则委员会发布公告决定对原产于美国的部分进口商品提高加征关税税率

2019 年 5 月 13 日

2019 年 5 月 9 日，美国政府宣布，自 2019 年 5 月 10 日起，对从中国进口的 2000 亿美元清单商品加征的关税税率由 10% 提高到 25%。美方上述措施导致中美经贸摩擦升级，违背中美双方通过磋商解决贸易分歧的共识，损害双方利益，不符合国际社会的普遍期待。为捍卫多边贸易体制，捍卫自身合法权益，中方不得不对原产于美国的部分进口商品调整加征关税措施。

根据《中华人民共和国对外贸易法》《中华人民共和国进出口关税条例》等法律法规和国际法基本原则，经党中央、国务院批准，国务院关税税则委员会决定，自 2019 年 6 月 1 日 0 时起，对已实施加征关税的 600 亿美元清单美国商品中的部分，提高加征关税税率，分别实施 25%、20% 或 10% 加征关税。对之前加征 5% 关税的税目商品，仍继续加征 5% 关税。

中方调整加征关税措施，是对美方单边主义、贸易保护主义的回应。中方希望，美方回到双边经贸磋商的正确轨道，和中方共同努力，相向而行，争取在相互尊重的基础上达成一个互利双赢的协议。

国务院关税税则委员会办公室有关负责人发表谈话

2019 年 6 月 6 日

我们注意到美国贸易代表办公室宣布，对在 2019 年 5 月 10 日之前从中国离岸、并在2019年6月15日之前进入美国的相关商品，适用的加征关税将继续维持10%。就此，国务院关税税则委员会办公室有关负责人表示，美方上述技术性措施不改变其从2019年5月10日起提高加征关税的本质。

国务院关税税则委员会有关负责人发表讲话

2019年8月15日

针对美国贸易代表办公室宣布将对约3000亿美元自华进口商品加征10%关税，国务院关税税则委员会有关负责人表示，美方此举严重违背中美两国元首阿根廷会晤共识和大阪会晤共识，背离了磋商解决分歧的正确轨道。中方将不得不采取必要的反制措施。

国务院关税税则委员会发布公告决定对原产于美国的约750亿美元进口商品加征关税

2019年8月23日

2019年8月15日，美国政府宣布，对自华进口的约3000亿美元商品加征10%关税，分两批自2019年9月1日、12月15日起实施。美方措施导致中美经贸摩擦持续升级，极大损害中国、美国以及其他各国利益，也严重威胁多边贸易体制和自由贸易原则。

针对美方上述措施，中方被迫采取反制措施。根据《中华人民共和国海关法》《中华人民共和国对外贸易法》《中华人民共和国进出口关税条例》等法律法规和国际法基本原则，经国务院批准，国务院关税税则委员会决定，对原产于美国的5078个税目、约750亿美元商品，加征10%、5%不等关税，分两批自2019年9月1日12时01分、12月15日12时01分起实施。

国务院关税税则委员会将继续开展对美加征关税商品排除工作。750亿美元商品清单中，经审核确定的排除商品，按排除办法，不加征我为反制美301措施所加征的关税；未纳入前两批可申请排除范围的商品，将纳入第三批可申请排除的范围，接受申请办法将另行公布。

中方采取加征关税措施，是应对美方单边主义、贸易保护主义的被迫之举。中方再次重申，对于中美两国，合作是唯一正确的选择，共赢才能通向更好的未来。希望中美双方以相互尊重、相互平等和言而有信、言行一致为前提，以双方都能接受的方式解决分歧，积极构建平衡、包容、共赢的中美经贸新秩序，共同维护并推动改革完善多边贸易体制，促进与世界上其他国家的互利共赢合作。

国务院关税税则委员会发布公告决定对原产于美国的汽车及零部件恢复加征关税

2019年8月23日

为落实中美两国元首阿根廷会晤共识，2018年12月14日，国务院关税税则委员会发布公告，从2019年1月1日起，对原产于美国的汽车及零部件暂停加征关税3个月。2019年3月31日，国务院关税税则委员会发布公告，从2019年4月1日起，继续对原产于美国的汽车及零部件暂停加征关税，暂停加征关税措施截止时间另行通知。

2019年5月9日，美国政府宣布，自2019年5月10日起，对从中国进口的2000亿美元清单商品加征的关税税率由10%提高到25%。2019年8月15日，美国政府宣布，对从中国进口的约3000亿美元商品加征10%关税，分两批自2019年9月1日、12月15日起实施。美方上述措施导致中美经贸摩擦持续升级，违背两国元首阿根廷会晤共识和大阪会晤共识。

为捍卫多边贸易体制，捍卫自身合法权益，根据《中华人民共和国海关法》《中华人民共和国对外贸易法》《中华人民共和国进出口关税条例》等法律法规和国际法基本原则，经国务院批准，国务院关税税则委员会决定，自2019年12月15日12时1分起，对原产于美国的汽车及零部件恢复加征25%、5%关税。

国务院关税税则委员会将继续开展对美加征关税商品排除工作。恢复加征关税的汽车及零部件商品，将纳入第三批可申请排除的范围，接受申请办法将另行公布。

中方希望，美方继续按照两国元首阿根廷会晤共识和大阪会晤共识，回到磋商解决分歧的正确轨道，和中方一道朝着终止经贸摩擦的目标做出切实努力。

国务院关税税则委员会办公室有关负责人就对原产于美国的部分进口商品加征关税答记者问

2019年8月29日

经国务院批准，2019年8月23日，国务院关税税则委员会（以下称“税委会”）发布公告，对原产于美国的5078个税目、约750亿美元商品，加征10%、5%不等关税，分两批自2019年9月1日12时01分、12月15日12时01分起实施。税委会同时发布公告，自2019年12月15日12时01分起，对原产于美国的汽车及零部件恢复加征25%、5%关税。就上述措施，记者采访了税委会办公室有关负责人。

问：请问企业目前如何获知自美进口商品的加征关税税率？

答：2018年3月8日，美以保护国家安全为由，在“232条款”项下对多个经济体原产的钢铁及铝产品分别加征25%、10%关税，涉及自华进口约30亿美元。对此，税委会发布《对原产于美国的部分进口商品中止关税减让义务的通知》（税委会〔2018〕13号），决定自2018年4月2日起，对美约30亿美元商品中止关税减让，分别加征25%、15%关税。

2018年以来，美方在“301条款”项下已分三轮五次对我输美商品实施加征关税措施，我对此予以坚决反制。第一轮反制，我对美约500亿美元商品，分别于2018年7月6日（约340亿美元）、8月23日（约160亿美元）起分两批与美方同步加征25%关税。340亿美元清单商品及加征税率见《国务院关税税则委员会关于对原产于美国500亿美元进口商品加征关税的公告》（税委会公告〔2018〕5号），160亿美元清单商品及加征税率见《国务院关税税则委员会关于对原产于美国约160亿美元进口商品加征关税的公告》（税委会公告〔2018〕7号）。

第二轮反制，我对美约600亿美元商品分两次加征，第一次于2018年9月24日起与美方同步加征10%、5%关税，第二次从2019年6月1日起提高加征税率，加征25%、20%、10%、5%关税。对于600亿美元商品清单，税委会先后发布了三份公告。目前实施加征的商品范围及加征税率请见最近一份公告，即《国务院关税税则委员会关于对原产于美国的部分进口商品提高加征关税税率的公告》（税委会公告〔2019〕3号）。

第三轮反制，即8月23日发布的《国务院关税税则委员会关于对原产于美国的部分进口商品（第三批）加征关税的公告》（税委会公告〔2019〕4号），对约750亿美元商品分两批加征10%、5%不等关税。对于第一轮、第二轮反制措施中曾暂停加征关税的汽车及零部件，恢复加征措施见8月23日发布的《国务院关税税则委员会关于对原产于美国的汽车及零部件恢复加征关税的公告》（税委会公告〔2019〕5号）。

对未列入上述措施范围的商品，不加征我为反制美232、301措施所加征的关税。

问：请问对美加征关税商品清单中重复出现的商品，如何计算加征关税税率？

答：上述对美加征关税商品清单中，有部分商品重合。对这些商品，加征关税税率为各轮加征关税税率之和。其中，对恢复加征第一、第二轮反制措施关税的部分汽车及零部件，进一步加征第三轮反制措施关税。

问：请问针对8月23日公布的两项措施中的商品，将如何开展对美加征关税排除工作？

答：750亿美元商品清单中，有部分和第一、第二轮反制措施关税商品范围重合，已经纳入前两批可申请排除范围。这些商品如果属于经审核确定的排除商品，按排除办法，不加征我为反制美301措施所加征的各轮关税。750亿美元商品清单中，未纳入前两批可申请排除范围的商品，将纳入第三批可申请排除的范围，接受申请办法将另行公布。

国务院关税税则委员会公布第一批对美加征关税商品第一次排除清单

2019年9月11日

根据《国务院关税税则委员会关于试行开展对美加征关税商品排除工作的公告》（税委会公告〔2019〕2号），经国务院批准，国务院关税税则委员会公布第一批对美加征关税商品第一次排除清单，对第一批对美加征关税商品，第一次排除部分商品，自2019年9月17日起实施。

其中，清单一所列商品，自2019年9月17日至2020年9月16日，不再加征我为反制美301措施所加征的关税。对已加征的关税税款予以退还，相关进口企业应自排除清单公布之日起6个月内按规定向海关申请办理。

清单二所列商品，自2019年9月17日至2020年9月16日，不再加征我为反制美301措施所加征的关税，已加征的关税税款不予退还。

下一步，国务院关税税则委员会将继续开展对美加征关税商品排除工作，适时公布后续批次排除清单。

国务院关税税则委员会开展部分大豆、猪肉等自美采购商品的排除工作

2019年12月6日

根据国内需要，我国企业自主通过市场化采购，自美进口一定数量商品。国务院关税税则委员会正在根据相关企业的申请，开展部分大豆、猪肉等商品排除工作，对排除范围内商品，采取不加征我对美301措施反制关税等排除措施。对排除范围内商品采购，企业自主商谈、自行进口、自负盈亏。

国务院关税税则委员会发布公告暂不实施对原产于美国的部分进口商品加征关税措施

2019年12月15日

为落实中美双方近日关于经贸问题的磋商结果，根据《中华人民共和国海关法》《中华人民共和国对外贸易法》《中华人民共和国进出口关税条例》等法律法规和国际法基本原则，国务院关税税则委员会决定，对原计划于12月15日12时01分起加征关税的原产于美国

的部分进口商品，暂不征收10%、5%关税，对原产于美国的汽车及零部件继续暂停加征关税。除上述措施外，其他对美加征关税措施继续按规定执行，对美加征关税商品排除工作继续开展。

中方希望，与美方在平等和相互尊重的基础上，共同努力，妥善解决彼此核心关切，促进中美经贸关系稳定发展。

国务院关税税则委员会公布第一批对美加征关税商品第二次排除清单

2019年12月19日

根据《国务院关税税则委员会关于试行开展对美加征关税商品排除工作的公告》（税委会公告〔2019〕2号），经国务院批准，国务院关税税则委员会公布第一批对美加征关税商品第二次排除清单，对第一批对美加征关税商品，第二次排除部分商品，自2019年12月26日至2020年12月25日，不再加征我为反制美301措施所加征的关税，已加征关税不予退还。第一批对美加征关税的其余商品，暂不予排除。

下一步，国务院关税税则委员会将继续开展对美加征关税商品排除工作，适时公布第二批对美加征关税商品排除清单。

国务院关税税则委员会办公室有关负责人就调整对原产于美国的部分进口商品加征关税措施答记者问

2020年2月6日

2020年2月6日，国务院关税税则委员会（以下简称“税委会”）发布公告，调整对原产于美国约750亿美元进口商品的加征关税措施，自2020年2月14日13时01分起，2019年9月1日起已加征10%关税的商品，加征税率调整为5%；已加征5%关税的商品，加征税率调整为2.5%。除上述措施外，其他对美加征关税措施继续按规定执行。对美加征关税商品排除工作继续开展。就此，记者采访了税委会办公室有关负责人。

问：请问您能详细介绍一下此次调整的具体情况吗？

答：2019年8月23日，我对美实施第三轮关税反制，发布了《国务院关税税则委员会关于对原产于美国的部分进口商品（第三批）加征关税的公告》（税委会公告〔2019〕4号）和《国务院关税税则委员会关于对原产于美国的汽车及零部件恢复加征关税的公告》（税委会公告〔2019〕5号），对美约750亿美元商品分两批加征10%、5%关税，对此前暂停加征关税的美汽车及零部件恢复加征25%、5%关税。其中，对750亿美元清单一商品的加征关税措施，已于2019年9月1日起实施；对750亿美元清单二商品的加征关税措施，以及对美汽车及零部件恢复加征关税的措施，原定于2019年12月15日起实施。

2019年12月15日，税委会已公告，对原定于当日加征关税的750亿美元清单二商品，暂不征收10%、5%关税，对美汽车及零部件继续暂停加征关税。

此次税委会进一步调整关税反制措施，自2020年2月14日13时01分起，对750亿美元清单一已实施加征10%关税的商品，加征税率由10%下调至5%；已实施加征5%关税的商品，加征税率由5%下调至2.5%。

问：请问此次调整的有关考虑是什么？有下一步调整计划吗？

答：2020年1月16日，美方发布公告，自2020年2月14日起，已于2019年9月1日起加征15%关税的1200亿美元商品，加征关税由15%调整为7.5%，下调比例1/2。为缓解经贸摩擦，扩大经贸合作，我方同步调整了有关措施。

下一步调整，主要取决于中美经贸形势发展变化。我们希望，与美方一道朝着最终取消全部加征关税的方向努力。

问：请问排除工作是否也作调整？

答：对美加征关税商品排除工作将按规定继续开展。此前已公布的排除措施继续有效。

国务院关税税则委员会发布公告调整对原产于美国的部分进口商品加征关税措施

2020 年 2 月 6 日

为促进中美经贸关系健康稳定发展，根据《中华人民共和国海关法》《中华人民共和国对外贸易法》《中华人民共和国进出口关税条例》等法律法规和国际法基本原则，国务院关税税则委员会决定，调整对原产于美国约 750 亿美元进口商品的加征关税措施。自 2020 年 2 月 14 日 13 时 01 分起，2019 年 9 月 1 日起已加征 10% 关税的商品，加征税率调整为 5%；已加征 5% 关税的商品，加征税率调整为 2.5%。

除上述措施外，其他对美加征关税措施继续按规定执行。对美加征关税商品排除工作继续开展。

中方希望，双方能够遵守协议约定，努力落实好协议相关内容，增强市场信心，推动双边经贸关系发展，促进世界经济增长。

国务院关税税则委员会发布公告开展对美加征关税商品市场化采购排除工作

2020 年 2 月 18 日

根据《中华人民共和国海关法》《中华人民共和国对外贸易法》

《中华人民共和国进出口关税条例》等有关法律法规规定，经国务院批准，国务院关税税则委员会已发布公告，开展对美加征关税商品市场化采购排除工作。根据公告，自2020年3月2日起，国务院关税税则委员会接受相关中国境内企业申请，在对有关申请逐一进行审核的基础上，对相关企业符合条件、按市场化和商业化原则自美采购的进口商品，在一定期限内不再加征我对美301措施反制关税，支持企业基于商业考虑从美国进口商品。

拟签订合同从美国采购并进口相关商品的中国境内企业，均可作为申请主体，根据已公布的可申请排除商品清单及自身需求，通过排除申报系统（财政部关税政策研究中心网址，https：//gszx. mof. gov. cn）按要求提交市场化采购排除申请。

国务院关税税则委员会将根据填报信息，结合第一、第二批对美加征关税商品排除申请情况，组织对有效申请逐一进行审核，并通过排除申报系统等方式，及时将排除申请结果通知申请主体。

国务院关税税则委员会公布第二批对美加征关税商品第一次排除清单

2020年2月21日

根据《国务院关税税则委员会关于试行开展对美加征关税商品排除工作的公告》（税委会公告〔2019〕2号），经国务院批准，国务院关税税则委员会公布第二批对美加征关税商品第一次排除清单，对第二批对美加征关税商品，第一次排除其中部分商品，自2020年2月28日起实施。

其中，清单一所列商品，自2020年2月28日至2021年2月27日，不再加征我为反制美301措施所加征的关税。对已加征的关税税款予以退还，相关进口企业应自排除清单公布之日起6个月内按规定向海关申请办理。

清单二所列商品，自2020年2月28日至2021年2月27日，不再加征我为反制美301措施所加征的关税，已加征关税不予退还。

下一步，国务院关税税则委员会还将继续开展对美加征关税商品排除工作，适时公布后续批次排除清单。

国务院关税税则委员会办公室发布市场化采购排除申请填报说明并开通系统注册功能

2020年2月25日

2020年2月25日，国务院关税税则委员会办公室发布《对美加征关税商品市场化采购排除申请填报说明》，并开通对美加征关税商品排除申报系统注册功能。欢迎企业通过财政部关税政策研究中心网站（https：//gszx. mof. gov. cn）注册用户账号，并按政策规定和填报说明，做好申请准备。

国务院关税税则委员会办公室发布市场化采购排除申请操作指南

2020年2月28日

2020年2月28日，国务院关税税则委员会办公室发布《对美加征关税商品市场化采购排除申请操作指南》。企业可通过财政部关税政策研究中心网站（https：//gszx. mof. gov. cn）下载。2020年3月2日，对美加征关税商品排除申报系统将开始接受市场化采购排除申请，欢迎企业注册并积极填报申请。

国务院关税税则委员会办公室优化对美加征关税商品市场化采购排除申报系统

2020 年 4 月 7 日

为更好地服务企业，发挥市场作用，国务院关税税则委员会办公室持续优化对美加征关税商品市场化采购排除申报系统。增加提交当月采购计划、提交第三个月采购计划等功能，并升级改进其他功能。加快受理企业排除申请，对 3000 美元以下的采购计划提高核准速度，进口时间临近的排除申请优先审核。近期，对已核准的采购计划、成交记录、排除编号，排除申报系统还将开放修改功能。

国务院关税税则委员会公布第二批对美加征关税商品第二次排除清单

2020 年 5 月 12 日

根据《国务院关税税则委员会关于试行开展对美加征关税商品排除工作的公告》（税委会公告〔2019〕2 号），经国务院批准，国务院关税税则委员会公布第二批对美加征关税商品第二次排除清单，对第二批对美加征关税商品，第二次排除其中部分商品，自 2020 年 5 月 19 日至 2021 年 5 月 18 日，不再加征我为反制美 301 措施所加征的关税。对已加征的关税税款予以退还，相关进口企业应自排除清单公布之日起 6 个月内按规定向海关申请办理。第二批对美加征关税的其余商品，暂不予排除。

未列入第一批、第二批对美加征关税商品排除清单的商品，企业可根据《国务院关税税则委员会关于开展对美加征关税商品市场化采购排除工作的公告》（税委会公告〔2020〕2 号），申请市场化采购排除。

构建“制度+技术”的管理机制

——财政部推进预算管理一体化建设

【引言】党的十九大以来，习近平总书记和党的重要会议对于建立完善现代预算制度、深化预算管理制度改革提出了明确要求。习近平总书记在党的十九大报告中指出：“建立全面规范透明、标准科学、约束有力的预算制度，全面实施绩效管理。”① 党的十九届四中全会通过的《中共中央关于坚持和完善中国特色社会主义制度、推进国家治理体系和治理能力现代化若干重大问题的决定》要求：“完善标准科学、规范透明、约束有力的预算制度。”党的十九届五中全会通过的《中共中央关于制定国民经济和社会发展第十四个五年规划和二〇三五年远景目标的建议》要求：“加强财政资源统筹，加强中期财政规划管理，增强国家重大战略任务财力保障。深化预算管理制度

---

① 《习近平：决胜全面建成小康社会　夺取新时代中国特色社会主义伟大胜利——在中国共产党第十九次全国代表大会上的报告》，中国政府网，http：//www.gov.cn/zhuanti/2017－10/27/content_5234876.htm，2017年10月。

改革，强化对预算编制的宏观指导。推进财政支出标准化，强化预算约束和绩效管理。”同时，习近平总书记高度重视信息化在国家治理体系和治理能力现代化建设中的重要作用，在2016年网络安全和信息化工作座谈会上指出：“我们提出推进国家治理体系和治理能力现代化，信息是国家治理的重要依据，要发挥其在这个进程中的重要作用。要以信息化推进国家治理体系和治理能力现代化。”①

【摘要】预算管理一体化建设紧紧围绕完善标准科学、规范透明、约束有力的预算制度的要求，以系统化思维整合预算管理全流程，建立各级财政统一的预算管理一体化业务规范。以业务规范为核心制定统一的技术标准，将统一的管理规则嵌入系统，构建现代信息技术条件下“制度＋技术”的管理机制，全面提高各级预算管理规范化、标准化和自动化水平。预算管理一体化的全面实施，将为全面深化预算管理制度改革打下坚实基础，为现代财税体制运行提供基础保障，更好地发挥财政在国家治理中的基础和重要支柱作用。本案例简要分析了预算管理一体化建设背景，详细介绍了预算管理一体化建设主要思路和取得的初步成效，总结了工作中的经验启示，将为创新预算管理理念，进一步深化预算管理制度改革，推动现代财税体制建设提供参考。

【关键词】预算管理一体化　业务规范　技术标准

一、背景情况

预算体现着国家的战略和政策，反映政府的活动范围和方向，是

① 《习近平总书记在网络安全和信息化工作座谈会上的讲话》，载于《人民日报》2016年4月26日第2版。

国家治理的重要支撑。党的十八大以来，预算制度改革作为现代财政制度建设的重要内容率先启动、率先突破，在全面实施预算绩效管理、推进预决算公开、实施中期财政规划、完善转移支付制度、加强地方政府性债务管理、深化政府采购制度改革、建立政府综合财务报告制度等方面，密集推出一系列重大改革举措，基本确立了现代预算制度主体框架。

习近平总书记在党的十九大报告中指出："建立全面规范透明、标准科学、约束有力的预算制度。"① 党的十九届四中全会重要决定从坚持和完善中国特色社会主义制度、推进国家治理体系和治理能力现代化的高度，进一步提出要完善标准科学、规范透明、约束有力的预算制度。党的十九届五中全会提出了建立现代财税体制的目标要求、主要任务和实现路径，并明确要求进一步深化预算管理制度改革。

如何进一步深化预算管理制度改革，加快建立现代预算制度，是财政部门面临的重大课题。财政部党组在总结历次预算管理改革经验的基础上，决定推进预算管理一体化建设，以系统化思维和信息化手段推进预算管理工作，为深化预算管理制度改革提供基础性支撑。实施预算管理一体化，就是要以系统化思维整合预算管理全流程，建立各级财政统一的预算管理一体化规范，将管理规则嵌入信息系统，构建现代信息技术条件下"制度＋技术"的管理机制，全面提高各级预算管理规范化、标准化和自动化水平。这项工作对于建立完善现代预算制度，推动国家治理体系和治理能力现代化具有十分重要的意义。

① 《习近平：决胜全面建成小康社会　夺取新时代中国特色社会主义伟大胜利——在中国共产党第十九次全国代表大会上的报告》，中国政府网，http：//www. gov. cn/zhuanti/2017－10/27/content_5234876. htm，2017 年 10 月。

一是预算管理一体化是加快建立完善现代预算制度，推进国家治理体系和治理能力现代化的必然要求。习近平总书记指出，信息是国家治理的重要依据，要以信息化推进国家治理体系和治理能力现代化。[①] 现代预算制度建设必须充分利用好现代信息技术，以信息化手段驱动实现预算管理现代化，加快实现预算制度改革目标，推动实现国家治理体系和治理能力现代化。

二是预算管理一体化是落实政府过紧日子要求，积极应对今后一段时期复杂经济社会形势的重要保障。随着我国经济发展进入新常态，以及减税降费等政策的有效实施，财政收入增长趋缓。同时，财政在巩固脱贫攻坚成果、推动高质量发展、防范化解重大风险等方面承担着重要责任。综合判断，财政在今后较长一个时期将处于“紧平衡”状态。为此，必须将党和政府带头过紧日子作为财政工作长期坚持的方针，在巩固前期减税降费政策效果的基础上，加大预算对各类公共资源的统筹能力，强化预算支出管理，更加注重预算项目的质量和效益，把不该花的钱减下来。这就必须通过预算管理一体化，全面规范预算管理和切实硬化预算约束，将政府过紧日子的要求落实到位。

三是预算管理一体化是深化预算管理制度改革的主要支撑手段。当前，预算管理制度改革进入深水区、攻坚期，过去出台单项制度和规则的方式，不能适应改革发展要求，难以实现改革效果。进一步深化预算管理制度改革，必须紧紧围绕标准科学、规范透明、约束有力的要求，系统制定切实可行的方案。要科学制定支出标准、全面规范预算管理和切实硬化预算约束，就必须实现各层级政府预算之间、各

---

① 《习近平总书记在网络安全和信息化工作座谈会上的讲话》，载于《人民日报》2016 年 4 月 26 日第 2 版。

预算管理环节之间，以及政府预算、部门预算和单位预算之间的有效衔接控制，加强对部门和单位各项资金资产的统筹管理。因此，预算管理一体化既是深化预算管理制度改革的重要内容，也是支撑预算管理制度改革得以有效实施的重要手段。

四是预算管理一体化是完善财政基础工作，做好基础管理的必然选择。当前各级预算管理基础工作中仍然存在许多薄弱环节，预算管理的规范性还不够，财政部门对预算运行信息的掌握也不充分，履职尽责的能力和水平有待提升。为此，财政部门必须对现有的预算管理手段和信息化水平进行全面彻底的升级，提升对数据的管理能力，把基础工作做扎实，练就看家本领，更好地担负起财政预算管理职责。

2019 年 6 月 5 日，财政部党组审议通过了一体化系统建设实施方案，部署在全国推进预算管理一体化建设。财政部制定发布了《预算管理一体化规范（试行）》（以下简称《规范》）和《预算管理一体化系统技术标准》（以下简称《标准》），部署各地分两批建设实施预算管理一体化系统，明确了预算管理一体化系统的建设标准和实施步骤。各地财政部门高度重视、主动作为，对标全国统一的《规范》和《标准》，积极推进本地区预算管理一体化系统建设，系统实施范围不断拓展，系统建设质量不断提升，形成了扎实工作、不断前行的良好态势。

二、主要做法

（一）工作目标

预算管理一体化建设旨在构建现代信息技术条件下“制度 + 技术”的管理机制，全面提高各级预算管理规范化、标准化和自动化水平，实现各级财政部门对预算管理的动态反映和有效控制，推动预算管理迈上新台阶。主要目标可以概括为五个“一体化”。

1. 全国政府预算管理的一体化

统一全国各级财政预算管理规则和管理要素，建立健全上下级预算的衔接机制，实现逐级汇总编制真实完整的全国预算，动态实时反映全国预算资源的分配、拨付、使用情况，并对非财力性转移支付项目跟踪问效，及时掌握各级预算落实党中央、国务院决策部署情况，增强政府宏观调控能力。

2. 各部门预算管理的一体化

各部门及所属单位依法依规将取得的各类收入纳入部门和单位预算，执行统一的预算管理制度。各部门统筹使用好本部门非财政拨款收入等各项收入和各类存量资金资产，突出保障重点支出需求，提高资金使用效益和资产配置效率。

3. 预算全过程管理的一体化

整合预算编制、预算执行、决算和报告、政府采购、资产管理和债务管理等预算管理环节，强化顺向环环相扣的控制机制和逆向动态可溯的反馈机制，预算执行结果及形成资产和债务情况作用于以后年度预算编制，同时推进绩效管理与预算管理各环节深度融合，形成预算全过程的管理闭环。

4. 预算项目全生命周期管理的一体化

预算管理各环节以预算项目为基本单元，依托项目库对预算项目全生命周期实施管理。预算支出以预算项目形式全部纳入项目库，加强跨年度项目支出、政府偿债支出、政府承诺或做出的各类中长期支出事项等与各年度预算的衔接，更好地统筹未来财政收支，增强中期财政规划对年度预算的约束，加强跨年度预算平衡。

5. 全国预算数据管理的一体化

实现各级财政预算数据生产和对接传输的标准化。在坚持部门和单位财务管理主体责任的基础上，集中单位会计核算、资产管理、账户余额等预算数据，实现财政部门与单位主管部门共享共用。各省预算管理一体化系统集中地方各级财政预算数据，并与中央财政系统对接，实现全国预算数据的自动汇总和动态反映。

（二）工作思路

为了加强预算管理一体化建设的顶层设计，实现各级财政预算管理在总体目标、基本规则、数据标准等方面保持一致，预算管理一体化建设必须坚持四个“统一”。财政部组织制定全国统一的《规范》，将预算管理主要环节按一个整体进行综合与规范，并依据《规范》制定全国统一的《标准》。具体实施上，各地由省级财政部门统一对标《规范》和《标准》建设本地区的预算管理一体化系统，并与财政部联网对接，通过嵌入系统的管理规则，规范预算管理和硬化预算约束，同时实现各级预算管理业务的上下衔接贯通，以及预算数据的自动汇总和动态反映。

1. 统一全国预算管理一体化规范

《规范》按照预算管理主体流程，分为基础信息管理、项目库管理、预算编制、预算批复、预算调整和调剂、预算执行、会计核算、决算和报告 8 个主要环节，统一规定了各级预算的管理流程、管理规则和管理要素。《规范》起草过程中坚持了四项基本原则：一是坚持依法规范管理，严格落实预算法，相关规定均符合预算法要求，是预算法在管理操作层面的贯彻落实。二是坚持问题导向、目标导向、结果导向。紧紧围绕完善标准科学、规范透明、约束有力的预算制度的要求，在系统梳理已取得的预算制度建设成果基础上，结合一些地方探索预算管理一体化的成功经验，将预算制度相关规定按预算管理主流程进行梳理，对现行制度尚未明确的予以细化规定，对与一体化原则不一致的进行流程再造，解决制约深化预算管理制度改革的主要问题。三是坚持预算管理主体责任不变。主要实现各级预算管理目标、规则、信息的统一，不改变地方财政部门以及部门和单位的预算管理主体地位，较好地平衡各方利益关系。四是坚持对标现代预算制度建设目标，统筹谋划、分步建设，根据预算管理制度改革推进情况，持续拓展完善。

2. 统一全国预算管理一体化系统技术标准

预算管理一体化建设坚持统一标准而不是统一软件，为地方进行个性化功能开发和发挥不同软件公司专业特长留下空间。为此，财政部严格依据《规范》制定了《标准》。《标准》的主要内容包括概述、系统描述、数据描述、数据技术标准、其他技术标准5章以及预算管理一体化系统外部接口标准、全国数据汇总标准等附录，主要就预算管理一体化系统建设有关的数据结构进行规范，对系统的数据描述、接口标准、逻辑库表、系统软件质量标准等技术标准作出规定，用于预算管理一体化系统的设计和开发、与其他系统的对接以及数据交换与共享等，保证《规范》规定的管理流程、管理规则和管理要素贯彻落实到预算管理一体化系统中。

3. 统一对标《规范》和《标准》推进系统建设

严格对标《规范》和《标准》开展预算管理一体化系统建设，是实现预算管理一体化建设目标，推动深化预算管理制度改革的核心基础。各地在进行预算管理一体化系统的设计和开发中，严格按照《规范》规定的管理流程、管理规则和管理要素拟订业务需求，保障《规范》的全面贯彻落实；严格依据《标准》规定的数据结构、逻辑库表、数据要素等设计开发预算管理一体化系统。财政部对各地建设的预算管理一体化系统进行严格评估，确保系统符合《规范》和《标准》。

4. 统一由省级建设和集中部署全省一体化系统

省级财政部门统一建设本地区预算管理一体化系统，在省级集中部署，集中管理全省各级预算数据，并按日上传财政部全国预算管理汇总系统，支撑全国预算数据的自动汇总和动态反映。随着各地预算管理一体化系统的全面推广实施，财政部逐步将此前下发地方的预算管理软件整合，实现各地统一通过预算管理一体化系统与全国预算管理汇总系统对接，向财政部报送预算数据。财政部也将统一通过全国预算管理汇总系统对地方下发有关基础信息和下达转移支付预算指标。

（三）主要措施

1. 加强组织领导，落实任务分工

财政部成立分管部领导任组长的预算管理一体化建设领导小组，预算司、国库司、信息网络中心主要负责同志为成员。领导小组下分设业务组、技术组和协调指导组，选调精兵强将专职脱产、集中办公开展攻关。业务组主要负责《规范》的研究制定和维护更新，研究提出全国预算管理数据实时反映和汇总业务需求，组织部本级预算管理一体化系统建设研究等。技术组主要负责依据《规范》研究制定《标准》和进行维护更新，组织建设全国预算管理汇总系统，对各省系统建设实施进行技术指导，组织部本级预算管理一体化系统建设的技术实现方式研究等。协调指导组主要负责与各地的联络协调、推动各地预算管理一体化系统建设和与中央的对接，并对各地《规范》和《标准》落实情况、预算管理一体化系统建设情况、业务数据向全国预算管理汇总系统传输等工作进行督促指导。

2. 健全推进机制，明确建设模式

根据各地申请，财政部部署全国各地区分两批开展预算管理一体化系统建设，主要采取三种建设模式：跟从模式，即直接选用相关省市开发的基本符合一体化管理要求的系统；升级改造模式，即在本省现有系统基础上，对标《规范》和《标准》进行升级改造；自建模式，即遵循《规范》和《标准》建设新的一体化系统。2021 年 5 月底前所有省份要按照统一的《规范》和《标准》推动一体化系统上线运行，并与全国预算管理汇总系统对接。在此基础上不断扩大上线实施范围，在地方各级财政部门使用一体化系统开展 2022 年度预算编制和执行工作。

3. 注重指导培训，有力推动实施

财政部多次举办各省级财政部门厅局级领导参加的现场会、培训会、推进工作视频会等，不断提高各地对于预算管理一体化建设工作的思想认识，加强对各地一体化系统建设和实施的指导和督促。编写《预算管理一体化规范实用教程》，举办全国预算管理一体化培训班，并会同北京、上海、厦门 3 家国家会计学院，打造标准化、常态化的培训项目，加深各地对预算管理一体化的理解。通过视频会议、工作周报等方式，及时了解各地进展情况、遇到的问题及工作计划，跟踪工作进度和解决重点难点问题。分批对实施省份进行现场督导，通过座谈、观看系统演示、工具检测等方式，评估各地一体化系统建设情况，对存在的问题提出指导意见和改进建议。

4. 优化系统对接，强化运维保障

发文指导各地通过整合全域技术力量、招标外部运维团队或购买服务等方式尽快建立本地运维队伍。坚持“先立后破、不立不破”原则，处理好老系统运维和新系统建设的关系，配套建立与一体化工作相适应的集中化运维保障机制，组建本地客服中心和智能知识库，为系统稳定运行、用户咨询答疑等提供全面高效的服务。筹建中央运维呼叫中心和财政智能知识库，对各地出现的共性、难点问题进行研究并提供咨询支持和帮助，逐步建立中央和地方联动的运维保障体系。

三、实际成效

（一）统一了全国的预算管理业务规范和数据标准

制定发布《规范》和《标准》，统一了各级预算管理流程、管理规则、管理要素和数据标准，明确了预算管理一体化建设的目标模式和技术实现路径，为指导地方整体协同推进一体化建设夯实了基础，也为研究制定深化预算管理制度改革各项制度措施，增强各项制度的系统性、整体性、协同性探索了路子。

（二）地方预算管理一体化系统建设初见成效

截至2020年底，第一批16个实施地区总体进展顺利，基本实现预算管理一体化系统在省本级和部分市县上线运行。其中，海南、河北、陕西、新疆生产建设兵团等已经实现在各级全面推广实施。第二批21个实施地区大部分已经开展了系统建设，在省本级和试点市县实现项目库、预算编制、预算执行、会计核算等模块上线。这些上线地区已经初步实现预算管理主要业务环节的衔接贯通，以及财政部门的业务协同和数据汇集，实现了预算管理水平的跨越式发展和信息系统的换代升级。

（三）实现地方预算管理数据按日上传

建成全国预算管理汇总系统，并在财政部本级部署运行，为实现中央和地方数据贯通、检验各地业务规范和技术标准实施效果提供重要支撑手段。截至2020年底，19个省份预算管理一体化系统与全国预算管理汇总系统对接贯通，初步实现了地方预算数据的“T+1”报送和汇总，为开展财政大数据分析利用打下了坚实基础。

四、经验启示

（一）系统谋划，科学决策

党的十九届四中全会强调，制度的生命力在于执行，要切实强化制度意识，健全权威高效的制度执行机制，把我国制度优势更好地转化为国家治理效能。党的十九届五中全会将坚持系统观念作为“十四五”时期经济社会发展必须遵循的原则。预算管理一体化更加注重各项预算制度的系统集成、协同高效，以提升预算管理的整体效能为目标，采用系统化思维进行流程再造，运用信息化手段创新制度执行机制，增强预算制度的规范性、协调性和约束力。推进预算管理一体化建设的决策部署，体现了部党组对新发展阶段深化预算管理制度改革工作的前瞻性思考，将为各项预算改革举措的整体推进和现代财税体制运行提供有力支撑。

（二）领导重视，高位推动

预算管理一体化建设是全国财政系统深入贯彻落实党的十九大和十九届四中、五中全会精神的重要内容。为加快推进预算管理一体化建设，财政部专门成立预算管理一体化建设领导小组，在一体化建设的关键问题、复杂问题、难点问题上定调、拍板、督促，确保一体化建设科学、规范开展。各地普遍成立了厅（局）“一把手”担任组长的领导小组，详细制定建设方案，分管厅局级领导靠前指挥，组织协调推动本地区预算管理一体化建设。大部分省级财政部门向省委、省政府专题汇报了预算管理一体化工作，积极争取领导重视和支持，保证了预算管理一体化建设顺利推进。

（三）规范先行，标准一致

预算管理一体化建设首先应制定预算管理业务规范，统一各级预算管理流程、规则、要素，以此为依据制定系统技术标准。各地按照统一的预算管理业务规范和技术标准开展业务需求编制和系统设计开发，从而保证各地开发的系统在基本业务功能和数据标准等方面保持一致。这样不仅可以实现对预算管理全流程的动态反映和有效控制，保证各级预算管理规范高效和约束有力，而且有利于促进各地一体化系统建设的相互借鉴和软件公司的竞争，实现预算管理一体化建设的螺旋式跃升。

（四）紧密协作，合力建设

预算管理一体化建设涉及横向和纵向的协调联动，坚持全国一盘棋思想，充分调动中央、地方和有关各方面积极性是全面实现一体化建设目标的基本保障。财政部抽调部内各单位、地方财政部门和有关软件公司的业务技术骨干组成攻关小组，采取集中办公、联合攻关的方式，在较短的时间内完成了《规范》和《标准》的起草工作，保证了后续建设工作的按时推进。同时，财政部不断完善工作机制，通过发文部署、召开现场和视频会议、调研座谈、观看远程系统演示、现场评估督导等多种方式，加强对各地一体化系统建设的指导和协调。各地也普遍成立了业务和技术部门协作的工作组，有的地方还成立专班，专职负责一体化建设工作。采取跟从模式建设系统的地区与被跟从地区建立了密切的协作关系，共同研究细化业务需求、联合组建项目团队、深度参与系统开发，被跟从地区也对跟从地区的系统部署、人员培训、运维保障给予大力支持。财政部还注意充分调动软件公司积极性，一体化建设工作初期，部领导就召开会议，向参会软件公司明确一体化系统建设要求，现场回答提问，消除软件公司顾虑，促进优秀的软件公司积极参与财政信息系统建设。

（五）创新驱动，保障有力

地方预算管理一体化系统要支撑全省各级财政部门和预算单位全流程预算管理业务实时协同、数据实时传输和省级大集中等，对于系统的高并发处理能力、大数据存储和分析能力等都提出了更高的要求。财政部邀请了国内领先信息技术公司参与《标准》制定，保证

《标准》符合现代信息技术方向。开展一体化系统建设的地区普遍紧跟信息技术发展趋势，不同程度运用了云平台、微服务、大中台等创新技术和理念，突破传统系统集中部署存在的性能瓶颈，提高了一体化系统的稳定性、适用性、灵活性和可扩展性。同时，各地适应系统省级集中部署的要求，开展全省统一运维体系建设，强化网络硬件支撑，统一组织对各级财政部门和预算单位广泛开展业务和系统操作培训，保障了一体化系统顺利实施。

【思考题】

1. 如何保障预算管理一体化规范和技术标准落地实施?

2. 如何以预算管理一体化建设为抓手，全面提升预算管理的规范化、标准化和自动化水平?

让绿色成为发展最动人的色彩

——浙江探索实施绿色发展财政奖补机制

【引言】2005年8月15日，时任浙江省委书记的习近平同志在安吉余村考察时，首次提出“绿水青山就是金山银山”这一科学论断。2005年8月24日，习近平同志在《绿水青山也是金山银山》一文中对“绿水青山”“金山银山”的关系进行了进一步论述：“绿水青山可以带来金山银山，但金山银山却买不到绿水青山。绿水青山与金山银山既会产生矛盾，又可辩证统一。”2013年9月7日，习近平总书记在哈萨克斯坦纳扎尔巴耶夫大学发表演讲并回答学生们提出的问题时明确：“我们既要绿水青山，也要金山银山。宁要绿水青山，不要金山银山，而且绿水青山就是金山银山。”[①] 2020年3月29日至4月1日，习近平总书记在浙江考察期间强调，要践行“绿水青山就是金山银山”理念，推进浙江生态文明建设迈上新台阶，把绿水青山

① 《习近平谈生态文明》，人民网，http：//jhsjk. people. cn/article/25567379，2014年8月。

建得更美，把金山银山做得更大，让绿色成为浙江发展最动人的色彩。①

【摘要】从2005年在全国率先建立生态环保财力转移支付制度，到2014年建立重点生态功能区建设财政政策，再到2015年在全省全面推广实施与污染物排放总量挂钩的财政收费制度，浙江财政在支持生态文明建设方面的探索与实践，一直走在全国前列。2017年，浙江按照集中财力办大事的原则，整合原有生态环保财政政策，通过“制度+政策”的集成创新，建立了具有浙江特色的绿色发展财政奖补机制。2020年4月，为贯彻落实习近平总书记3月底在浙江考察时提出的“生态文明建设要先行示范”的嘱托，有针对性地解决首轮绿色发展财政奖补机制存在的问题，进一步优化制度供给、强化政策保障，更好地发挥财政政策在推动生态文明建设方面的积极作用，浙江出台实施新一轮绿色发展财政奖补机制。

【关键词】绿色发展　生态环境质量　有奖有罚

一、背景情况

人的命脉在田，田的命脉在水，水的命脉在山，山的命脉在土，土的命脉在树，生生不息，循环不已，山水林田湖草是一个生命共同体。浙江既是陆域面积最小省份之一，又处在经济总量第一梯队，如何统筹修复、治理“七山一水两分田”的宝贵山水林田湖草生命共同体，进一步打开“绿水青山就是金山银山”的转换通道？这是摆在浙

① 《习近平在浙江考察时强调：统筹推进疫情防控和经济社会发展工作奋力实现多年经济社会发展目标任务》，载于《人民日报》2020年4月2日第1版。

江人面前的时代命题。

（一）近年来中央对生态文明建设作出新的部署

党的十七大提出并确立了“建设生态文明”的战略任务；党的十八大把生态文明建设纳入中国特色社会主义事业“五位一体”总布局。党的十八届三中全会报告提出“建立系统完整的生态文明制度体系”“坚定不移实施主体功能区制度”“坚持谁受益、谁补偿原则，完善对重点生态功能区的生态补偿机制”等关于生态文明建设的新思想、新论断、新要求，充分表明了以习近平同志为核心的党中央高度重视推进生态文明建设；党的十八届五中全会提出“创新、协调、绿色、开放、共享”的五大发展理念，使绿色发展的理念更加深入人心；2016 年 4 月，为加快生态文明建设，国务院办公厅专门出台指导意见，对进一步健全生态保护补偿机制作出具体部署。

（二）省委、省政府对生态文明及生态功能区建设提出新的要求

2005 年 8 月 15 日，时任浙江省委书记的习近平同志在安吉余村考察时，首次提出“绿水青山就是金山银山”这一科学论断。[①] 同年，在省政府下发的《关于进一步完善生态补偿机制的若干意见》中明确把完成生态环保任务作为兑现省对市县财政体制中“两保两挂”“两保一挂”财政奖补政策的前置条件。随着浙江主体功能区战略实施的不断深入，2015 年，省政府出台《关于全面开展县域经济体制

① 《习近平谈生态文明》，人民网，http：//jhsjk. people. cn/article/25567379，2014 年 8 月。

综合改革的指导意见》，提出“建立生态环境财政奖惩制度，在全省重点生态功能区县全面建立财政奖惩与主要污染物排放总量挂钩、财政生态补偿与出境水质和森林覆盖率挂钩机制”；同年出台的《关于加快建立现代财政制度的意见》也明确要求“健全生态文明建设财政政策”“逐步扩大生态环境财政奖惩政策实施范围”，为浙江建立绿色发展财政奖补机制明确了总体方向、提出了具体要求。同时，2016年省政府工作报告明确提出“加强生态功能区建设，扩大重点生态功能区范围，支持衢州、丽水全域建设生态功能区”。

（三）财政支持生态文明建设实践需要不断深入

2005 年，浙江率先在全国首创生态环保财力转移支付制度，后陆续又出台了生态公益林补偿政策、省级重点生态功能区示范区建设试点财政政策，以及污染物排放财政收费制度，初步形成了具有浙江特色的财政政策体系，较好地促进了生态治理和环境改善。随着当前生态文明建设的不断推进，迫切需要结合新形势、新要求，整合完善现有财政政策，创新财政支持方式，加快健全和优化生态文明建设财政政策，更好地促进“两美”浙江建设和绿色发展。

二、主要做法

（一）积极转变理念，开启新实践

“绿水青山就是金山银山”理念提出后，浙江财政部门迅速转变思想、积极跟进，在持续加大环保投入的同时，开始思考和探索财政扶持政策的切入点，开启了促进绿色发展的新实践。

2005 年，在省政府下发的《关于进一步完善生态补偿机制的若干意见》第一条措施中，就明确把完成生态环保任务作为兑现省对市县财政体制中“两保两挂”“两保一挂”财政奖补政策的前置条件，对按时完成环境保护工作任务、达到区域生态环境保护要求的地区，兑现相应的财力补助和奖励；否则扣减相应的财力补助和奖励。从财政体制上入手，进一步强化地方政府生态环保职责，给地方政府套上了“紧箍咒”。

流域治理的利益协调机制建设，向来是个难点。在“绿水青山就是金山银山”理念提出的同年，浙江财政在全国率先建立了生态环保财力转移支付制度，对钱塘江源头地区 10 个县（市、区），实行专项补助试点政策，每年安排 2 亿元，按“因素法”分配，由当地政府统筹用于生态环保方面。这项机制的建立，改变了以往局限于按项目分配生态补助资金的模式，是扶持方式的重大改革和创新。2008 年，在总结试点工作的基础上，在八大水系源头地区 45 个市县实施生态环保财力转移支付政策，以“林、水、气”等反映区域生态环境质量的基本要素作为分配依据，成为全国第一个实施省内全流域生态补偿的省份。生态环保财力转移支付资金规模也逐年扩大，从最初的 2 亿元增加到 2010 年的 12 亿元。

随着生态公益林区划界定工作的开展，为保障林农权益，有效发挥生态公益林在涵养水源、固碳减排、改善人居环境等方面的特有功能和作用，浙江省早在 2004 年就开始探索实施生态公益林补偿机制，建立了以公共财政投入为主体的森林生态效益补偿基金制度。按照省委、省政府提出的“通过一个时期的努力，建立分类与分档补助相结合，量力而行、分布推进、逐步完善、补偿标准基本合理的森林生态效益补偿机制”的总体目标，以及“最低补偿标准和省补偿标准每两年做一次调整”的要求，省以上公益林的补偿标准从2004年的8元/亩提高到2010年的17元/亩，相应的省级补偿资金规模也在不断壮大，有效促进了森林资源持续快速增长。

浙江生态补偿模式的创建，一方面，为地方发展提供了正确导向。“谁保护，谁得益”“谁改善，谁得益”“谁贡献大，谁多得益”以及“总量控制，有奖有罚”的补偿原则，对个别地方“唯GDP思维”形成了较大冲击，有力推动了地方政府在发展中更加注重生态建设和环境保护。另一方面，为政府间事权的划分提供了有益借鉴。省内跨界流域治理作为省级事权，有利于地方政府间相关事务的统筹协调，规范跨流域治理工作秩序，有效规避了上下游政府之间的扯皮与“讨价还价”，浙江的实践为全国其他地方乃至中央对跨省流域治理事权划分提供了很好的借鉴。但由于初期政策尚处于启动阶段，政策的目标和内容总体上还较为单一，政策的广度和深度需要进一步拓展，同时在激励约束机制建设方面需要强化，以进一步提高地方积极性。

（二）实行增点扩面，政策更丰富

2011年之后，随着生态文明建设的不断深入，浙江财政准确把握政策的着力点，更加注重制度创新，不断拓展政策空间，进一步丰富了绿色发展财政政策体系。

2011年，浙江按照“扩面、并轨、完善”的要求，对生态环保财力转移支付的范围、考核奖罚标准、分配因素和权重设置等做了进一步修改完善，将转移支付范围扩大到了全省所有市县。政策完善后，资金规模也逐步增加到2015年的18亿元。同时，进一步完善生态公益林补偿机制，2011 年开始，对省级以上森林类自然保护区核心区、缓冲区集体林开展国家租赁试点工作，2013 年租赁范围扩大到试验区，实现了“三区同步”，租赁价由原来的每年 33.2 元/亩提高到 38.2 元/亩。在此期间，省级生态公益林补偿标准逐步提高到 2015 年的 30 元/亩。

为更好地支持生态保护重点区域的发展，促进这些地区享受均等的基本公共服务，2011 年起，每年安排 16.8 亿元资金，对财政困难地区中发展水平较低又地处生态屏障的 12 个重点县（市、区）实行重点县特别扶持政策。2013 年起，实施山区经济发展专项资金政策，每年安排 10 亿元，以财政困难山区县为重点扶持对象，帮助这些地区改善环境、增强内生发展动力、发展生态经济。

2013 年 9 月，浙江主体功能区规划出台后，省财政主动介入，着力研究实施与功能区划相适应的财政政策。特别是省政府明确 2014 年起在开化县、淳安县开展重点生态功能区示范区建设试点后，浙江财政出台实施了一系列试点财政政策，在保持原有体制的基础上，给予试点县享受省对县财政体制一类一档财政政策，实施工业税收收入保基数、保增长政策，以及与污染物排放总量、出境水水质、森林覆盖率挂钩的生态环境财政奖惩办法等。2015 年起，又将上述政策推广到文成、泰顺、景宁、庆元 4 个重点生态功能区县。在政策出台和实施过程中，浙江财政始终坚持“三大理念”。一是既要保护，也要发展。实施重点生态功能区建设，并不等于放弃发展，而是有效依托政策工具，引导生态功能区立足自身资源条件和发展特点，探寻生态保护与经济发展共赢的道路。二是既要扶持，也要责任。在政策上给予扶持的同时，更加强调责任，以正确的政策导向，引导政府将保护好生态环境作为基础条件和首要责任。三是既要激励，也要约束。在发挥激励政策调动积极性的同时，需要建立有效的财政惩罚和考核机制，倒逼重点生态功能区建设目标的完成，切实发挥试点地区的示范和导向作用。

习近平总书记早在2002年就提出“治理大气污染，保护生态环境，功在当代、利在千秋，标准怎么定都应该，花再大代价也值得”。[①] 在加大污染治理财政投入的同时，浙江财政也一直在思考如何创新机制，倒逼地方政府加大治污减排力度，加快改善生态环境质量。2015年，一项全新的政策新鲜“出炉”，经报请省政府同意，在全省全面推广实施与污染物排放总量挂钩的财政收费制度，对各地每年排放的主要污染物按每吨3000元收缴，并建立收费返还激励约束机制。该项制度在政策设计上体现了“三大特点”。一是在收费计量上，做到总量挂钩。即直接按照各地每个年度排放的化学需氧量、氨氮、二氧化硫、氮氧化物等主要污染物总量进行计量收费，简单明了，公平公正。二是在收费标准上，做到分步到位。2015年按每吨1000元，2016年按每吨2000元，2017年起按每吨3000元收缴，使地方对该项全新的倒逼机制有一个逐步接受的过程，更好地发挥政策效应。三是在收费返还上，做到区别对待。对完成当年主要污染物减排任务的市县，返还其上交省财政缴费总额的50%，由市县统筹用于环境治理，对未完成的，降低返还比例，进一步强化地方政府环境保护责任，充分体现激励与约束相结合的政策导向。

通过这一阶段的实践，浙江财政在支持绿色发展方面有了三大明

---

① 《绿水青山就是金山银山——习近平总书记在浙江的探索与实践·绿色篇》，载于《浙江日报》2017年10月8日第1版。

显变化：一是“绿色”理念更加强化。紧紧围绕生态文明建设部署，将绿色发展理念融入政策工具之中，及时发挥政策的有效作用。二是政策内容更加充实。依托“存量优化、增量创新”，支持绿色发展的政策体系更加完善。三是“指挥棒”作用发挥更加明显。坚持生态激励与环境责任相统一的原则，通过正向扶持、反向倒逼，在调动地方积极性的同时，增强了地方对推动绿色发展紧迫性的认识。在政策逐步完善与丰富的同时，也引发了浙江财政部门的三大思考：一是如何优化政策目标，实现生态效益、经济效益与社会效益的同步提升；二是如何优化政策路径，实现与主体功能区规划相适应的政策体系；三是如何优化政策的管理，解决个别政策指标之间的交叉重叠问题，实现政策合力和绩效提升。

（三）政策有机整合，重构新体系

党的十八届五中全会以来，随着“创新、协调、绿色、开放、共享”五大发展理念的提出，绿色发展的理念更加深入人心。面对新形势、新要求，浙江财政按照“有机整合、分类实施、奖惩结合、加大投入”的总体思路，研究起草健全浙江省生态文明建设财政政策体系方案。2017 年，浙江在有机整合现行生态环保类财政政策的基础上，创新财政奖补机制和资金分配方式，建立了政策层次更加分明、导向更加鲜明、功能更加完善的绿色发展财政奖补机制，推出了主要污染物排放财政收费、单位生产总值能耗财政奖惩、出境水水质财政奖惩、森林质量财政奖惩等 8 项政策，以“五大创新”，力求大整合、大提升、大发展，更好地促进“两美”浙江建设和绿色发展。

1. 生态环境奖惩构建新格局

将现行生态环保财力转移支付制度、重点生态功能区示范区建设试点财政政策、污染物排放财政收费制度3项政策有机整合，从2017年起，分类实施生态环境财政奖惩政策，打造更加合理的政策格局。一类是开化等18个市县。在现行开化等6县享受生态功能区财政奖惩政策的基础上，把衢州、丽水两市全域以及其余国家级重点生态功能区县纳入政策实施范围，并完善与污染物排放总量、出境水水质、森林质量挂钩的财政奖惩标准，进一步发挥政策效应。对于其中的开化、淳安县，实行更高的奖惩标准，更好地发挥两个试点县的引领带动作用。另一类是杭州等41个市县，实行完善后的生态环保财力转移支付制度，按林、水、气的质量权重组合而成的“绿色指数”挂钩分配，更加客观地反映地方政府努力程度以及地方生态建设成效，体现政策的正确导向。哪个地方生态保护好、绿色指数高，得到的补助资金就多，例如2019年仙居县的“绿色指数”为92.4，获得的补助资金为6553万元；如果该县“绿色指数”为60，则补助资金将降至4000万元以下，真正体现绿水青山就是金山银山。

2. 节能降耗奖惩树立新导向

推动节能降耗是促进产业结构优化和经济转型升级的重要手段，也是推动产业绿色发展的重要基础。单位生产总值能耗财政奖惩政策将地方单位生产总值能耗变化与财政奖惩挂钩，各地单位生产总值能耗比上年每降低1个百分点，奖励50万元，其中降幅超过全省平均降幅部分，每1个百分点奖励100万元；各地单位生产总值能耗比上年每提高1个百分点，扣罚100万元。通过财政奖惩的手段，树立政策导向，推动节能降耗工作，倒逼各地经济转型升级。

3. 森林生态补偿启动新标准

生态公益林建设对于保护生态环境、维护生态平衡、提高人民生活质量具有十分重要的意义。自 2004 年起，浙江建立的生态公益林补偿机制在促进生态公益林建设方面发挥了积极作用。省级以上公益林最低补偿标准一直位居全国各省首位，也远远超过国家补偿标准。为进一步发挥生态公益林补偿基金效益，从 2016 年起，在保持省级以上公益林最低补偿标准 30 元/亩的基础上，提高主要干流和重要支流源头县以及国家级和省级自然保护区公益林的补偿标准，2016 年为 35 元/亩，2017 年为 40 元/亩。今后将视省级财力状况适时调整范围和标准，努力确保补偿标准与经济社会发展水平相适应。

4. 生态建设激励实施新机制

在生态建设领域创新实施财力性专项竞争性分配，在统筹财力的基础上，建立了区域协调和绿色转化两类财政专项激励机制，采取竞争性分配方式确定扶持范围。2017—2019 年，每年安排 36 亿元，共计 108 亿元，择优支持 30 个县（市、区）。这项政策的实施，创新了资金分配方式，强化了市县生态建设的主体责任意识，要求县（市、区）围绕生态文明建设目标，统筹自身财力，引导社会资本、金融资本，自主选择项目，更好地实现集中财力办大事。据测算，这项政策将调动各县（市、区）统筹自身财力 108 亿元以上，引导社会、金融资本投入 108 亿元以上，3 年共将投入超过 300 亿元，真正起到“四两拨千斤”的作用。同时，这项政策坚持绩效导向，在政策实施 3 年后进行绩效考核，考核结果未达到预期的，相应扣回财政资金，这种做法有利于促进各地去努力实现“该花的一定要花、不该花的一定不花、该少花的不多花、该多花的不少花”的目标，精打细算，进一步提升财政专项资金使用绩效。2020 年，结合首轮政策实施情况，加大资金支持力度，共安排 39 亿元。

5. 流域横向补偿实现新突破

开展横向生态保护补偿，是调动流域上下游地区积极性，共同推进生态环境保护和治理的重要手段。一直以来，对流域上下游地区的补偿，浙江省主要通过省财政纵向转移支付来实现。此次改革在补偿方式上求突破，探索建立省内流域上下游横向生态保护补偿机制，做到纵向补偿与横向补偿相结合，实现了从单向补偿到多向发力的提升，以加快形成“成本共担、效益共享、合作共治”的流域保护和治理长效机制，使得保护自然资源、提供良好生态产品的地区得到合理补偿。补偿标准由流域上下游县（市、区）根据生态环境现状、保护治理成本投入、水质改善的收益、下游支付能力和下泄水量保障等因素，在 500 万～1000 万元范围内自主协商确定。

（四）坚持问题导向，体系再升级

首轮绿色发展财政奖补机制实施情况总体较好，但仍存在出境水水质财政奖惩制度有待完善、生态公益林补偿存在“同林不同命”现象、海岛地区未纳入生态建设财政专项激励政策范围等问题，需要进一步研究完善。同时，根据省委、省政府关于建立淳安特别生态功能区以及推进生态产品价值实现机制试点的有关部署，需要在现行政策的基础上，从财政体制机制层面进行研究，给予政策引导和支持。

2020 年，根据省域治理现代化的要求，围绕省委、省政府关于“污染防治攻坚战”“生态文明示范创建行动计划”等重大决策部署，浙江对标集中财力办大事财政政策体系，遵循“扩面、提标、协调”

的工作思路和“完善体系、科学分类、统筹协调、激励与约束相结合”的原则，坚持问题导向，出台了新一轮绿色发展财政奖补机制，将原有的8项政策调整为11项政策，既有对现行政策体系的重构，又有对现有政策的优化完善，也有结合新形势、新要求出台的新政策，更加注重与地方努力程度相挂钩，更加注重激励与约束相结合，力求在推动生态环境质量全面提升上更加精准发力。总体来看，新一轮奖补机制体现了四个“新变化”。

1. 政策体系更加完善

为进一步健全生态补偿体系，考虑湿地在维护生态平衡方面发挥的积极作用，新一轮奖补机制将湿地纳入生态补偿范围，试行湿地生态补偿机制，按30元/亩给予补偿。为推动高质量打通“绿水青山就是金山银山”转换通道，探索试行与生态产品质量和价值相挂钩的财政奖补机制，按相关市县生态系统生产总值（GEP）及其增长情况，实行“因素法”分配激励，以加快推进丽水生态产品价值实现机制试点。

2. 分类施策更加精准

为贯彻落实省委、省政府主体功能区战略部署，新一轮奖补机制依据主体功能区布局及地区功能定位，区分特别生态功能区、重点生态功能区、非重点生态功能区，分类实施差别化的生态环境质量财政奖惩制度，构建与主体功能区布局相符合的绿色发展财政政策格局。例如，对非重点生态功能区实行与“绿色指数”挂钩分配的生态环保财力转移支付制度；对重点生态功能区实行分别与出境水水质、森林质量和空气质量挂钩的财政奖惩制度，而对特别生态功能区则实行奖惩标准更高的生态环境质量财政奖惩制度，进一步强化政策效果，体现科学分类、精准施策的政策导向。

3. 政策衔接更加协调

首轮奖补机制在空气质量方面仅涉及对非重点生态功能区实行的生态环保财力转移支付制度，新一轮奖补机制增加了对特别生态功能区和重点生态功能区的空气质量财政奖惩制度，增强了奖补机制考核指标的全面性、公平性。此外，新一轮奖补机制还将海岛县区纳入绿色转化财政专项激励政策竞争性分配参与范围，每年分别给予3000万~4000万元的激励资金；将淳安等26个加快发展县全部纳入生态公益林重点补偿地区范围，享受重点地区40元/亩的补偿标准，进一步提升政策间、地区间的协调性，集聚政策效应，促进绿色发展。

4. 奖惩机制更加合理

考虑到出境水水质提升到高位后，继续提升难度大、空间小，且动态奖罚标准过高，容易造成市县财政年度间支出不均衡，新一轮奖补机制适当提高水质占比（静态）奖惩标准，降低水质变化（动态）奖惩标准。例如，对龙泉市等16个市县，Ⅰ类水占比奖励的标准由现行的每个百分点120万元提高到180万元，这意味着同样的水质可以多拿50%的奖励资金。综合考虑地区间生态环境指标基础以及提升难度的差异性，新一轮奖补机制对单位生产总值能耗、空气质量实施分类奖惩机制，指标值优于全省平均水平，奖的多、罚的少；低于平均水平的，奖的少、罚的多，以体现公平公正，奖优罚劣。根据新时期省委、省政府对生态环境质量方面提出的更高要求，取消对Ⅲ类水的水质占比奖励，进一步提高主要污染物排放财政收费标准（淳安县、开化县每吨6000元，其他市县每吨5000元），使得生态保护要求与社会经济发展水平相适应，倒逼市县节能减排，加强生态保护。

三、取得成效

2017—2020 年，浙江省分别兑现绿色发展财政奖补资金 119.72 亿元、122.67 亿元、116.43 亿元、135.88 亿元，合计 494.70 亿元，取得了较好的政治效益、社会效益、经济效益和生态效益，有效促进了浙江绿色发展和生态文明建设，市县反映良好。

一是地方政府责任意识更强了。绿色发展财政奖补机制通过正向扶持、反向倒逼，强化了地方政府保护生态的责任意识，提高了各地保护生态的主动性和积极性。例如，单位 GDP 能耗比上年降低的市县由 2017 年的 47 个增加至 2020 年的 57 个，比上年提高的市县由 2017 年的 17 个减少至 2020 年的 5 个，省财政兑现的该项政策净奖励也从 2017 年的 140 万元增加至 2020 年的 18337 万元。“两增一减”充分体现了地方政府责任意识和主观能动性进一步增强。

二是财政资金更有绩效了。绿色发展财政奖补机制坚持绩效导向，通过整合生态环保类的财政政策和资金，统筹安排新增财力，促进集中财力办大事，有效避免政策碎片化、资金分散化等情况。4 年来共兑现奖补资金近 495 亿元，平均每年超过 120 亿元。

三是生态环境更好了。通过以绿色发展财政奖补机制为主的财政政策的持续发力，浙江生态环境状况综合指数连续多年位居全国前列，水环境质量、空气环境质量等大幅改善。2020 年，浙江全省 221 个地表水省控断面Ⅰ～Ⅲ类水质比例为 94.6%，比 2016 年提高了 17.2 个百分点；全省设区市城市空气质量优良天数比例达 93.3%，比 2016 年提高了 7.3 个百分点。

四、经验启示

（一）注重激励与约束相结合

绿色发展财政奖补政策通过有奖有罚、激励与约束相结合的机制，将生态环境质量与地方政府切身利益相结合，将财政奖罚与地方政府努力程度相挂钩，形成“干得好就有奖励、多奖励，干不好就没奖励甚至扣罚”的政策导向。例如，生态环保财力转移支付与“绿色指数”（包含林、水、气等反映区域生态环境质量的因素）挂钩，哪个地方生态保护好、“绿色指数”高，得到的补助资金就多。此外，主要污染物排放财政收费返还奖励与各地环境质量分值挂钩，环境质量分值越高，返还奖励的比例就越高，体现了“权、责、利”的统一。

（二）注重分类施策

为贯彻落实省委、省政府主体功能区战略部署，绿色发展财政奖补机制依据主体功能区布局及地区功能定位，分类实施差别化的生态环境质量财政奖惩制度，构建与主体功能区布局相符合的绿色发展财政政策格局。例如，对非重点生态功能区实行与“绿色指数”挂钩分配的生态环保财力转移支付制度；对重点生态功能区实行分别与出境水水质、森林质量和空气质量挂钩的财政奖惩制度，而对特别生态功能区则实行奖惩标准更高的生态环境质量财政奖惩制度，进一步强化政策效果，体现科学分类、精准施策的政策导向。

（三）注重集中财力办大事

通过整合生态环保类的财政政策和资金，统筹安排新增财力，浙江每年安排绿色奖补资金 100 亿元以上，较好地体现了集中财力办大事，有效避免了政策碎片化、资金分散化等情况。

【思考题】

1. 如何发挥财政在推动绿色发展中的作用，强化地方政府保护生态的责任意识，提高各地保护生态的主动性和积极性?

2. 不同地区功能定位不同，发展要求也不同，应如何制定政策，使得绿色发展财政奖惩更加合理?

统筹山水林田湖草一体化保护和修复

——中央财政深入支持开展山水林田湖草生态保护修复工程试点

【引言】2013年11月，习近平总书记在党的十八届三中全会上指出，山水林田湖是一个生命共同体，人的命脉在田，田的命脉在水，水的命脉在山，山的命脉在土，土的命脉在树。用途管制和生态修复必须遵循自然规律，如果种树的只管种树、治水的只管治水、护田的单纯护田，很容易顾此失彼，最终造成生态的系统性破坏。对山水林田湖进行统一保护、统一修复是十分必要的。[①] 2015年10月，习近平总书记在党的十八届五中全会第二次全体会议上指出，坚持保护优先、自然恢复为主，实施山水林田湖生态保护和修复工程。[②] 2018年5月，习近平总书记在全国生态环境保护大会上指出，山水林田湖草是生命共同体。生态是统一的自然系统，是相互依存、紧密联

---

① 《习近平：关于〈中共中央关于全面深化改革若干重大问题的决定〉的说明》，人民网，http：//jhsjk. people. cn/article/23559310，2013年11月。

② 《在党的十八届五中全会第二次全体会议上的讲话（节选）》，求是网，http：//www. qstheory. cn/dukan/2020－06－04/c_1126073270. htm，2016年1月。

系的有机链条。要从系统工程和全局角度寻求新的治理之道，不能再头痛医头、脚痛医脚，各管一摊、相互掣肘，而必须统筹兼顾、整体施策、多措并举，全方位、全地域、全过程开展生态文明建设。要深入实施山水林田湖草一体化生态保护和修复。[①] 2019 年 10 月，习近平总书记在党的十九届四中全会上指出，统筹山水林田湖草一体化保护和修复。[②] 2020 年 8 月，习近平总书记在中央政治局会议上强调，统筹推进山水林田湖草沙综合治理、系统治理、源头治理。[③]

【摘要】为深入贯彻落实习近平总书记关于“山水林田湖草是生命共同体”的生态文明理念，统筹自然生态各要素，实行整体保护、系统修复、综合治理，经国务院批准，2016 年以来，财政部、自然资源部、生态环境部启动实施了三批山水林田湖草生态保护修复工程试点，经过竞争性评审公开遴选了 25 个试点项目，每个试点项目中央财政补助基础奖补资金 20 亿元，带动地方财政和社会资金加大对山水林田湖草生态保护修复的投入力度，充分发挥了中央财政资金的示范引导作用。试点项目的实施对提升区域生态系统服务功能和生态环境质量发挥了重要作用，使山水林田湖草整体系统保护的理念逐渐深入人心，初步探索出综合治理新路径，积累了整体保护、系统修复、综合治理的生态保护修复经验。

【关键词】山水林田湖草生态保护修复　中央财政资金　系统性整体性综合治理

---

① 《习近平出席全国生态环境保护大会并发表重要讲话》，中国政府网，http：//www. gov. cn/xinwen/2018－05/19/content_5292116. htm，2018 年 5 月。

② 《中共中央关于坚持和完善中国特色社会主义制度　推进国家治理体系和治理能力现代化若干重大问题的决定》，中国政府网，http：//www. gov. cn/zhengce/2019－11/05/content_5449023. htm，2019 年 11 月。

③ 《中共中央政治局召开会议　习近平主持》，新华网，http：//www. xinhuanet. com/politics/2020－08/31/c_1126435706. htm，2020 年 8 月。

一、背景情况

长期以来，受持续增长的人口压力、高强度的国土开发建设、自然资源大范围开发利用等因素影响，我国部分关系生态安全格局的核心地区在不同程度上遭到生产生活活动的影响和破坏，提供生态产品的能力在不断下降。近年来，通过加强生态文明建设，环境破坏的趋势得到了一定控制，但由于各级政府开展的生态保护修复工作缺乏系统性、整体性考虑，实际工作中种树的只管种树、治水的只管治水、护田的只管护田，治理修复效果不尽理想。

习近平总书记高度重视生态文明建设，对加强山水林田湖草系统治理作出了一系列重要指示，为统筹推进山水林田湖草一体化保护修复提供了根本遵循和行动指南。为深入贯彻落实习近平总书记重要指示批示精神以及党中央、国务院关于开展山水林田湖草生态保护修复的决策部署，2016 年开始，财政部会同自然资源部、生态环境部紧紧围绕“山水林田湖草是生命共同体”理念，按照整体性、系统性原则，启动实施了山水林田湖草生态保护修复工程试点，统筹自然生态各要素，对自然生态系统进行整体保护、系统修复、综合治理。

二、主要做法和成效

（一）认真落实国家生态安全战略布局

习近平总书记指出，要实施山水林田湖草生态保护和修复工程，全面提升自然生态系统稳定性和生态服务功能，筑牢生态安全屏障。[①]财政部会同有关部门坚持从我国国情和当前生态环境面临的突出问题出发，以保障我国长远生态安全和生态系统服务功能整体提升为目标，优先支持位于国家生态安全格局核心区域、关系中华民族永续发展，生态系统受损严重、开展治理修复最迫切，属于全国性、跨区域重点生态地区的山水林田湖草生态保护修复工程。目前纳入中央财政支持的试点修复项目基本涵盖了青藏高原、黄土高原—川滇生态屏障，以及东北森林带、北方防沙带、南方丘陵山地带、京津冀水源涵养区、雄安新区等重点生态功能区块，与国家“两屏三带”生态安全战略布局相契合，体现了筑牢国家生态安全屏障的基本要求。

（二）科学选择工程试点项目

试点坚持“自上而下”与“自下而上”相结合，既加强顶层设计、科学谋划，又注重发挥地方的积极性、主动性。试点工程实施方案由地方根据实际情况组织编制，财政部会同自然资源部、生态环境部对地方申报的重大保护修复工程实施方案进行初步审查评估，统筹考虑生态系统典型性、重要性及保护修复的紧迫程度，推荐备选试点工程，形成专家现场考察论证名单。组建专家组，邀请生态保护修复领域知名专家学者担任专家组成员，充分发挥技术优势，组织专家学者利用1～2周时间对备选试点工程进行实地考察论证。通过座谈交流、现场勘查等方式，深入了解备选试点工程详细情况，突出问题导向，准确诊断生态问题，坚持自然恢复为主，科学评估治理修复措

① 《在党的十八届五中全会第二次全体会议上的讲话（节选）》，求是网，http://www.qstheory.cn/dukan/2020-06-04/c_1126073270.htm，2016年1月。

施，客观评价工程的整体性、系统性、合理性、可行性，综合评判工程的总体布局、目标任务、建设内容、生态效益和保障措施等，形成生态修复工程实地考察专家意见。在专家组实地考察的基础上，组织公开答辩，请地方充分阐释试点实施方案，现场答辩评审专家提问，由专家结合实地考察和地方答辩意见对备选试点工程进行打分排序，择优确定支持对象并现场公布，确保评审客观公正。对通过公开答辩初步确定的支持对象，报请国务院审定后正式实施。

（三）实施系统保护和修复

试点工程改变过去按生态要素或资源种类保护修复的模式，将各类生态要素有机串联成一个彼此联系、互为依托的有机整体，尊重自然生态系统演替规律和内在机理，全面开展矿山环境治理、水环境保护治理、土地整治、生物多样性保护等，对山上山下、地上地下、陆地水体及流域上下游进行整体保护、系统修复、综合治理，实现山水林田湖草的整体保护修复。按照系统性、整体性要求，将治理废弃矿山与土地整治有机结合，山上进行地形整治、植被复绿，山下填筑沟壑、控制水土流失；地上进行改良土壤，将整治出的土地转化为农田，地下进行截水拦沙、生物减污治理。治理水污染、保护水环境，坚持全面统筹左右岸、上下游、陆上水上、地表地下、水生态水资源、污染防治与生态保护，确保全流域稳定有效治理。围绕提高区域核心生态服务功能，将湿地、草场、林地等统筹治理，对集中连片、破碎化严重、功能退化的生态系统进行修复和综合整治。开展生物多样性保护，对被破坏的跨区域生态廊道进行恢复，确保连通性和完整性，构建生物多样性保护网络，带动生态空间整体修复，促进生态系统功能提升。

（四）加强绩效考核

制定印发《重点生态保护修复治理专项资金管理办法》，明确细化中央部门和地方责任，强化资金绩效目标管理。落实全面实施预算绩效管理要求，制定山水林田湖草生态保护修复工程试点资金绩效评价指标体系，组织开展重点绩效评价，加强绩效评价结果运用，督促主管部门和地方采取有效措施抓紧整改，提高试点资金使用效益。会同有关部门先后制定印发《关于推进山水林田湖生态保护修复工作的通知》《关于报送山水林田湖草生态保护修复试点工程进展情况的通知》《关于进一步做好山水林田湖草生态保护修复工程试点的通知》《山水林田湖草生态保护修复工程指南（试行）》等，加强顶层设计，明确工作重点和统筹范围，建立定期报告制度，统一标准体系和技术规范，压实地方主体责任，督促指导地方规范项目管理，加大资金筹措，加快项目实施，健全监管制度，加强后期管护，全面推进山水林田湖草生态保护修复工作。

（五）试点取得显著成效

试点围绕保障生态安全、提升生态功能、尊重自然风貌的要求，实现了项目实施区域生态品质的整体提升。一是有效减少生态安全隐患。截至目前，25 个试点完成矿山治理 1700 多个，修复面积 360 多平方公里；治理地质灾害 1100 多处；治理河道 4300 多公里；对消除生态安全隐患，减轻生态干扰和胁迫发挥了重要作用。二是有力提升生态系统质量。完成林草植被恢复与质量提升面积 2500 多平方公里，治理水土流失面积9200多平方公里，治理沙化土地面积1200多平方公里，治理石漠化面积1100平方公里，恢复农田生态系统面积300多平方公里，完成城镇生态廊道建设800多平方公里，提升了试点区域水源涵养能力、防风固沙能力、生物多样性、水质、土壤质量、生态网络连通性等。三是推动优化国土空间格局。完成土地综合整治面积2100多平方公里，工矿废弃地修复后调整利用400多平方公里，完成退耕还林、还草、还湿1100多平方公里，有效扩大了生态空间，生产、生活、生态空间布局得到优化，土地利用效益得到提升。

三、经验启示

山水林田湖草生态保护修复工程有效提升了区域生态系统服务功能和生态环境质量，山水林田湖草整体系统保护的理念逐渐深入人心，初步探索出综合治理新路径，积累了统筹山水林田湖草一体化保护和修复的经验。

（一）开展山水林田湖草生态保护修复工程必须坚持以习近平生态文明思想为指导，提高生态保护修复工作的科学性、有效性

习近平生态文明思想是党对生态文明建设规律的把握，是做好新时代生态文明建设的根本遵循。开展山水林田湖草生态保护修复工程必须坚持以习近平生态文明思想为指导，提高政治站位，深化思想认识，深刻领会其蕴含的科学体系、精神实质，用以指导生态保护修复实践。要坚持保护优先、自然恢复为主的方针，顺应自然规律，更多采取贴近自然的修复措施，充分发挥生态系统自我恢复功能，谨慎使

用大规模人工修复手段，实现良好生态系统的保护和受损生态系统的修复，促进人与自然和谐发展。坚持良好生态环境是最普惠的民生福祉，围绕解决损害群众健康的突出环境问题，开展生态治理和保护修复，积极回应人民群众所想、所盼、所急。坚持绿水青山就是金山银山，协调生态环境保护修复与经济社会发展的关系，将绿色发展模式作为探索试点经验和做法的关键内容，从源头上防治生态环境问题，走生产发展、生活幸福、生态良好的生态文明之路。

（二）开展山水林田湖草生态保护修复工程必须深入贯彻“山水林田湖草是生命共同体”理念，坚持系统修复、综合治理

生态是统一的自然系统，是相互依存、紧密联系的有机链条，开展山水林田湖草生态保护修复工程，必须认真贯彻落实习近平总书记“山水林田湖草是生命共同体”的生态文明理念，统筹兼顾、整体施策、多措并举，改变以往“管山不治水、治水不管山、种树不种草”的单一修复模式，按照生态系统的整体性、系统性及其内在规律，统筹山上山下、地上地下、陆地海洋以及流域上下游等的自然生态要素，高起点、高质量编制山水林田湖草生态保护修复总体规划，对试点项目进行整体勘察设计、统筹协调推进，打破行政、行业界限，确保治理目标的系统性、项目设置的关联性、治理成效的综合性，有效避免部门各自为战、项目不协调等问题，实现山上山下同治、地上地下同治、流域上下游同治，增强生态系统循环能力。

（三）开展山水林田湖草生态保护修复工程必须加强统筹协调，构建联合推进机制

山水林田湖草生态保护修复工程要对各类自然生态要素进行整体

性系统性保护修复，涉及多个部门协调配合，多个项目协同推进，多项技术综合利用，需要加强统筹协调，积极调动各方力量，构建齐抓共管联合推进机制。技术层面，统筹生态修复、环境治理、林业草原等领域专家学者的技术优势，论证完善试点工作方案，组织专家实地考察，现场指导各项具体工程的修复治理措施，确保治理措施的整体性、系统性。中央层面，财政部、自然资源部、生态环境部切实加强协调配合，共同研究设计试点工作方案联合呈报国务院，联合组织项目评审、选定试点项目、出台政策文件，切实加强对地方的指导。地方层面，建立多部门参加的统一协调机制，真正改变治山、治水、护田各自为战的工作格局，把各类生态要素纳入联合治理框架，整合集成资金、政策、组织机构、技术手段等，形成各部门齐抓共管、协同推进的工作格局。

（四）开展山水林田湖草生态保护修复工程必须加强政策引导和资金统筹整合，充分调动地方的积极性

山水林田湖草生态保护修复是从系统工程和全局角度寻求的新的治理之道，要统筹兼顾、整体施策、多措并举，必须加强中央对地方的政策引导和支持，充分调动地方统筹开展系统综合治理的积极性。为支持试点实施，中央财政每个试点安排基础奖补资金 20 亿元，支持 25 个试点项目，共安排 500 亿元，引导地方、社会资金加大投入，充分调动地方整合政策和资金，统筹开展系统综合治理的积极性；会同相关部门先后出台关于推进山水林田湖草生态保护修复工作的通知、资金管理办法、工程指南等多项政策性文件，压实地方主体责任，明确工作要求，统一标准规范，指导地方做好试点工作。在中央的引导支持下，试点地区统筹整合中央、省、市安排的生态环保领域

等性质相同、用途相近的资金，集中财力投入到山水林田湖草生态保护修复工程，形成政策和资金支持合力，避免碎片化，切实提高资金使用效益；充分发挥财政资金引导作用，探索市场化资金筹措机制，通过设立生态基金、运用PPP模式、发行绿色债券等方式，吸引社会和金融资本投入，为山水林田湖草生态保护修复提供坚实的财力保障。

【思考题】

1. 地方政府是山水林田湖草生态保护修复工程的实施主体，如何按照“山水林田湖草是生命共同体”的理念，更好地担负起山水林田湖草生态保护修复主体责任?

2. 山水林田湖草生态保护修复涉及多个部门职责，如何更好地实现部门间的协调配合，统筹推进山水林田湖草一体化保护和修复?

【附录】

闽江流域生态环境质量提升：山水林田湖草，一个也不能少

附录

闽江流域生态环境质量提升：山水林田湖草，一个也不能少

人与自然是生命共同体，自然中的山水林田湖草也是互为关联的生命共同体。实践证明，如果山体植被不保护好，水土保不住，遇到山洪或泥石流，山体下面的河道水体就是治理得再好也是白治了，整理好的耕地也随时有被毁掉的危险。因此，生态修复治理要进行“一盘棋”统筹推进。

2018 年，福建省闽江流域山水林田湖草生态修复项目被列入全国第二批试点，将用 3 年时间，投入 120.91 亿元，按照“全流域整体规划、系统保护、上下联动、要素协同、突出重点、分步实施、关键突破、持续共享”的原则，实施水环境治理与生态修复、生物多样性保护、水土流失治理及农地生态功能提升、废弃矿山生态修复和地质灾害防治、机制创新与能力建设五大重点工程，保障台湾海峡生态安全，提升国家东南生态屏障功能。

经过一年试点，监测显示，闽江流域三类 17 项生态绩效目标持续改善。2018 年，闽江干流和二级以上支流水质优良比例达 100%，比 2017 年提高 1.7 个百分点；小流域优于Ⅲ类水质比例达 93.1%，比 2017 年提高 2.4 个百分点，劣Ⅴ类水质已基本消除。闽江流域生态环境质量得到进一步提升，试点工作取得初步成效。

“老大难”为何变得“容易办”

山水林田湖草等生态要素是相互依存、紧密联系的有机链条。如何把“种树的”“管水的”“护田的”等职能部门统筹起来，协同推进、形成合力？福建省山水林田湖草生态保护修复试点工作推进办公

室相关负责人徐瑞蓉介绍，福建省成立试点工作领导小组，建立以财政、发改、自然资源、生态环保主管部门牵头，农业、林业、水利、住建等部门密切配合的生态综合保护修复管理机制，强化部门沟通会商，及时协调解决工作推进过程中的困难和问题。省市县健全完善“省级协调、市为主体、县抓落实”的三级联动推进机制，形成“上下畅通、左右融通、内部打通”的工作格局。

在全省首批综合治水试验县沙县，2018 年挂牌成立生态综合执法局，整合了水利、环保、农业、住建、国土、林业等部门 73 项行政处罚权，实现水环境违法案件的快查、快办、快审、快结，生态问题得到“一局统管”，彻底解决部门各自为战、推诿扯皮、执法低效等“老大难”问题。

“生态综合执法局成立以来，不好办的问题变为容易办了。”沙县生态综合执法局有关负责人告诉记者，比如，涉砂违法因界限模糊，基层存在执法推诿甚至执法空白现象，使处置洗砂制砂、利用弃土弃渣进行水洗制砂等行为成为“最难啃的骨头”。生态综合执法局成立后，从原料来源、加工生产、运输、销售等渠道的处罚均有法可依，有效震慑了河道乱挖、乱采等违法行为。还有，以前群众不知向哪个部门投诉反映生态问题，往往导致延误最佳处置时机。生态综合执法局成立后，设立涉水生态环境举报电话 5836110，打通群众反映问题、部门查处问题的快速通道，快速制止、查处了一批破坏涉水生态类案件。

在全省水资源最丰富的南平市，每个县（市、区）至少有一条甚至两三条河流穿城而过。为打破部门各自为战，统筹生态治理与修复，南平率先在全国提出“水美城市”建设新理念，并与山水林田湖草生态保护修复相结合，创新“建、管、治、护”一盘棋推进机制，推进项目建设一体化。通过建立“1+N”工作模式，即市里构建一个平台、创建一个团队、提出一个方向、制定一个目标，各县（市、区）结合实际去实现，从单一部门资源投入向多部门资源整合转变，建立部门会商协调机制，打出“组合拳”形成合力推进。

“几十年前延平区小水门码头是采砂场，一片脏乱差的景象。现在采砂场关停后建了生态公园，环境大变样了，对岸是山，眼前是水，成为群众休闲的好去处。”南平老市民邹松亲诉说着码头的变化。据了解，生态修复项目试点工作开展一年来，南平完成投资27.39亿元，占总投资的43.97%，超额完成省政府下达的任务；年度18项生态绩效目标全面完成，其中12项目标超额完成。

生态生产生活如何协同发展

“开展山水林田湖草生态保护与修复应着眼于整个生态系统，从系统工程和全局角度寻求生态、生产、生活共谋发展的可持续治理之道。”徐瑞蓉说，山水林田湖草生态保护与修复应基于区域特征和原有生态功能，因地制宜，不能一刀切。

为确保试点取得实效，福建省完善试点工作制度建设，出台试点项目管理暂行办法、资金管理办法、绩效评价方案等具体指导政策，确保项目落地生根。明确提出在摸清重点流域、重要生态功能区、矿山集中分布区等重点区域生态环境状况的基础上，统筹考虑自然生态各要素、山上山下、地上地下、流域上下游，鼓励各地打造一批多生态要素保护修复有机融合的、生态措施和工程措施较好衔接的、项目建设与科学研究“建研”一体的、具有一定体制机制创新的示范项目，形成“示范带动、以点带面”的工作推进格局。

金溪是闽江上游的主要支流，记者看到，金溪碧水潺潺、穿城而过。近年来，为保护好金溪，将乐开展金溪百里画廊山水林田湖草生态保护修复试点项目。第一批共实施试点项目9个，总投资4.9亿元，2018年已完成投资8350万元。为探索落实山水林田湖草“综合保护、系统修复”理念，将乐积极与三明学院、中科院等合作，由专业科研院所对项目实行统一规划，同时分解责任，明确每个子项目的责任领导、责任人，建立“一个项目、一套班子、一个领导、一抓到底”挂包责任制，确保任务按序时推进。数据显示，2018年将乐县主要河流水质达到或优于Ⅲ类水质比例100%，无劣Ⅴ类水体。

在将乐高唐镇常口村，山、水、林、田焕发勃勃生机，吸引众多摄影爱好者采风。据了解，该村充分利用资源禀赋，走绿色发展道路，为做好“山”的文章，推进一二三产业融合，结合高唐芙蓉李小镇发展规划，发展百亩芙蓉李种植基地，集赏花、采摘、游玩为一体，同时推进云衢山、回头山旅游开发；为做好“水”的文章，大力推动特色农业、休闲旅游产业和特色农家乐、渔家乐、农村电商等新产业发展，先后吸引云衢山漂流、宏云水产养殖场等一批企业投产；为做好“林”的文章，利用林地资源发展苗木产业和竹山养羊，统筹联村区域内12.5万亩林地资源，推动林业规模化差异化发展；为做好“田”的文章，大力发展烟叶、旱芋、食用菌、淡水养殖等特色农业。

如今，“吃生态饭，享生态福，子子孙孙就会有好日子”已成为将乐人的共识。为拓展山水林田湖草生态综合保护修复之路，将乐与省内外科研团队签订合作协议，围绕生态文明、旅游、乡村振兴、教育等方面全方位提供智力支持和人才支撑。

据徐瑞蓉介绍，福建省鼓励各地在项目建设中探索生态保护修复体制机制创新，注重将生态保护修复与产业发展相结合，探索“山水林田湖草+”模式，建立完善小水电退出、乡镇和农村污水处理费用分担、自然保护区扩区提升、林权赎买等机制，在集镇污水处理及配套管网工程、垃圾处理、畜禽养殖业污染整治、水生态修复等流域生态保护和污染治理等需要长期运维的项目，探索推行“投融建管营”一体化模式，建立长效机制。福建省还积极引导各地以保护为主，修复为辅，充分发挥大自然自我修复作用，尽量减少人为干预。

为加大资金保障力度，福建省加强统筹整合，多渠道筹措资金，同时实施正向激励奖补，对项目建设、绩效目标等完成较好的地区予以奖励。目前，福建省还运用大数据等新技术，初步建立并启动集统计、分析、管理、监测预警为一体的山水林田湖草生态保护修复信息管理系统，力求实现项目建设、资金落实、绩效目标等内容在线监控。

来源：《人民网》（2019 年 2 月 27 日）。

牢牢把握财政资金产生绩效规律和环节

——财政部江苏监管局强化预算执行动态监控

【引言】2016年1月6日，习近平总书记在重庆调研时指出："今年仍然是全面深化改革具有关键意义的一年，要把具有标志性、引领性、支柱性的改革任务牢牢抓在手上，主动出击、贴身紧逼、精准发力。地方抓改革、推改革，一方面要落实好党中央部署的改革任务，另一方面要搞好探索创新。要在坚持全国一盘棋的前提下，确定好改革重点、路径、次序、方法，创造性落实好中央精神，使改革更加精准地对接发展所需、基层所盼、民心所向。要吃透中央制定的重点改革方案，同时完善落实机制，从实际出发、从具体问题入手，见物见人，什么问题突出就着重解决什么问题，使改革落地生根。"[①] 2018年9月1日发布的《中共中央　国务院关于全面实施预算绩效管理的意见》明确提出"发挥好财政职能作用，必须按照全

① 《习近平谈治国理政》第二卷，外文出版社2017年版。

面深化改革的要求，加快建立现代财政制度，建立全面规范透明、标准科学、约束有力的预算制度，以全面实施预算绩效管理为关键点和突破口，解决好绩效管理中存在的突出问题，推动财政资金聚力增效，提高公共服务供给质量，增强政府公信力和执行力”。2020年第十三届全国人民代表大会第三次会议上提出“积极的财政政策要更加积极有为。要大力提质增效，各项支出务必精打细算，一定要把每一笔钱都用在刀刃上、紧要处，一定要让市场主体和人民群众有真真切切的感受”。

【摘要】近年来，在财政部党组坚强领导下，江苏监管局全面贯彻落实党中央关于财经工作的方针政策和决策部署，按照财政部党组关于加强预算执行管理和监督的要求，敢于担当、勇于创新，迎难而上、开拓进取，牢固树立财政管理理念和系统思维，以提高财政资金绩效为导向，以信息化建设提升监管能力，依托该局建设开发的“中央转移支付预算执行动态监管系统”（以下简称“动态监管系统”），积极构建与地方财政联合联动监管工作机制，实现了对中央转移支付预算执行动态监管和过程控制的“全覆盖”，同时积极试点推进绩效目标实现程度监控以实现“双监控”，使各级地方财政部门、资金使用单位管理使用中央转移支付资金“全程留痕”“责任可追溯”，推进实行线上监控和线下监管相结合，及时发现和纠正问题，将监管范围延伸至各级资金使用单位，努力解决中央转移支付资金监管的“最后一公里”问题，进一步提升资金使用绩效。截至2020年12月底，纳入动态监管的中央转移支付资金总计3677.49亿元，发现资金分解下达迟延、项目实施进度迟缓、资金挪用、虚列支出等问题资金合计936亿元，及时督促要求整改，提高了预算执行进度和资金使用绩效。

【关键词】绩效管理　预算执行　转移支付

一、背景情况

习近平总书记在党的十九大报告中提出要“建立全面规范透明、标准科学、约束有力的预算制度，全面实施绩效管理”。[①] 这是党中央的重大决策部署，为我国新时期财政改革发展指明了方向。中央财政转移支付制度是现代财政制度的重要内容，是政府管理的重要手段。加强中央转移支付监管，提高财政资金绩效，是推动党中央、国务院重大方针政策落地见效的重要保障，是推进国家治理体系和治理能力现代化的内在要求，是财政部监管局的重要工作职责。

近年来，中央转移支付规模逐年扩大，面广、线长、层级多，监管难度大。目前基层管理还比较薄弱，“重分配、轻执行”“重支出、轻绩效”现象依然存在，一些领域财政资金低效无效、闲置沉淀、损失浪费的问题较为突出，克扣挪用、截留私分、虚报冒领的问题时有发生。从中央巡视、审计署审计公告和财政监管实践来看，中央转移支付方面的问题多发，问题基本上每年都是“似曾相识”，大部分都发生在资金使用环节。监管局作为财政部的派出机构，对中央转移支付开展监管，提高资金使用绩效，是监管局义不容辞的责任。

① 《习近平：决胜全面建成小康社会　夺取新时代中国特色社会主义伟大胜利——在中国共产党第十九次全国代表大会上的报告》，中国政府网，http：//www. gov. cn/zhuanti/2017 - 10/27/content_5234876. htm，2017 年 10 月。

二、主要做法

面对中央转移支付的管理现状，2016 年下半年以来，在财政部党组坚强领导下，在部业务司局关心支持下，江苏监管局党组牢固树立财政管理理念和系统思维，积极转变工作方式，以提高资金绩效为导向，充分利用信息化技术，对中央转移支付预算执行进行动态监管和过程控制，紧紧盯住资金使用环节，重点是延伸到各级资金使用单位，努力解决中央转移支付资金监管的“最后一公里”问题，向下层层传导财政管理压力，规范预算执行和资金管理使用，提高资金绩效；向上反馈报告预算执行情况和存在问题，提出政策建议。2016 年 8 月底，中央转移支付预算执行动态监管工作开始试点上线试运行；2017 年 4 月，对江苏所有中央专项转移支付实施动态监管；2018 年初，对江苏所有有规定用途的中央转移支付全面实施动态监管。截至 2020 年 12 月底，纳入动态监管的中央转移支付资金总计 3677.49 亿元，资金类型涵盖专项转移支付、有规定用途的一般性转移支付和政府性基金转移支付，涉及全省市县区街道乡镇 876 个财政部门、1.2 万多个资金使用单位、6 万多个具体项目、1.5 万多个系统各类用户；累计发现资金分解下达迟延、项目实施进度迟缓、资金挪用、虚列支出等问题资金合计 936 亿元，提出相关建议 120 多条，及时督促要求整改，提高了预算执行进度和资金使用绩效。

（一）更新和牢固树立财政管理工作理念

思想是行为的先导。2014 年，财政部明确提出“将专员办业务嵌入预算编制、预算执行、决算管理等财政主体业务，实现由以检查业务为主向预算管理为主转变、以事后检查稽核为主向事前事中监控为主转变，促进提高中央财政管理的科学性和有效性”的转型工作目标。财政部党组关于深化专员办改革的“发令枪”一响，江苏监管局党组结合长久以来的思考，率先出招，主动下好“先手棋”，组织召开支部书记、青年党员和老干部党员等不同类别的座谈会，广泛开展转型大讨论，在思想交锋中求同存异、凝聚共识。大家一致认为，如何最大限度地提升财政资金绩效，既是国家经济社会发展的需要，又是财政管理最能发挥作用的地方，也有利于促进国家治理体系和治理能力现代化。预算执行环节一直是财政管理的薄弱环节，也是财政部门长期想解决而没有解决的老大难。由于改革涉及面广，难度特别大，需要进一步攻坚克难、奋勇开拓、破题推进。

狭路相逢勇者胜。在认真研究资金产生绩效的规律和环节后，我们认为资金只有在使用环节才可能创造绩效。面对改革中的困难，江苏监管局党组抱定一往无前的信念，坚定不移推进改革。“我们将要做的这些事，制度上没有保障，实践中没有先例，但维护中央财政利益、实现财政政策目标、强化财政监管、提高资金绩效是我们义不容辞的职责，我们要敢为天下先，敢啃硬骨头。这是时代赋予我们的使命，也是党和人民对我们的考验。”大家决心乘势而上，主动作为，积极推动改革，努力引领工作。

一是更新工作理念。财政部各地监管局是财政部职能在地方的延伸，必须树立全局观念，坚持高位思考，围绕财政改革发展中心工作，站在国家治理的高度，强化财政资金监管，提高财政管理水平。发挥监管局贴近基层、就地就近的优势，主动在预算执行控制方面进行补位，实施动态监控、过程控制并反馈资金使用信息，真正成为预算管理链条中的必要环节，发挥其他部门不可替代的作用。

二是明确工作目标。全面贯彻党中央实施绩效目标实现程度和预算执行进度“双监控”的要求，落实财政部“加强财政资金动态监控，及时发现和纠正问题”的部署，全面推进预算绩效管理，强化预算执行动态监管，推动财政资金提质增效，保障中央重大决策部署和政策目标落地见效。

三是坚持问题导向。“重分配、轻执行”是困扰财政资金管理几十年的老大难问题，也是制约财政资金绩效提升的主要原因，中央资金在基层许多地方基本是有“财”弱“政”，甚至是有“财”无“政”。从审计署公告、中央巡视情况和监管局过去的监管实践看，资金使用环节是最薄弱环节，监管难度大，问题多发。应以此为突破口，将向下传递财政监管压力和向上反馈预算执行情况有机结合起来，缓解财政收支矛盾，回应社会各界关切，有效提升财政资金使用绩效。

四是强化动态监控。主动转换工作环节，强化对预算执行过程进行动态监控和过程控制，充分运用现代技术手段，监控各级财政部门分解下达情况，各级资金使用单位资金管理使用情况和项目建设情况，对资金进行跟踪问效，资金怎么用的、用到哪里去、效果怎么样，让专项资金“看得清楚、花得明白”，让专项资金成果“看得见、摸得着”，确保党和国家的重大财税政策落实，更好地发挥财政监管在国家治理中的服务和保障作用，更加有效地推进国家治理现代化。

（二）充分利用信息化技术，开发建设动态监管系统，实现对中央转移支付动态监管的全覆盖

通常情况下，对中央财政资金的审计和事后评价，以及资金的拨

付环节，都不创造效益，而只有在使用环节才可能创造效益。因此，盯住资金使用环节，强化预算执行监管，既是弥补财政管理短板，加强中央财政管理的客观需要，也是提高财政资金绩效的必由之路。针对中央转移支付规模逐年扩大，面广、线长、层级多，涉及中央、省、市、县、区、乡镇街道等各级财政部门和数以万计的各级资金使用单位的实际情况，江苏监管局充分利用现代技术手段，开发建设“中央转移支付预算执行动态监管系统”，实现对中央转移支付预算执行的全过程动态监管。一是定期采集预算执行数据，向下层层传导财政管理压力。要求全省各级地方财政定期在线填报分解下达拨付情况，各级资金使用单位定期在线填报资金管理使用情况和项目建设完成情况，让各级财政和资金使用单位感到中央资金“日常有人管了”。二是多维度统计分析，掌握全省中央转移支付预算执行情况。在线实时掌握省、市、县、区以及乡镇街道各级财政、各级单位的预算执行进度和项目建设实施情况。三是系统实现了自动预警功能。根据中央财政管理要求，结合监管经验，系统中内置资金拨付时间函数、数据对比分析，对违规问题线索予以分类显示并能对预警阈值进行分档筛选，系统可以对财政分解下达迟延、项目实施进度迟缓、项目资金支出迟缓、财政拨付与项目单位到账资金数额不符等常见问题进行自动预警，提高了工作的智能化水平和工作效率，提高了动态监管工作的威慑力。自 2018 年开始，江苏监管局依托动态监管系统实现了对中央转移支付（有规定用途）监管的全覆盖。

（三）建立健全监管局与地方政府、财政部门、业务主管部门联合监管工作机制，形成监管合力

一是构建监管局与省财政厅联合联动工作机制。为全面贯彻落实

党中央关于加快建立现代财政制度的决策部署，更好服务财税改革发展大局和“强富美高”新江苏建设，江苏监管局与江苏省财政厅按照“职责明确、运作规范、信息互通、成果共享”的原则，建立健全沟通协调、信息共享、联合监管、联合调研 4 项工作机制，进一步加强协作，形成监管合力，共同提升财政监管工作成效。二是构建监管局与地方党委政府及其财政部门联动机制，争取地方党委政府对财政监管工作的支持。为此，江苏监管局党组在召开全省设区市财政局长座谈会的基础上，先后带队赴江苏省 13 个设区市组织召开了市、县、区财政局长工作座谈会，与各市、县、区党委政府主要领导会谈，争取他们对财政监管工作的理解和支持，与市、县、区财政局局长进行专题座谈，及时了解掌握地方财政运行状况和需要研究解决的问题，为在全省推开动态监管工作创造良好的外部环境。从 2017 年起，江苏监管局每年参加全省财政工作会议，通报财政监管工作开展情况，提醒地方财政管理中发现的问题，就加强财政预算管理、防范化解财政风险提出明确要求。

（四）日常监管实行线上监控和线下监管相结合，提高动态监管工作成效

工作人员根据动态监管系统自动预警和人工巡检发现的问题，依据问题严重等级程度，有针对性地采取询问、约谈、实地调查、核实、检查的方式进行线下监管，并按规定进行处理。例如，2019 年根据在线监控情况，江苏监管局选取了淮安、盐城地区进行“一揽子”现场监管，有效促进了地方财政部门和资金使用单位依法依规加强对财政资金的管理和使用，取得了较好的监管成效。同时，在全省财政系统建立了“中央对江苏转移支付”QQ 工作群和“全省预算处

（科）长”微信工作群，通过局内一个监管处室，撬动全省1.5万余人参与财政管理工作，实行全天候在线服务，及时答疑解惑或进行工作布置、督导，持续推进动态监管工作。

（五）落实全面实施预算绩效管理的要求，在实现对预算执行动态监管的基础上，积极试点“绩效目标实现程度”监控和绩效评价

为进一步贯彻落实对绩效目标实现程度和预算执行进度“双监控”的要求，自2020年3月起，江苏监管局开始对动态监管系统进行升级改造，尝试开展绩效管理工作，已初步实现绩效目标分解下达和实现程度数据收集，绩效评价指标体系推送和实际执行情况数据采集，初步统计分析绩效目标实现程度和绩效评价汇总表，为绩效管理提供信息化支撑。目前，已经选取中央财政支持生猪稳产保供相关政策及资金、土壤污染防治专项资金、林业改革发展资金3项中央转移支付、涉及资金8亿元，纳入动态监管系统进行绩效运行监控和绩效评价监管试点。

（六）及时向财政部反馈中央转移支付预算执行结果和绩效情况

日常监管工作中，江苏监管局将掌握的中央转移支付预算执行情况和发现的问题，以典型案例、专题报告、半年度或年度监管报告的形式上报财政部和省委、省政府。这样既有利于财政部和省政府掌握预算执行情况，又为政府决策和改进预算编制、完善政策制度提供信息支撑。截至2020年底，江苏监管局已向财政部报送专题监管报告11个、典型案例60个，提出完善普惠金融发展专项资金管理、提升

农村三产融合补助资金绩效、加强免除吊装移位仓储费用管理等政策建议120多条。

三、实际成效

目前，在财政部党组坚强领导下，在部内业务司局关心支持下，经过全省财政系统和资金使用单位的共同努力，全省中央支出动态综合监管取得重要阶段性成果，在全国率先实现中央转移支付预算执行动态监管全覆盖。截至2020年12月底，江苏省近5年60270个项目的资金使用信息，全部纳入在线监控，涉及中央专项资金3677.49亿元（含抗疫特别国债资金236.69亿元），已发现资金分解下达迟延、项目实施进度迟缓、资金挪用、虚列支出等问题资金合计936亿元，提出相关建议120多条。从运行情况看，这种做法完善了财政资金分配使用管理流程，极大提升了资金监管效能，对项目使用的所有财政资金信息，都能实现自动预警、检索统计和汇总报告功能，结合线下监管手段，能有效解决预算执行滞缓、资金沉淀、资金挪用等财政管理“顽疾”，基本改变了中央转移支付在基层管理梯次弱化的被动局面，既保障了资金安全，又提升了资金使用绩效。

2017年8月，财政部部长肖捷同志到江苏调研后给予充分肯定，要求继续发挥创新、开拓和样本作用。2018年1月，以中国社科院学部委员（现任副院长）高培勇教授为组长的中央基建资金第三方绩效评价组在调研后认为：“这一做法体现了现代监管理念，填补了专项转移支付资金综合监管的空白，为全面实施绩效管理提供了必要条件，可以为改善预算分配和宏观决策提供极有价值的信息，在服务财税改革大局中具有独特价值，值得在全国范围内推广。”全省推广后，省有关部门给予较高评价，江苏省深改委办公室专题调研后形成《江苏实现中央专项转移支付动态监管全覆盖》报告上报中央深改委办公室，2018 年 8 月，中央深改委办公室《改革情况交流》(2018 年第 50 期）专刊刊发。2018 年 12 月，财政部纪检组长赵惠令同志在调研后给予高度肯定。2019 年 10 月，江苏省委常委、省纪委书记蒋卓庆同志调研后认为：“这一做法能发挥很大的作用，既有利于保障财政资金安全，又能更好地促进廉政建设和防范风险，是坚决做到‘两个维护’的具体体现，与纪委监委的工作殊途同归。省纪委监委将把江苏监管局一些行之有效的经验做法向全省财政系统推广，提升财政资金绩效。”2020 年 1 月，财政部部长刘昆同志对江苏监管局上报的江苏省 2019 年度中央转移支付预算执行监管报告批示肯定，并督促交通运输部、农业农村部等中央主管部门全系统进行问题整改。

（一）向地方各级财政部门层层传导了财政管理压力，提高了预算执行进度，规范了预算执行和资金管理使用

中央财政资金在基层“日常有人管了”，财政资金在使用环节，日常“有人管”和“无人管”的效果是完全不一样的。例如，某设区市财政局在 2016 年 9 月初在线填报资金分解下达情况时，自己发现将某项中央专项资金拨付到非建设任务清单项目挪用资金 6250 万元，主动报告并进行了整改。又如，截至 2020 年底，2019 年度中央转移支付省级财政预算执行率为 99%，设区市财政为 97%，县级财政为 99%，市辖区财政为 96%，预算执行进度大幅提升。

（二）动态监控，及时纠偏，加快项目实施进度，提高了资金绩效

通过动态跟踪资金使用单位对资金使用的情况，有利于进一步了解掌握项目真实进展情况，及时纠偏，督促项目实施推进。例如，某设区市地下综合管廊项目2015年10月收到中央城市管网专项资金3亿元，截至2016年10月资金仍未分解下达，主要原因是地铁施工与该项目冲突，需变更项目实施地点，申请报告已上报半年多，住建部迟迟未予答复。江苏监管局了解上述情况后，于2016年底向财政部经建司反映，经建司协调住建部及时予以解决。又如，某市财政局2017年12月收到2017年中央水污染防治资金8837万元，专项用于得胜湖、平旺湖退渔还湖及周边水环境整治工程，在2018年12月支付1000万元后，剩余7837万元停止支付，并于2019年底作为结余结转资金进行了统筹使用。2020年4月在线监控发现后，要求该市财政局说明情况并向省财政厅和省生态环境厅报告，经多次协调督促，7月得胜湖水环境整治工程重新招投标继续实施。

（三）反馈预算执行情况和存在问题，提出政策建议，为财政部决策提供信息支撑，有利于提升预算编制科学性

截至2020年底，江苏监管局已向财政部报送资金分解下达有待进一步加快、地方项目库建设有待进一步做实等典型案例60个，提出完善普惠金融发展专项资金管理、提升农村三产融合补助资金绩效、免除吊装移位仓储费用问题建议等政策建议120多条，为加强预算管理、完善财税政策提供有力支撑。例如，2019年9月，在日常动态监管过程中，发现长江流域重点水域禁捕补助资金长期滞留在省级

财政部门，江苏监管局主动了解情况、积极督促省财政厅、省农业农村厅加快资金分解下达，先后在2019年第一至第三季度监管报告、2019年度监管报告、2020年上半年监管报告中向财政部重点反映存在的问题和成因，并对此问题持续跟进动态监管，及时电话请示报告财政部，充分发挥日常动态监管机制作用。

2020年6—7月，在开展长江流域禁捕财政补助资金专项核查检查工作中，对因禁捕退捕渔船底数不清等原因造成尚余7.89亿元资金待分解下达的问题，江苏监管局进一步督促省财政厅、省农业农村厅尽快摸清底数制定分配方案并报省政府，以加快资金分解下达，并将相关情况再次上报财政部，推动该项资金加快使用，切实发挥绩效。事实证明，加强预算执行动态监管，建立财政日常监管常态化机制，有利于提升财政管理水平，进一步发挥财政管理职能的作用。

（四）有利于加强财政资金管理全流程内控和防范风险，促进反腐败和廉政建设

一是对预算分配环节，向具有预算分配权的财政部门反馈预算执行情况和存在问题，有利于其掌握真实情况，提升预算编制的科学性，客观上也有制约的作用。二是对财政预算执行环节，有利于加强地方财政部门在资金分解、下达、拨付、支付等各环节的内控，防范资金挪用、滞留、擅自平衡财政等风险。同时，可以解决地方财政与资金使用单位在预算下达、拨款方面的信息不对称问题，压缩权力寻租空间。例如，某公司获得2015年中央基建投资资金3000万元，2015年12月某市财政局向其拨款2000万元，到2016年8月底动态监管试点运行时，该公司收到动态监管系统推送数据信息后才得知其获得投资专项金额为3000万元，之前得到的信息一直是2000万元，

2016 年 12 月该市财政局将余款 1000 万元拨付给了该公司。三是对资金使用单位预算执行环节，有利于防范资金使用单位（项目单位）资金挪用等风险。例如，2019 年 7 月，在某市某区开展中央转移支付预算执行现场监管工作中发现，该区某项目单位于 2018 年 12 月底到 2019 年 1 月初，套取、挪用中央资金 4 笔合计 191.27 万元，随后鉴于动态监管压力以及其他有关部门的监管压力，主动整改于 2019 年 1 月底到 6 月初，将上述资金全部追回到项目账上。由于主动及时整改，未造成资金损失和影响项目实施进度。

（五）动态监管工作在抗击新冠肺炎疫情期间发挥了不可替代的重要作用

在 2020 年新冠肺炎疫情期间，江苏监管局充分发挥在线监控的优势，督促省、市、县、区各级地方财政部门第一时间分解下达新冠肺炎防控补助资金，统筹安排并使用好各类财政资金，尽快将财政资金拨付到医院、疾控中心、社区等资金使用单位。动态监管系统显示，2020 年 2 月下旬，新冠肺炎防控补助资金（涉及全省 13 个设区市、41 个县、70 个市辖区）合计 3.92 亿元，市、县、区各级财政当月已分解下达 3.41 亿元，当月预算执行率约 90%，有力保障了基层卫生医疗等参与防疫抗疫单位的资金需求。同时，对一些基层财政部门和资金使用单位反映的情况和提出的问题，江苏监管局积极回应，指导服务基层做好疫情防控资金保障和政策落实。例如，部分县市财政部门提出的“防疫人员临时工作补助”“防疫工作者范围如何界定”的问题等，在积极研究并主动请示部社保司后，及时点对点答复，并在工作群中发布政策答疑供大家掌握。

在中央财政下达江苏省抗疫特别国债资金后，江苏监管局立即将抗疫特别国债资金等直达资金用于建设项目支出的253.69亿元纳入“中央转移支付预算执行动态监管系统”实施重点监管，要求资金使用单位（项目单位）在线填报项目基本情况、项目实施进度、资金支付情况等信息数据，并上传相关佐证资料。切实传导财政管理压力，促使项目单位强化项目管理，加快项目实施，提高直达资金使用绩效。对项目安排和执行过程中发现支出方向错误或者资金用途不符合特别抗疫国债资金规定的，建议其及时整改，并上报有关部门审批或者备案。

四、经验启示

江苏省在全国率先实现中央转移支付预算执行动态监管全覆盖，得益于财政部党组的坚强领导，得益于江苏省委、省政府的关心重视，得益于江苏省财政厅等各级财政部门的积极配合，也得益于江苏省各职能部门和市、县政府的理解支持。

五年来的探索和实践，充分证明了财政部各地监管局发挥就地就近优势，加强预算执行动态监管，能够在提升财政管理水平、提高财政资金绩效方面发挥重大作用，这是其他部门无法替代的。作为新时代的财政人，江苏监管局在推进动态监管工作中，自觉把思想和行动统一到习近平总书记重要讲话和批示指示精神上来，秉持对党和人民的忠诚，锲而不舍、坚定不移地推进改革，主动作为、敢于担当，更新财政管理理念，积极转变工作思路，抓住预算执行环节，利用信息化技术手段，发挥财政管理职能作用，切实把财政部党组的要求落到实处，确保党中央决策部署落地见效。具体体现为以下几点。

（一）始终深入学习领会习近平新时代中国特色社会主义思想，切实把“两个维护”贯彻到财政工作全过程各方面

江苏监管局党组始终把学习贯彻习近平新时代中国特色社会主义思想作为首要政治任务，教育引导全体党员干部从政治和全局的高度，深刻领会习近平新时代中国特色社会主义思想的丰富内涵、精神实质和实践要求，切实在学懂弄通做实上下功夫，坚决贯彻落实党中央关于财经工作的方针政策和决策部署，在履行财政监管职责过程中坚持和加强党对财政工作的集中统一领导，以“两个维护”的实际行动推动习近平总书记重要指示批示和党中央重大决策部署不折不扣贯彻落实。

（二）始终站在国家治理体系和治理能力现代化的高度，积极探索财政改革和加强财政管理

面对改革的新时代，因循守旧，没有出路，瞻前顾后，错失良机，唯有开拓创新，才有进步和发展。江苏监管局始终坚持“只要有利于党和国家的财政事业、有利于国家治理体系和治理能力现代化”的原则，以“功成不必在我”的精神境界和“功成必定有我”的历史担当，主动提高政治站位，着眼新时代财政改革和国家经济建设发展大局，积极呼吁改革，持续推动改革，大胆探索改革，用全面、动态、系统和可持续发展的改革思维，从有利于推进国家治理体系和治理能力现代化的角度，紧紧围绕提升财政资金绩效，转换工作环节，聚集预算执行和资金使用全过程，更新监管思路，以现代信息技术为依托，以实施预算执行动态监控为抓手，重构财政管理流程，完善财政管理机制，提升财政资金使用绩效，为构建新时代财政监管体系进

行积极有益的探索和实践。

（三）始终牢牢把握改革契机，铆足创新和实干劲头，努力开创财政监管工作新局面

只要是财政部职责范围内的、只要是有利于财政改革和发展、有利于提升财政资金绩效的，江苏监管局始终继承和发扬钉钉子精神，坚决克服一蹴而就的“速胜论”和事情做不到百分百就不做的“难改论”，按照认真、坚持的原则，大胆地试、勇敢地闯，主动作为、敢于担当，无论存在多大困难和风险，都义无反顾、勇往直前，敢为天下先，不计较个人和单位的得失，全力以赴、持之以恒地继续推进各项工作，为加强财政管理、完善财税政策建言献策。

（四）始终牢固树立财政管理理念，锲而不舍推动财政改革，全面履行财政监管职责

全面履行财政监管职责，充分发挥财政职能作用，既是财政部各地监管局的工作理念和职责所在，是保障积极的财政政策更加积极有为的重要抓手，也是党风廉政建设的重要内容，更是对权力运行的一种制约和监督，有利于促进国家治理体系和治理能力现代化。江苏监管局始终教育和引导全体党员干部，牢固树立财政管理理念和系统观念，综合运用一切合法监管手段和监管力量，充分发挥财政职能作用，建立与地方财政等部门联合联动机制，逐步完善与新职能配套的长效监管机制，最终固化为成熟高效的监管体系，为完善财税政策、加强财政管理提供重要支撑。

只有干出来的精彩，没有等出来的辉煌。下一步，江苏监管局将继续坚持系统观念，全面落实中央改革部署和财政部党组要求，积极

转变工作理念，抓住财政管理事前事中环节，利用现代技术手段，奋力打造财政监管长效化工作机制，充分发挥动态监控和过程控制的作用，维护好中央财政利益和促进地方经济社会发展，为国家治理能力和治理体系现代化贡献财政力量。

【思考题】

1. 如何将习近平总书记“使改革落地生根”的要求贯彻落实到全面实施预算绩效管理的全过程，提高干部认识水平并切实贯彻落实?

2. 在推进全面实施预算绩效管理过程中，如何更好地调动和发挥财政部、监管局、地方财政部门、业务主管部门和资金使用单位的主动性、积极性，形成工作合力，通过全方位、全过程、全覆盖实施预算绩效管理，切实提高财政资源配置效率和使用效益?

3. 财政资金产生绩效的规律是什么? 产生绩效的环节在哪里? 财政部门应采取什么方式进一步加强财政资金管理、提升资金使用绩效?

坚持五种思维　切实兜牢底线

——宁夏财政扎实做好基层“三保”工作

【引言】 县级“三保”关系基层政府履职尽责和人民群众切身利益，是促进地区经济协调发展的基础，是保持社会稳定的“压舱石”。以习近平同志为核心的党中央对此高度重视。2020 年 2 月 23 日，习近平总书记在统筹推进新冠肺炎疫情防控和经济社会发展工作部署会议上指出：“一些地方财政受疫情影响较大，要加大转移支付力度，确保基层保工资、保运转、保基本民生。”[①] 2020 年 4 月 17 日，习近平总书记在中共中央政治局会议上进一步要求：“加大‘六稳’工作力度，保居民就业、保基本民生、保市场主体、保粮食能源安全、保产业链供应链稳定、保基层运转。”[②] 此后，习近平总书记又多次安排部署，要求扎实做好“六稳”工作，落实“六保”任务，

---

① 《习近平：在统筹推进新冠肺炎疫情防控和经济社会发展工作部署会议上的讲话》，中国政府网，http：//www. gov. cn/xinwen/2020 －02/24/content_5482502. htm，2020 年 2 月。

② 《中共中央政治局召开会议　习近平主持》，新华网，http：//www. xinhuanet. com/politics/2020 －04/17/c_1125871992. htm，2020 年 4 月。

兜牢基层“三保”底线。

【摘要】近年来特别是2020年以来，为积极应对经济下行压力，中央实施了大规模减税降费的积极财政政策，财政收入增长显著放缓。2021年受新冠肺炎疫情影响，财政减收增支压力进一步加大，收支平衡难度更加凸显。党中央、国务院高度重视财政经济运行工作，习近平总书记多次作出重要指示，要求扎实做好“六稳”工作，落实“六保”任务。财政部和自治区党委、政府也多次安排部署，反复强调要加强保障，强化管控，兜牢底线。

“三保”是“六保”的重要内容，宁夏财政厅切实提高站位，统一认识，将“三保”工作作为重中之重，精心安排，狠抓落实，加大财力下沉力度，夯实市县“三保”财力支撑水平；完善制度办法，建立健全全流程管理制度体系；加强动态预警监测，努力做到“三保”风险隐患早发现、早处置；强化激励约束，奖优罚劣，引导市县加强“三保”工作。通过各方共同努力，取得了显著成效。

【关键词】收支矛盾　三保　底线

一、背景情况

近年来，我国持续加大减税降费政策力度，尤其是2019年，中央实施大规模减税降费措施，大幅减轻了企业和群众负担，有效激发了市场活力，但同时也带来财政明显减收。2019年，全区地方一般公共预算收入下降3%，多年来首次出现负增长，其中市县级地方一般公共预算收入下降7.5%。受此影响，各级财政“紧平衡”特征凸显，特别是基层财政收支矛盾突出，部分市县“三保”压力加大。

2020年，受新冠肺炎疫情等影响，财政减收增支进一步扩大，基层财政收支平衡压力持续加大。2020年全区地方一般公共预算收入下降1%，较年初预算短收13.6亿元，其中市县级短收7亿元，财政收支矛盾加剧，县级“三保”风险更加突出。

总的来看，宁夏基层“三保”主要存在以下突出风险和问题：一是个别市县存在风险隐患。部分县区财政运行存在一定风险隐患，个别市县财力低于“三保”及其他刚性支出需求，另外一些县区可用财力虽然能够覆盖“三保”及其他刚性支出，但在清理拖欠民营企业中小企业账款、隐性债务化解等方面存在缺口。二是部分市县未能按照轻重缓急和优先顺序安排预算。一些市县对中央和自治区三令五申强调的预算编制要求重视程度不够，编制和执行预算时将一些优先必保项目甩在外面，或留有缺口，其他项目支出挤占了“三保”可用财力。三是市县其他刚性支出规模大成为影响财政运行的主要风险点。例如，限额内债务还本付息、机关事业单位养老保险补差、拖欠民营企业中小企业账款、补缴被征地农民养老保险补贴等支出需求较大。四是财政暂付款规模居高不下，挤占国库库款严重。由于历史原因，市县形成了大量财政暂付款，截至2020年底，全区市县暂付款余额为208.1亿元，占当年市县一般公共预算支出的18.6%。造成“账上有钱、实际没钱”，财政运转出现困难。五是市辖区财政运行风险尤为突出，风险隐患大。针对这些风险隐患，必须及时采取应对措施，兜牢“三保”底线。

深入分析存在以上突出风险问题的原因，主要有以下方面：一是市县发展普遍内生动力不足、自身造血功能弱。宁夏县域经济发展普遍滞后，依靠自身财力调节预算功能差，市县地方收入占支出的比重仅为25%，市县70%左右的支出依赖上级补助。近年来，市县财政收入持续低位徘徊，尤其是2020年以来，受经济下行压力加大、新冠肺炎疫情等因素影响，市县一般公共预算收入降幅持续扩大，影响了基层“三保”及其他刚性支出的保障能力。二是部分市县预算管理薄弱。一些市县脱离财力实际，热衷于“铺摊子、上项目”，财政负担日益加剧，不堪重负，只能通过增加暂付款维持运转，形成财政恶性循环。有的市县预算管理粗放、约束力不强，不能严格执行年初预算，追加预算多。三是财政供养临聘人员规模过大。长期以来，由于多种原因，各市县形成大量财政供养临聘人员，据初步统计，目前，各市县财政供养临聘人员达6.8万人，相当于市县现有财政供养人员（在编在岗和离休人员）总数的45%，有的市县甚至达到1倍以上，大大加重了财政的压力和负担。四是地级市和市辖区之间的财政事权和支出责任划分不清晰。

二、主要做法

面对风险挑战明显上升的复杂局面，在自治区党委、政府的坚强领导下，宁夏财政厅深入学习贯彻习近平总书记关于“三保”方面的重要讲话和指示精神，认真落实党中央、国务院各项决策部署，切实领会做好“三保”工作的重大意义和政策精神，把“三保”作为当前首要政治任务，提早谋划，超前研究，多措并举，抓紧抓实，有效防范化解基层“三保”方面的风险隐患，取得了积极成效。

（一）深入开展调研，为做好“三保”工作奠定坚实基础

为及时掌握了解市县财政运行和“三保”情况，抓实抓细“三

保”工作，2019—2020年，宁夏财政厅提前谋划，提早动手，先后多次对基层“三保”情况进行了专题调研，深入分析研究基层“三保”方面存在风险隐患及应对举措。特别是2020年，在充分调研、实地了解基层财政运转情况的基础上，形成了《关于我区市县“三保”及其他刚性支出保障情况的调研报告》，自治区政府咸辉主席作出肯定批示：“财政厅提出的报告针对性很强，找准了问题，分析了原因，提出了建议，关键是要压实市县区主体责任，确保把‘六稳’‘六保’任务不折不扣落到实处。”经过调研，有效摸清掌握了“三保”保障情况、主要风险点、深层次原因等，为对症施策提供了有力支撑。

（二）夯实财力基础，给基层“三保”增添“发动机”

坚决把中央和自治区出台的减税降费政策落实落细，把该减的税减到位，把该降的费降到位，通过减轻企业、个人负担，拉动经济增长。实施市县税收增收激励政策，充分调动市县加快经济发展，大力培植财源的积极性。牢固树立政府过紧日子的思想，2020年自治区本级率先压减一般性支出14.6%，“三公”经费压缩6.5%，会议、培训、因公出国等经费压减30%以上，压一般、保重点，压本级、保市县。完善转移支付制度办法，持续加大财力下沉力度，确保市县财力“只增不减”，2020年全年共下达市县各类转移支付资金840亿元，较上年同期增加56亿元，增长7.2%，其中一般性转移支付增长19.2%，高于中央补助宁夏增长率7个百分点，转移支付注重向重点民生领域和财政困难地区倾斜，切实支持市县保基本、兜底线。用好管好中央直达资金，在一周之内将特殊转移支付、抗疫特别国债、新增一般债券资金82.48亿元下达市县，为市县对冲疫情影响、做好“三保”工作创造有利条件。加快资金下达进度，将均衡性转移支付、县级基本财力保障机制奖补资金、重点生态功能区转移支付等财力补助29.21亿元，全部于6月30日一次性下达市县，快于往年2～3个月，进一步夯实了基层“三保”支撑能力。实时监测市县财政库款运行情况，实行差异化资金调度策略，2020年先后7次向库款紧张的市县调度资金33.5亿元，加大对困难市县的支持力度，确保“三保”库款资金充裕、足额到位。

（三）强化制度约束，给基层“三保”戴上“紧箍咒”

自治区财政突出重点、前移关口，持续完善制度办法，严格落实主体责任，切实强化“三保”风险防控。2019年，经自治区政府研究同意，印发了《关于进一步明晰自治区本级与市县财政事权与支出责任　坚决落实好市县（区）“三保”和防范化解债务风险责任的通知》，配套制定了“三保”预算编制审核、监控、应急处置3个操作办法，建立起涵盖事前审核、事中监控、事后处置的“三保”风险管控长效机制。2020年，为有效应对疫情等多重因素叠加影响，自治区财政又印发了《关于有效应对新冠肺炎疫情影响切实加强地方财政“三保”工作的通知》，出台压实“三保”保障责任、加快下达转移支付预算、加强库款调度和运行监测、加大财政支出结构调整力度、大力压减一般性支出、强化“三保”监控机制等具体举措，进一步抓实抓细“三保”工作，加大支持力度，强化督促指导，确保市县财政平稳运行。

（四）搭建监控系统，为基层“三保”装上“监护仪”

秉持关口前移、未雨绸缪的理念，集中精干力量，研究搭建了基层“三保”及刚性支出动态监控系统，通过信息化技术手段支撑，实现对市县“三保”及刚性支出保障情况的全覆盖、多指标、穿透式、动态化、信息化监测预警，变事后报告为提早预警，对苗头性问题做到早发现、早预警、早处置。一是全覆盖。将全区 29 个市、县（区）全部纳入监控范围，监测范围达到全覆盖。科学评估每个市、县（区）的风险状况，分为“平稳运行”“低度风险”“中度风险”“高度风险”4 个等级，分别用绿色、蓝色、黄色、红色直观简洁地进行风险提示，总分结合、醒目明了地展示在宁夏地图上。二是多指标。选取 12 项各具特点、相互补充的监测指标，包括“三保”及其他刚性支出执行率、财力保障倍数、库款保障倍数、预算安排到位率、暂付款压缩率等。区分指标重要程度赋予不同权重，综合打分，客观评判市县财政运行状况和保障能力，全面反映市县财政运行风险等级。同时，聚焦核心指标，将“三保”关联度密切的保工资执行率、保运转执行率、保基本民生执行率 3 项指标作为“红灯”指标，重点监测、重点预警，一旦偏离安全值，立即报警提示。三是穿透式。在总体评价每个市县财政运行“健康状况”的基础上，在系统中点击不同项目，还可以“透视”具体指标，帮助市县查找“病灶”根源，便于市县有的放矢、对症下药。四是动态化。按照“年度总需求 + 月度执行”的模式进行统计监测，既能全面掌控全年总体情况，又能动态跟踪月度执行状况，随时了解各市县财政运行健康状况。五是信息化。同已有的财政管理一体化信息系统、工资统发系统、库款管理系统等紧密衔接，从现有系统直接提取数据，做到资源共享、随用随取，避免增加基层负担，提高工作效率。

（五）健全激励约束机制，使基层“三保”筑牢“防火墙”

一是建立专项报告制度。自2020年5月起，将每月定期向自治区党委、政府报送各市县“三保”及刚性支出动态监控结果，并通报到市县党委、政府，对“中度风险”等级以上的市县第一时间通过短信、微信、发提示函等形式提示预警。二是健全风险处置机制。对“中度风险”等级以上的市县及时提出整改建议、限期整改，要求通过调整财政支出结构、盘活存量、压减一般性支出等举措，提升“三保”保障水平。必要时，自治区财政通过监督检查、库款调度、财力补助等措施给予救助，防止风险传导。三是完善通报、约谈和问责机制。对“三保”工作不力或保障不到位的市县，在全区范围内通报批评，并视情况约谈或提请自治区政府分管领导约谈市县政府相关负责人。对情形严重的责任单位及人员，提请相关部门按照职责进行问责。四是强化激励约束机制。加强监测结果应用，将“三保”保障等情况作为转移支付奖补资金分配的重要因素，进一步完善对下转移支付制度办法，突出资金分配激励导向，奖优罚劣，引导市县加强“三保”工作。

在中央财政的大力指导帮助下，在全区上下共同努力下，宁夏基层“三保”工作取得积极成效。一是各方对“三保”重视程度明显增强，认识更加深化，自治区财政持续加大支持、强化管控，县级财政积极开源节流、加强预算管理，切实落实保障责任；二是市县财政运行总体稳定，虽然受疫情等因素影响，出现短期财政减收问题，但通过一系列积极应对举措，基层“三保”总体保障有力，“三保”财力保障倍数达到2倍，资金规模能够覆盖“三保”支出需求，切实兜住了“三保”底线，有力维护了社会稳定大局。

三、经验启示

宁夏基层“三保”工作取得积极成效，主要是由于全区上下坚持以习近平新时代中国特色社会主义思想为指导，坚决贯彻党中央、国务院决策部署，运用马克思主义立场、观点、方法，增强“三保”工作的科学性、预见性、主动性，深入分析面临的风险隐患和深层次原因，有的放矢采取针对性应对举措，真抓实干做好工作落实。具体体现为以下几个方面。

（一）必须坚持战略思维

习近平总书记多次指出要提高战略思维能力，善于把握事物发展总体趋势和方向。2020 年受疫情冲击，宁夏各级财政尤其是市县财政短期减收明显，基层“三保”压力加剧，但全国及宁夏经济长期向好的趋势没有发生变化。必须立足当前抓住重点，及时采取应对措施防范“三保”风险，同时也要放眼长远统筹兼顾，全面做好各项财政工作。

（二）必须坚持创新思维

“三保”问题非常复杂，以前风险点在哪里、当前突出隐患是什么，随着时间推移不断变化，每个市县什么表象、什么原因、如何解决也不尽相同。只有深入调查研究，有针对性地创新思路、制度、管控手段，才能对症下药。针对2020年的新形势，宁夏财政厅坚持创新思维，积极开拓思路，率先研构搭建了“三保”动态监测系统，切实做到了风险早发现、早预警、早介入、早处置。

（三）必须坚持辩证思维

防范化解基层“三保”风险，必须坚持辩证思维，从大局和局部、自治区和市县、短期和长远、个例和普遍等不同角度，实事求是，有的放矢，统筹兼顾，认真查找问题、分析原因、解决问题。做好各方面工作还必须坚持历史、当前、长远相统一，看到历史每个时期、每个阶段的相互联系、前后承接，做好“三保”工作同样如此，比如，由于历史原因，市县长期积累形成了大量财政暂付款、政府债务等负担，严重影响了市县“三保”可用财力，必须综合分析、统筹安排，做好保障工作。

（四）必须坚持法治思维

习近平总书记要求更加自觉地运用法治思维和法治方式来深化改革、推动发展、化解矛盾、维护稳定。[①] 宁夏财政厅正是遵循习近平总书记这一指示要求，坚持法治思维，切实强化制度约束，制定了一系列政策办法，建立起了涵盖“三保”风险管控全流程制度机制，努力做到“三保”监控机制在结构上成体系、程序上更严密、约束上更有效，同时强化政策执行，确保各项制度落地生根，真正通过制度管

① 《习近平：在党的十八届五中全会第二次全体会议上的讲话》，中国共产党新闻网，http：//cpc. people. com. cn/nl/2016/0101/c64094－28002398. html，2015年10月29日。

人、管事、管钱、管住风险。

（五）必须坚持底线思维

习近平总书记多次强调在各项工作中要坚持底线思维，应对重大挑战、抵御重大风险、克服重大阻力、解决重大矛盾离不开底线思维。在防范“三保”风险上，更是离不开底线思维，必须从最坏处着眼，做最充分准备，争取最好的结果。正是在这样的思维方式引领下，宁夏财政厅坚持关口前移、未雨绸缪、统筹谋划，努力开源节流，加大财力下沉，特别是以高风险县区为重点，加强倾斜支持力度，统筹处理好隐性债务化解、养老金兑付、库款流动性等问题，有效促进了基层财政平稳运行。

【思考题】

1. 基层“三保”是一项综合性、系统性工作，风险问题虽然直接体现在“三保”上，但病灶牵扯到方方面面。如何进一步建立健全长效管控机制，标本兼治，确保“三保”长期不出问题?

2. 宁夏市县财政以“输血”为主，缺乏“造血”功能，“三保”更多依赖上级财政补助。如何进一步强化激励机制，引导市县加快高质量发展、增强内生发展动力，确保上下同频共振、兜牢“三保”底线?

加快健全“四梁八柱”

——财政部深入推进国有金融资本管理改革

【引言】习近平总书记在党的十九大报告中明确指出，要完善各类国有资产管理体制，改革国有资本授权经营体制，促进国有资产保值增值，有效防止国有资产流失[①]；在全国金融工作会议上强调，要优化金融机构体系，完善现代金融企业制度，完善国有金融资本管理。李克强总理指出，要推进金融监管体制改革，抓紧修改完善金融基础法律，推动国有金融资本管理等方面的立法。[②] 全国金融工作会议对完善国有金融资本管理提出了明确要求。

【摘要】2018年6月，中共中央、国务院印发的《关于完善国有金融资本管理的指导意见》（以下简称《意见》）是党中央、国务院

① 《习近平：决胜全面建成小康社会　夺取新时代中国特色社会主义伟大胜利——在中国共产党第十九次全国代表大会上的报告》，中国政府网，http：//www. gov. cn/zhuanti/2017－10/27/content_5234876. htm，2017年10月。

② 《全国金融工作会议在京召开》，中国政府网，http：//www. gov. cn/xinwen/2017－07/15/content_5210774. htm，2017年7月。

对国有金融资本管理作出的顶层设计和重大部署，具有划时代的重要意义。财政部门担当作为，加强同相关部门的统筹协调，以资本出资为纽带，以产权管理为抓手，以制度统一为基础，以全口径报告为展现，务实稳妥推进完善国有金融资本管理改革，加快健全“四梁八柱”，深化金融供给侧结构性改革，不断增强国有经济的活力、控制力、影响力和抗风险能力。

【关键词】国有金融资本　金融机构　管理　改革

一、背景情况

国有金融资本是推进国家现代化、维护国家金融安全的重要保障，是我们党和国家事业发展的重要物质基础和政治基础。近年来，国有金融资本管理市场化程度不断提高，委托代理关系初步建立，但国有金融资本管理体制机制上还存在职责分散、权责不明、授权不清、布局不优等矛盾和问题，亟须通过深化改革加以解决。

在体制机制上，多部门、多机构都从不同角度参与国有金融资产管理，但相应承担的责任并不明确，形成“谁都行使管理权力，谁都不完全承担管理责任”的局面，规则不一，影响了管理效能和决策效率，不利于统一市场环境的形成。部分地方将金融与非金融企业国有资本统一监管，缺乏有效的风险隔离机制，导致产融无序结合、资金脱实向虚。在资本布局上，缺乏统一、明确的战略目标，对金融运行关键环节的重要基础设施的宏观统筹和管控不足，竞争性金融机构消耗资本金过多，国有金融资本过于集中于银行业。对重点行业、重点机构、境外布局以及国际金融财务监管政策，缺少明确的战略规划和应对措施。在公司治理上，少数国有金融机构存在董事会形同虚设、内部人控制等问题，个别国有金融机构监事会地位边缘化、作用虚化的状况未得到有效改善。党组织在公司治理中的法律地位不够明确。在监督管理上，部分国有金融机构子公司管理链条过长，资本控制力层层递减，内部管理难度加大，造成投资业务方向与国家宏观调控目标不一致，甚至导致国有资产流失。在法制建设上，缺少专门的法律法规对国有金融资本管理进行规范，造成管理缺少必要的法律依据，导致国有出资人权责边界不明确。

2018 年 6 月，党中央、国务院印发《关于完善国有金融资本管理的指导意见》（中发〔2018〕25 号）（以下简称《意见》），聚焦国有金融资本管理中的问题和障碍，坚持服务大局、统一管理、权责明晰、问题导向和加强党的领导五条基本原则，就金融国资管理工作进行了系统全面部署，明确集中统一、全流程全覆盖、穿透管理和全口径报告的要求，改变了长期以来管理职责分散、权责不明、授权不清的格局。这项重大改革的突破主要体现在：一是加强国有金融资本集中统一管理，明确授权经营体制和各级财政部门的出资人代表职责；二是首次明确界定国有金融资本的概念与范畴，将凭借国家权力和信用支持的金融机构所形成的资本和应享有的权益，在依法合规的前提下，一并纳入国有金融资本管理；三是加强国有金融资本的穿透管理，强化国有产权的全流程监管；四是夯实国有金融资本管理的法律基础，加快国有金融资本管理条例立法进程，弥补法律空白；五是建立统一的国有金融资本统计监测和报告制度，全口径向党中央和全国人大常委会报告。

《意见》是习近平新时代中国特色社会主义经济思想在国有金融

资本管理领域的重要体现，是新时期国有资本管理改革在金融领域的深化和发展，是国有金融资本管理的纲领性文件，为新时期加强和完善国有金融资本管理提供了根本遵循和行动指南。

二、主要做法

财政部门担当作为，认真贯彻落实《意见》，加强同相关部门的统筹协调，以资本出资为纽带，以产权管理为抓手，以制度统一为基础，以全口径报告为展现，务实稳妥推进国有金融资本管理改革，加快健全“四梁八柱”。

（一）提高站位，认真贯彻落实中央决策部署

一是抓好舆论宣传，加强正面引导。在中央文件刊发的第一时间，在财政部官方网站上发布“财政部负责人就《中共中央　国务院关于完善国有金融资本管理的指导意见》答记者问”。组织有关专家学者以及金融司负责同志撰写了宣传解读稿共九论，按每周三篇的节奏发表在中国财经报上，并同步刊登到财政部网站，形成舆论引导合力，社会各界反映积极正面。二是迅速传达文件，部署管理工作。2018 年 7 月，组织召开全国财政系统国有金融资本管理工作会议，迅速学习传达文件精神。部领导出席会议并讲话，要求准确把握改革的精髓和要义，切实增强履行国有金融资本出资人职责的责任感和使命感。2019 年 1 月和 5 月，财政部分别于北京和杭州组织召开国有金融资本集中统一管理专题座谈会，同年 8 月在黑龙江组织召开财政系统金融工作研讨会，推动以资本出资为纽带、以产权管理为抓手、以制度统一为基础、以全口径报告为展现，扎实稳妥推进国有金融资本集

中统一管理。三是及时印发通知，明确落实要求。2018 年 7 月，向各地财政部门印发通知（财金〔2018〕87 号），提出落实《意见》的具体要求，指导各地财政部门及时主动向同级党委、政府主动请示汇报，尽快理顺和巩固集中统一的授权管理体制，抓紧研究制定实施细则和具体方案。四是上报工作安排，落实框架体系。2018 年 10 月，系统梳理国有金融资本管理工作进展和国有金融机构法人治理情况，上报国务院全面加强和完善国有金融资本管理的总体思路，抓紧推动形成系统完整的制度框架体系，明确了具体举措和时间进度。

（二）夯实国有金融资本管理制度基础

财政部与中国人民银行、银保监会、证监会、国资委等有关部门加强沟通协调，推动《国有金融资本出资人职责暂行规定》（以下简称《规定》）先后经金融委第六次全体会议、中央全面深化改革委员会第十次会议审议通过，并于 2019 年 11 月以国办发 49 号文件印发实施，2020 年 3 月对外公布。《规定》坚持“以管资本为主、市场化、审慎性”三项基本原则，把各级财政部门履行的国有金融资本出资人职责制度化、规范化、程序化和具体化，是明晰出资人职责边界、规范履职尽责的重要基础性制度，有利于加快构建国有金融资本统一管理框架，优化资本战略布局，增强国有金融机构活力、竞争力和可持续发展能力；有利于保证政策制度公平统一，优化营商环境；有利于加快完善统一开放、公平竞争的现代市场体系，服务经济高质量发展。除对出资人的职责、义务以及监督管理等进行具体规定外，《规定》充分考虑现阶段管理实际和有关部门意见，提出根据需要可以分级分类委托其他部门、机构（受托人）按受托权限管理国有金融资本，并明确要求“四个不变”，即财政部门履行出资人职责的身份不变、产权管理责任不变、执行统一规制不变、全口径报告职责不变，受托人要定期报告，接受财政部门的评价、监督和考核。同时，为实现权由法授、权责法定，《国有金融资本管理条例（征求意见稿）》已经多轮社会公开征求意见并修改完善，拟进一步明确国有金融资本出资人的法律地位，提高管理的法治化、科学化水平。

（三）完善国有金融资本产权管理体系

2019 年，印发《国有金融资本产权登记管理办法（试行）》，调整优化产权登记的职能定位、范围内容、资本分类、办理流程等，完善产权登记表证，丰富“全要素”信息，为摸清国有金融资本家底、落实金融国资集中统一管理筑牢基础。2020 年，专题部署开展产权登记专项行动，确保“应登尽登”。以市场化手段规范金融企业国有股权管理，凡是可以通过公司治理机制审议的事项，原则上不再发文审批。进一步明确国有金融企业增资扩股股权管理事项，对国有金融企业增资扩股进场交易、增资资金来源、冠名管理等作出明确要求，规范国有金融企业相关经济行为，防止国有金融资产流失。出台中央金融企业名录管理暂行规定，明确中央金融企业具体标准，建立动态调整机制和名录公示制度。截至 2019 年底，中央金融企业资产总额 199.45 万亿元、负债总额 178.75 万亿元，形成国有资产（国有资本及应享有的权益）14.85 万亿元，分别增长 7.48%、6.91%、10.93%。

（四）健全国有金融机构的激励约束机制

在工资决定方面，贯彻落实《国务院关于改革国有企业工资决定机制的意见》，出台了国有金融企业工资决定机制改革实施办法及细则，建立健全市场化机制，将以前行政部门逐年审批工资总额转变为由金融企业按规定根据自身与工资总额联动指标完成情况编制预决算，履行公司治理程序自主决策，健全企业自我发展、自我约束的正向激励机制，推动国有金融企业更加有效落实国家宏观政策，更好服务微观经济、实体经济，把握好分配机制中各行业之间的关系。改革后政策将此前游离在监管之外的金融控股集团、主权财富基金以及金融基础设施类企业纳入管理机制，实现全面覆盖、规制统一。2019 年是改革政策执行首年，财政部按照“一碗水端平”的原则，依规对审核发现问题进行纠错纠偏，实现改革政策有序衔接和平稳过渡。在薪酬待遇方面，结合中央纪委新要求，联合中央组织部、审计署进一步规范国有金融企业负责人履职待遇和业务支出管理有关事项。配合中组部联合印发《关于中管金融企业和中管企业副职等负责人医疗待遇有关问题的通知》。按照激励相容、市场运作、公开透明等原则，起草金融企业员工持股计划管理办法。根据中央主题教育领导小组工作要求，与国资委联合发文，规范国有企业商务招待管理。在绩效评价方面，启动金融企业绩效评价办法修订，推动实现目标导向由效益优先向服务实体经济转变，考核指标由规模数量向经营效率转变，对标体系由单一行业向综合行业及历史对标转变，考核分类由简单四分类向细化多分类转变。已修订印发商业银行绩效评价办法，优化评价指标对标方法、拓展结果运用范围，激励商业银行增强活力、提高运营效率，更加有效贯彻落实国家宏观政策，更好服务微观经济、实体经济，加大对小微企业支持力度。

（五）切实加强国有金融企业财务监管

一是扎实推进修订金融企业财务规则。贯彻全国金融工作会议精神，结合近年来的金融结构变化和金融乱象，研究修订《金融企业财务规则》，推动财务管理从“成本费用约束”向“风险管理控制”转变，并加大对财务违法违规的处罚力度，使之成为金融监管政策的重要支柱。二是修订出台金融企业审计等管理制度。按照“简政放权、框架指导、规范程序、加强督查”的原则，修订印发国有金融企业集中采购管理暂行规定，提高国有金融企业集中采购效率，规范国有金融企业集中采购行为。为提高会计师事务所对金融企业审计独立性和履职恰当性，提升金融企业审计质量，防范“共谋”风险，按照“对出资人负责、规范招标流程、严格惩戒机制”的原则，修订出台国有金融企业选聘会计师事务所管理办法。修订印发国有金融企业年金管理办法，完善多层次的养老保险制度。结合基层金融机构运营需要，出台专门办法，规范金融企业技术业务用房管理。三是加强中央金融企业财务监督管理。修订出台全国金融企业财务决算报表工作考核办法，推动报表质量提升。明确国有金融企业对外捐赠的基本原则，规范捐赠行为。开展国有企业集中采购专项检查，加强中央金融企业办公用房租赁审核。

（六）首次进行金融企业国有资产全口径专项报告

在科学设计报表体系，认真汇总数据，全面梳理分析的基础上，编制形成专项报告，完整反映金融企业国有资产总量和分布情况，全面总结管理工作现状，系统分析积极成效和主要问题，提出推进工作的思路和措施。2018 年 10 月 24 日，受国务院委托，刘昆部长在十三届全国人大常委会第六次会议上作专项报告，全国人大常委会分组进行了审议。这是报告制度执行以来国务院第一次向全国人大常委会报告国有金融资产管理情况，也是国有金融资产第一次向全国人民报清"明白账"，受到社会各界广泛关注，反响良好。同时，建设上线国有金融资本产权登记管理信息系统，全面记录产权登记信息和经济行为，推动管理工作的全面变革，实现信息化管理、网络化办理、全流程监管，即业务"从线下到线上一条龙便捷办理"、系统"从单机运行到全国联网"、信息共享"从用得少到谁都能用"、相关主体"从上下不通到互联互通"，初步实现业务全面、管理统一、功能齐备、分析智能、互联互通、操作简便的预期目标，全面提升管理效能，更好服务以全口径报告的形式展现年度金融企业国有资产年度数据指标和工作进展。

（七）强化派出股权董事实质化管理

随着国有金融机构改革的不断深化，企业法人治理结构逐步完善，董事会在公司治理中发挥着越来越重要的作用，向金融机构派出国有股权董事已成为有效履行国有出资人职责、市场化管理国有金融资本的一项重要手段。财政部着力完善派出董事管理机制，出台金融机构国有股权董事管理暂行办法，规范选派流程、职责范围、工作程序、报告制度、考核评价等事项。印发并修订国有股权董事议案审议操作指引，细化职责要求、划分审议权限、规范审议程序、建立信息报告制度。以部党组名义印发《关于进一步加强股权董事管理的意见》，从加强组织领导和党建工作，完善组织生活制度，完善履职管理制度、人事制度和内控管理制度，规范股权董事议案审议权限、程序以及报告制度等方面对派出董事履职进行了规范。定期举办国有股权董事及高管人员培训班，夯实出资人责任和股权董事职责，加强履职能力建设。财政部不断完善股权董事各项管理制度，股权董事认真履职行权，推动公司治理从“形似”向“神似”转变，在参与金融机构公司治理决策等方面发挥了积极作用。

（八）支持国有重点金融机构改革发展

落实国有企业党建工作会议精神，推动中央金融企业将党建工作要求写入公司章程。贯彻落实中央保持对国有重点金融机构控制力、增强金融服务实体经济能力有关精神，重点支持农行、交行等大型国有金融机构补充资本。配合推动全国社保基金会机构改革，落实划转国有资本充实社保基金方案。2019 年完成持有的 14 家商业性金融机构股权的 10% 一次性划转给社保基金，总额约 2565 亿元。研究推进中国投资有限责任公司（简称“中投公司”）管理体制改革。支持中国人民保险集团（简称“人保集团”）成功回归 A 股发行上市。聚焦出资人职责，稳妥推进长城资产管理公司、东方资产管理公司完成引战，积极参与华融资产管理公司风险应对。推动银河金控和银河投资完成整合。研究商业银行发行永续债涉及的财税配套政策，支持补充大型银行资本金。强化政策性开发性银行职能定位，提高发展质量，严控业务范围，既有效防范化解金融风险，又发挥其逆周期调节和服务国家战略的作用。优化政策性出口信用保险项目审核管理机制，完备审核链条、压实公司治理责任。推进中国人寿保险（集团）公司完善法人治理结构和整体改制。支持银河金控落实国务院批准的建投中信转型方案。印发国有金融机构聚焦主业、压缩层级等相关事项的通知，引导其突出主业、回归本业，规范各层级子公司管理，严格并表和穿透管理。

（九）加强对地方推进金融国资改革的指导

明确落实《意见》的具体要求，督促各地财政尽快理顺授权管理体制。召开财政系统国有金融资本管理工作会议、金融工作研讨会和部分省份座谈会，按照集中统一、全流程全覆盖、穿透管理的总体要求，指导地方财政加强基础管理、经营预算、绩效考核、薪酬管理、财务监管、统计监测和分析报告等各项工作，将中央的统一规制层层落实、穿透落实下去。各地国有金融资本管理改革向纵深推进，从“星星之火”到“燎原之势”。已有近 30 个地方党委和政府出台实施意见，有 10 多个地方政府出台国有金融资本出资职责制度办法，结合本级实际，稳妥推进国有金融资本管理改革。很多地方成立了工作领导小组或联席工作会议机制，办公室设在财政部门，负责统筹推进理顺管理职能和管理体制。

（十）“十四五”期间继续加快推进管理改革

按照“十四五”规划要求，深入贯彻落实党中央、国务院决策部署，扎实推进完善国有金融资本管理改革，全面履行好国有金融资本出资人职责。宏观上健全管好用好、做强做优做大国有金融资本的制度体系和机制，优化布局、规范运作、提高回报、维护安全；微观上坚持市场化、法治化原则，对相关出资金融机构依法行使享有资本收益、参与重大决策和选择管理者等股东权利，并履行相应股东义务。

一是推动管理成熟定型。强化法制保障，推动出台并落实好国有金融资本管理条例。夯实基础管理，全面明晰家底，实现国有金融资本产权“应登尽登”。完善管理信息平台，实现全流程穿透监管和信息动态实时共享。加强国有金融企业上缴收益管理，平衡好收支需要，支持推进金融供给侧结构性改革，推动国有金融资本向重要行业和关键领域、重要基础设施和重点金融机构集中，提高资本配置效率。

二是完善公司治理机制。持续推进优化国有金融机构现代公司治理，完善授权方案，加强董事会在风险管理、重大决策、选人用人和激励机制等方面的重要职责。把加强党的领导和完善公司治理统一起来。完善国有股权董监事管理制度，明确权责利约束，强化监督问责，确保履职尽责。建立健全派出董事人才库，坚持“五湖四海”，注重选贤任能。推动人寿集团、光大集团等重点国有金融机构深化改革，推动形成股权结构多元、股东行为规范、内部约束有效、运行高效灵活的经营机制。督促“瘦身健体”压缩管理层级，做强做优主业，更好服务经济社会发展。

三是健全激励约束机制。赋予国有金融机构更大经营自主权和风险责任。根据功能定位和行业特点，构建促进高质量发展的绩效评价体系，修订相关行业绩效评价办法，优化激励约束机制，引导国有金融企业更加有效贯彻落实国家宏观政策，更好服务微观经济、服务实体经济。按照“绩效评价体系先导、薪酬与绩效匹配、激励与约束并重”原则，研究金融企业员工持股计划管理办法，探索建立中长期激励。强化内外部监督，加快健全全面覆盖、制约有力的监督体系。建立国有金融资本管理的监督问责机制，健全违法违规经营投资责任追究制度体系，完善责任倒查和追究机制。

三、经验启示

（一）立足国情走好中国道路

公有制为主体、多种所有制经济共同发展是社会主义基本经济制度的重要内容。要毫不动摇地巩固和发展公有制经济，毫不动摇地鼓励、支持、引导非公有制经济发展。探索公有制多种实现形式，增强国有经济竞争力、创新力、控制力、影响力、抗风险能力。我国是社会主义市场经济国家，金融行业国有资本居于主导地位，无论总体规模还是相对比重都是比较高的。在新的历史起点上，要坚定“四个自信”，从历史视野、国际背景、发展大势出发，拓展走好国有金融资本管理的中国道路。

（二）辩证看待国际实践经验

根据国别经验，大部分国家由财政部门直接或间接履行国有金融资本出资人职责。一是政府授权财政部履行出资人职责，如德国、日本、意大利等。二是政府通过财政部间接授权国有资本投资运营公司履行出资人职责，如新加坡、马来西亚等。三是政府通过财政部等多个部门履行国有金融资本出资人职责，如法国、芬兰。国有金融资本管理模式的形成和演变是政治、经济、历史、文化等综合因素作用的结果，宜客观辩证看待。

（三）坚持实事求是不断探索前进

完善国有金融资本管理牵涉面很广，是一个不断探索、动态演进的过程。对外开放条件下的战略布局优化、金融基础设施统筹、实体企业办金融监管等重大问题，要加强统筹谋划、顶层设计，在实践中探索完善。《意见》结合现实情况，提出可以根据需要委托管理国有金融资本。同时，坚持行业监管与出资人职责相分离，推动管资本与管党建相结合，统一规制和分级管理相协调的原则，深入推进完善国有金融资本管理改革。

【思考题】

1. 如何在充分发挥党建引领作用，推动提高政治站位，凝聚改革合力，确保加快推进国有金融资本集中统一管理，强化国有产权全流程监督?

2. “十四五”时期如何更好推进完善国有金融资本管理改革，服务实体经济高质量发展?

优化政府投资基金管理
创新产业升级财政支持方式
——上海闵行区优化政府投资基金管理探索

【引言】财政是国家治理的基础和重要支柱，创新财政支持方式是新时代推进国家治理体系和治理能力现代化的客观要求，也是全面深化供给侧结构性改革的重要内容。党的十九大和十九届三中、四中全会报告中多次强调，“使市场在资源配置中起决定性作用，更好发挥政府作用”。《中共中央关于制定国民经济和社会发展第十三个五年规划的建议》也明确提出，“必须按照完善和发展中国特色社会主义制度、推进国家治理体系和治理能力现代化的总目标，健全使市场在资源配置中起决定性作用和更好发挥政府作用的制度体系，以经济体制改革为重点，加快完善各方面体制机制，破除一切不利于科学发展的体制机制障碍，为发展提供持续动力”。为有效应对中美贸易摩擦、推动 WTO 改革向我国有利方向发展、促进更高水平开放，充分发挥财政在推进经济产业升级、支持做好“六稳”重点工作和落实“六保”重点任务中的功能作用，成熟应用国际通行的新型财政政策工具政府投资基金，是财政积极贯彻落实中央决策部署的关键举措，也是全面贯彻新发展理念，加快建设现代化经济体系的必然选择。

【摘要】闵行区是上海最早探索设立政府投资基金的区。党的十九大以来，闵行区深入贯彻习近平总书记关于“使市场在资源配置中起决定性作用，更好发挥政府作用”等重要讲话和重要指示批示精神，探索优化政府投资基金管理，创新完善新时代财政促进产业升级支持方式，按照“政府引导、市场主导、专业运作、风险防控”的原则，以政府购买服务方式积极引入具有国际化经验的投资机构进行专业化基金管理，形成“基金＋基地”“基金＋园区＋产业”的差异化合作模式，切实转变以往地方政府采用财政补贴的方式支持企业发展、形式单一且补贴资金“撒胡椒面”的现象，加快实现财政支持方式从“直接投入”向“间接引导”、从事后“锦上添花”向事前事中“雪中送炭”的转变。

【关键词】政府投资基金　财政支持方式　产业升级

一、背景情况

进入新时代，与全国一样，闵行区处于经济深度转型的关键期、全面深化改革的攻坚期，亟需运用新型的市场化财政政策工具，激发经济活力，引导产业升级。

（一）财政资金配置方式单一低效

以往在财政政策工具的选择上，财政支持产业升级的补贴手段比较传统单一，习惯于通过财政专项资金支持产业结构优化。在实际工作中，逐渐出现分散、交叉、重叠和资金管理“部门化”、资金使用“碎片化”等方面的突出问题，难以化解“补贴资金撒胡椒面”“不贴近市场要求”“政府投入有进无退”的困局，成为制约财政资金发挥撬动引导作用和乘数放大效应的“制度性瓶颈”。

（二）中小微企业多元化融资需求矛盾突出

传统型企业的主要融资方式为间接融资，即通过银行发放贷款。随着新经济、新模式、新产业的崛起，企业对直接融资的需求日益增强，但很多创业投资机构及海外基金均出现投资企业阶段不均衡的特点，多倾向于投资中后期的项目，特别是已经能看到上市前景的企业更是如此。处于种子期与初创期的企业具有很高的风险，正处于生死存亡的关键时刻，但却很难吸引到资金的投入。创业早期企业存在融资困难，而中后期企业资金供给相对过剩。

（三）政府产业投资缺乏专业决策能力

以往政府招商引资，通过国有资本平台直接投资，参与产业项目，但受限于政府行政审核项目能力，缺乏市场专业投资机构的专业性和前瞻性，投资项目分散无法达到优质绩效，被投资企业也不能形成产业引领作用，甚至最终“血本无归”，无法达到财政资源有效配置的要求。

二、主要做法

为“使市场在资源配置中起决定性作用和更好发挥政府作用”，

更好发挥财政在推进新时代产业升级中的功能作用，促进提升产业基础能力和产业链水平，闵行区在先行先试设立政府投资基金的基础上，不断优化政府投资基金管理，创新产业升级财政支持方式，从两个方面入手，着力构建与经济发展新常态相适应、与市场规则相衔接的财政政策体系。一方面，持续扩大基金规模。2018 年，基于闵行区创业投资引导基金一期、二期总体平稳良好的运行情况，通过前期基金收益滚动投资的资金来源形式，设立 20 亿元闵行区创业投资引导基金三期，至此，闵行区政府投资基金规模达到 62 亿元。另一方面，着力优化基金管理。按照"政府引导、市场主导、专业运作、风险防控"的原则，出台《闵行区创新创业投资引导基金管理暂行办法》，并坚持政策性导向和市场化运作相统一，陆续探索天使投资引导基金提前退出、街镇产业基金区内设立和覆盖等管理模式。十年来，闵行区共发起设立及出资参与 80 只基金、项目 923 个，其中：投资培育了上市公司 37 家，投资的基金及直接投资项目总规模约 961 亿元，撬动近 24 倍的社会资本。

（一）坚持市场化运作，发挥管理团队专业优势

主要做了三个方面工作：一是在基金设立方面。以公开招标形式选定基金管理团队，在确保自身政策性诉求的基础上，加大政府投资基金的市场化运作程度，使市场机制在确定基金最优市场化管理机构和优胜劣汰中发挥有效作用。以闵行最早成立的创业投资引导基金为例，通过招标选择上海熠美股权投资管理合伙企业进行受托管理，市场化运作、专业化管理，目前基金运行情况良好。二是在基金运作方面。闵行区在设立参股基金后，充分履行契约精神，通过市场化的协

商谈判确定政府和市场各自在基金中的权利义务。在项目决策上，大部分基金采用基金投资决策委员会作为观察员的形式，基本不干涉基金的具体运作。三是在运作结果方面。作为金融产品，基金的最大特性是集合投资、专业经营、分散投资。闵行区在决策程序合规合法的基础上，力求科学看待基金分散化项目组合中个别投资项目的失败，统筹计算基金整体收益。以闵行区天使投资引导基金的监督和引导为例，为加强对外投资监管力度和风险控制力度，保证闵行区财政资金用对方向、用好质量，闵行区采用了专门的资金管理方式，要求由具有中国证券投资基金业协会认可的托管资质的区内国有商业银行分别与 10 家子基金管理团队进行双向选择，分别确定子基金账户托管银行，同时由托管银行出具公共财政资金监管协议，通过借助第三方金融机构进行政府性约束和监管，达到资金流“闭环监管”，这也在最大程度上保证了资金的安全。

（二）精确基金定位与投向，采用多样化投资方式

在运行管理上，闵行区政府投资基金采取差异化的合作模式，逐步形成多层次、全方位的股权投资基金体系。每个基金在定位与投向上，均有不同侧重点，如同一张网，全面覆盖来自各个重点领域、处于不同成长周期的企业的需求。例如，区创业投资引导基金定位为综合性的母基金，通过公开招标上海熠美股权投资管理合伙企业作为受托管理机构，主要支持投向符合区内产业导向的成长期企业。区天使投资引导基金通过公开招标选取 10 家基金管理团队，分别管理 1 只直接投资的天使投资引导子基金。同时，管理团队分别与区内的一家重点园区签署战略合作协议，以此作为基金的主对标基地，采用“基

金+基地”合作模式，在投资决策中优先投资该园区内的小微科技企业，打造创新创业空间。街镇产业引导基金通过参股闵行区内街镇发起设立的产业基金，以政府引导的方式，带动社会资本参与加大对街镇产业的投入，逐步形成各街镇产业基金的覆盖。此外，区文化产业投资基金参股了中央和上海市发起设立的文化产业领域基金，加快闵行文化创意产业的发展。

（三）强化投后服务，实现金融引商安商稳商

以政府投资基金为抓手，发挥政府自身资源优势和聚集性的平台优势，为基金及被投资企业提供全面的服务，从而形成被投项目的区内落地及股权投资机构的集聚，带动金融产业服务实体经济的良性循环。一方面，及时梳理和更新政府投资基金被投项目的投资情况、项目名称、项目地址、项目负责人、项目联系人等情况，联合各政府投资基金管理团队、区内各街镇、相关职能部门开展统筹合作，通过定期拜访、组织座谈、政策落实等形式，及时掌握基金关联资源，并积极引入区内，实现精准招商。另一方面，建立银行等金融机构之间的投贷联动机制，立足闵行产业园区和科技园区，充分利用区内“创园贷”等政策性融资担保贷款，形成帮助企业融资的有效组合拳，真正拓宽被投企业融资渠道，为区内企业发展、产业培育奠定良好的环境。

（四）聚焦重点区域，建设基金高地

通过引入政府投资基金子基金及关联基金等金融资源，引导国内各顶尖基金及基金管理团队在“虹桥基金小镇”等核心区域注册及实

体办公经营，不断形成金融机构入驻与股权投资集聚发展的良性循环。以建设发展“虹桥基金小镇”为例，依托闵行区政府投资基金丰富的资源优势，2018 年 7 月，上海首个基金小镇“虹桥基金小镇”在闵行区盛大揭牌。财政部门通过政府投资基金引导优质股权投资企业高度聚集，形成资本虹吸效应和品牌效应，积极营造产业发展和生活便利的双生态体系，汇集资金流、信息流、人才流，已成为上海创新金融集聚的核心实践区和长三角乃至全国最具竞争力和创造力的基金发展新高地。在 2019 年第 14 届中国投资年会年度峰会上颁布的投中榜中，“虹桥基金小镇”荣登中国最具特色基金小镇。一是形成了股权投资载体的集聚。成功吸引 29 家基金和 17 家基金管理团队注册落户，并吸引一批国内外顶级基金及相关机构入驻办公，如上海市创业投资行业协会，产业投资领域中的翘楚——国药旗下的国控投资、上汽旗下的恒旭投资；天使投资佼佼者——原子创投、拙朴资本；创投领域中的头部品牌——德同资本、武岳峰资本、弘毅投资等；上海唯一民营文化领域上市企业——新文化；新消费领导品牌——花加、暴走漫画；中国资本跨境并购一站式服务供应商——晨哨集团等。截至 2020 年，虹桥基金小镇合计落户基金总规模约 306 亿元、基金管理团队注册资本总计 2. 9 亿元。二是举办了一系列具有重大影响力的论坛峰会活动。例如，2019 年的“武岳峰资本集成电路论坛暨峰会”，在小镇上汇集了近 200 位集成电路领域的专家。2020 年 5 月成功举办了第七届全球投资并购峰会等。再如，2020 北京网络安全大会上海会场（AI + 新时代安全）高峰论坛、“科创板开市一周年”峰会及闵行 2019、2020 两届政府投资基金年会。三是科技成果得以转化应用。例如，与上海电力集团公司合作的直流微电网、智慧灯杆项目，荣获

“中国新能源汽车和可再生能源综合应用商业化推广项目上海示范项目”奖。

三、取得成效

十年来，闵行区持续加大对发展壮大政府投资基金的支持力度，更加注重基金重点产业发展、招商引资等方面的功能作用，基金发展驶入快车道，规模和影响力不断扩大，形成了“铺开面、拉住线、抓住点”的结构布局，推动创业投资和产业发展、区域发展形成合力，进而扩大带动辐射效应，有效提升区域经济能级，优化营商环境，有力推进了上海乃至长三角地区的经济社会高质量发展。

（一）优化“双创”生态环境

闵行区逐步加大财政资金“拨”改“投”改革力度，吸引社会资本集聚，聚焦重点行业和企业，推进产业结构转型，提高产业自主创新能力，基本形成了覆盖天使投资、创业投资和产业投资各个阶段的投资基金体系，各类创新企业都可以找到适合自己发展需求的风投资本，有效优化地区营商环境，已逐步建成有一定规模的基金集聚群或园区，包括莘庄商务区和智慧园、虹桥金谷、华漕镇丽华雅苑金融园、吴泾镇的金领谷基金集聚园等。

（二）形成了差异化合作模式

聚焦“基金 + 基地”全覆盖模式，充分发挥创新创业空间优势；聚焦“基金 + 园区 + 产业”模式，助推重点产业发展。同时，最先设立的创业投资引导基金进入了项目退出收益分配的阶段，目前已获得了相对成本 3 倍的投资收益。

（三）强化了科技策源功能

政府投资基金在投资阶段上坚持投早投小投未来的原则，重点支持科技型、创业型小微企业，弥补了市场失灵，推动科学新发现、技术新发明、产业新方向、发展新理念。区政府投资基金中的创新创业投资引导基金、天使投资引导基金投资阶段主要聚焦于初创期、种子期企业，该阶段所投资企业数占比 80%。

（四）体现了高端产业引领功能

闵行区政府投资基金投资方向坚持以现代服务业为主体、先进制造业为支撑的战略定位，所投项目涵盖了国家战略性新兴行业中的多个领域，主要分布于信息技术类、大消费、文化创意、先进制造、生物医药、新能源、新材料等极大新兴重点产业，以上产业的政府投资基金投资总占比达到 92%。

（五）增强了地区金融和科创中心辐射能力

在闵行区政府投资基金参股的各类子基金中，投资范围已延伸到长三角、全国乃至国外。从投资项目的区域分布来看，长三角地区占比 58%，环渤海湾区占比 21%，珠三角大湾区占比 8%，在长三角、珠三角、环渤海湾中国经济最为活跃的三大区域投资项目合计数量达到 90%，特别是长三角地区项目数占比近六成，闵行区政府投资基金在聚焦闵行、立足上海、服务长三角协同发展及辐射全国方面起到了积极示范引领作用。

四、经验启示

（一）坚持让市场力量发挥主体作用

运用新型的市场化财政政策工具，充分发挥财政资金“四两拨千斤”的乘数放大效应和对社会资本的引导撬动作用，积极调动市场力量，使市场在资源配置中起决定性作用，释放市场机制在确定基金最优市场化管理机构和优胜劣汰中的关键性作用，使财政资金和社会资本形成合力，协同促进增强企业和市场活力，有效提升产业能级。

（二）坚持“公共公益”的财政职能定位

准确把握“公共财政”职能和“政策性、公益性、非营利性”的功能定位，坚持投早投小，在企业初创期和成长期等亟须资金和政策帮助的关键阶段予以扶持，并在企业成熟期选取适时的时间进行项目退出，不与市场逐利，真正实现“让利于企、让利于民”，为市场主体保驾护航，促进提升产业基础能力和产业链水平。

（三）坚持完善顶层设计，规范运营管理

通过顶层设计和制度安排，科学设定政府投资基金的中长期政策指标、管理指标和经济指标，建立健全相应的考核机制；在完善政府投资基金的监管规则，强化资金使用监控的同时，探索建立履职免责机制，以充分调动工作人员积极性，更好地推进财政改革发展工作。

【思考题】

1. 如何通过政府投资基金运营，取得投资收益和产业转型升级的双赢？

2. 在规范政府投资基金管理时，如何把握政策的原则性和市场的灵活性的统一？

【附录】

1. 小苗天使基金情况介绍

2. 上海“虹桥基金小镇”亮相

附录1

小苗天使基金情况介绍

一、成立情况

2017年，由闵行区与上海紫竹国家高新技术开发区共同发起成立规模为1亿元的上海紫竹小苗创业投资合伙企业（有限合伙）（以下简称“小苗天使基金”），其中：闵行区政府出资4000万元，上海紫竹国家高新技术开发区出资6000万元。管理人为上海小苗朗程投资管理有限公司（以下简称“小苗朗程”）。

二、主要做法

（一）积极拓展新的项目获取渠道，采用“基地+产业+投资”相融合的发展理念

坚持“基地+投资”模式，主要围绕“紫竹创新创业走廊”打造的基石项目源，紫竹创新创业走廊汇集了紫竹国家高新区、上海交大、华东师大、零号湾等双创主体，拥有百名院士、千名教授、近十五万名科技从业人员及在校学生，双创资源明显，小苗天使基金被投项目中，80%以上的项目位于紫竹创新创业走廊。同时与山谷优帮、莲谷、金领谷等闵行区内多个产业园区、孵化器、众创空间建立了合作关系，合作内容包含股权投资、企业培训、知识讲座、场地资源对接等多种合作模式，基本实现“区内全覆盖，区外重点合作”。与此同时，努力融入“产业”要素，逐步向技术驱动型项目聚焦，围绕“ABCI”（人工智能、大数据、云计算、物联网、智能制造）五大产业进行重点布局。

（二）打造“2＋N”的投后增值服务体系

为帮助已投企业更好成长，小苗朗程以科技创业者需求为导向，结合过往总结的共性问题，按照“突出重点、全面服务”的原则，整合团队自身力量与外部服务资源，着力打造“2＋N”的投后增值服务体系，帮助创业企业解决生存难题并实现发展增长乃至上市成功。所谓“2”指“再融资”与“嫁接经营资源”。“再融资”方面：已搭建了紫竹科技金融信息服务平台，形成了线上与线下、股权与债权相结合，由科技创业企业、金融机构、专业服务机构等主体构成的一站式平台，目前该平台已经集聚了上百家投资机构，二十余家债权机构以及多家企业服务机构；借助该平台，小苗朗程已经帮助数个已投项目完成下一轮融资，并与多家银行开展了投贷联动的服务。“嫁接经营资源”方面：以自身资源为基础，整合外部知识产权、法律、会计等中介服务资源，免费或折价为已投企业提供相关服务，目的在于让创业团队更好地专注于核心的研发、运营及市场业务。此外，也尝试拓展产业集团与上市公司资源，在已投项目与大公司之间搭建合作桥梁，落实产业资源对接服务。

三、发展成效

小苗天使基金累计召开23次投决会，合计投资26家企业，总投资额9501万元，其中IPO类已投项目合计数为5个（具体详见表1），总投资额2898.4万元。26个项目中，拥有高新技术企业资质的有11家，子公司拥有高新技术企业资质的有4家；被投资主体或子公司注册在闵行区内、被投资主体或子公司迁址在闵行内的企业合计21家。在投资过程中，小苗朗程积极发挥引导基金作用，吸引了深创投、源码创投、中科创星、阿里、戈壁、清控银杏、梅花创投等外部市场化投资机构共同投资项目。

表1 **IPO类项目情况简介**

序号	被投企业名称	注册地点	主营业务	上市计划
1	青岛威奥轨道股份有限公司	山东青岛	高速列车及城轨、地铁车辆模块化产品与零部件	2020年5月22日上市
2	上海云轴信息科技有限公司	紫竹高新区	开源私有云计算Iaas软件开发及“虚拟化+”云管理平台服务	2021年申报科创板
3	上海派拉软件股份有限公司	上海自贸区	身份认证及管理审计产品	2021年申报科创板
4	软通智慧科技有限公司	湖北武汉	城市级智慧城市平台系统建设和运维服务	2021年10月申报科创板
5	上海飞未信息技术有限公司	上海闵行区	农业农村地理信息化	2022年申报科创板

附录2

上海“虹桥基金小镇”亮相

新华社上海7月31日电 上海首个定位于基金的特色小镇，“虹桥基金小镇”30日揭牌，并与首批意向入驻基金公司签约，入驻基金总规模超过500亿元。

虹桥基金小镇坐落于上海大虹桥商务区核心区，占地面积超过8.34万平方米。除111栋独栋办公别墅和“小镇客厅”集中式商业配套外，IPO发布大厅及多项休闲运动设施也将于2018年底建成。小镇还将引入“店小二”式五星管家服务，以吸引国内外顶级基金公司入驻。

作为小镇管理运营方的上海双创投资中心是专注战略新兴领域的创新投融资平台，也是由地方政府发起设立，采用“市场化、专业化、国际化”运作模式的股权投资母基金。

文化、生物医药、集成电路、绿色技术、城市发展、孵化等领域八大母基金提供战略支持，令起步之初的“虹桥基金小镇”拥有先天优势。据悉，入驻企业有望优先得到母基金扶持，享受募资便利。

截至目前，虹桥基金小镇已签约入驻多家单位，包括上海市创业投资行业协会、由国家发改委及国家开发投资集团有限公司共同发起设立的100亿元规模国家军民融合产业基金及由北京国信中数投资管理有限公司与民营钢企沙钢集团发起的350亿元规模的数据中心产业投资基金项目，此外，还有产业投资领域中的翘楚——国药旗下的国控投资、上汽旗下的恒旭投资，天使投资佼佼者——原子创投、拙朴资本；创投领域中的头部品牌——德同资本、武岳峰资本、弘毅投资等投资机构。入驻基金管理资本规模超过2000亿元，并且培育出科创板和主板上市企业超过40多家。

运用“互联网+政府采购”模式深化“放管服”改革

——福建提升政府采购现代化监管能力的实践探索

【引言】习近平总书记在2018年4月召开的全国网络安全和信息化工作会议上强调：“要加快推进电子政务，构建全流程一体化在线服务平台，更好解决企业和群众反映强烈的办事难、办事慢、办事繁的问题。当前，我国‘互联网+政务服务’正处于啃硬骨头、攻坚克难的关键阶段，所面对的都是新形势、新使命、新任务，必须加快创新‘互联网+政务服务’发展动力、发展模式、发展机制、发展重心，以更强决心、更大力度、更实举措激发‘互联网+政务服务’内外合力，为人民群众提供更方便、快捷、优质、高效的政务服务，从高质量创新发展中增强人民群众的获得感、幸福感、安全感。”①

【摘要】政府采购制度建立实施以来，福建省采购规模不断扩大，采购制度不断完善，采购流程不断规范，为规范财政资金管理、保障

① 《习近平出席全国网络安全和信息化工作会议并发表重要讲话》，中国政府网，http://www.gov.cn/xinwen/2018-04/21/content_5284783.htm，2018年4月。

政府公共服务功能、节约政府运行成本、促进政府采购领域预防腐败发挥了重要作用，但是随着我国市场经济体制改革的不断深入和公共财政管理制度的不断完善，部分问题和矛盾也逐步显现：采购人和监管机构过于注重程序性规范，对于采购方式的使用较为单一，采购整体运行效率不高；采购活动参与各方专业化水平、合规意识有待提高；投诉、检举增长较快，给监管带来新的挑战；采购交易运用现代信息技术相对滞后，交易活动仍以现场办理为主，与推进“互联网+政务服务”的要求不相适应，等等。这些问题的存在，与加快建立现代财政制度的进程需要不相符，需要进一步提升政府采购现代化监管能力。

面对传统监管模式难以适应新时代政府采购监管工作需要的情况，福建省深入贯彻落实“放管服”改革要求，从2016年开始，积极推进“互联网+政府采购”行动，用“制度+科技”解题、破题。2017年，福建省建成覆盖省、市、县三级的“福建省政府采购网上公开信息系统”，在全国率先实现政府采购全流程电子化操作、网上公开和全省“一张网”，在促进全省政府采购提速增效、规范运行、服务高质量发展等方面发挥了积极作用。系统建设的成效和有关做法得到了国务委员兼国务院秘书长、国务院推进政府职能转变和“放管服”改革协调小组副组长肖捷的批示肯定。对其他省市建设政府采购标准化信息系统、构建统一开放、竞争有序的政府采购市场体系有一定的参考借鉴意义。

【关键词】互联网+政府采购 “放管服”改革 监管能力现代化

一、背景情况

福建位于祖国东南沿海，一直是改革开放的前沿阵地。福建政府采购制度自建立以来，经过二十多年的改革发展，采购范围和规模不断扩大，制度体系不断健全，管理体制机制不断完善，在规范政府采购行为、营造公平竞争市场环境、实现经济社会政策目标等方面发挥了积极作用。但是，伴随着采购规模的快速增长，一些问题和矛盾也逐步显现。

一是采购整体运行效率不高。采购人注重于形式上的程序规范，不区分项目特点、金额，简单运用公开招标方式，委托代理机构实施采购，2016 年全省采用公开招标方式的项目金额在全部项目中占比高达 81.41%。有的地方监管部门在法律法规基础上，又细化、补充了一系列的程序性、操作性要求，进一步增加了采购活动的复杂程度，降低了采购运行效率。

二是采购监管压力加大。福建政府采购规模从 20 世纪 90 年代末的不到 10 亿元快速增长到 2018 年首次突破 1000 亿元，年均增速超过 30%。采购人、采购代理机构、评审专家的专业化能力并未相应提升，供应商投诉、检举大幅增长，给监管部门带来巨大压力。

三是现代信息技术在政府采购活动中运用相对滞后。随着信息技术的迅猛发展，网上办公、无纸化办公已成为主流趋势，在线交易、网上支付等也逐渐普及。与此同时，政府采购仍以线下、现场操作为主，各地建设的网站、采购系统仅包括信息发布、统计汇总等简单功能，对于云计算、大数据、电子商务等新技术、新业态、新模式的应用较少，与互联网时代追求便捷高效的要求不相适应。

二、主要做法

面对传统监管模式难以适应新时代政府采购监管工作需要的情况，福建深入贯彻落实“放管服”改革要求，积极推进“互联网＋政府采购”行动，用“制度+科技”解题、破题，建设覆盖省、市、县三级的“福建省政府采购网上公开信息系统”（以下简称“采购系统”），提升现代化监管能力，更好地适应深化政府采购制度改革的需要。

（一）简政放权做“减法”，放出活力和效率

1. 在“简”上出实招

政府采购注重规范采购程序，强调通过程序规范透明消除政府采购中的违规问题。部分地方出于规范考虑，在“规定动作”之外，又增加了不少“附加动作”，比如备案式审查、延长大额采购项目的公告期、公开招标两次后才能变更采购方式等。这些措施办法在政府采购制度建立初期，对于改变采购人自由随意采购的局面确实起到了一定的效果。但随着政府采购法制化进程的不断深入，“一地一策”的管理方式不仅影响采购效率的提升，也阻碍了统一的政府采购市场的形成。面对这种现状，从2016年起，福建省财政厅持续组织开展全省政府采购制度文件、交易规则清理，为政府采购活动“减负”“瘦身”。除法律法规规定的采购方式变更、非招标方式申请、进口产品申请3项审批审核事项外，其余审批审核环节一律取消，全省各地共废止各类制度措施73项。同时，实行采购计划在线备案，实现由纸质备案转变为电子线上备案，进一步巩固清理成果。采购人按照系统设置的表单模版完成计划编制和材料上传后，采购计划在线备案实现“秒过”，减少不必要的前置审批环节。

2. 在“放”上求实效

针对采购人自主空间有限、采购进口产品重复论证、异地机构管理难到位的情况，通过统一执行标准、统一组织论证、统一管理下

沉，力求在“放”上取得实效。

扩大采购自主权。科学设置公开招标数额标准与采购限额标准，是充分发挥采购人主体作用的重要保障。经过调研了解，部分市、县（区）的公开招标数额低于50万元，采购限额标准仅为10万元，采购人被“捆”住了手脚。一些标准统一、价格透明、市场竞争充分的小额采购项目，也得走程序、请专家，耗时费力低效。通过对历年政府采购交易信息，重点是各地需求数量、采购金额等因素进行分析，向大数据“问计”，将省级采购货物和服务项目公开招标数额标准由100万元提高为300万元，将目录内金额起点和目录外限额标准统一提高为50万元，市、县（区）采购货物或服务项目公开招标数额提高至不低于200万元，扩大采购人选择采购方式的自主权。

简化进口产品论证与核准手续。采购进口产品行业相对集中，但由于信息不对称，各预算单位重复论证、重复申请的情况比较突出。福建省财政厅通过大数据分析，筛选出高校、医院采购量集中的进口医疗、科研仪器，组织行业专家集中论证，审慎确定“统一论证进口产品清单”，并进行统一公示后执行。采购单位采购清单内进口产品，实行“免论证”“免核准”。2017年首期进口产品清单内产品共计57种、428项。对于采购清单内进口产品，采购系统自动“放行”；对于采购清单外进口产品，系统自动提供申请核准的电子表单，采购单位在线申请，财政部门在线核准，大大提高办理效率。

下放审批权限。经报省政府批准，将变更采购方式的职权下放至实行省直接管理的县级人民政府。对于省以下法院、检察院等省级一级预算单位，实行属地化管理，并通过采购系统及时调整政府采购审批管理权限，为采购人在“家门口”采购提供便利。

3. 在“接”上下功夫

采购权限下放后，针对采购人专业人员较少、对政策变化的适应性不强等情况，通过提供简明易懂的操作流程图，开辟“网上超市”等措施，为采购人“画图指路”，提高采购的简易化程度，帮助采购人用好、用足政策。

加强智能引导辅助。福建省财政厅对法定采购方式、执行操作要求进行全面梳理，编制7张业务流程图，对各种采购业务、多种交易情形下的200多个细化流程步骤、关键环节的操作规则、管理标准进行明确，并通过系统进行配置，采购人可以“按图索骥”，清晰地了解到采购流程和交易规则。对采购人比较难判断的采购组织形式、采购方式选择、委托代理机构类型等问题，采购系统根据项目品目及金额自动判断，提供智能辅助。制作采购文件、信息公告和采购合同范本，尽量将“主观题”转换为“填空题”，减少采购人的“犯难”“畏难”情绪，更好地发挥采购主体作用。

让采购像网购一样便利。借鉴电子商务模式，建设全省统一的“政府采购网上超市”，包括电脑、打印机、空调等79种通用商品，公开面向社会征集供应商，共有近千个品牌供应商入驻，产品超过3.68万款。省直单位50万元以下可以直接通过网上超市直购，像淘宝、京东等电商平台一样自主选择商品。网上超市下订单、签合同、验收付款、评价、信息公告等全部实现在线操作，完成全部采购环节最快仅需1天。网上超市较传统的采购方式减少了制作采购文件、投标和开评标等环节，也相应简化投标供应商参与交易的流程，具有操作简便、规则简单、价格透明、自主选择的优势，受到了采购人的普遍欢迎。

（二）创新监管做“加法”，管出公平和秩序

政府采购参与主体多、采购环节链条长，监管精度要求高、监管难度大。据统计，全省 2020 年度采购项目数量超过 8 万个。而各地财政部门监管力量有限，县（区）财政部门一人监管、身兼数职的情况较为普遍。单纯依靠有限的人力，要想实现对政府采购项目的全面、动态、有效监管，难度可想而知。因此，迫切需要转变监管思路，创新监管方式，应用信息技术为传统监管方式赋能增效，将监管要求嵌入采购系统，贯穿于政府采购执行的全流程、各环节，全面控制，重点防控，切实加强政府采购活动中的权力运行监督。

1. 实现采购活动监管全面覆盖

实行“机防”协助“人防”，实现全面、动态监管，有效缓解了监管力量紧张的局面，监管也从事后严惩戒向事前消隐患、事中强预警延伸。

用技术“加锁”，守牢政策底线。对于采购公告时长、保证金比例等法律法规有限制性、禁止性规定的事项，采购系统程序设计成硬性要求，采购活动只能在规则内运行；对于达到公开招标数额以上的非招标方式申请、变更采购方式等法律法规有前置性、指定性要求的事项，采购流程设计成“单行道”，采购活动只能按规范流程走，不能“节外生枝”，消除违法违规风险，从源头上遏制违法违规行为发生。

用电子“扫描”，加强动态提醒。对采购结果确认、采购合同签订及公告、评审委员会人数等法律有时限、数量要求的事项，转换成 30 个电子控制节点，及时提醒当事人按要求办理；建立招标文件编

制倾向性、歧视性条款筛查词库，包括注册地、指定品牌等 76 个敏感词条，通过采购系统进行自动排查，提醒采购人、采购代理机构审慎、规范确定采购需求，加强采购过程的风险控制。

用数据“把脉”，提高监管效能。采购系统建成运行后，财政部门出台涉及市场主体、执行操作等制度措施前，可以调取不同维度的业务数据进行分析，提高政策的科学性和有效性，让监管“药方”能够精准清除“病灶”。违规问题发生后，监管部门可以调取全过程的业务数据，追根溯源，堵塞漏洞。《中国纪检监察报》2019 年报道，福州市台江区纪委监委在查处台江区环境卫生管理处原党支部副书记、主任侯某的违法违纪的行为时，就通过调取采购系统记录，发现侯某多次违规操纵代理机构选择过程。纪检监管部门以此作为突破口，最终查明其通过明招暗定的手段违规干预操控招投标，收受参与招标企业贿赂的违法事实。

2. 抓住关键主体和风险环节重点防控

针对采购人、专家、供应商等不同主体的风险易发环节，采取不同管控措施，通过分岗制衡、敏感信息加密处理等方式设置“隔离带”，降低违规风险。

强化采购人内部控制管理。采购人是采购活动的关键主体。采购系统根据《财政部关于加强政府采购活动内部控制管理的指导意见》（财库〔2016〕99 号），合理设计采购业务流程，对采购需求制定、采购文件确认、采购代理机构选择、评审专家选择或指定、合同签订与验收等环节实行多岗位分开设置，发挥内部机构之间，相关业务、环节和岗位之间的相互监督与制约作用。对采用单一来源采购方式、指定评审专家等环节办理意见“留痕”，确认采购需求、选择代理机构操作过程“留迹”，促进形成依法合规、运转高效、风险可控的政府采购内部运转和管控机制，强化采购人主体责任落实。

规范评审专家管理使用。建立全省统一的评审专家库，实行统一入库标准、统一审核条件、统一抽取管理规则，市、县（区）专家由当地财政部门通过采购系统在线初审推荐后，由省级财政部门在线复核、统一入库，把好专家入口关。评审专家实行采购系统随机抽取、语音自动通知，并做到名单在评审专家到达通知地点前严格保密，消除其他采购主体提前接触评审专家的风险隐患。

遏制供应商恶意串通行为。加强与银行的技术合作，对保证金账户实现身份化、标识化信息屏蔽处理，采购人、采购代理机构在开标（响应）开始前无法查询到缴交保证金的供应商名称、数量等信息，防止提前“公关”“串联”。通过 MAC 地址、账户溯源等技术手段，对不同投标人的投标文件由同一单位或者个人编制、不同投标人的投标保证金从同一单位或者个人的账户转出等串通投标行为实行精准识别，在线阻止串通供应商进入评标环节扰乱市场秩序。

（三）优化服务做“乘法”，服出便利和惠民

推进“互联网＋政府采购”，充分利用“互联网”资讯传播快、高效便捷等特点做乘法，让政府采购活动变得更方便、更快捷、更有效率，在优化营商环境，帮助企业减负解忧，增强市场主体的获得感等方面也发挥了积极作用。

1. 全面推进电子化采购，实现“一网通办”

推进采购业务线上线下融合，采购活动从现场转向网上。

采购全过程网上办理。简化优化业务流程，推动政府采购与预算

管理、资金支付等业务衔接，突破电子开评标、国库集中支付对接等技术难点，实现采购预算确认、计划运转、电子交易、验收付款等采购活动全过程网上运行。企业可以在线制作投标（响应）文件、在线投标、在线发起合同签订、在线发起验收和付款申请，大大增加“一趟不用跑”“最多跑一趟”的事项范围。

采购系统服务在线提供。建立智能客服，开通400电话和在线人工客服，及时解答解决当事人使用过程中的问题。2020年采购系统共计收到电话咨询2.78万通，在线咨询2.99万件，事事有记录，件件有回应，满意度达到85%以上。

2. 不断优化政府采购营商环境，促进公平竞争

实现从采购预算到采购过程及采购结果的全过程信息公开，建立统一规范的电子交易规则，为市场主体提供透明、公平的竞争环境。

采购信息一站式获取。依托“中国政府采购网福建分网”，建设全省集中统一的信息发布平台，集中全面公开与政府采购活动事项相关的政策法规、项目信息、办事指南、监管信息与投诉受理方式等。其中，采购文件随项目一并公开，社会公众可以无须注册免费浏览；采购项目公告、变更、结果、合同等信息互相关联，采购进度全程可视，为市场主体获得政府采购合同提供便利和服务；建立健全责任明确的工作机制、简便顺畅的操作流程，将信息公告模版嵌入采购流程，保障信息公告的及时、准确、完整发布。

采购规则一网畅通。统一身份认证，采购代理机构、供应商、评审专家等从“中国政府采购网福建分网”统一入口注册、登录，无须重复办理，全省通用，打破各地政策差异造成的区域藩篱，促进资源要素自由流动。网内实行统一交易规则，网上超市供应商按照统一条件征集，采购文件线上获取，采购活动线上参与，防止限制供应商公平竞争。

3. 关注市场主体实际需求，为企业减负解忧

运用“互联网”思维改造传统业务方式，可以在不增加财政投入的情况下，降低企业交易成本，缓解企业融资难题，切实让企业得到实惠，减轻企业负担。

压减成本支出为企业减负。2017 年采购系统上线后，福建实行电子化采购的项目，免费向供应商提供电子采购文件。采购合同签订、验收付款申请流程可以由供应商线上主动发起，通过业务多走“网路”，让企业少跑“马路”，降低参与成本。福州市科创办公设备有限公司是一家以办公设备销售为主的企业，原来需 3 ~4 人专门负责制作投标（响应）文件，每年所需文件制作成本 5 万 ~8 万元，保证金 50 万 ~80 万元，回款 1 ~2 个月。入驻网上超市后，仅需 1 人在线处理订单，无须再制作投标（响应）文件，无须支付保证金，网上超市采取的预付款模式让企业能在采购人验收时马上收到货款。交易模式的便利化、人力及资金成本的降低也让企业有能力进一步拓展业务范围，提升服务水平，该企业的年成交量提高了 4 倍，成交额增长近 1 倍。

优化融资模式帮企业解忧。长期以来，融资难一直困扰着中小企业。国内银行业针对政府采购市场推出了一系列融资产品，但是由于审核时间长、操作不便等种种原因，一直没有得到很好的推广。福建省财政厅主动对接行业管理部门，联合工信、中国人民银行、银监局、金融监管局四部门印发《福建省支持中小企业政府采购合同融资暂行办法》，按照“市场主导，财政引导，银企自愿，风险自担”的原则，搭建银企线上对接平台，供应商获得政府采购合同后可以在线提出融资申请，银行在线运用大数据进行风险评估后确定授信额度，最快可实现申请当天放款。

三、运行成效

福建统一组织系统建设工作，规范数据标准和交易规则，以强化采购人主体责任为重点，简化审批备案程序，提高政府采购运行效率，2020 年全省无须审批审核，可在采购系统内“一路绿灯”项目数量在全部项目中占比达 90% 以上；小额、零星采购的运行效率明显提升，公开招标以外采购方式的使用比例明显提高；减少采购进口产品重复论证 1454 笔，节约论证费用近百万元；网上超市累计交易量已超过 24 万笔，交易金额突破 47 亿元，环比增速超过 40%。

推进电子化监督，充分利用数字化技术操作留痕、程序控制等特点和功能，将政府采购政策法规、管理要求，转化为电子运行规则，加强对监督管理、执行交易重点环节和关键业务的实时监控和自动预警，提高监管的针对性和实效性。2020 年仅福州一地，就通过电子监管数据查处恶意串通行为 11 起，作出行政处罚 25 件，对于规范市场秩序，净化市场风气起到了较好效果，逐渐改变了投诉、检举数量连年快速增长的势头。

实行电子招投标，采购全过程线上运行。实现从采购预算到采购过程及采购结果的全过程信息公开，将政府采购活动置于阳光下运行。财政部 2017 年起委托第三方对各省政府采购透明度进行评估，福建连续三年位列前三。以数字化推动交易机制和运行模式创新，减轻市场负担，降低交易活动成本，为进一步释放市场活力和创造力提供有力支撑。2020年，企业共通过采购系统免费下载电子采购文件超过18万次，按测算可节约购买采购文件支出2000万元以上。政府采购合同线上融资模式让旧业务重新焕发了新活力，全省共有20多家国内银行参与，累计发放2199笔超过17.3亿元授信，远远高于平台建立前的同期水平。

四、经验启示

“互联网+政府采购”得以在福建各地较好地推广实施，得益于财政部门部署周密，监察部门推动有力，相关部门密切配合；得益于采购系统统筹规划，实现“制度+科技”有机融合，在提升监管水平的同时，为当事人提供实际帮助与便利。

（一）以强有力的组织保障推动“互联网+政府采购”实施

福建深入贯彻落实“放管服”改革的决策部署，在政府采购领域推行“互联网+”行动。一是省级专门建立了财政、发改、监察、审计、数字办、公共资源交易中心等单位参加的联席工作会议制度，自上而下推动实施。二是福建省财政厅成立了以厅党组书记为组长的领导小组，以高度的政治责任感抓好采购系统建设及部署应用工作，抽调人员，安排资金，倒排任务，细化分工，责任到人，每周组织有关单位研究解决技术问题，每半月向成员单位通报工作进度。三是监察部门积极介入，与财政厅一起研究工作方案，一起组织召开工作推动会部署推动，对于认识不到位、工作推动不力的地市，由当地监督部门约谈责任单位负责人，确保各项工作按期落实到位。采购系统仅用不到半年的时间，就实现了省、市、县三级全面部署、上下贯通。四是采购系统建设坚持“统一领导、统一规划、统一标准、统一平台”的指导思想，消除了功能不关联、信息不共享产生的“信息孤岛”，通过建立标准、对标标准，倒逼管理体制和执行机制完善，着力减少环节、提高效率，推动形成统一开放、竞争有序的市场体系。

（二）以现代财政制度体系为基石推进管理机制创新

现代政府采购制度是先进管理与现代信息技术的深度融合。系统按照“制度＋科技”建设，坚持制度先行，每一项流程的设计，都以政策规定为依据，每一项功能的设计，都以落实改革要求为目标。一是政策落实以信息技术为抓手，将监督管理的要求贯穿到政府采购活动的全流程中，在执行交易中体现监督管理思想。二是以科学划分事权为基础，理清采购执行操作与监督管理的事权边界，强化采购人主体责任落实，同时避免监管缺位、越位。三是以采购绩效评价为重点，完善政府采购流程管理，健全适应不同需求特点的电子交易机制，推动实现“优质优价”的采购目标。四是以服务财政决策为中心，构建更全面的财政信息一体化体系。建立“预算—计划—采购—支付—评价—监督”的运行机制，衔接财政内部业务系统，提供数据交互和共享，打通财政内部管理数据纵横隔阂，切实形成财政管理大数据。

（三）以发挥市场调节机制为宗旨构建统一的政府采购市场体系

政府采购市场是我国市场体系的重要组成部分，通过现代信息技术重塑政府采购运行模式，实现政府采购全流程电子化，优化政府采购工作自身运行机制，根据不同当事人的特点，简化优化业务流程，开发简便易用的系统功能，让当事人少跑腿、好办事、不添堵，优化政府采购营商环境。一是通过采购系统实现采购运行及交易规则统一，破除不合理门槛限制造成的市场分割，降低制度性交易成本，构建公平竞争市场环境，让市场主体可以自由、平等、便捷地参与政府采购活动。二是提升政府采购透明度，方便市场主体获取参与政府采购活动所需的信息。促进政府采购“阳光”运行，自觉接受社会监督。三是推进信用体系建设。通过建立统一评价标准和联合惩戒标准，实现评价结果和惩戒信息共享互认，推进政府采购领域诚信体系建设，助力推动形成统一开放、竞争有序的市场体系。

（四）以助力高质量发展为目标提升政府采购治理能力

完善政府采购政策落实机制，通过信息技术加强过程引导与控制，强化政策执行，进一步发挥政府采购政策功能。一是强化采购人需求管理责任。将政府采购政策目标嵌入采购项目的需求文本中，体现政府采购对节能、环保、中小企业等领域的政策支持。二是运用电子化工具强化政策实施效果。在网上超市建立政策功能专区，通过搜索排序、流量引导等技术措施，引导采购人采购创新、绿色产品，丰富政府采购政策实施的手段。三是完善绩效评价措施。综合政府采购项目审批、执行交易、履约验收等全周期采购大数据，为逐步建立采购绩效评估指标体系提供技术支撑，推动将执行政府采购政策情况作为预算绩效评价指标的一部分。四是强化全省采购数据大集中和深度分析。通过跟踪分析采购系统运行数据，评估政策执行效果，进一步优化系统功能配置或出台配套措施，实现政策目标。

【思考题】

1. 如何按照党中央、国务院关于深化政府采购制度改革的决策部署，在改革过程中进一步发挥现代信息技术对政府采购的支撑保障作用?

2. 如何更好地调动市场的积极性，发挥市场主体在信息技术、资源整合开发和服务等方面的优势?“互联网＋政府采购”工作中政府与市场的边界在哪里?

夯实现代财政制度根基

——财政部积极推进政府会计改革

【引言】2013 年 11 月，党的十八届三中全会通过的《中共中央关于全面深化改革若干重大问题的决定》提出，改进预算管理制度，建立跨年度预算平衡机制，建立权责发生制的政府综合财务报告制度，建立规范合理的中央和地方政府债务管理及风险预警机制。当月，中共中央、国务院印发的《党政机关厉行节约反对浪费条例》中明确提出，要“推进政府会计改革，进一步健全会计制度，准确核算机关运行经费，全面反映行政成本”。2020 年 12 月，中央全面深化改革委员会第十七次会议审议通过的《关于进一步深化预算管理制度改革的意见》提出，要“推动预算单位深化政府会计改革，全面有效实施政府会计标准体系，完善权责发生制会计核算基础”。

【摘要】财政是国家治理的基础和重要支柱。政府会计是财政管理的一项重要基础工作。推进政府会计改革是深化财税体制改革、建立现代财政制度的一项重要内容。近年来，财政部按照党中央、国务院的部署，立足中国国情，坚持问题导向，积极推进政府会计改革，构建了财务会计和预算会计适度分离又相互衔接的政府会计核算模式，基本建立起了一套具有中国特色的政府会计标准体系，并积极推进在全国各级各类行政事业单位有效实施。政府会计标准体系的建设和实施，将进一步夯实部门决算报告、政府财务报告、行政事业性国有资产报告的核算基础，为开展政府信用评级、加强资产负债管理、改进政府绩效监督考核、防范财政风险等提供支持，更好地发挥财政在国家治理中的基础和重要支柱作用。

【关键词】政府会计　政府会计改革　政府会计标准体系

一、背景情况

长期以来，我国政府部门实行的是以收付实现制为核算基础的预算会计体系，主要反映部门预算执行情况，对准确反映预算收支情况、加强预算管理和监督发挥了重要作用。然而，随着我国政府职能转变和公共财政体制的建立和完善，传统的预算会计制度体系的缺陷逐渐显现，难以适应新形势的需要，主要表现为：一是不能如实反映政府“家底”，不利于加强资产负债管理，防范和降低财政风险；二是不能客观反映政府公共管理成本，不利于科学地评价政府的运营绩效和对受托责任的履行情况；三是不能准确反映预算收支执行结果，不利于形成全面完整、一致可比的财政预算执行信息；四是传统的预算会计制度体系构成复杂，涉及制度、办法、规定种类繁多、条块分割、口径各异，相互之间核算标准不统一，缺乏规范统一的政府会计标准体系，不能准确提供信息完整的政府财务报告。国际上，自20

世纪80年代以来，在新公共管理运动推动下，不少国家都不同程度地进行了权责发生制政府会计改革。改革的实践证明，推进政府会计改革，对于这些国家强化政府的公众受托责任、提高政府公共支出管理水平、增强政府财政透明度、合理评价政府绩效、防范财政风险、增强财政可持续性等都起到了重要作用。因此，在新的形势下，总结已有经验，调动一切积极力量，加快推进政府会计改革，建立和实施统一的政府会计标准体系，及时、准确、完整地反映政府整体财务状况、运行情况及预算执行等信息，具有深远的意义。

党的十八届三中全会从全面深化改革的战略高度提出了“建立权责发生制的政府综合财务报告制度”的重大改革举措，为新时期我国政府会计改革指明了方向。2014年底，国务院《关于批转财政部权责发生制政府综合财务报告制度改革方案的通知》（国发〔2014〕63号）（以下简称《改革方案》）确立了权责发生制政府综合财务报告制度改革的指导思想、总体目标、基本原则、主要任务和实施步骤。《改革方案》提出，权责发生制政府综合财务报告制度改革是基于政府会计规则的重大改革，其前提和基础任务就是要构建统一、科学、规范的政府会计核算标准体系，要求在2020年之前力争建立起具有中国特色的政府会计准则体系和权责发生制政府综合财务报告制度，并适时推行政府成本会计。

2020年，中央全面深化改革委员会第十七次会议审议通过了《关于进一步深化预算管理制度改革的意见》，将“推动预算单位深化政府会计改革，全面有效实施政府会计标准体系，完善权责发生制会计核算基础”作为完善政府财务报告体系的重要内容，这对政府会计标准体系的进一步完善和全面有效实施提出了新的要求。

二、主要做法

2015年以来，财政部按照党中央、国务院的决策部署，立足中国国情，坚持问题导向，加强统筹协调，积极稳步推进政府会计改革，着力构建统一、科学、规范的政府会计标准体系，多措并举推进政府会计准则制度全面有效实施，不断夯实现代财政制度的根基。

（一）多方合力，建立强力有效的组织保障机制

政府会计改革是一项系统工程，内容丰富，涉及领域众多，政策性强，实施难度大，需要多方配合、协同推进。财政部积极协调多方力量，充分发挥社会资源，围绕政府会计标准建设和实施建立了多方位的组织保障机制。

1. 组建政府会计准则委员会，统筹协调政府会计改革

考虑到政府会计改革政策性强、协调难度大，按照《改革方案》要求，财政部于2015年成立了政府会计准则委员会（以下简称“委员会”），旨在组织上形成强有力的协调机制，保证政府会计改革顺利推进。委员会的基本定位是，指导政府会计改革，建设和实施政府会计准则体系的协调机制。委员会的主要职责是，协调推动解决政府会计准则体系建设和实施中的重大问题、统筹协调政府会计改革中跨部门的重要事项、推进政府会计国际交流与合作。委员会的成员单位分别来自全国人大预工委、审计署以及部内有关司局。委员会设立办公室，日常工作由财政部会计司具体负责。自成立以来，委员会在政府会计准则制度建设与实施方面发挥了重要的作用。

2. 建立健全咨询专家机制，充分发挥“会计智库”作用

为了充分发挥专业人士在政府会计标准体系建设和实施中的技术支持作用，财政部面向社会公开选聘政府会计准则委员会咨询专家，参与政府会计标准体系建设与实施工作。为了调动专家积极性，不断完善咨询专家管理机制：一是建立咨询专家微信群，搭建专家探讨技术问题、共享研究成果、反馈意见建议的平台；二是建立咨询专家工作台账，如实记录咨询专家在参与准则制度制定、承担课题研究、协助调研、制度宣传等方面的贡献情况；三是建立年度履职报告机制，要求专家提交年度履职报告，对专家履职情况进行分析；四是建立年度考核机制，从五方面全面评价专家履职情况，作为是否续聘的依据。通过建立完善咨询专家机制，切实发挥了社会专业人士在政府会计标准体系建设中的“会计智库”作用，取得了积极成效。

3. 建立联系点单位机制，充分发挥桥梁纽带作用

为了做好政府会计准则制度建设和实施中的调研反馈工作，财政部本着“点面结合”的原则，从省级、市级和县区级财政系统，医院、高校、科学事业单位和学术机构中选择了 6 家在本行业（系统）具有代表性，且在政府会计准则制度领域具有一定实施或研究经验的单位作为联系点单位，深入了解行政事业单位在政府会计准则制度建设与实施中面临的问题和情况，掌握制度制定与实施的第一手资料。同时，充分发挥联系点单位的辐射引领作用，为相关行业和地区分享经验和成果，带动同行业或地区深入有效实施政府会计准则制度。

（二）继承创新，重构政府会计核算模式

采用什么样的会计核算模式，是新时期政府会计改革面临的首要

问题，也是最为基础的问题。会计核算模式主要涉及会计功能定位、会计核算基础和会计报告问题。长期以来，我国的政府财政报告实行的是以收付实现制为基础的决算报告制度，支撑决算报告的会计核算模式主要突出的是预算会计功能（即主要反映预算收支及结余情况），同时融合了部分的财务会计功能（即部分反映资产和负债等状况）。纵观世界各国政府会计改革的基本经验，无一不是在会计核算中逐步引入权责发生制的核算基础，强化财务会计功能，编制政府财务报告。

在系统总结分析我国传统预算会计体系的利弊基础上，结合我国政府会计的实际情况，财政部构建了政府预算会计和财务会计适度分离又相互衔接的政府会计核算模式，这是政府会计改革的重大创新。所谓“适度分离”，其主要体现在以下方面：第一，“双功能”，突破了长期以来政府会计的单一预算会计体系，首次提出政府会计由预算会计和财务会计构成。预算会计包括预算收入、预算支出、预算结余 3 个会计要素；财务会计包括资产、负债、净资产、收入、费用 5 个会计要素。这样在完善预算会计功能基础上，强化财务会计功能，更加完整地反映政府会计信息。第二，“双基础”，明确提出财务会计实行权责发生制，预算会计一般实行收付实现制，国务院另有规定的从其规定。这是兼顾了当前实际情况和长远改革方向的制度安排，使得政府会计核算既能反映预算收支等流量信息，又能反映资产、负债等存量信息。第三，“双报告”，要求政府会计主体应当同时编制决算报告和财务报告，并且明确了两种报告的内容和信息使用者范围。所谓“相互衔接”，是指政府预算会计要素和财务会计要素相互协调，决算报告和财务报告相互补充，共同反映政府会计主体的预算执行信息和财务信息。通过这种适度分离又相互衔接的政府会计核算模式，使公共资金管理中预算管理、财务管理和绩效管理相互联结、融合，全面提高管理水平和资金使用效率，对于规范政府会计行为，夯实政府会计主体预算和财务管理基础，强化政府绩效管理具有深远的影响。

（三）积极有序，建立健全政府会计标准体系

为了使政府会计核算模式真正落地生根，按照《改革方案》要求，要建立一套以政府会计基本准则、具体准则及应用指南和政府会计制度为主要内容的政府会计标准体系。基本准则，作为政府会计的“概念框架”，主要起统驭政府会计具体准则和政府会计制度的作用。具体准则，主要规定政府发生的经济业务或事项的会计处理原则。应用指南，是对具体准则的实际应用作出操作性规定。政府会计制度，主要规范政府会计科目及其使用说明、报表格式及其编制说明等，便于会计人员进行日常核算。条件成熟时，还要制定政府成本会计制度，主要规定政府运行费用归集和分摊方法等，反映政府向社会提供公共服务支出和机关运行成本等信息。

2015 年以来，财政部按照《改革方案》确定的时间表和路线图，本着“立足国情、借鉴国际，继承发展、注重创新，公开透明，科学民主决策”的原则，积极、稳妥、有序推进政府会计标准体系建设。

1. 建立政府会计准则体系

2015 年 10 月，财政部发布了《政府会计准则——基本准则》（财政部令第 78 号）（以下简称《基本准则》）。在会计准则体系中，《基本准则》是“顶层设计”，重点在于明确基本原则和方法，构建会计语言的框架体系。《基本准则》从政府会计主体、会计目标、核算体系、核算基础、会计信息质量、会计要素的确认、计量和报告等

不同角度，明确了政府会计准则体系中需要解决的基本问题、基本原则和方法，构建起了统一、科学、规范的政府会计概念体系，为建立国家统一的政府会计准则体系奠定了基础。

从2016年至2020年，财政部根据《基本准则》，陆续制定发布了存货、投资、固定资产等10项具体准则及2项应用指南（见表1），基本建立起了具有中国特色的政府会计准则体系。这10项具体准则中，关于公共基础设施、政府储备物资、财务报表编制和列报、政府和社会资本合作项目合同等准则都属于首次对相关经济业务和事项的会计处理进行规范，不仅填补了我国政府会计标准的空白，也为国际公共部门会计准则制定提供了有益经验。

表1　政府会计准则体系文件

序号	文件名称	文号	发布时间
1	政府会计准则第1号——存货	财会〔2016〕12号	2016年7月6日
2	政府会计准则第2号——投资	财会〔2016〕12号	2016年7月6日
3	政府会计准则第3号——固定资产	财会〔2016〕12号	2016年7月6日
4	《政府会计准则第3号——固定资产》应用指南	财会〔2017〕4号	2017年2月21日
5	政府会计准则第4号——无形资产	财会〔2016〕12号	2016年7月6日
6	政府会计准则第5号——公共基础设施	财会〔2017〕11号	2017年4月17日
7	政府会计准则第6号——政府储备物资	财会〔2017〕23号	2017年7月28日
8	政府会计准则第7号——会计调整	财会〔2018〕28号	2018年10月21日
9	政府会计准则第8号——负债	财会〔2018〕31号	2018年11月9日
10	政府会计准则第9号——财务报表编制和列报	财会〔2018〕37号	2018年12月26日
11	政府会计准则第10号——政府和社会资本合作项目合同	财会〔2019〕23号	2019年12月17日
12	《政府会计准则第10号——政府和社会资本合作项目合同》应用指南	财会〔2020〕19号	2020年12月17日

2. 健全完善政府会计制度

本次政府会计改革之前，政府部门单位适用的会计制度包括《行政单位会计制度》《事业单位会计制度》，以及医院、基层医疗卫生机构、高等学校、中小学校、科学事业单位、彩票机构、地勘单位、测绘单位、国有林场和苗圃等多项行业事业单位会计制度和国有建设单位会计制度，体系繁杂、内容交叉、核算口径不一，造成不同部门、单位的会计信息可比性不高，难以满足政府会计改革的需要。为了加快建立健全政府会计核算标准体系，经反复研究和论证，财政部决定研究制定一项适用于各级各类行政事业单位的会计制度，以统一现行各类行政事业单位会计标准，并同时满足部门单位编制权责发生制财务报告和决算报告的需要。

2015 年 5 月启动政府会计制度起草工作，历经两年多时间，财政部于 2017 年 10 月正式发布《政府会计制度——行政事业单位会计科目和报表》（以下简称《政府会计制度》）。为了满足某些行业事业单位特殊业务核算需要，在《政府会计制度》印发不久，又针对高等学校、医院、科学事业单位等 7 个行业制定了执行《政府会计制度》的补充规定（见表 2），这些补充规定也是政府会计制度的重要组成内容。

表 2　政府会计制度系列文件

序号	文件名称	文号	发布时间
1	政府会计制度——行政事业单位会计科目和报表	财会〔2017〕25 号	2017 年 10 月 24 日
2	关于国有林场和苗圃执行《政府会计制度——行政事业单位会计科目和报表》的补充规定	财会〔2018〕11 号	2018 年 7 月 12 日
3	关于高等学校执行《政府会计制度——行政事业单位会计科目和报表》的补充规定	财会〔2018〕19 号	2018 年 8 月 14 日

续表

序号	文件名称	文号	发布时间
4	关于中小学校执行《政府会计制度——行政事业单位会计科目和报表》的补充规定	财会〔2018〕20号	2018年8月14日
5	关于科学事业单位执行《政府会计制度——行政事业单位会计科目和报表》的补充规定	财会〔2018〕23号	2018年8月20日
6	关于医院执行《政府会计制度——行政事业单位会计科目和报表》的补充规定	财会〔2018〕24号	2018年8月27日
7	关于基层医疗卫生机构执行《政府会计制度——行政事业单位会计科目和报表》的补充规定	财会〔2018〕25号	2018年8月31日
8	关于彩票机构执行《政府会计制度——行政事业单位会计科目和报表》的补充规定	财会〔2018〕26号	2018年8月31日

《政府会计制度》在继承多年来我国行政事业单位会计改革的有益经验基础上，有机统一了现行政府单位各项会计制度，采用了新的政府会计核算模式，详细规定了77个财务会计一级科目和26个预算会计一级科目的核算内容、明细核算要求、主要账务处理等，明确了财务报表（资产负债表、收入费用表、净资产变动表、现金流量表及报表附注）和预算会计报表（预算收入支出表、预算结转结余变动表和财政拨款预算收入支出表）的格式及填报要求，并对单位通用业务或共性业务和事项的账务处理进行举例说明，有利于系统、完整规范各部门、各单位的会计核算，提高政府会计信息的准确性、全面性、相关性、可比性和及时性。

《政府会计制度》充分体现了财政预算改革的新要求，有利于进一步提升部门预算和决算的全面性、规范性和透明度，夯实政府资产负债管理的基础，提升财政资源的配置效率。例如，全面贯彻落实《预算法》所要求的“政府所有收入和支出全部纳入预算”“各级预算的收入和支出实行收付实现制”等规定，充分满足政府收支分类科目改革和预决算公开的相关要求；又如，增加了公共基础设施、政府储备物资、文物文化资产、保障性住房和受托代理资产的核算内容，以满足加强行政事业单位国有资产管理的需要；增加了预计负债等核算内容，以全面反映单位所承担的现时义务，并与政府债务管理等政策相互协调；再如，改变了现行制度下要求对基建投资业务进行单独建账、定期并账的规定，要求按照新制度规定统一进行会计核算，以与基本建设财务规则和部门预算管理相关规定保持一致；积极贯彻落实“营改增”相关要求，细化增值税相关会计处理规定；在财务会计核算中引入权责发生制基础，准确核算成本费用，为全面实施绩效管理奠定了基础。

3. 研究和建立事业单位成本核算指引体系

《改革方案》明确提出，条件成熟时，推行政府成本会计。政府财务会计的贯彻落实为成本会计标准的建立提供了可能。自 2019 年政府会计准则制度全面实施以来，政府会计标准体系建设的重点逐步向成本会计标准转移。在大量调查研究基础上，按照“由易到难、按需制定”的原则，政府成本会计标准首先从事业单位成本核算入手，逐步向行政成本、政府成本推进。为此，财政部于 2019 年 12 月制定发布了《事业单位成本核算基本指引》（财会〔2019〕25 号）（以下简称《基本指引》），为事业单位树立了成本的基本概念和理念，明确了成本核算的基本原则和基本方法，提供了事业单位开展成本核算工作的基本遵循依据。下一步，财政部将在《基本指引》的基础上，研究出台有关高等学校、公立医院、科学事业单位等行业事业单位成本核算的具体指引。

（四）多措并举，推进政府会计准则制度全面有效实施

天下大事，不难于立法，而难于法之必行。政府会计准则制度建立起来后，最为核心的问题便是推进其全面有效实施。为了确保政府会计准则制度自2019年1月1日起在各级各类行政事业单位全面有效实施，财政部在实施前和实施后开展了以下卓有成效的工作。

1. 未雨绸缪，扎实做好实施准备工作

一是制定衔接规定，确保新旧制度平稳转换。为了做好新旧制度转换工作，财政部于2018年2月制定发布了《〈政府会计制度〉与〈行政单位会计制度〉〈事业单位会计制度〉有关衔接问题的处理规定》，在2018年底前又先后印发了针对国有林场和苗圃、测绘事业单位、地质勘查事业单位、高等学校、中小学校、医院、基层医疗卫生机构、科学事业单位、彩票机构9类行业事业单位的衔接规定（见表3），为行政事业单位做好新旧制度衔接工作提供了制度保障。

二是印发实施通知，明确实施要求。2018年8月印发了《关于贯彻实施政府会计准则制度的通知》（财会〔2018〕21号），明确了实施内容、实施范围和时间，提出实施工作的要点和要求，指导各级财政部门和各部门、各单位做好前期准备工作。

三是选择试点单位，开展模拟测试。为了确保政府会计准则制度贯彻落实，2018年选择中央和地方40多家单位作为试点单位，就新制度进行模拟测试，以验证新的会计核算模式的有效性，同时发现新旧制度衔接和实施中的问题，制定出台《财政部关于进一步做好政府会计准则制度新旧衔接和加强行政事业单位资产核算的通知》（财会〔2018〕34号）。

四是强化宣传培训，营造良好氛围。充分利用政府会计准则制度建设到实施这一“窗口期”，借助财政部网站、官方微信和《中国会计报》等媒体，及时发布有关准则制度及其解读材料，加大对各项会计准则和制度的宣传，增强各方面对政府会计改革的认知。另外，每年组织面向中央部门和地方财政部门的培训，详细解读政府会计准则制度的制定背景、主要内容和重大重新变化等。与此同时，积极指导中国会计学会、三家国家会计学院、有关中央部门和地方财政部门针对政府会计准则制度开展培训，让会计人员全面掌握各项准则制度的精神实质和规定，为政府会计准则制度实施营造良好的氛围。

表 3　　政府会计准则新旧制度衔接规定文件

序号	文件名称	文号	发布时间
1	《政府会计制度——行政事业单位会计科目和报表》与《行政单位会计制度》有关衔接问题的处理规定	财会〔2018〕3 号	2018 年 2 月 1 日
2	《政府会计制度——行政事业单位会计科目和报表》与《事业单位会计制度》有关衔接问题的处理规定	财会〔2018〕3 号	2018 年 2 月 1 日
3	关于国有林场和苗圃执行《政府会计制度——行政事业单位会计科目和报表》的衔接规定	财会〔2018〕11 号	2018 年 7 月 12 日
4	关于测绘事业单位执行《政府会计制度——行政事业单位会计科目和报表》的衔接规定	财会〔2018〕16 号	2018 年 7 月 22 日
5	关于地质勘查事业单位执行《政府会计制度——行政事业单位会计科目和报表》的衔接规定	财会〔2018〕17 号	2018 年 7 月 22 日
6	关于高等学校执行《政府会计制度——行政事业单位会计科目和报表》的衔接规定	财会〔2018〕19 号	2018 年 8 月 14 日
7	关于中小学校执行《政府会计制度——行政事业单位会计科目和报表》的衔接规定	财会〔2018〕20 号	2018 年 8 月 31 日
8	关于科学事业单位执行《政府会计制度——行政事业单位会计科目和报表》的衔接规定	财会〔2018〕23 号	2018 年 8 月 20 日
9	关于医院执行《政府会计制度——行政事业单位会计科目和报表》的衔接规定	财会〔2018〕24 号	2018 年 8 月 27 日

续表

序号	文件名称	文号	发布时间
10	关于基层医疗卫生机构执行《政府会计制度——行政事业单位会计科目和报表》的衔接规定	财会〔2018〕25号	2018年8月31日
11	关于彩票机构执行《政府会计制度——行政事业单位会计科目和报表》的衔接规定	财会〔2018〕26号	2018年8月31日
12	关于进一步做好政府会计准则制度新旧衔接和加强行政事业单位资产核算的通知	财会〔2018〕34号	2018年12月6日

2. 积极跟进，多措并举确保平稳有效实施

一是深入开展调研，充分了解实施中的问题。政府会计准则制度自2019年1月1日实施后，密集开展对中央部门单位、地方行政事业单位实施情况的调研，并组织各地财政部门开展调查研究，及时了解实施中存在的各类问题，会同有关行业主管部门、地方财政部门提出政策建议，为制定后续相关政策做好政策储备。

二是加大政策解释力度，及时回应各方关切。针对实施中有关各方反馈的问题和意见建议，财政部于2019年适时制定发布了《政府会计准则制度解释第1号》（财会〔2019〕13号）和《政府会计准则制度解释第2号》（财会〔2019〕24号），又于2020年发布了《政府会计准则制度解释第3号》（财会〔2020〕15号），明确了有关经济业务和事项的会计处理规定，及时回应了有关各方的关切。针对存量公共基础设施、文物文化资产和保障性住房等特殊资产的入账核算等问题，会同有关主管部门研究提出解决办法，并于2020年12月30日发布了《关于进一步加强公路水路公共基础设施政府会计核算的通知》（财会〔2020〕23号）。与此同时，通过热线电话、网民问答等多种形式，认真答复实施中有关各方提出的具体问题。

三是挖掘整理典型案例，以点带面推进新制度实施。针对政府会计准则制度中的一些重点难点问题和基层行政事业单位会计核算基础薄弱等现实情况，在调查研究基础上，着力选取重点行业、重要领域的部门和单位，总结提炼实施中的行之有效的做法，形成可复制可推广的实施经验，通过财政部官网、《中国会计报》和有关培训平台进行宣传推广，积极发挥引领和带动作用。

四是广泛调动社会资源，充分发挥咨询专家和联系点单位机制作用。在政府会计准则制度实施中，充分发挥政府会计准则委员会咨询专家在政策宣讲、咨询和理论研究等方面的作用，发挥联系点单位在调查研究、意见反馈和引领示范等方面的积极作用，广泛调动社会资源，为实施工作营造良好氛围。

五是加强政策协调，合力推进政府会计准则制度贯彻落实。在政府会计准则制度贯彻实施中，注重加强与预决算管理、财务管理、资产管理、内部控制和信息化等多方面政策的协调。一方面，在确保现行政策一致的情况下推进政府会计准则制度有效贯彻实施。另一方面，在相关政策修订和完善时充分体现政府会计准则制度的规定。

（五）改革落地，政府会计准则制度初见成效

自 2019 年 1 月 1 日政府会计准则制度实施以来，从中央到地方省直、各区市，行政事业单位基本完成新旧制度衔接和转换工作，并按照新制度核算各类经济业务和事项，编制决算报告和政府财务报告。总体实施有序、平稳、顺利，并取得了以下积极成效。

一是准确反映预算执行情况，提高了部门决算编报质量。政府会计制度整合了预算单位以前执行的行政事业单位等不同类型的会计制

度，增强了部门内及跨行业单位间会计信息的可比性，消除了单位间因执行不同会计制度所导致的信息差异，相对降低了部门汇总、审核、决算分析的难度。通过统一决算编制基础和独立设置预算会计要素、会计科目，预算执行链条趋于明晰，消除了往来款等决算编制调整事项，进一步完善了预算会计功能。同时，财务会计和预算会计相互补充、相互验证，确保决算编报“数出有源，真实准确”，进一步提高了预算会计信息质量和决算编报质量，为公开透明的预决算公开制度提供有力支撑。

二是完整反映政府财务状况，为政府财务报告编制工作奠定核算基础。政府会计改革前，限于会计核算基础等原因，原政府财务报告试点编制需要将数据由收付实现制转换成权责发生制。而政府会计准则制度的全面贯彻实施，从制度层面解决了政府财务报告的核算基础问题，为政府财务报告编制的数据提取、调整抵销和合并，以及在中央部门单位扩大编制范围和落地，进一步检验原政府财务报告试点地区和单位的编制成果，提供了准确的会计数据基础。

三是进一步摸清政府资产负债“家底”，夯实行政事业性国有资产报告是基础。在准则制度实施的前期准备中，各地区各部门通过资产清查、清理历史遗留的债权债务、盘点存量资金、基建会计并账等工作，解决了一大批资产管理的历史遗留问题。通过准则制度的有效实施，大量未入账的国有资产得以入账，单位账上结转结余资金数据也更加准确，进一步摸清了政府资产“家底”。特别是部分地区在制度实施过程中，积极调研、强化责任、主动担当，根据准则制度要求出台了很多结合本地区、本部门的办法，克服公共基础设施普遍存在的权责不明、分类不规范、价值计量难等现实困难，探索形成了一批可推广的成功经验，将长期以来通过政府支出形成的存量公共基础设施入账入表，有效服务于行政事业性国有资产报告编制工作。

四是准确反映成本费用信息，为预算绩效管理夯实基础。政府会计的有效实施，可以较为真实地反映各地区、各部门的财政资金使用成效。财务会计以权责发生制为基础，准确核算和归集有关成本费用信息，为预算单位核算清楚政策和项目等的实际成本，从成本等方面综合衡量部门和单位整体及核心业务实施效果提供了可行条件和基础，有助于打牢成本数据基础，提高绩效评价质量，促使部门和地区积极探索建立以财务报告信息为基础的预算绩效评价指标体系，为预算单位绩效考评，完善绩效管理体系提供支撑。

五是有力促进了行政事业单位管理水平提升。绝大多数单位利用实施新制度的契机，重新梳理现有业务流程和相应的财务管理要求，进一步规范了相关制度和业务处理，有力促进了单位管理水平的提升。很多部门和单位升级改造后的会计信息系统不仅能够很好地实现财务会计和预算会计自动化“平行记账”功能，大大提升会计核算工作效率，而且打通了会计核算与预算管理、决算管理、资金收付、资产管理、合同管理、政府采购、工资发放等信息化业务模块数据的连接，将内部控制程序整合嵌入信息系统，明显提升了业务管理工作效率和内部控制水平。

六是财务会计人员的素质和能力得到明显提高。长期以来，行政事业单位基层财会人员总体上存在观念陈旧、知识结构单一、对会计新技术、新理念和先进核算方法跟进缓慢、难以接受等问题。在本轮政府会计改革的推动下，通过开展大量学习培训、业务梳理、信息系统升级改造等新准则制度衔接和实施工作，一些中央部门和地区的财会人员逐步树立起权责发生制理念、掌握先进的会计核算方法、接受会计信息化的新技术和新模式，人员素质得到明显提升。有些单位的财务骨干甚至在本轮改革中成长为精通会计专业、财务管理和会计信息化的专家人才，并走上讲台广泛宣讲，发挥了有力的辐射带动作用。

三、经验启示

政府会计改革得以顺利推进，政府会计标准体系基本建成并全面有效实施，是财政部党组高度重视、科学谋划，坚决贯彻落实党中央决策部署的结果，是相关部门、各级财政部门和有关各方通力合作、协力推进的结果，是广大会计人员和会计工作者勇于担当、改革创新的结果。主要经验和启示如下。

（一）要坚持党的领导，做好总体规划

坚持党的领导是做好一切工作的最高政治原则。政府会计改革是一项系统工程，政策性强，涉及面广，需要始终在党的坚强领导下有序推进。在政府会计改革过程中，财政部党组发挥了纵览全局、协调各方的领导核心作用。在组织保障方面，组建政府会计准则委员会，要求参与改革的相关部门单位站在讲政治的高度，把思想和行动统一到党中央、国务院的决策部署上来，以高度的责任感和使命感推进政府会计改革。在顶层设计方面，报请国务院批转了《改革方案》，科学合理设计改革总体框架和目标，指导改革有序推进。考虑到这项改革的复杂性和艰巨性，确立了先行试点，由易到难，分步实施的时间

表和路线图，积极稳妥地推进改革。

（二）要立足中国实际，坚持制度自信

坚持制度自信是做好我国一切制度建设的行动指南。尽管很多国家已经率先推行了政府会计改革，在政府会计标准建设和实施方面已经取得很多成果，很多国际组织也积极推动我国政府会计与之趋同。但是，我国的政府会计改革根植于我国的特殊国情和实际，必须坚持制度自信，从我国实际需要出发去推进政府会计准则制度建设和实施。因此，在我国政府会计改革中，充分考虑了我国政府财政财务管理特点，广泛继承原制度中合理共性的内容，积极借鉴了我国企业会计改革的成功做法，吸收了国际公共部门会计准则、有关国家政府会计改革的有益经验，构建了政府财务会计和预算会计适度分离又相互衔接的政府会计核算模式，建立起了一套具有中国特色的政府会计标准体系。

（三）要坚持问题导向，注重调查研究

在政府会计改革过程中，无论是政府会计标准的建设，还是实施，财政部始终坚持问题导向，把工作的着力点始终放在解决最突出的矛盾和问题上。正确的决策离不开调查研究，正确的贯彻落实同样也离不开调查研究。财政部在政府会计准则制度建设和实施过程中，始终坚持把调查研究作为第一工作方法，从每一项准则制度的研究论证开始，确保问题来源都是基于调查研究取得；在政策制定的每一个环节，都要通过大量调查研究去论证、去决策，确保每一项政策措施能真正落到实处，能真正发挥作用。

（四）要坚持科学民主决策，积极调动社会力量

在我国，政府会计准则制度不仅是法规政策的组成部分，更是一种公共产品。《会计法》赋予了国务院财政部门制定“国家统一的会计制度”的权力，但行使这种权力更是一种责任、一种使命，不能“闭门造车”，更不能独断专行。因此，每项会计准则制度制定和实施都要遵循严格的应循程序，从立项到讨论稿、征求意见稿、草案、模拟测试、试点实施，直至会计准则制度实施后评估等各个方面、各个阶段、各个环节，都要坚持科学民主决策的原则，特别是在征求意见阶段要充分听取各有关方面的意见和建议，在文件出台前要会签部内外所有相关单位，直到达成一致意见方才发布实施。政府会计准则制度的建设和实施，需要方方面面支持配合，需要各个部门共同努力，需要诸多单位共同参与，为了更好地体现科学民主决策原则，财政部历来都注重借助“外脑”，充分发挥外部专家的咨询作用。历史经验证明，在会计标准体系建设过程中，包括咨询专家在内的社会力量对于促进科学民主决策、提高会计准则质量、强化会计准则实施、加强会计对外交流与合作发挥了不可估量的重要作用。

【思考题】

1. 政府会计改革对于建立现代财政制度有哪些重要的基础性作用?

2. 政府会计准则制度采用了什么样的会计核算模式，这一会计核算模式有什么特点?

积极主动　勇于创新

——财政部谱写“一带一路”资金融通合作新篇章

【引言】习近平总书记在出席世界经济论坛2017年年会开幕式时发表题为《共担时代责任 共促全球发展》的主旨演讲中指出：“我们要讲求效率、注重公平，让不同国家、不同阶层、不同人群共享经济全球化的好处。这是我们这个时代的领导者应有的担当，更是各国人民对我们的期待。”“‘一带一路’倡议来自中国，但成效惠及世界。”[①] 习近平总书记在很多场合都强调要打造互利共赢的“利益共同体”和共同发展繁荣的“命运共同体”。

“一带一路”倡议是以习近平同志为核心的党中央主动应对全球形势深刻变化、统筹国内国际两个大局，构建两个“共同体”做出的重大战略决策，对促进我国新一轮改革开放和各国共同发展意义重大。随着中国快速发展和“一带一路”建设的深入推进，美国等西方

① 习近平：《共担时代责任，共促全球发展》，载于《求是》2020年第24期。

国家利用债务可持续性等问题打压抹黑“一带一路”的动作不断。为积极回应外部关切，增信释疑，保障“一带一路”资金融通合作的顺利推进，财政部认真贯彻落实习近平新时代中国特色社会主义思想及习近平总书记重要指示批示精神，利用2019年第二届“一带一路”国际合作高峰论坛（以下简称“高峰论坛”）的机会，主动适应新形势新变化，积极作为，制定并发布了《“一带一路”债务可持续性分析框架》（以下简称《分析框架》），成为新时代背景下国际财经合作工作创新进取的生动实践。

【摘要】财政部在习近平新时代中国特色社会主义思想的指导下，攻坚克难，圆满完成高峰论坛资金融通分论坛相关工作，为高峰论坛政策成果提供了有力支持。特别是积极发挥主动性和创造性，积极思考、刻苦钻研，制定并发布《分析框架》。该框架是首个由主权国家发布的债务可持续性分析框架，在借鉴国际货币基金组织（IMF）和世界银行（以下简称“世行”）相关框架的基础上进行了许多完善和创新，为推动“一带一路”高质量发展，积极参与国际经济规则制定，提出了中国方案，贡献了中国智慧，赢得了国际社会的好评。

【关键词】“一带一路”债务可持续性分析框架　国际经济规则制定　中国方案

一、背景情况

（一）重要意义

资金融通是“一带一路”建设的重要支撑，有助于进一步提升相关国家投融资合作水平。《亚的斯亚贝巴发展融资行动议程》[①] 指出，投资对实现可持续发展至关重要。实践当中，债务融资是动员资金的重要方式，应在满足投资及可持续发展的融资需求和债务可持续性间寻求平衡。但传统投融资理念过度强调债权安全和债务可持续性，相对忽视发展中国家的正常发展需求，部分国家质疑共建“一带一路”倡议下的投融资合作。为此，财政部在借鉴国际货币基金组织（IMF）和世行低收入国家债务可持续性分析框架（LIC - DSF）基础上，结合“一带一路”国家国情及发展实践制定了《分析框架》，旨在加强“一带一路”国家债务可持续性的同时，推动其经济社会可持续发展，体现中国发展经验和发展中国家的需求，也积极回应外部的质疑。

本框架适用于对低收入国家进行债务可持续性评估。创新之处包括三方面：一是在满足低收入国家可持续发展的投融资需求和债务可持续性间寻求平衡。在评估中，充分考虑生产性投资活动相关债务可持续性的特殊性，有机地将中国经验与广大发展中国家的发展需求结合起来。二是在借鉴 IMF 和世行相关框架的基础上进行了创新。包括开发了反向压力测试新功能，对经济增长的评估预测更加科学合理，从而使分析更具灵活度与客观性，符合实际情况，而且为使用方提供了除 LIC - DSF 外的更多选择。三是鼓励国内金融机构使用《分析框架》，有助于这些机构进一步学习借鉴债务可持续领域的国际良好做法，更科学地评估一国债务风险，增强高质量投资意识，规范投资行为，减少投资风险和外部质疑。

刘昆部长亲自为《分析框架》撰写如下序言：习近平主席提出“一带一路”倡议近 6 年来，在国际上产生了广泛而深入的影响，成

---

① 2015 年 8 月 17 日联合国第六十九届会议发布。

为广受欢迎的国际公共产品。资金融通是“一带一路”建设的重要支撑，提高债务可持续性是实现可持续融资、高质量共建“一带一路”的前提。值此第二届“一带一路”国际合作高峰论坛召开之际，作为资金融通分论坛联合主办方之一，中国财政部正式发布《“一带一路”债务可持续性分析框架》，为“一带一路”参与各方提供自愿采用的债务管理分析工具，以期与国际社会一道，共同致力于为“一带一路”建设提供可持续融资，实现包容性增长。

（二）主要经过

1. 提出《分析框架》构想，做好理论实践储备

近年来，特别是“一带一路”倡议提出以来，一些发达国家在债务可持续性问题上对我质疑日益增多，对“一带一路”建设造成了较大影响。在此复杂严峻的形势下，部领导提出自主制定《分析框架》，妥善应对外部舆论，增信释疑，并为第二届高峰论坛提供务实成果。邹加怡副部长亲自指示，在制定标准、规则和政策时，应遵循三个原则：一是要参考相关国际标准，二是要遵循市场规律，三是要与“一带一路”国家发展实践相结合。可考虑打造“一带一路”资金融通政策工具箱这一“软”成果，为推动“一带一路”向高质量发展提供政策、标准，具体包括制定债务可持续性分析框架等。为贯彻落实部领导指示精神，2018 年下半年以来，财政部国经司发挥首创精神，组织精干力量，着手构思《分析框架》的基本内容和创新点。考虑到这项工作的技术复杂性，财政部国经司通过走访调研、参加相关培训、大量阅读研究相关文献资料等方式，深入学习 LIC－DSF，为制定《分析框架》进行理论和实践方面的技术储备，确保相关工作的可行性和科学性。

2. 克服技术难点，推动制定《分析框架》

2018 年 12 月，财政部正式启动《分析框架》的研究制定工作。在这一过程中，通过借鉴 LIC - DSF，并结合“一带一路”国家国情及发展实践，充分研究和吸纳各方意见，先后解决了公共债务范围、综合多种结构性因素的中长期经济增长预测、中长期债务结构变动、压力测试情形设置、债务可持续性分析报告模板等多个环节上的技术难点，最终制定出符合共建“一带一路”国家国情的《分析框架》，于 2019 年 4 月向党中央、国务院上报并获批。

3. 对外发布《分析框架》，多方高度赞赏

2019 年 4 月 25—27 日，第二届高峰论坛在北京举行。财政部会同中国人民银行在论坛期间主办了资金融通分论坛，为高峰论坛成功举办做出积极贡献。论坛期间，财政部正式对外发布《分析框架》，为支持共建“一带一路”国家提高债务可持续性提供自愿采用的债务管理分析工具。刘昆部长出席会议并作主旨发言，邹加怡副部长主持会议，并在会后就有关情况接受媒体专访，系统全面地解答了各方的现场提问。国际社会对此给予高度评价。IMF 总裁拉加德、亚洲基础设施投资银行（以下简称“亚投行”）行长金立群、新开发银行行长卡马特纷纷表示，《分析框架》体现了中方对“一带一路”低收入国家国情和发展需求的重视，将成为“一带一路”参与各方进行风险管理的有效工具，有助于提高融资质量，推动“一带一路”国家可持续发展。

4. 落实完善《分析框架》，发挥实际效用

高峰论坛后，财政部于 2019 年 5 月即推动落实《分析框架》。一是通过鼓励中方金融机构自愿使用，实现推动建设高质量、高标准的可持续融资体系，支持共建“一带一路”高质量发展。二是根据财政部与IMF和世行现有的合作框架，邀请IMF及世行为中方举行联合专题培训，有针对性地加强中方能力建设。三是财政部领导和相关司局领导先后会见IMF和世行高管，探讨《分析框架》相关合作，不断加强与国际组织沟通交流。四是利用多双边对话机制等渠道，积极宣传中国在债务可持续性方面所做的工作，有效回应所谓的“债务陷阱论”，为推动“一带一路”高质量发展营造有利外部环境。在实践基础上，财政部继续完善《分析框架》方法论，特别是结合2020年以来新冠肺炎疫情蔓延对全球经济造成严重冲击的特殊情形，扩大《分析框架》压力测试的适用范围，进一步提升了《分析框架》科学性与可用性。同时，紧密跟踪IMF和世行的债务限额政策研究，为我国国别债务限额政策提供可借鉴的国际经验。

二、主要做法及成效

（一）发扬首创精神，主动提出中国方案

当前，国际形势错综复杂，全球正面临前所未有之大变局，部分国家对“一带一路”建设的疑虑有所上升，甚至不时炒作债务可持续性相关问题。针对这些新问题与新情况，财政部发扬首创精神，根据形势需要，主动思考和作为，本着未雨绸缪、提前研判、积极稳妥的工作方针，主动提出《分析框架》这项中国方案，既彰显了中方在债务可持续性问题上开放、积极、建设性的态度，也为推动制定兼顾发达国家和发展中国家利益的国际规则做出了重要贡献，得到了国际社

会的高度评价。

（二）积极思考新路子，勇于创新，敢于突破

《分析框架》是第一个由主权国家提出制定的债务可持续性分析工具。在此之前，IMF和世行的LIC－DSF分析框架已比较成熟，有数十年的技术和实践积淀。在部领导的大力支持下，财政部国经司团队提出了“站在巨人肩膀上”但不拘泥于“前人”的基本思路，重点结合“一带一路”沿线低收入国家的发展需求和国别特点规律，以如何平衡低收入国家投资及可持续发展的融资需求和债务可持续性为导向，勇于创新，敢于试错，针对经济增长预测、贴现率选取、压力测试功能设置及公共投资对经济增长影响等主权债务风险评测的诸多技术环节进行了调整优化。为确保有关创新点的科学性，团队利用座谈会等形式多次与中国进出口银行、中国出口信用保险公司等深度参与“一带一路”融资的机构进行“头脑风暴”，就建立《分析框架》必要性、可行性及创新点进行深入研讨，并对《分析框架》开展多轮试测，充分论证，提出了具有中国视角的方案，为第二届高峰论坛贡献了高质量成果。

（三）兼容并蓄求甚解，开放心态推合作

推动制定《分析框架》是中国对外提供国际公共产品的重要尝试，体现了人类命运共同体重要思想和“一带一路”共商共建共享原则。在此思路指导下，财政部国经司团队在工作过程中虚心向外方借鉴学习已有研究成果与实践经验，通过视频会议、互访等形式与IMF技术团队进行深入技术研讨，保证了整个过程的开放透明，使《分析

框架》既能体现中国烙印，也充分吸收外方的意见和建议，体现了《分析框架》的公共产品属性，也使其在对外发布后更能为各方所接受和采用。同时，针对各方的关注，财政部国经司团队也充分利用多双边财金论坛介绍鼓励中方金融机构自愿使用《分析框架》和加强其相关能力建设方面的情况，促使对话方更好地认识了解《分析框架》，推动《分析框架》在更大范围使用。

（四）攻坚克难齐上阵，坚持不懈无私奉献

推动建立《分析框架》是一项开创性工作。面对种种挑战，财政部克服常规性任务繁重、人手紧张等困难，发挥艰苦奋斗、吃苦耐劳、团结一致的优良传统，始终保持昂扬的斗志，主动加班加点，舍小家为大家，牺牲大量业余时间和节假日阅读翻译大量中英文文献，开足马力推动《分析框架》的研究制定工作，确保如期完成制定工作并对外发布。为确保《分析框架》科学、可靠、可用，财政部国经司副司长李红霞多次带队与中信保、国家开发银行等机构进行深入研讨，经常围绕某个技术难点上进行多轮密集论证；同时，克服时差影响，熬更守夜，与 IMF 债务可持续分析框架领域的专家保持经常性的电话沟通交流，虚心请教专业问题。这都体现了在国家利益面前的高度责任感和奉献精神。

三、经验启示

（一）以正确的思想为指导

财政部坚持以习近平新时代中国特色社会主义思想为指导思想，

以共建人类命运共同体为目标，以推动可持续发展为方向，以推动“一带一路”建设为抓手，增强“四个意识”、坚定“四个自信”、做到“两个维护”，坚持“学懂、弄通、做实”，深入分析面临的困难和问题，积极思考，迎难而上，提出了首个主权国家推动制定发布的《分析框架》，为国际社会解决债务可持续性问题贡献了中国方案。通过《分析框架》的研究制定，实现了党建和业务工作深度融合。

（二）主动争夺规则制定主动权

近年来，随着共建“一带一路”倡议加快推进，我国对外投资规模不断提升，在保障资金安全、有效防范主权债权风险方面的挑战也在上升。与此同时，部分国家对我国共建“一带一路”倡议下的投融资活动质疑增加，“债务陷阱论”和“负责任投资”等说法有所增多。面对这些挑战，通过主动参与和发起相关国际规则制定，对外提供国际公共产品，既有利于提升我国自身对外投融资活动的规范性和安全性，也有利于推动低收入国家经济社会可持续发展。更重要的是，我们为破解债务可持续性这一世界难题提供了建设性方案，以实际行动回应外部质疑，掌握规则制定的主动权，提升了参与全球治理的能力。

（三）建立统一高效的工作体系

制定《分析框架》任务重、时间紧、积累薄，需要建立统一高效的工作体系。首先，部领导高度重视，为相关工作顺利推进提供了有力政治保障。刘昆部长多次就《分析框架》的研究制定及落实工作作出指示，提出意见。邹加怡副部长对《分析框架》制定工作提出明确的工作框架和原则，并亲自协调相关部门，确保群策群力。其次，财政部国经司组建了由司领导挂帅的专门团队，团队成员职责分工明确，国际机构债务可持续性框架相关材料文献的跟踪收集、数据维护、沟通联络等都有专人负责。最后，中外方各个机构合作参与。部内金融司等司局积极投入，提供了重要政策支持；国内相关金融机构，特别是中国出口信用保险公司成立了专门的技术小组，在《分析框架》的构建、测试和推广中发挥重要作用；IMF 等国际金融机构利用其长期积累的知识经验，向中方提供了许多技术援助和能力建设支持。通过这一科学合理的工作构架，制定《分析框架》的各项工作既有远大目标，又有专业技术支撑，既高效有序，又保证了科学准确。

【思考题】

1. 中国如何更好地在借鉴已有国际规则和良好实践基础上提供中国方案，推动完善国际经济治理体系?

2. 政治机关如何通过更专业、更建设性的方式在国际场合传递中国声音?

提升银行小微企业金融服务能力 破解小微企业融资难题

——江苏财政创新“小微创业贷”工作

【引言】 长期以来，习近平总书记高度重视创新创业工作，提出“创新是社会进步的灵魂，创业是推动经济社会发展、改善民生的重要途径”①，“要营造有利于创新创业创造的良好发展环境。要向改革开放要动力，最大限度释放全社会创新创业创造动能。”② 作为“大众创业、万众创新”的重要载体，小微企业时常面临着融资的“玻璃门”“弹簧门”，缓解小微企业融资难融资贵问题，一直是习近平总书记关注的重点之一，习总书记强调“要强化对市场主体的金融支持，发展普惠金融，有效缓解企业特别是中小微企业融资难融资贵问题。”③

【摘要】 江苏省小微企业数量位居全国前列，为提升银行小微企

---

① 《习近平致2013年全球创业周中国站活动组委会的贺信》，载于《人民日报》2013年11月9日第1版。

② 《习近平栗战书汪洋王沪宁赵乐际分别参加全国人大会议一些代表团审议》，载于《人民日报》2019年3月11日第1版。

③ 《习近平在企业家座谈会上的讲话》，载于《人民日报》2020年7月22日第2版。

业金融服务能力，破解小微企业融资难题，江苏省财政厅与中国工商银行江苏省分行于2015年共同推出了“小微创业贷”。截至2020年底，“小微创业贷”业务覆盖全省13个设区市，贷款余额307.3亿元，有贷户2.17万户，已成为全国单体规模最大的政银合作产品之一。六年来，累计投放贷款1510亿元，支持全省7万余户次小微企业获得低门槛、低成本贷款。

“小微创业贷”打破了传统“重抵押、重担保”的审贷模式，首次提出按“两无四有”标准投放信用贷款，即无抵押、无担保，有适销对路的产品及产品生产销售合同（订单）、有稳定的现金流（银行流水单）、有健全的财务会计核算（账表齐全）、有正常的纳税记录，并着力降低融资成本，积极扶持江苏省内面广量大的优质小微企业。“小微创业贷”持续快速发展，深受广大小微企业的好评，取得了良好的社会效应和经济效益，有助于激发全社会创新潜能和创业活力，有助于援企稳岗保就业，有助于实现富民增收。

【关键词】小微企业　融资支持　财政政策

为深入贯彻习近平总书记关于支持“双创”和“发展普惠金融”的重要指示精神，坚决落实党中央、国务院有关破解小微企业融资难融资贵的决策部署，支持广大小微企业发展，江苏省财政厅会同相关金融机构立足发挥“财政+金融”的政策协同效应，创新开展以“两无四有”为审贷标准的“小微创业贷”业务，有力支持了“大众创业、万众创新”，取得了较好成效。在2016年国务院第三次大督查中，江苏“小微创业贷”被列入可总结推广的典型经验之一。在2018年10月第十三届全国人大常委会第六次会议上，全国人大常委会预算工委、全国人大财经委作《关于金融企业国有资产管理情况调研报告》，报告指出“江苏‘小微创业贷’有效降低了小微企业的融资门槛和成本，提高了融资效率，是拓宽实体企业融资来源的积极探索。”

一、背景情况

小微企业是国民经济和社会发展的重要基础，是创新创业的重要载体，在扩大就业、增加收入、改善民生、促进稳定等多个方面都具有举足轻重的作用。但在金融支持和服务实体经济的过程中，仍存在金融资源难以精准惠及最需要资金扶持的重点领域和薄弱环节，小微企业融资难融资贵问题长期未能得到有效解决。其主要原因有以下几方面。

（一）商业银行内在利益机制问题

金融机构尤其是商业性金融机构，其内在的诉求是追求商业利益。一般来说，金融机构给大企业贷款比投放小微企业贷款更容易获取商业利益。直观来看，金融机构若发放1亿元的贷款，只需要服务1～2户大企业，针对小微企业则可能要服务几十个客户。综合考核机制、问责机制、时间耗费等因素，金融机构的基层经办人员更愿意寻找效益高、风险小、花费精力少的优质大客户。据有关金融监管部门测算，发放1万元1年期正常类贷款，小微企业贷款管理成本为125元，而大中型企业贷款、个人住房贷款分别仅需管理成本38元、86元。

（二）银企信息不对称

当前小微企业普遍存在财务不透明、信用记录不全面等问题，企业各种信息碎片化地分布在市场监管、税务、海关、人行、法院、工信、电力、水务等众多部门，银企信息严重不对称，商业银行调查小微企业信息所需的时间长、难度大、成本高。在无法判断小微企业真实经营状况的情况下，银行被迫提高客户准入门槛、严格审查流程，千方百计寻找抵押担保等第二还款来源。

（三）区域金融生态环境参差不齐

构建良好的金融生态环境对改进小微企业融资服务至关重要，比如苏州、南通、常州等信用环境和金融生态比较好的地区，小微企业融资难融资贵矛盾相对缓和，反之矛盾就比较突出。在金融生态环境差的地区，企业逃废银行债务的现象较多，对失信企业和小微企业主惩戒不足、缺乏震慑，贷款案件起诉难、执行难问题突出，在一定程度上会挫伤金融机构开展小微信贷业务的积极性。

（四）银行小微融资服务能力仍有待提升

一是贷款期限不适应小微企业需求。现有小微企业贷款多为一年期流动资金贷款并采用“整贷整还”方式，与小微企业经营现金流不匹配，不能满足其扩大再生产的中长期融资需求，短贷长用成为常态。二是风控模式不完全契合小微信贷风险特点。一些银行按大企业信贷的模式开展小微信贷，小微信贷审批层级高、环节多、效率低。同时，缺乏对小微企业科学的信用评价机制，信用类信贷产品发展滞后，过度依赖抵押、担保，“抵押物崇拜”“当铺文化”盛行。三是银行信贷业务人员尽职免责规定没有得到充分执行，基层信贷从业人员因小微企业不良贷款被问责处罚的比例较高，“惜贷”“惧贷”比较普遍。四是在经济由高速增长阶段转向高质量发展阶段的背景下，银行支持小微信贷的服务能力还未跟上，没有完全适应新形势下小微信贷业务发展的需要。

（五）小微企业融资成本构成多元化

近年来，银行业根据国家政策导向和监管部门要求，对小微企业贷款利率水平已经大幅下降。2020 年江苏省金融机构普惠口径小微企业贷款利率为 5.42%，同比下降 80 个基点。应该说普惠型小微企业贷款在贷款基础利率下行、再贷款和再贴现等政策措施影响下，其利率已经达到了近年来的历史低点。但是，小微企业融资成本构成中，除了贷款利息外，还包括担保费用、转贷费用等。缺少抵质押物的小微企业若寻求担保，担保费率从 1% ~2.5% 不等，约占其融资总成本的 15% ~32%，一些担保公司还需要小微企业提供足额的反担保措施。另外，转贷过桥成本也较高，给小微企业带来了较大的融资负担。

（六）部分小微企业以往过度融资带来的负面作用

在经济情况较好时，一些企业未充分考虑自身实力，盲目加大投资力度，银行也加大信贷投放，企业融资总量快速增长，往往还是多头融资。企业在拿到银行资金后，部分投向产业升级改造或用于扩大经营规模，也有的投向非主营业务，相关信贷资金甚至被长期占用。

当前，部分行业出现产能过剩现象，小微企业最先受到影响，订单减少、应收账款回收期拉长、经营成本上升，而已经投下去的固定资产难以变现，一些小微企业经营业绩下滑，各家银行又争相收贷，致使企业资金“断流”甚至枯竭。

二、主要做法

针对广大小微企业存在的轻资产、有业务、无抵押、缺资金等实际情况，2015 年 6 月，江苏省财政厅联合工商银行江苏省分行，立足发挥财政资金引导和金融机构资源优势，创新开发了以“两无四有”为审贷标准的“小微创业贷”专项产品。这是以江苏小微企业创业创新发展融资基金作为增信手段，按照一定放大倍数对符合条件的小微企业发放贷款，解决小微企业成长发展过程中正常生产经营所需资金的一项财政金融创新政策。

（一）加强制度建设，规范业务操作流程

为做好“小微创业贷”工作，江苏省财政厅和工商银行江苏省分行加强制度建设、加大资源投入、完善考核机制、优化审批流程、实行规模营销，为工作的顺利推进提供了保障。江苏省财政厅牵头制定了《江苏小微企业创业创新发展贷款管理办法》，工商银行江苏省分行出台了《“小微创业贷”业务管理办法（试行）》，江苏省所辖各市制定了操作细则，有效规范业务操作流程。

（二）创新审贷标准，降低小微企业融资门槛

创新提出“两无四有”的审贷标准，即无抵押、无担保，有适销

对路的产品及产品生产销售合同（订单）、有稳定的现金流（银行流水单）、有健全的财务会计核算（账表齐全）、有正常的纳税记录。一方面，该审贷标准突破了金融机构传统的重担保、重抵押模式，为正常合规经营的小微企业提供了低门槛、低成本的融资支持。另一方面，通过核实小微企业的生产经营、财务管理、产品销售、税收缴纳等情况，避免优质信贷资源流向产能过剩、高污染的退出型企业和无法维持经营的“僵尸企业”。

（三）建立风险补偿，放大财政资金杠杆作用

设立“小微创业贷”风险补偿基金，省市财政共同出资20亿元，放大倍数控制在15倍左右，有效利用财政资金杠杆，撬动金融资源投向实体经济。小微企业创业创新发展融资基金通过风险补偿的方式，缓释商业银行提供小微企业信用贷款的风险，支持商业银行建立适应小微企业特点的审贷标准、审批机制、责任追究机制等，降低小微企业融资门槛和融资成本。

（四）降低融资成本，减少小微企业财务费用

在融资成本控制上，“小微创业贷”严格控制贷款利率，不收取任何担保费和融资手续费。从实际执行情况看，截至2020年底，“小微创业贷”平均执行利率4.38%，低于江苏省小微企业平均贷款利率1.04个百分点，降低约23.7%。

（五）满足个性需求，提供小微企业融资新方案

以“小微创业贷”为基础，针对江苏常州科教城内科技型小微企

业，推出“常科贷”产品；针对在南通国税局办理出口退税业务的小微企业，依据退税数据创新设计“出口税e贷”；针对农业龙头企业上下游融资需求，设计了供应链场景下网上小额贷款创新方案，等等。通过“小微创业贷”项下新产品、子产品，满足不同小微企业群体的个性化需求。

（六）提高时限要求，提供快捷服务

对“小微创业贷”产品实施专职审批、专设流程、专业团队、专项规模、专门考核、专题宣传，明确规定全部贷款流程不超过7个工作日，对符合条件的，可办理循环贷款，随借随还，极大地方便了小微企业。利用网络融资途径，打通线上、线下流程，通过网上银行渠道自主提款、还款，实时到账，真正实现“秒”贷。

（七）强化风险管控，实现风险补偿基金精准代偿

在客户准入方面，“小微创业贷”经办银行严格对照“四有”要求了解企业订单、银行流水、纳税、财务等信息，优选制造业、批发零售等重点传统行业和科技、软件等创新行业为重点支持对象，拒绝产能过剩、高污染的退出型企业和无法维持经营的“僵尸企业”，在实现优惠政策精准落地的同时，也保证了整体资产质量保持在较高水平。

（八）建立协同机制，充分发挥各方优势

财政部、中国工商银行建立了省、市联动的协作机制，多次对“小微创业贷”开展联合督导检查，组织了形式多样的宣传推介活动，

为“小微创业贷”的顺利开展提供了有力保障。银行系统在制度建设、业务流程、审批授权、激励措施、风险防控上探索有效的路径，支持“小微创业贷”顺利推进。

三、工作成效

小微企业是国民经济发展的关键力量，通过财政引导、金融支持等手段扶持小微企业发展，既是财政更好发挥“国家治理的基础和重要支柱”作用的应有之义，也是商业银行拓展业务空间、履行社会责任的内在要求。“小微创业贷”给予小微企业低门槛、低成本的优惠信贷资金，帮助企业可持续稳定经营，实现了政、银、企三方共赢的良好局面。

（一）“小微创业贷”规模大、受众广，有效延展了金融支持小微企业的惠及面

“小微创业贷”的服务对象既有小型微型企业，还包括小微企业主、个体工商户等自然人主体，覆盖了当前创业创新的主要群体。“小微创业贷”2015年设立时目标规模100亿元，2016年提高目标规模达到200亿元。在此基础上，2019年4月，政银双方签署了“小微创业贷”2.0版协议，对“小微创业贷”进行提档升级，通过“增量”（产品规模做大至300亿元）、“扩面”（立足“小微”“双创”，稳步推进“三农”“扶贫”）、“降本”（融资成本从基准利率上浮不超过30%调整到上浮不超过15%）等措施，进一步提升产品对省内小微企业的支持力度。截至2020年底，“小微创业贷”业务覆盖江苏省13个设区市，贷款余额307.3亿元，有贷户2.17万户。六年来，

累计投放1510亿元小微企业贷款，全省7万余户次小微企业获得低门槛、低成本贷款支持，得到广大小微企业的普遍好评。

（二）“小微创业贷”的门槛低、针对性强，有力支持了实体经济重点领域

依托财政出资的“小微创业贷”融资支持基金的强力增信，经办银行降低了小微企业客户准入门槛，并按“两无四有”的审贷标准发放贷款。从行业分布看，既重点支持了以制造业为主的实体经济，“小微创业贷”有贷户中有6335户、141.3亿元为制造业客户；也支持了科技、软件等新兴行业，相关行业有贷户1633户、贷款余额18.26亿元。

（三）“小微创业贷”成本低、利率优，真金白银让利小微企业

“小微创业贷”执行利率一直低于市场上小微企业平均贷款利率水平。2020年以来，“小微创业贷”经办银行持续降本让利，下调贷款利率，其中以信用方式办理的贷款利率最低降至4.35%，抵押方式办理的最低降至3.85%，最大程度减轻小微企业财务负担，解除后顾之忧，让企业能集中精力专注于经营发展。除贷款利息外，不再额外收取任何担保费、手续费、咨询顾问费，切实为小微企业提供优惠的融资成本。

（四）“小微创业贷”渠道优、效率高，及时支持了小微企业复工复产

2020年初新冠肺炎疫情发生以来，“小微创业贷”经办银行积极

推广无接触服务，通过网络渠道为小微企业提供便捷、高效的融资服务，让数据线上多跑腿，客户线下少奔波。截至 2020 年底，已有 12053 户小微企业体验了“小微创业贷”的线上“秒贷”服务，较上年同期增加 6483 户。

（五）“小微创业贷”带动性强、风险可控，调动了银行工作积极性

“小微创业贷”业务的顺利推进，有力带动了工商银行江苏省分行小微企业贷款的投放。2020 年底，工商银行江苏省分行普惠型小微贷款余额 657.32 亿元，较年初增加 223.69 亿元，贷款增速 51.6%，超额完成《政府工作报告》提出的“大型商业银行普惠型小微贷款增速要高于 40%”的要求。截至 2020 年底，“小微创业贷”不良余额 6735 万元，不良率 0.22%，基金累计垫付和代偿风险贷款 5465 万元。在有效控制“小微创业贷”整体风险的前提下，通过基金及时垫付、代偿风险贷款，提升银行发展普惠金融的积极性。

（六）典型案例

1. “小微创业贷”积极助力江苏省泰州市某企业实现跨越式发展

泰州市海陵区某企业是一家集产品研发、生产及销售于一体的科技型企业，为国家电网、南方电网等公司运用嵌入式系统技术在工业互联网领域提供整体解决方案。2017 年，企业可用的抵押物已全部用于银行融资，虽然自身的产品很有竞争力，手中的订单也很充足，但出现临时性的资金紧张，生产经营购买原材料产生资金缺口。因为缺少抵质押物，该企业无法通过传统业务获得融资，若借助担保机构或

者民间融资，要面临较高的财务成本，融资难融资贵的现实问题一下子成了企业经营发展的“拦路虎”。“小微创业贷”经办银行主动上门拜访该企业，经核实发现，该企业整体生产经营情况良好，销售和纳税情况整体保持逐年提升的趋势，手中也有充足的订单，于是向企业推荐了“小微创业贷”产品，并于2017年9月27日发放首笔贷款500万元，贷款执行4.78%的优惠利率，及时为企业的资金周转注入低成本的“活水”。四年来，在“小微创业贷”支持下，该企业通过转型升级不断发展壮大，整体发展迈上了新的台阶，目前已在科创板上市。

2. “小微创业贷”线上服务淮安市某养殖户

淮安市养殖户侯某，由于养殖规模较大，在购买饲料时筹措资金的压力大。面对这一情况，“小微创业贷”经办银行根据侯某与采购商签订的合同，无须另外提供抵押或担保，以信用方式主动向他推送了107万元的“小微创业贷”贷款额度。侯某轻松实现了线上自助贷款，并支付给指定的饲料厂。该贷款年化利率不到5%，并能实现随借随还，与当地类似产品相比，有效地降低了贷款的成本。此外，在提款之后，手机银行App还自动生成了还款计划表，可以对照进行还款，方便了贷款用户。

四、经验启示

在普惠金融领域，通过市场配置资源难以彻底解决小微企业融资难融资贵问题，容易出现市场失灵，需要政府通过财政政策加以引导和解决。在“小微创业贷”的既有经验基础上，建立统一、规范的财政金融政策，通过财政资金的杠杆作用，开发适应小微企业需要的政银合作金融产品。

（一）强化财政金融政策联动，发挥协同效应

建立财政政策支持机制，本着规范化、可操作的原则完善管理流程。财政部门应明确信贷风险补偿政策的管理流程，特别是清晰地规定开展风险补偿的条件、审批程序、追偿返还、核销备案等，便于财政部门和相关金融机构按规定操作和执行，及时为相关金融产品提供风险补偿，提高金融机构解决小微企业融资难融资贵问题的积极性。

（二）引导金融机构开发特定金融产品，建立适应小微企业特点的授信审批机制

为提高政策效益，金融机构需根据财政引导扶持的对象特点，开发相应金融产品，并对审贷条件、贷款利率、审批流程、考核机制、尽职免责、专业团队、资源配置等方面进行调整和优化，降低小微企业的融资成本和融资门槛。通过开发特定金融产品，实施政银合作、风险共担和降费让利等措施，有效缓解经办银行“畏贷”“惧贷”情绪，提升小微企业融资可获得性。

（三）加强与业务主管部门的协调配合，提高财政政策的针对性

精准服务经济社会发展重点领域和薄弱环节的市场主体，不仅需要财政资金和金融信贷提供帮扶，也离不开工信、科技、生态环境等业务主管部门制定的产业、行业发展政策。为支持科技、“三农”、生态环保等特定领域的企业融资，相关业务主管部门应发挥自身职能作用，建立扶持对象企业库，并根据实际情况实行动态调整机制，便于财政部门发挥财政资金杠杆作用，引导金融资源更具针对性地流向企

业，解决生产经营资金需求，实现加速发展。

（四）借助信息化手段，提升融资效率和管理水平

在财政金融政策的施行路径上，应重视采用信息化手段，着力构建金融产品超市，金融机构、小微企业等在线上对接，实现双向选择，线下金融机构开展尽职调查、办理信贷业务，实现充分竞争。在企业授权的前提下，运用企业的征信信息及各类生产经营数据，对企业进行精准画像，在财政金融政策支持下，构建纯线上的信贷产品，并实现“秒贷”。所有政银合作信贷产品从信息发布、贷款申请、融资对接到风险补偿等，实现全流程信息化，可查询、可追溯、可管控，以防范风险、提高效率、规范管理。

（五）搭建“财政＋金融”政策平台，提高财政支持的金融产品迭代速度

统一管理、规范运作的“财政＋金融”政策平台，有利于整合各类财政、金融资源，强化政策协同联动，提高政策执行效率和效果。具体来说，财政通过设立一个涵盖各类政银合作产品的风险补偿基金，基金采用“1＋N”的运作模式，同一行业、领域原则上设立一个政银合作子产品，分别服务小微、科技、“三农”等领域的企业发展；明确支持方式和对象，重点支持信用贷款方式和“首贷”企业；建立合作银行竞争机制，提高财政资金使用效率；健全风险控制机制，合理控制产品规模和不良率。通过财政和金融政策联动，不断丰富财政部门支持经济发展的工具和手段，让广大小微企业等扶持对象充分享受到政策红利，提升创新发展的能力和信心。

【思考题】

1. 造成小微企业融资难融资贵的原因是什么？支持小微企业融资，金融机构需要调整哪些管理机制？

2. 如何发挥财政政策作用，引导金融资源支持小微企业、科技、“三农”等重点领域和薄弱环节？

进一步理顺中央与地方财政分配关系

——财政部实施更大规模减税降费后调整中央与地方收入划分改革

【引言】党的十八届三中全会提出："要保持现有中央和地方财力格局总体稳定，结合税制改革，考虑税种属性，进一步理顺中央和地方收入划分。"习近平总书记在党的十九大报告中指出："要加快建立现代财政制度，建立权责清晰、财力协调、区域均衡的中央和地方财政关系。"①理顺中央与地方收入划分是深化财政体制改革、健全地方税体系的重要举措，也是增强地方财力、支持实施更大规模减税的客观需要。

【摘要】为进一步理顺中央与地方财政分配关系，支持地方政府落实减税降费政策、缓解财政运行困难，2019年9月，国务院印发了《实施更大规模减税降费后调整中央与地方收入划分改革推进方案》

---

① 《习近平：决胜全面建成小康社会　夺取新时代中国特色社会主义伟大胜利——在中国共产党第十九次全国代表大会上的报告》，中国政府网，http://www.gov.cn/zhuanti/2017-10/27/content_5234876.htm，2017年10月。

(国发〔2019〕21号，以下简称《方案》)。《方案》提出三个方面政策措施：一是保持增值税“五五分享”比例稳定；二是调整完善增值税留抵退税分担机制；三是后移消费税征收环节并稳步下划地方。《方案》进一步稳定了社会预期，引导各地因地制宜发展优势产业，鼓励地方在经济发展中培育和拓展税源，增强地方财政“造血”功能，营造主动有为、竞相发展、实干兴业的环境。

【关键词】收入划分　五五分享　分担机制　消费税下划

一、背景情况

(一) 分税制改革以来收入划分改革总体情况

1994年开展分税制财政管理体制改革以来，特别是党的十八大以来，在保持中央与地方财力格局总体稳定的前提下，中央与地方收入划分改革持续推进。2002年实施所得税收入分享改革，将按企业隶属关系等划分中央与地方所得税收入的办法改为中央与地方按统一比例分享。在此前多次完善出口退税负担机制的基础上，2015年为促进外贸稳定发展，进一步完善出口退税负担机制，明确出口退税全部由中央负担。2016年全面推开营改增试点后，出台实施中央与地方增值税收入划分改革过渡方案，明确2~3年过渡期内增值税中央与地方“五五分享”。2018年结合环境保护税法施行，明确环境保护税全部归属地方。总体来看，这些改革调动了中央和地方两个积极性，有力促进了经济社会发展。

(二) 实施更大规模减税降费政策后面临的新形势

近年来，为有效应对经济下行压力，助推实体经济发展，党中央、国务院提出积极的财政政策要更加积极有为，以供给侧结构性改革为主线，施行更大规模减税降费政策，着力“放水养鱼”，用政府税收“减法”换取市场活力“乘法”，聚焦重点领域和重点行业持续发展，切实减轻中小微企业负担，带动创新创业，提振市场信心，激发市场活力。部分地方受经济下行压力和减税降费双重影响，财政承压较大，收支矛盾突出，税源单一、民生支出刚性增长等减收增支因素交织导致部分地方财政尤其是基层财政运行较为困难。

（三）进一步理顺中央与地方收入划分的基本考虑

在实施更大规模减税降费的情况下，中央与地方收入划分还有一些问题需要进一步理顺。一是2016年增值税收入“五五分享”改革过渡期为2~3年，到期后需要尽快明确今后政策，更好稳定社会预期。二是地区间实际分享增值税与承担的留抵退税不匹配，留抵退税政策实施后，部分地区退税压力较大，影响留抵退税政策落实，需要完善地区间留抵退税的分担机制。三是为进一步健全地方税体系，调动地方改善消费环境、培植财源的积极性，需适时推进消费税改革，将相关品目消费税征收环节后移并将收入由中央下划地方。

二、主要做法

（一）提前谋划，做实做细前期准备工作

党的十八届三中全会提出，“保持现有中央和地方财力格局总体稳定，结合税制改革，考虑税种属性，进一步理顺中央和地方收入划分”。按照上述要求，财政部于2016年报请国务院印发了《全面推开

营改增试点后调整中央与地方增值税收入划分过渡方案》（国发〔2016〕26号，以下简称《过渡方案》），对全面推开营改增试点后中央与地方增值税收入划分进行了明确，提出增值税“五五分享”过渡期为2~3年，随后财政部即启动了收入划分改革方案的研究。一是认真分析各主要税种对实体经济发展的相关性、转型升级的税收政策、增值税消费税未来增长等情况，并进行反复测算。二是考虑到收入划分改革是牵一发动全身的重大改革，财政部充分注重加强改革评估，及时与中央改革办等相关部门沟通，听取意见建议。三是考虑到收入划分改革对地方财政收入具有较大影响，财政部也加强与地方沟通，就改革思路充分听取部分地方财政部门的意见。

（二）聚焦重点，广泛征求意见形成改革方案

考虑到当前和今后一个时期，经济下行压力较大，实施积极财政政策和更大规模减税降费导致各级政府预算收支平衡压力较大，财政“紧运行”将会是新常态，为缓解部分地区财政运行压力，财政部在改革中进一步聚焦增值税留抵退税地方分担机制、消费税下划等问题。经过反复研究分析，形成改革方案初稿后，充分征求了发展改革委、工业和信息化部、司法部、商务部、审计署、海关总署、税务总局等相关中央部门以及地方财政部门的意见，并根据各方意见进一步修改完善改革方案。报请国务院印发了《方案》，明确提出保持增值税“五五分享”比例稳定，调整完善增值税留抵退税分担机制，后移消费税征收环节并稳步下划地方等改革措施。

（三）积极推进，确保方案得到充分落实

一是强化跟踪。按照《方案》有关精神，财政部密切跟踪增值税

留抵退税分担机制运行情况，指导省以下合理确定留抵退税分担机制，切实减轻基层财政退税压力，确保留抵退税及时退付。同时，按照《方案》要求，密切关注贵重首饰、珠宝玉石等品目消费税征收情况，积极开展相关品目消费税征收环节后移并稳步下划地方的研究。

二是加强指导。为指导地方以及相关职能部门按照方案规范执行，加强预算约束，财政部会同国家税务总局、中国人民银行印发《关于调整完善增值税留抵退税地方分担机制及预算管理有关事项的通知》（财预〔2019〕205 号，以下简称《通知》），明确了退税调库退库操作路径、责任分工等事项。《通知》印发后，每月开展增值税留抵退税调库工作，确保地方分担资金及时调库到位，有效缓解了部分地区退税压力。

三、改革内容

（一）保持增值税“五五分享”比例稳定

1994 年实行分税制财政管理体制时，明确增值税中央分享 75%，地方分享 25%。2016 年，结合营改增改革全面推开，国务院印发《过渡方案》，明确自 2016 年 5 月 1 日起增值税中央分享 50%，地方按税收缴纳地分享 50%，过渡期暂定 2 ~ 3 年。

《方案》提出，《过渡方案》确定的 2 ~ 3 年过渡期到期后，继续保持增值税收入划分“五五分享”比例不变，即中央分享增值税的 50%、地方按税收缴纳地分享增值税的 50%。继续保持增值税“五五分享”比例稳定，主要考虑：一是稳定地方政府预期。增值税是地方第一大收入来源，保持中央和地方分享比例稳定，有利于引导地方稳定预期，发挥地方政府发展经济和提高公共服务保障能力的积极性。二是保持政策连续稳定。部分地方省以下增值税分享比例调整改革刚刚到位，普遍希望增值税中央和地方“五五分享”比例能够继续保持稳定。

（二）调整完善增值税留抵退税分担机制

2018 年 6 月，经国务院批准，对先进制造业和现代服务业企业等实行增值税留抵退税。按照中央和地方分享比例，留抵退税由中央和地方按“五五”比例分担，地方分担部分由企业所在地承担。在实际执行中一些地方反映，由于应税产品生产链条较长，有些地区需要承担的留抵退税与实际分享的增值税不尽一致，特别是一些市县级基层政府承担的留抵退税额远大于其分享的增值税，退税压力较大。随着留抵退税范围的扩大，有些地方财政压力会进一步加大，进而影响留抵退税政策的落实。从长期看，需要调整完善增值税留抵退税地方分担机制，减轻这些地方的财政压力，以确保减税降费政策落地落实。

《方案》提出，建立增值税留抵退税长效机制，结合财政收入形势确定退税规模，并保持中央与地方“五五”分担比例不变。为缓解部分地区留抵退税压力，增值税留抵退税地方分担的部分（50%），由企业所在地全部负担（50%）调整为先负担 15%，其余 35% 暂由企业所在地一并垫付，再由各地按上年增值税分享额占比均衡分担，垫付多于应分担的部分由中央财政按月向企业所在地省级财政调库，垫付少于应分担的部分由企业所在地省级财政按月向中央财政调库。合理确定省以下退税分担机制，切实减轻基层财政压力。

（三）后移消费税征收环节并稳步下划地方

目前，我国消费税征收范围涵盖烟、酒、油、车等多个税目，全部为中央收入。从征收环节看，除卷烟在批发环节加征了一道消费税、超豪华小汽车在零售环节加征了一道消费税、贵重首饰及珠宝玉石部分子目在零售环节征收消费税外，其他全部在生产和进口环节征收消费税。

《方案》明确，在征管可控的前提下，将部分在生产（进口）环节征收的现行消费税品目逐步后移至批发或零售环节征收，拓展地方收入来源，引导地方改善消费环境。具体调整品目经充分论证，逐项报批后稳步实施。先对高档手表、贵重首饰和珠宝玉石等条件成熟的品目实施改革，再结合消费税立法对其他具备条件的品目实施改革试点。

四、改革成效

《方案》实施以来，取得了以下改革成效：一是进一步提升了财政体制的科学性水平。《方案》提出的三项具体改革措施是深化财政体制改革、健全地方税体系的重要举措，有利于加快建立现代财税体制，推动国家治理体系和治理能力现代化。二是保持了中央与地方财力格局总体稳定。继续维持增值税收入“五五分享”，稳定了社会预期，保障了中央与地方财力格局总体稳定。在调动地方积极性的同时，保持了中央对财力薄弱地区的转移支付力度，为各级政府实施积极财政政策，有效应对疫情减收增支影响，落实“六保、六稳”任务提供了财力支撑。三是促进了减税降费政策有效落实。完善增值税留抵退税分担机制，有效减轻了部分企业所在地基层政府退税压力，促进了留抵退税及时退付，减轻了企业负担，增强了企业应对疫情冲击的能力，实现了用政府收入的“减法”，换取企业效益的“加法”和市场活力的“乘法”。

五、经验启示

1994 年分税制改革奠定了我国财政收入稳定增长的基础，此后，根据经济形势发展变化和宏观调控需要，中央与地方收入划分不断调整完善，形成了目前较为科学合理的中央与地方收入划分格局。包括收入划分改革在内的财税体制改革既有一般改革的共性特征，也有自身鲜明的特点，与具体国情和发展阶段密切相关。党的十八大以来，我国财税体制改革持续推进，在完善国家治理中发挥了重要作用，积累了丰富经验。

一是坚持党的全面集中统一领导。收入划分改革从思路酝酿、政策设计、方案出台到落实落地都始终坚持党的全面集中统一领导，坚决贯彻党的十八届三中全会“要保持现有中央和地方财力格局总体稳定，结合税制改革，考虑税种属性，进一步理顺中央和地方收入划分”的要求，确保改革方向正确、改革思路清晰、改革举措科学、改革效果良好。

二是坚持稳中求进工作总基调。收入划分改革的核心是利益调整。必须充分考虑业已形成的利益格局及各方面承受能力，在“稳”的前提下积极求“进”。如保持增值税“五五分享”比例稳定、消费税下划选取条件成熟的品目先行先试，均充分体现了稳中求进的工作总基调。

三是坚持解放思想、实事求是。推进收入划分改革不仅关系到中央与地方的收入来源构成，影响政府职能履行，而且对推进各项税收改革、建立科学规范的税收制度都具有重要作用，必须突破固有观念和既往做法的束缚，树立改革创新意识，弘扬改革创新精神，按照完善和发展中国特色社会主义制度、推动国家治理体系和治理能力现代化的全面深化改革总目标要求，立足基本国情，积极探索创新，建立完善适应新时代要求的制度体系。

【思考题】

1.《方案》提出的调整中央与地方收入划分改革措施对中央与地方财政关系有什么影响?

2. 中央与地方收入划分主要应考虑哪些因素?

在深化财政改革中运用信息技术加强政府性资金监管

——上海市奉贤区政府性资金综合监管平台建设与应用

【引言】财政是国家治理的基础和重要支柱，科学的财税体制是优化资源配置、维护市场统一、促进社会公平、实现国家长治久安的制度保障。2017 年习近平总书记在党的十九大报告中指出，“加快建立现代财政制度”，“建立全面规范透明、标准科学、约束有力的预算制度，全面实施绩效管理。”[①] 2019 年党的十九届四中全会通过的《中共中央关于坚持和完善中国特色社会主义制度　推进国家治理体系和治理能力现代化若干重大问题的决定》中指出，“完善标准科学、规范透明、约束有力的预算制度”，“建立健全运用互联网、大数据、人工智能等技术手段进行行政管理的制度规则”，推动“公共财政支出等重点领域

① 《习近平：决胜全面建成小康社会　夺取新时代中国特色社会主义伟大胜利——在中国共产党第十九次全国代表大会上的报告》，中国政府网，http：//www. gov. cn/zhuanti/2017 - 10/27/content_5234876. htm，2017 年 10 月。

监督机制改革和制度建设”。[①] 在党的十九届四中全会第二次全体会议上习近平总书记指出，“要鼓励基层大胆创新、大胆探索，及时对基层创造的行之有效的治理理念、治理方式、治理手段进行总结和提炼，不断推动各方面制度完善和发展。”[②] 2020 年习近平总书记在中纪委十九届四中全会重要讲话中指出，“坚持和完善党和国家监督体系，强化对权力运行的制约和监督，确保党的路线方针政策贯彻落实，为决胜全面建成小康社会、决战脱贫攻坚提供坚强保障”“要以党内监督为主导，推动人大监督、民主监督、行政监督、司法监督、审计监督、财会监督、统计监督、群众监督、舆论监督有机贯通、相互协调。”[③]

【摘要】 为贯彻落实党的十九大精神和习近平总书记关于推进财政预算、公共资源配置等领域信息公开、对政府财政支出预算和政策实施全口径审查和全过程监管、努力形成科学有效的权力运行机制和监督体系的一系列重要指示要求，上海市奉贤区依托现代信息技术，建设“全覆盖、全透明、全过程、全统筹”的政府性资金综合监管平台，一般公共预算、政府性基金预算、国有资本经营预算等区级政府所有预算资金和 512 个区镇两级行政事业单位、210 个区属国企及下属单位、181 个村级集体经济组织，合计 903 个单位的全部银行账户纳入了平台监管，实现了对区镇两级行政事业单位、国有（集体）企业、村居自治组织各类政府性资金的实时动态监管。政府性资金综合

---

① 《中共中央关于坚持和完善中国特色社会主义制度　推进国家治理体系和治理能力现代化若干重大问题的决定》，中国政府网，http：//www. gov. cn/zhengce/2019 - 11/05/content_5449023. htm，2019 年 11 月。

② 《习近平总书记在党的十九届四中全会第二次全体会议上的讲话》，人民网，http：//jhsjk. people. cn/article/31531147，2020 年 1 月。

③ 《习近平在十九届中央纪委第四次全体会议上的讲话》，载于《人民日报》2020 年 1 月 14 日第 1 版。

监管平台全面反映政府性及其他相关资金、资产、资源流动和沉淀情况，实现政府性资金流转“可查询、可跟踪、可追溯”，健全集成化、智能化功能和预警、“熔断”机制，增强政府工作的透明度，保证政府性资金在阳光下运行，有效提高政府执政水平和综合监管能力，确保资金安全、人员安全。通过加强政府性资金的实时动态监管，奉贤区还进一步盘活存量资金，减少了资产闲置、资金沉淀，破解政府性资金“部门化”“碎片化”难题，有效提升了财政资源配置效率和财政部门统筹能力。随着政府性资金综合监管平台功能逐步发挥，奉贤区不仅极大改善了政府资产负债表，还有效缓解了财政收支矛盾，提升了财政综合保障能力，“三大攻坚战”、保障和改善民生等重点领域的支出需求得到有效保障。

【关键词】财政改革　信息技术　政府性资金监管

一、背景情况

上海市奉贤区一度是财政异常困难的区，经济基础较为薄弱，收支矛盾较为突出。2016 年，区政府面临一般债务率高达 136% 的严峻局面，接近负债警戒线，但区财政部门不能实时掌握财政性资金存款余额，财政资金碎片化、部门化问题突出，区内各部门、单位资金与债务共存现象普遍，部分领域资金沉淀闲置而重点领域支出缺乏资金保障。然而当时的政府性资金监管相对薄弱，主要有以下几个方面。

（一）监管系统散乱，共享机制缺失

虽然各项政府性资金管理制度健全、措施有效，但也存在相关系统不互通，与国资、农委系统数据不共享，各个系统平台模块标准不

同、接口不一，部门之间形成信息孤岛，缺乏信息共享渠道和互联互通体系，不能全面反映政府及其他资金管理使用情况。因此，需要由政府牵头，建立统一的综合监管操作平台和功能模块，使得资金数据可以得到有效整合、共享和应用。

（二）监管手段单一，功能模块较少

一是现有管理模块大多仅实现查询功能。针对政府性资金的监管模式仍停留在对已形成事实的财务会计结果进行审核，很多资金管理模块仅提供查询功能，对资金运行全过程的监管缺乏有效的功能模块，导致政府性资金监管的广度、深度、力度方面仍受到较大的限制。二是原有管理环节大多停留于业务流程。由于各类资金的管理要求和使用范围等要素的不同，财政资金、国有资金、农村集体资金等各类资金管理制度存在较大差异，对于资金管理关键环节的控制水平也参差不齐。部分资金管理制度侧重于对业务流程环节的控制，但对于资金流转过程中的关键环节，例如银行账户、收支票据、资金缴拨管理等方面的控制，还有待进一步规范和细化。

（三）监管模式传统，动态管控不力

一是缺乏有效的实时监管。传统的监管大多依靠人工手段，受到人力和技术手段的限制，只能反映某个统计时点上资金即时情况的监管方式，不能客观反映资金流动的完整运行轨迹和实时状态，其监管效力存在一定的有限性和滞后性，管理者无法及时发现资金的异常流动，延误了风险控制的最佳时机，削弱了监管力度。二是缺乏有效的信息采集。对相关单位上报的账户信息没有建立统一的标准体系，容

易造成上报的信息不真实、不全面、不及时，影响整体的监管、分析和预警功能。

（四）监管预警滞后，防控体系薄弱

一是监管方式局限性导致监管内容不全面、不深入。当时，对各项政府性资金的监管方式仅局限于事后通过账目检查、现场抽查等较为原始的方法核实项目资金的使用情况，不能实现对政府性资金运行全过程、多角度、立体化的监管。由于不能及时掌握资金动态运行情况，监管部门无法提前采取有效的措施防患于未然。二是预警缺位对违规违法行为防范不及时、不到位。由于预警功能无法实时动态，预警指标没有覆盖所有领域，导致对违规违法行为的发现与防范不够及时、不够到位，事前监管力度尚需加强。

二、主要做法

穷则思变。为有效化解政府债务、缓解收支矛盾，进一步建立健全现代财政制度，强化政府性资金有效监管，保障国资国企经济运营安全，推动农村经济发展，实现农民共同富裕，奉贤区财政部门在市财政局和区委、区政府的坚强领导下，积极开展了政府性资金综合监管平台（以下简称“平台”）建设新探索。

2017 年上半年，区委主要领导同志从贯彻落实中央“八项规定”、落实党风廉政建设、建设“阳光政府”的高度，要求创新政府性资金监管的新思路、新模式、新平台。2017 年 7 月，区政府成立了以区长为组长、分管区长任副组长的奉贤区资金综合监管平台建设工

作领导小组，区财政局会同区农业农村委、区国资委研究制定了《关于建立政府性资金综合监管平台的实施方案》，并开展账户清理和处置工作。8 月，在区委主要领导的大力推动下，区委、区政府召开全区部门预算编制暨平台建设会议，就平台建设工作进行专题部署。

2018 年，为提高平台建设的科学性和有效性，奉贤区财政局组织开展《关于建立政府性资金综合监管平台的若干问题研究》课题研究，对政府性资金监管平台的功能、模块、建设步骤进行了系统研究，为下一步工作提供了有效支撑，该课题还荣获了上海市财政系统 2018 年重点课题一等奖。

2019 年，政府性资金监管平台初步完成软件系统开发，并得到了工商银行的大力支持，通过与中国人民银行的沟通争取，实现了跨行查询系统与平台技术连接，全区所有区镇两级行政事业单位、国企、村级集体经济组织银行账户纳入平台，每一账户银行存款信息均可实时动态反映。总体来看，平台通过动态掌握、实时监控、预警反馈、推送分析、会商协调、督办整改和结果运用等环节，基本构建了平台全覆盖、全透明、全过程、全统筹的资金监管新模式。

（一）监管范围“全覆盖”

平台从横向上覆盖了资金、资产、资源，确保了数据延伸的广度；从纵向上覆盖了区、镇、村三级，确保了数据拓展的深度，基本实现了“横向到边、纵向到底”的“全覆盖”监管。一是横跨资金、资产、资源。平台将政府性资金、资产、资源全方位纳入监管，从而从不同维度进行大数据深度运用和多维分析，形成“资金—资产—资源”管理的无缝衔接和循环贯通。二是纵跨区、镇、村三级全域。平台纳入了涉及全区政府性（公有）资金的单位信息，包括了 512 个区、镇两级行政事业单位、210 个区属国企及下属单位、181 个村级集体经济组织，合计 903 个单位。三是覆盖人、财、物多种业务。平台纳入了区、镇两级行政事业单位的资金、收入、预算、债务、绩效、资产、公务卡、政府投资项目等；区属国有（集体）企业的资金、资产、负债、所有者权益、营业收入、利润、税金、国企人员薪酬结构等；村级集体经济组织的资金、资产、负债、收入、支出以及村干部薪酬结构等多种业务流和资金流。四是集成金财、国企、农村多个系统。平台数据仓库汇总了区、镇两级金财系统（财政业务信息处理平台、区镇财政单一账户系统）、资产管理系统、国有企业管理系统、农村“三资”平台、投资性项目管理平台、人民银行跨行查询系统、绩效管理系统等八个系统数据。

（二）要素流动“全透明”

平台借助跨行查询系统以及区信息委数据交换平台，确保了数据获取的及时性和反映的实时性，并将各类数据整合形成数据仓库，不仅提供基本的查询功能，同时根据不同的统计特征，以图表的形式展示各类业务变化情况，较为全面、直观地反映在平台中，从而实现业务流和资金流的“全透明”。一是人员数据全面反映。平台可全面反映行政事业单位、国有（集体）企业、村级集体经济组织的人员信息，实现对区镇两级公务人员、参公人员、事业人员、国企人员以及村干部等人员的工资福利、编制人数变动等情况查询。二是资金变化实时反映。通过与各商业银行的数据交互，平台可实时反映资金的存量情况、流动情况、来源和去向情况，从而把各部门各单位的资金从

"口袋里"放到"台面上"。三是资产配置综合反映。平台可用直观的数字和饼状图的形式反映当前全区的资产情况，掌握国有（集体）企业及村级集体经济组织的固定资产、股权债券投资等总资产与应付账款、应付票据等总负债的比率等情况。四是项目进度动态反映。平台可动态反映一般项目、政府投资项目的基本情况、历年总预算、本年预算、项目合同批文、支付情况、项目预算执行率等信息，并对比资金拨付情况和项目进度等。五是债务增减清晰反映。平台通过设置科学的计算方法和统计口径，动态反映政府债务、政府或有债务、国有企业债务变化情况并进行预警，及时化解债务风险，防止新增隐性债务。

（三）动态监管"全过程"

平台突破了以往仅仅对账务数据进行监管的瓶颈，打造了资金监控的驾驶舱视图看板，从区镇两级财政金融、区镇两级行政事业单位、区镇两级国有（集体）企业、村级集体经济组织等四个板块入手，从而实现区、镇、村"三位一体"各类业务的"全过程"监管。一是动态掌握。通过数据分析模型，平台可动态计算资金沉淀、资产负债、收支情况等，并从数据采集向数据分析过渡，实行每日或每月动态更新并推送管理员及时掌握。二是实时监控。根据各类业务不同特征，平台围绕税收收入、非税收入、支出执行、政府投资项目、银行账户、存量资金、资产管理、绩效管理、政府采购、政策落实、债务等异样变动进行实时监控，通过数据动态比对进行捕捉风险，又根据风险程度智能划分成红色预警和黄色预警指标，帮助及时发现问题。三是预警反馈。平台从 16 个一级分类、68 个二级分类共设置

249个预警规则，部门单位运行过程中触发预警规则时，预警信息即刻推送至管理方及相关单位，让单位及时发现并纠正问题；让管理方可立即跟踪处理预警事项，提出改进建议、督办整改，并将处理结果通过终端反馈至平台，确保监控预警的落地见效。如某镇级授权支付日累计大额提现预警有7条预警信息，审核员经查看明细信息，可掌握到7笔大额现金提取均是发生在该镇社会事业服务中心，从用途中可看到分别是慰问费和退休职工住院慰问费。对该业务审批通过，社会事业服务中心从银行提取到了现金。四是推广应用。平台通过海量数据分析，可对财政收入、债务率等业务指标做前瞻性分析，提前揭示风险点，更有利于帮助单位堵塞管理漏洞、防范廉政风险，守住安全底线。

三、主要成效

通过全周期跟踪监管，平台有效帮助了财政部门提升统筹能力，帮助形成“一个池子蓄水，一个龙头出水”的管理模式，实现了服务发展“全统筹”，从而为区委、区政府谋划重大改革事项、实施重大支出政策提供重要支撑，为奉贤区跨越式发展提供有力后盾。

（一）收入统筹能力大幅提升

通过平台的运行，有力推动了各类资金、资产、资源更好统筹安排，形成了整合归集的“资金池”，及时化解了违规举债73.17亿元、偿还了历年债务121.94亿元，其中包括帮助镇、国企及时偿还2017年7月之后举借隐性债务47.79亿元。

（二）支出统筹能力大幅提升

通过平台运行，加快预算支出执行进度，及时纠偏执行缓慢、低效无效支出，推动支出结构不断优化，重点保障重大项目、民生工程等，为消除黑臭河道、改善道路交通和城市面貌、生态环境整治优化、城市功能提升、民生福祉增加提供有力支撑。

（三）管理统筹能力大幅提升

通过平台运行，推动全区收入调度组织管理、支出执行管理、预算绩效管理、资金资产管理、信息公开等各项管理考核和财政综合管理考核连续3年获全市财政综合管理工作考核第一名。

四、经验启示

（一）始终坚持从国家治理体系和治理能力现代化、进一步推动党风廉政建设的角度，高位推进政府性资金监管工作

政府性资金监管工作全局性、系统性、综合性强，关系到国家治理的方方面面。推进政府性资金监管改革要以习近平新时代中国特色社会主义思想为指导，坚决服从党中央和市委、市政府财政工作大局，立足于国家治理体系和治理能力现代化，由区委、区政府高位推动各项改革举措。政府性资金监管平台工作之所以能在短期内推进到位、取得成效，关键就在于区委、区政府的坚强领导和高度重视，使得资金监管平台从建设之初就站在了国家治理体系和治理能力现代化的高度，由区政府主要领导担任领导小组组长。在改革的推进过程

中，充分征求了区委、区政府及各部门的需求意见，综合各方意见后拟订建设方案，形成平台顶层设计。区财政局、区国资委、区农委等主管部门更是多方出力，齐聚同心，统筹了全区的信息资源，打破部门间的信息孤岛，推动资金监管平台建设。

（二）善于运用信息化手段，推动现代财政制度建立，助力财政治理能力提升

财政改革已经进入攻坚区和深水区，迫切需要运用信息化手段推动现代财政制度建立、助力财政治理能力提升，使信息化成为财政改革举措落地、管理模式创新发展、精准治理显著提升的重要保障和驱动力量。由于财政业务管理平台的建设在早期没有进行统一的规划，导致财政业务系统众多，彼此间系统数据也无法对接，严重地影响了政府性资金监管效率。因此，奉贤区通过建立政府性资金综合监管平台，快速准确地获取业务报警、可疑问题、检查数据等信息，使政府性资金监督工作从繁杂的手工检查和浩瀚的数据信息中解放出来，实现政府资金流转“可查询、可跟踪、可追溯”，健全集成化、智能化功能和预警、熔断机制，实现“事后监督”到“链式监督”、“单一监督”到“综合监督”的转变，保证政府性资金在阳光下运行，确保政府性资金安全规范使用，增强政府工作的透明度，有效提高政府执政水平和综合监管能力。

（三）加强创新人才、综合型人才的培养，提升财政部门依法理财能力

政府性资金监管工作涉及财政业务的方方面面，目前虽初步成型并开始显示巨大作用，但过程之艰辛，对各部门提出的需求，业务流

程处理进行反复技术论证、协商，实际开发结果离项目立项的目标还存在差距，需要进行完善、优化，相关人才的匮乏已经成为制约瓶颈因素。进一步深化推进政府性资金综合监管平台建设，迫切需要一批既深刻理解各项财政业务特点以及相互之间关系，具备良好的“上下内外”沟通能力、应急处理能力，又熟悉现代化信息技术和大数据知识的财政专业干部。我们要坚决贯彻落实《财政部关于加强财政系统人才队伍建设的意见》，加强创新人才、综合型人才的培养，加快信息工程、信息技术在财政业务中的应用，强化公共服务和创新能力。

【思考题】

1. 如何运用信息化手段，增强财政统筹管理能力？
2. 如何提升财政干部信息化工作水平，更好服务财政改革发展？

【附录】

奉贤区政府性资金综合监管平台“四大功能”“八大模块”简介

附录

奉贤区政府性资金综合监管平台“四大功能”“八大模块”简介

一、政府性资金综合监管平台“八大模块”（见图1）

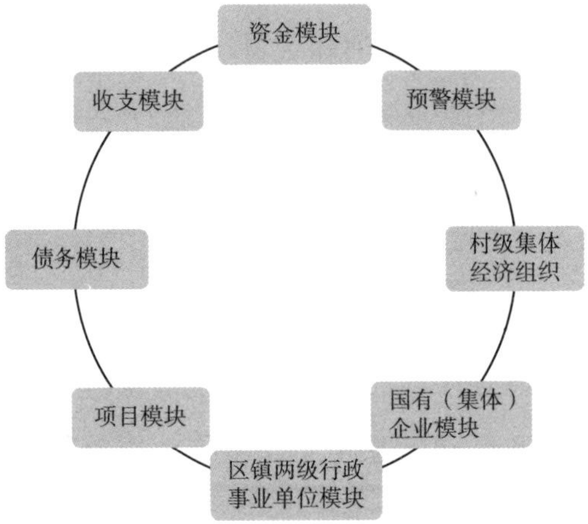

图1　“八大模块”示意

（一）资金模块

体现全区财政性资金银行账户、国有（集体）企业银行账户、村级集体经济组织银行账户存款流动明细、余额信息等。全区财政性资金银行账户存款信息模块，包括区、镇两级财政预算内账户、财政专户、区、镇两级预算单位各类账户，区属国有企业、集团公司、村级集体经济组织（包括各村委会和村经济合作社）等银行账户流动明细、余额信息。

（二）收支模块

体现一般公共预算、政府性基金预算、国有资本经营预算总收入和区级收支、上级补助收入、三本预算支出等财政预算收支信息等。

（三）债务模块

体现政府性债务、国有企业、村集体企业债务的类型、用途、金额、期限等，监控债务整体规模、增减变化、债务余额等明细信息。

（四）项目模块

体现政府投资项目基本情况，包括项目的名称、建设单位、类型、立项金额，该项目的实施计划、施工进度。年度预算安排及使用资金拨付情况，实现对政府性投资项目进行监管。

（五）区镇两级行政事业单位模块

体现行政事业单位银行账户存款余额、三本预算支出执行情况、公务卡和现金使用情况、资产配置情况、财政供养人员信息等。可查询区本级和镇级各单位银行账户余额情况、某个账户的详细信息、账户余额的变动情况。通过对全区财政支出预算执行率与时间的对比，自动预警提醒。还可查询单位公务卡强制结算目录执行率、公务卡考核、现金使用率的详细数据。查询全区的资产情况、财政供养人员信息、支出预警监控等。

（六）国有（集体）企业模块

体现企业资产总额、负债总额、所有者权益总额、营业总收入、净利润、缴纳税金；盈利能力指标、资产质量指标、债务风险指标、经营增长指标；国企人员、企业薪酬、管理人员情况信息等。

（七）村级集体经济组织

体现村级集体经济组织总资产、总负债、负债率、货币资金总额、村级收入情况、支出情况、固定资产、村干部薪酬、农村土地承包经营权委托流转情况、规范流转目标任务完成率信息等。

（八）预警模块

资金监管平台通过整合全区财政资金收支状况、债务变化、重大项目进度、供养人员情况及国有村级等信息，按时间节点、资金流速流向等以按天预警、按天监控、按月监控三种监控方式进行监管。

二、政府性资金综合监管平台“四大功能”（见图2）

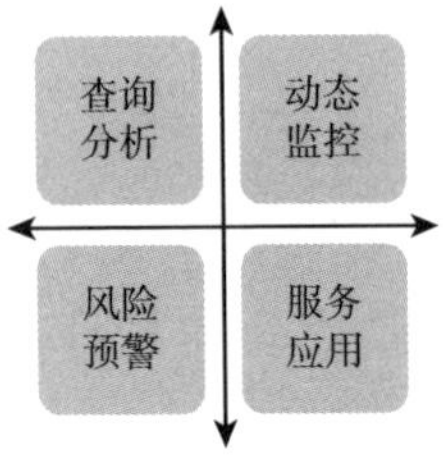

图2 “四大功能”示意

（一）查询分析功能

增强平台计算和分析功能，通过专门授权，实现对一般公共预算、政府性基金预算、国有资本经营预算三本预算收支情况的查询，实现对区镇两级公务人员、参公人员、事业人员及其他由区镇财政负担工资福利的工作人员情况查询。通过完善线上分析和线下分析相结合的工作机制，将线上分析为线下分析作数据和技术支撑，将线上的定量分析和线下的定性分析结合起来，定期形成综合和专项分析报告，为区委、区政府及其领导提供决策参考。

（二）动态监控功能

通过建立数据分析模型，可动态计算资金沉淀、资产负债、收支情况等，并从数据采集向数据分析过渡，在逐步磨合、优化、升级的基础上，实现收入支出、公务卡和现金管理、债务管理等智能化监控，实现对区镇两级财政及其行政事业单位专用存款账户、基本建设账户、工会账户、食堂账户等账户的存款余额监控，实行每日动态更新；实现对企业存款、应收账款、固定资产、股权债券投资等总资产，与应付账款、应付票据等总负债的比率情况的监控；实现对总资产周转率、流动资产周转率、应收账款周转率等反映资金流转速度情况的动态监控。

（三）风险预警功能

根据财政部、市财政局等部门对于预算管理、资金管理等方面的政策规定和要求，按照政府性资金综合监管平台的模块内容，结合奉贤财政改革创新的实际，设定预警监控事项。通过系统的预警功能，结合设定的指标要求，实现对问题的自动捕捉，及时发现问题并按程序处理问题，提高系统的监督效率和效能。预警规则分成黄色预警和红色预警两部分。主要监控内容包括：对于收入增长低于预期的、支出进度低于预期的、项目执行进度低于预期的、超目录现金支取的、资产出租价格和期限偏离市场的、银行账户存量余额较大且一个月无流水记录的、“三公”经费超预算的、预算单位之间拨款的、同名转账的、收款人可疑的、大额授权支付的、供养人员和编办名单不一致的等情况进行预警。

（四）服务应用功能

通过对平台的应用，为区委、区政府谋划重大改革事项、实施重大支出政策、强化政府内部管理提供重要数据支撑和决策参考；为区人大、区政协依法开展法治监督和民主监督，推进地方人大预算联网监督提供必要的技术支撑和数据保障；为落实国家重大政策措施督查、财政改革和发展重要事项和重点工作任务督查提供重要依据；为严肃部门财经纪律，严守廉政底线提供监督检查载体；为促进部门重点建设任务的推进，转变政府和干部的工作作风，提升执行力，提供督促检查的平台。

筑牢制度根基　强化技术支撑

——河南财政构建扶贫资金动态监管

【引言】 习近平总书记《在打好精准脱贫攻坚战座谈会上的讲话》中指出："在资金使用管理方面，一些地方虚报冒领、贪占挪用扶贫资金等问题时有发生，主要发生在乡村两级。一些地方扶贫项目规划不科学不合理，资金闲置浪费。一些地方资金使用不公开不透明，群众不知晓、难监督。扶贫领域的'苍蝇式'腐败，虽然可能单个案件金额不大，但危害不可小视。'蚁穴虽小溃大堤，蝗虫多了吞沃野。'如果任由这些行为滋生蔓延，积少成多，不仅会使脱贫成效大打折扣，而且将严重损害党和政府在群众心目中的形象。""扶贫资金量大、面广、点多、线长，监管难度大，社会各方面关注高。要强化监管，做到阳光扶贫、廉洁扶贫。"①

【摘要】 扶贫资金是贫困群众的"救命钱"，一分一厘都不能乱

---

① 习近平：《在打好精准脱贫攻坚战座谈会上的讲话》，载于《求是》2020 年第 9 期。

花，更容不得动手脚、玩猫腻。近年来，各级投入财政扶贫资金规模不断扩大，资金来源渠道不断增加，给财政扶贫资金监管提出了新的挑战。如何有效实现扶贫资金监管，成为摆在财政部门面前的重要课题。2017 年，按照河南省委、省政府“扶贫资金一笔一笔审核”和“扶贫资金使用管理零差错”的要求，河南省财政厅探索建立“制度＋技术”模式，在建立健全资金监管制度体系基础上，充分利用信息技术支撑，在全国率先建成扶贫资金动态监控系统，对省市县乡四级财政扶贫资金实行全流程、全覆盖的精准监控、智慧监控、数字监控，实现了扶贫资金的在线精准高效监管。

【关键词】“制度＋技术”模式　扶贫资金　动态监管

一、背景情况

党的十八大以来，党中央把脱贫攻坚摆在治国理政的突出位置，把脱贫攻坚作为全面建成小康社会的底线任务，把脱贫攻坚纳入“五位一体”总体布局、“四个全面”战略布局，坚持党中央对脱贫攻坚的集中统一领导，统筹谋划，强力推进。脱贫攻坚的目标就是要做到“两个确保”：确保现行标准下的农村贫困人口全部脱贫，消除绝对贫困；确保贫困县全部摘帽，解决区域性整体贫困。脱贫攻坚，资金投入是保障。如何更好发挥资金使用效益，如何把扶贫资金管好用好成为摆在财政部门面前的一道难题。

从河南省实际情况看，一方面，资金规模呈几何倍数增长，传统的监管方式与监管任务不匹配，监管难度加大。打响脱贫攻坚战以来，河南省各级政府把支持脱贫攻坚作为财政工作的头等大事和第一民生工程，发挥政府投入在脱贫攻坚中的主体和主导作用，切实加大财政投入力度，尤其是贫困县统筹整合政策实施以后，财政扶贫资金投入规模较以往有较大增长。据统计，2016 年河南省投入财政扶贫资金 190.5 亿元，是 2015 年全省财政专项扶贫资金投入 41.3 亿元的 4.6 倍。加之省级监管人员偏少，扶贫资金监管的任务与传统的监管模式不匹配的矛盾日益突出。另一方面，管理方式简单、粗放，扶贫资金管理现状不容乐观。从中央对河南省 2016 年扶贫开发工作成效考核反馈问题看，河南省扶贫资金管理问题多发，一些地方在扶贫资金管理上存在违规使用、套取骗取、资金滞留等问题。2016 年扶贫审计发现，29 个县由于扶贫项目前期论证不充分，安排不精准，项目未及时调整，造成 2013 年及以前安排的 4888.5 万元的资金滞留，严重影响了脱贫攻坚实效。扶贫资金的使用需要经历立项、评审、概算、实施、支付、审计等环节，每个环节都存在潜在的资金管理隐患。如何理顺资金和项目的关系，如何落实好资金监管的“省负总责”，如何实现跨部门、跨行业监管的联动，提升扶贫资金使用效益，对财政部门来说压力更为巨大，考验更为严峻。

二、主要做法

为贯彻落实河南省委、省政府提出的“资金一笔一笔审核”要求，河南省财政厅坚持“除病症、挖病根、促改革、重长效”的问题整改原则，探索建立“制度 + 技术”模式，在持续健全制度体系基础上，建成河南省扶贫资金动态监控系统，对扶贫资金实施精准监控、智慧监控、数字监控，实现扶贫资金与扶贫项目一一匹配，项目实施进度与资金支付进度一一匹配，为“扶贫资金使用零差错”保驾护航。

（一）刨根问底全流程梳理扶贫资金问题症结

认真落实精准理念，结合考核反馈的有关问题，河南省财政厅组织专门力量实地选择农村道路、安全饮水、整村推进、桥梁建设等不同类别的5个项目，采用解剖麻雀的方式，逐环节分析项目进度流程，查找问题产生的根本原因。资金支出进度是预算下达、项目确定、方案制定、投资评审、招投标、项目建设、竣工验收等进度的综合反映，任何环节出现问题，都将延迟资金支出进度。从这些项目实施运作情况看，财政扶贫资金从收到预算至竣工结算一般要经过若干个环节，每一个环节的进展情况都直接决定着支出进度、支出效率和支出效益。

从典型案例剖析来看，影响资金支出进度和使用效益的主要有：一是项目前期准备不充分。项目库建设不完善，项目库质量不高，资金到位后不能及时对接到项目，“资金等项目”问题突出。有的项目库建设不到位，对项目统筹谋划不足，缺少项目储备；有的虽然形式上建立了项目库，但仅仅是列出了项目清单，勘察设计、项目论证等前期工作都没有开展，资金下达后需要重新起步。很多套取骗取、违规使用的根源也在项目本身。二是项目组织实施进度慢。招投标环节多、用时长，个别地方甚至层层加码人为压低限额标准，一些投资规模较小的项目也要求公开招标。项目实施过程监管不到位，项目实施进度慢，竣工验收不规范、不及时。三是项目资金报账周期长。工程项目报账不及时，竣工决算审核程序复杂，资金报账运转环节多；合同管理不到位，没有按照合同约定的30%支付预付款，对施工单位卡得太紧，该支付的资金没有按时支付。四是协调机制不健全。相关部门职责不清、衔接不畅，扶贫项目和资金管理不精细，办理时限不具体，缺乏统一的协调机制和规范的操作流程。

（二）筑牢制度根基，搭建扶贫资金管理“四梁八柱”

1. 聚焦项目库建设，夯实资金管理基础

项目库建设的质量和时效是影响扶贫项目实施进度和资金支出进度的关键因素。为解决好项目库建设问题，结合调研情况围绕项目库建设实施各环节，研究制定了《关于加强扶贫项目管理提高扶贫资金使用效益的意见》，要求县级建立统一完善的县级项目库管理制度，细化各项工作办理时间节点和工作任务标准，要按照脱贫攻坚规划和年度脱贫攻坚任务，提前做好下一年度扶贫项目的谋划准备工作，对申报入库的扶贫项目，按照项目类别组织相关部门和专家进行集中评审论证，依照评审标准严把项目评审论证关，确保项目可以随时开工建设。同时优化项目实施环节管理，建立项目管理的统筹协调机制，对项目投资评审、招标投标、项目监理、工程验收、竣工决算等环节，按照时间进度能够同步开展相关工作的，尽量统一或集中办理，积极探索委托第三方参与开展评审、验收、决算审核等机制，有效解决排队等候的问题。在公共资源交易中心开辟脱贫攻坚项目“绿色通道”，提高脱贫攻坚项目招投标效率。

2. 紧盯关键环节，健全资金监管机制

聚焦资金分配、使用、监管等关键环节，出台《河南省扶贫资金管理办法》《河南省财政专项扶贫资金管理办法》《关于加强扶贫资金监管的意见》，瞄准扶贫资金预算投入、资金分配、统筹整合、项目立项储备、项目实施、资金支付、绩效评价等关键环节，明确扶贫资金监管范围，完善监督措施，界定监管责任，实施责任追究，建立了贯穿扶贫资金使用管理全过程的资金监管体系，构建从预算安排到绩效考评全链条、全覆盖资金监管机制，推动扶贫资金管理制度化、常态化、长效化，使扶贫资金分配、拨付、使用、报账、监督等各个环节有规可依。

3. 强化基础业务管理，统一操作规范

为解决预算编制技术支持能力不足、预算基础操作不规范、财政资金监控覆盖面不够、信息系统应用推广不力等制约扶贫资金规范管理的因素，制定《关于进一步加强财政预算基础管理工作的通知》，统一业务系统、统一操作流程、统一数据标准，规范预算指标管理、规范预算执行管理、规范财政资金监控管理，为建设财政扶贫资金动态监控夯实管理基础。制定印发《财政扶贫资金管理操作手册》，从扶贫资金预算编制细化、统筹整合资金管理、扶贫资金指标接收、扶贫资金账户与支付管理、扶贫项目评审及采购、扶贫项目资金公告公示等6个方面全面规范扶贫资金管理，进一步完善了扶贫项目资金制度体系，为“制度+技术”模式的建立奠定坚实基础。

（三）强化技术支撑，构建扶贫资金动态监控系统

2017年4月底，河南省扶贫资金动态监控系统建设正式启动，5月底顺利完成开发建设。运用云计算、大数据等新一代信息技术，依托全省财政业务专网，汇聚全省预算执行、财政专户资金管理和“一

卡通”等财政业务应用系统中财政扶贫资金分配审核拨付的全业务流程数据，深度融合内外部数据，建设了全省扶贫资金动态监控系统，实现对省市县乡四级扶贫资金的分配、下达及支付全流程监控和风险监控。

系统按照全省统一建设模式，依托省政务专有云平台实行全省集中部署，分级分区域定制系统权限和监控内容，各市县可以对本行政区范围内扶贫资金进行实时监控。系统主要功能包括总体概览、流程追溯、易地扶贫搬迁、风险监控、扶贫项目情况、分类汇总统计和智能检索等。

系统主要功能可概括为“一个平台、两路数据、三层定制、四级覆盖、六类预警”。

一个平台，基于省政务专有云平台建设运行。按照《河南省加快推进“互联网＋政务服务”工作方案》要求推进系统建设，建设之初即确定依托政务专有云平台部署思路，建设过程与平台运营公司加强技术沟通，建成后第一时间在政务专有云平台上线运行。

两路数据，汇集财政资金数据和外部企业个人信用数据。汇集、整理和展示财政内外“两路数据”，财政内部，包括预算执行、财政专户管理和“一卡通”等系统中全省财政扶贫资金审批拨付的全业务流程数据；财政外部，包括扶贫、工商、住建、税务等其他职能部门提供的企业和个人信用信息相关数据，运用大数据技术实现信息共享、深度挖掘、增值利用。

三层定制，为省市县用户分别定制系统权限和监控内容。省级和市、县级分区域所有用户分别共享一个账户，省级用户权限和内容覆盖全省，市级用户权限和内容覆盖直管县以外所属县（市、区），县级用户权限和内容为本县（市、区）。

四级覆盖，覆盖省市县乡四级全部财政扶贫资金。通过表格、图形等方式，实现每个单位、每笔资金、每个流程、每个环节逐条逐项追踪式监控分析。

六类预警，聚焦资金管理使用全流程六个关键环节设置预警规则。从指标接收、资金分配、拨付进度、资金使用、账户管理、收款企业及受益贫困户等6个方面设置44条预警规则，对全省扶贫项目资金使用实时预警纠偏，切实保障了扶贫资金的安全。如某县曹某2017年申请到户增收项目8000元，但系统预警显示曹某2016年有缴纳房屋契税记录，经县级扶贫部门再次核实，将8000元补贴资金追回，并按程序将曹某标注“稳定脱贫（不再享受政策）”名单。

三、主要成效

通过健全制度体系，扶贫资金动态监控系统实现了从“建起来”到“用起来”再到“有实效”的嬗变，财政扶贫资金监管效率和监管手段进一步优化，扶贫资金使用效益进一步提升，河南省财政扶贫资金绩效评价连续5年被财政部、国务院扶贫办评为优秀等次。2018年4月，财政部在河南省召开扶贫资金动态监控现场会，推广河南省经验做法，并在此基础上开发建设了全国扶贫资金动态监控平台。

（一）实现扶贫资金运行全流程追踪

动态监控系统实现扶贫资金从预算安排分配，到最终完成支付的全流程逐环节链条式追踪。流程追溯按照分地区、分处室、分部门、涉人补贴、专户资金、涉企资金、多维追溯等角度对省市县扶贫资金安排下达及支付进行全流程追溯，可以追溯到最终收款企业和个人。对于每一笔资金，系统均可实时获取上级分配文号、时间以及本级接收时间、下达下级文号、时间和分配去向；实时呈现支付的付款单位、账号、时间、支付用途以及收款人、收款账号等具体信息。资金走到哪个环节，有没有进行下一个环节的操作，系统都有明显标识。

（二）构建了扶贫资金多维度多视角监控模式

在全流程追踪的基础上，系统可以提供分地区、分部门及分财政内部业务机构三种追踪监控模式。分地区模式可以通览扶贫资金在辖区内市县分配下达和形成支付的总体进展情况；分部门模式可以实时反映资金主管部门预算安排下达总体进度情况；分财政内部业务机构模式可以提供归口资金分配后在市县执行整体情况，三种监控模式为实时督促相关地区和相关部门加快资金项目工作节奏提供参考依据。

（三）智能搜索提高了在线监控效率

针对扶贫资金由省级下达到最终支出的信息量呈几何级增长现实问题，动态监控系统建立了智能搜索模块，利用指标文号、项目名称等关键字，对全省扶贫资金数据进行数据查询与展示。系统通过表格、图形等方式，以可视化、便捷化、精准化的方式，对全省扶贫资金管理使用有关的每个单位、每笔资金、每个流程、每个环节逐条逐项追踪式在线监控分析，通过任意字符的全文搜索，管理人员可以从海量的数据中快速定位资金安排使用的相关信息，最大程度提高监控效率。

（四）实现了资金安排使用自动更新和动态预警

动态监控系统实时展示全省财政扶贫资金总规模，分层级展示省市县三级扶贫专项资金和可统筹资金构成情况，自动汇总更新省辖市（含济源示范区）、直管县（市）及53个贫困县资金安排使用变化情况，实时呈现资金分配和支付进度。实时展示扶贫资金安排使用进度、资金使用不规范行为、资金收款账户管理等风险监控预警，对扶贫资金进行展示，并建立市县扶贫资金接收进度、分配进度、支付进度、账户、企业及个人风险预警等风险历史台账，为加强资金管理、开展督促检查和扶贫资金管理绩效考核提供参考依据。

（五）扶贫项目实施和资金拨付进度明显加快

在扶贫项目资金对接时由财政部门在预算执行系统中录入项目明细信息及资金使用信息，实现全省扶贫项目与扶贫资金匹配，资金支付进度与项目进度相匹配。利用扶贫项目实施和资金支出动态监控，通过图表形式简明扼要反映项目实施的进展情况，充分发挥监控系统在扶贫项目实施和资金管理中的问题预警、工作推进导向作用，督促各市县扶贫项目早谋划、早实施、早见效，河南省财政专项扶贫资金支出进度逐年提高，资金使用成效进一步提升。

（六）切实有效减轻基层负担

落实“基层减负年”要求，从源头和制度上下功夫，扶贫资金动态监控系统展示的支出数据与预算综合管理系统业务数据实时衔接，数据自动提取机制的建立，倒逼市县使用相关财政扶贫信息系统办理业务，严格按照操作手册规范扶贫业务管理，切实提高了扶贫资金监管水平，同时让信息技术替代人员“跑路”，基层财政部门只需要在预算综合管理系统中规范操作，不需要线下进行数据统计分析，避免了人为错误的发生，既提升了数据质量和扶贫资金监管效率，又大大减轻了基层“填表报数”的负担。

（七）常态化联动监管机制进一步健全

落实“省负总责、市县抓落实”工作机制，通过扶贫资金支出情况动态监控，有效减轻省级监控负担，在新冠肺炎疫情防控期间发挥了重要作用。省级利用扶贫资金动态监控系统，实时掌握市县扶贫资金安排使用情况，有针对性开展跟踪督促；省辖市根据所辖县（区）扶贫资金使用情况，强化点对点日常调度指导，实现省市县三级扶贫资金使用联动监管，“督”的方式得到改进，“战”的实效进一步提升。

四、经验启示

为建立扶贫资金监管长效机制，切实提高扶贫资金使用效益，河南省财政厅在扶贫资金动态监控方面进行了积极探索，用制度规范管理，用技术助力监管，实现了扶贫资金监管全覆盖，取得了初步成效。主要得益于以下几方面。

（一）领导重视是关键

河南省委、省政府为切实强化扶贫项目资金常态化监管机制建设，高度重视扶贫资金动态监控工作，多次强调要求加强扶贫资金监管。领导高度重视、高位推动，为扶贫资金动态监控系统的建设运营提供了有力保障。时任省委书记谢伏瞻同志作出重要批示：省财政厅要有专门处室随时跟踪核查扶贫资金使用状况，提高扶贫资金拨付的及时性、使用的合规性、有效性，确保脱贫资金用在刀刃上；时任省长陈润儿同志指出：财政扶贫资金管理是每年考核验收的重点，务必监控落实到位；时任常务副省长翁杰明同志明确提出：河南省财政厅要建设贯穿省市县乡的扶贫资金管理信息化系统，将扶贫的每一个项目、每一笔资金、每一个环节都纳入监控范围。按照省委、省政府领导指示精神，河南省财政厅围绕"资金一笔一笔审核"有关要求，先后 14 次召开厅党组会议、厅长办公会、厅领导专题会议，研究部署加强扶贫资金监管和动态监控系统建设相关工作，按照先易后难、简单实用、注重时效的原则，制定扶贫资金监控系统实施方案，倒排工期和时间表推进扶贫资金动态监控系统建设，确保按时按质完成工作任务，力争尽早实现财政资金监控全覆盖，推进动态监管工作常态化、制度化。

（二）协作联动是保障

在动态监控系统建设过程中，全省各级财政部门上下联动，齐心协力，攻坚克难。一是印发《财政扶贫资金动态监控系统建设工作方案》，成立了扶贫资金动态监控系统建设领导小组，明确系统建设目标、工作措施和重点任务，建立扶贫资金动态监控协调推进机制，明确责任分工，形成工作合力。二是改造升级全省预算执行和"一卡通"系统，扩展扶贫资金管理功能。在预算执行系统中增加扶贫资金标识功能，完善上下级指标贯通及关联勾对功能，在“一卡通”系统中增加“一卡通”项目指标文号、资金管理部门，为扶贫资金上下级监管及流程追溯提供了坚实基础。三是实施数据异地备份。下发文件，将全省218个市县区的预算管理、预算执行、工资统发及非税收入管理等财政核心应用系统数据异地备份至省级，为监控系统建设提供了数据基础。四是加强扶贫资金数据核对，农业处、预算局、预算执行局会同相关部门预算管理处多次组织对系统中扶贫资金数据进行核对，及时处理异常数据，调整优化监控规则，确保系统数据的完整性和准确性。

（三）强化应用是根本

在完善动态监控系统的基础上，以此为突破，河南省加快拓展、提升效率，切实延长系统生命周期，积极推进财政经济大数据建设，构建财政收支在线监管平台，更好服务财政管理和领导决策。一是将动态监控系统应用于扶贫资金绩效评价。对于监控系统预警发现疑似风险问题，在组织市县财政部门落实处理基础上，将其纳入扶贫资金绩效评价工作内容，督促市县举一反三抓好落实，统筹做好本地区扶贫资金项目管理工作。二是将动态监控系统升级为财政收支在线监管平台。在动态监控系统不断优化、深化应用基础上，加快建设财政经济大数据项目，为动态监控系统提供更强大的数据和资料存储、融合及处理支撑，并逐步扩大纳入监控的资金范围，对涉及社保、保障房等民生和重大项目的重点资金数据信息开展在线监管，进而构建覆盖全部财政支出的在线监管平台，实现对财政支出预算安排、指标分配和拨付使用全流程的在线监控，进一步促进财政资金规范使用，更好服务于党委、政府和财政部门加强财政资金管理决策。三是进一步加大部门间数据共享力度。建立财政与公安、人社、卫生健康、民政、发改、交通等部门和单位数据自动交换机制，为建设财政支出监管在线平台提供数据基础，从而进一步发现资金管理使用风险，不断提升资金管理水平。四是推广运用动态监控机制原理。将财政支出领域在线监控理念推广运用到综合治税工作，进一步细化任务要求，明确各部门综合治税相关数据采集和输出责任，构建跨部门联动机制，复制动态监控系统建设成功经验，运用大数据技术对涉税信息进行深度挖掘，查找税收治理薄弱点，促进财政有效增收，实现综合治税工作重点突破，进而构建河南省财政经济大数据管理应用体系，运用技术手段为省级层面加强财政经济管理提供保障。

【思考题】

1. 新形势下如何破解预算项目管理不到位对财政资金管理的不利影响，提高资金使用效益?

2. 在全面实施预算绩效管理的大背景下，如何发挥财政部门的日常绩效监管作用?

运用大数据思维　健全财政资金监管体系

——云南财政大数据应用系统建设实践探索

【引言】2017 年，习近平总书记在中共中央政治局第二次集体学习时强调，要应用大数据提升国家治理现代化水平，要建立健全大数据辅助科学决策和社会治理的机制，推进政府管理和社会治理模式创新，实现政府决策科学化、社会治理精准化、公共服务高效化。[①] 党的十九届四中全会对坚持和完善中国特色社会主义制度、推进国家治理体系和治理能力现代化做出了全面部署，提出了一系列具有创新性的理念思路和工作举措，也对财政改革发展作出了部署。习近平总书记在 2020 年 1 月考察云南时强调，云南要认真学习领会和贯彻落实党的十九届四中全会精神，确保支撑中国特色社会主义制度的根本制度、基本制度、重要制度在云南得到坚决贯彻落实。[②]

---

① 《习近平：审时度势精心谋划超前布局力争主动实施国家大数据战略加快建设数字中国》，载于《人民日报》2017 年 12 月 10 日第 1 版。

② 《习近平春节前夕赴云南看望慰问各族干部群众》，载于《人民日报》2020 年 1 月 22 日第 1 版。

【摘要】财政是国家治理的基础和重要支柱，财税体制在国家治理中发挥着基础性、引领性、保障性作用。建立现代财政制度，需要以先进的信息技术作为支撑。推进财政大数据建设，是推动建立现代财政制度的有力抓手，是助力财政治理能力提升的重要手段，是更好发挥财政在国家治理中的基础和重要支柱作用的重要支撑。近年来，云南省财政厅认真贯彻落实党中央、国务院及财政部党组决策部署，统筹制度改革和制度运行，运用系统化思维和信息化手段，积极探索财政大数据应用系统建设，建立健全规范、安全、高效的财政管理制度执行机制，实现对中央转移支付以及省、市、县、乡四级所有财政资金以项目为单元进行全生命周期追踪分析，为规范预算管理、提升资金绩效、加强财政监督、促进公开透明提供基础保障，从而更好地发挥财政在国家治理中的基础和重要支柱作用，加快推进国家治理体系与治理能力现代化。

【关键词】大数据　财政资金监管　国家治理现代化

一、背景情况

党的十八大以来，党中央、国务院对加快建立现代财政制度提出了新的更高要求。结合贯彻落实国家大数据战略部署，有效支撑建立现代财政制度，助力提升财政治理能力，财政部出台了《财政信息化建设总体方案》，将财政信息化建设全面渗透到财政管理的每一个角落。对标《财政信息化建设总体方案》和财政部要求，云南省财政信息化建设对推动财政在国家治理现代化中发挥作用方面还存在一定差距。从纵向上看，各级预算管理规则不统一、业务管理系统不贯通，上下级预算存在脱节，财政部门难以全面准确及时了解本地区各级次、各领域的预算管理情况，预算管理透明度不高；从横向上看，政府预算和部门预算、单位预算之间缺乏有效衔接控制，预算单位财务核算系统相对分散、五花八门，形成数据“孤岛”，财务核算成本较高，同时数据难以有效整合和利用，预算对部门和单位支出的约束机制有待完善。

二、主要做法

云南省财政厅坚持目标导向和问题导向，以加快建立现代财政制度、提升财政治理能力为目标，按照“全省一盘棋，一张蓝图干到底”的总体思路，因势利导，统筹谋划，精准施策，在财政部的统一部署和大力支持下，积极稳妥推进财政信息化建设，应用先进信息技术，建立财政资金高效支付机制，构建财政资金使用全过程监管体系，织牢财政资金管理“安全网”，为积极发挥财政在国家治理现代化中的基础作用提供坚实保障。

（一）以国库集中支付电子化管理为手段，实现财政效能提升与社会治理创新双推进

根据财政部统一部署，云南省于2014年实施国库集中支付电子化管理改革，历时4年在省市县乡四级建立覆盖全业务类型的国库集中支付电子化管理体系，通过先进信息技术打通各部门信息交换渠道，打破地域和时间限制，取消纸质凭证和单据流转，实现财政资金电子化支付及清算，从根本上解决了基层普遍存在的金融网点不足、支付时间延迟、资金清算不畅、运行效率偏低等现实困难。

一是统一标准整体推进，确保业务规范办理。以先进的电子化理念重塑业务管理模式，对改革前纸单支付的业务审核流程、凭证管理内容和印鉴管理方式等进行调整优化，简化审核环节，代之以自动化审核、自动化对账、自动化报表、自动化监测，制定全省统一的改革标准方案，建立全省统一的跨财政部门、人民银行、代理银行、预算单位的国库集中支付电子化的标准化体系，确保业务标准、技术标准、管理标准在全省各级各部门推广和执行过程中不走样、不变形。

二是建章立制防控风险，保障财政资金安全。遵循电子化条件下的新型信任体系，对财政资金支付的关键环节和风险点进行梳理，建立国库集中支付电子印章、电子凭证库、电子化管理应急预案等内控体系，并将制度机制和权限控制牢牢固化到信息系统的业务流程中，杜绝人为干预，形成“环环相扣、互相牵制、有始有终”的链条式内控机制。同时，利用电子化手段，将原来主要依靠“大红印章”的单环节安全的人为控制，扩展为几道电子化“安全锁”共同作用的立体“防护网”，保证未经授权的用户“进不来、看不到、改不了”，经过授权的用户“丢不了、拿不走、赖不掉”，构建起不能腐、无法腐的风险防控机制。

三是信息通达高效运转，提升行政运行效能。针对基层信息系统分散、网络基础薄弱、技术力量不足、专业人才短缺等突出问题，云南省财政厅坚持“全省一盘棋”的总体思路，采用省级集中部署模式，实现与人民银行、代理银行业务系统通过省级网络出口统一联通交互，并以统一的电子凭证库为枢纽，建立起上下级财政之间以及同级财政部门、预算单位、人民银行、代理银行间的信息系统自动衔接机制，构建起各方各业务系统之间信息交换的高速通道。国库集中支付电子化管理让财政资金搭上安全高效的现代化“高铁”，预算单位支付一次财政资金的平均时间由原来的 4 小时缩短为 20 分钟，各级财政、人民银行和代理银行审核办理财政资金支付业务平均时间节约 70% 以上，经济效益和社会效益极为明显。

四是集约管理提高效率，拓展公共服务能力。通过电子化支付实现人员和业务的集约化管理，国库集中支付各业务方经办人员可以处理更多、更明细的支付数据，切实改善财政公共支出服务，为民生支出、涉农补贴、扶贫资金、社保补助等资金直达个人账户提供了技术和管理保障。对于云南时常发生自然灾害的特殊情况，还可通过开辟 24 小时绿色支付通道将中央和省级财政补助资金迅速拨付灾区，及时、有效发挥财政对公共服务供给现代化的支撑作用。

五是数据聚合打破“孤岛”，推动社会治理创新。国库集中支付电子化成功建立跨财政部门、预算单位、人民银行、代理银行等部门间的信息衔接机制，解决了因各自为政形成信息“孤岛”，导致业务数据量缺失、垃圾数据难以清洗等制约“大数据”运用的瓶颈问题。通过标准化体系建设，把割裂的信息“孤岛”整合为统一的整体，使业务流、资金流与信息流同步运转，形成了覆盖全省、统筹利用、统一接入的天然的“预算执行数据中心”，实现财政国库数据信息的标准统一和归集汇总，提高数据收集的效率，提升数据分析利用水平，逐步满足预算联网监督、扶贫资金监管、直达资金监控等“大数据”对接需要，为宏观经济政策制定、市场经济运行提供可靠的数据支撑，有效促进财政公共服务和社会治理跃上新的台阶。

（二）以预算管理一体化建设为基础，实现各级预算管理在纵向上全面贯通

2019 年，财政部党组在总结历次预算制度改革经验基础上，决定推进预算管理一体化建设，以系统化思维和信息化手段推进预算管理工作，为深化预算制度改革提供基础性保障。云南省作为首批预算管理一体化改革试点省份，严格遵循财政部统一的业务规范和技术标准，对标开展预算管理一体化建设和改造，积极构建现代信息技术条件下“制度 + 技术”的管理机制。

一是预算管理以项目为基本单元，实行项目全生命周期管理。坚持“先有项目再安排预算”原则，严格对标升级改造项目库，通过整合现有基本支出和项目支出管理模式，重构项目库管理流程，将全部预算支出以预算项目的形式纳入项目库，按照前期谋划、项目储备、预算编制、项目实施、项目终止等环节，全流程动态记录和反映项目信息变化情况。以项目库为核心，横向上，打通预算编制、预算执行、会计核算等业务环节，实现“无项目不预算、无预算不拨款”；纵向上，贯通上下级财政预算管理，实现上级资金从分配、下达到使用的全链条业务环节“顺向可追踪，逆向可追溯”。项目库建设实现了预算和绩效管理的有机融合，项目库实时记录和动态反映预算管理全流程以及项目实施的业务活动信息，为提高预算编制的科学化精细化水平、开展中期财政规划、编制三年滚动预算、全面实施预算绩效管理等奠定坚实基础。

二是强化预算管理的衔接控制，切实增强预算统筹和控制力度。预算管理一体化通过创新完善对部门和单位非财政拨款资金和存量资金资产的管理机制，加强对各类公共资源的统筹管理和盘活使用。通过建立健全项目全生命周期管理机制和预算指标账管理机制，全面规范预算

管理，切实硬化预算约束。通过强化预算管理在各层级、各主体、各业务环节的衔接控制，实现各级政府预算资源和预算执行情况的动态反映，以及对承载党中央、国务院重大决策部署的转移支付资金跟踪问效。

三是提高预算资金支付效率，强化部门和单位的预算执行主体地位。预算管理一体化系统实现国库集中支付、财政专户、单位账户等全业务电子化管理，简化整合了资金支付流程，构建了安全、高效的资金支付机制。一体化系统明确资金退回、支付更正等由预算单位发起的逆向业务流程，形成资金拨付单位、单位退回财政的完整业务闭环，有利于对预算执行的动态反映和有效控制。系统增加执行监控、单位资金管理、账户管理的主管部门审核环节，有效强化预算单位和主管部门的主体责任和执行地位，促使预算单位和主管部门进一步加强预算执行内控管理，对项目活动的真实性、预算执行过程依法合规性负责。

四是加强预算会计监督控制能力，提高会计信息质量。预算管理一体化系统建立预算指标会计核算体系，采用会计复式记账法记录和反映预算批复、预算调整调剂、预算执行等业务环节的指标来源、去向和使用情况，强化预算指标对支出的控制。单位会计核算也集中到一体化系统进行，进一步提高了会计核算、决算和财务报告编制的规范性和自动化水平，减少了会计人员的工作量，并保证了会计核算、决算和财务报告信息的真实性、完整性、规范性。

（三）以政府会计核算管理改革为支撑，实现财政与预算单位在横向上全面联通

为贯彻落实预算管理一体化改革部署和要求，云南省于 2019 年 10 月正式启动政府会计核算管理改革，出台了《云南省推进政府会计核算管理改革实施方案》，在全省各级预算单位部署统一的政府会

计核算系统。2020 年 4 月底，除高校和医院等特殊行业外，省本级、16 个州（市）、129 个县（市、区）共 22156 家预算单位全部完成会计核算系统上线工作，全面贯通了上下级财政之间、财政与预算单位之间的财务核算数据通道，打通了预算管理一体化的“最后一公里”。

一是统一核算系统，规范单位会计核算行为。在财务管理权、会计核算权、资金使用权不变的前提下，通过信息化手段将全省各级各部门的会计基础信息统一到会计核算系统中。同时，在系统内固化了统一的会计科目体系和报表，并锁定各行业标准的会计科目以及辅助项目，预算单位只能在此基础上进行扩展，不得变更，确保了所有预算单位在同一账务体系、同一数据结构、同一数据定义下的单位会计核算，有效规范了单位会计核算行为，提升了政府会计信息质量。

二是数据集中汇聚，全面反映单位财务状况。改革前，云南省各级预算单位会计核算系统五花八门，会计核算数据部门化、孤岛化、碎片化，不仅难以与预算管理一体化系统有效衔接，也无法满足财政管理与监督的需要。云南省遵循“数据集中存储、统一管理”原则，建立以网络版单位财务核算系统为支撑的会计核算系统，对预算单位核算数据集中管理，降低因数据独立存储产生的数据丢失风险，实现财政、主管部门、预算单位实时共享数据。同时，打通会计核算系统与现有的人行横联、执行、决算、财报等管理系统的数据通道，从账务上对各级各部门的资金流向、年度预算执行情况、财务状况使用情况及资产负债情况进行全面、及时反映。

三是实施动态监管，提升财政财务管理水平。将会计核算与预算编制、指标管理、支付管理、统计和报表管理等环节无缝对接和有效贯通，实现政府预算和部门预算、单位预算之间的有效衔接控制，财政部门和预算单位主管部门可通过系统对基层单位的财务核算进行及时监控和监管。同时，通过系统内设财务预警实时提醒功能、稽核功能，实时对预算单位财务管理和会计核算进行有效监督，实现事前、事中和事后的全面监管，对发现的问题深入挖掘产生的根源，实现内控与系统监督有机融合，避免风险隐患转化成风险事件，切实提高抵御风险的能力，确保财政资金安全，助力财政治理能力提升。

（四）以差旅电子凭证网上报销改革为突破，实现信息化建设与政府内部管理有机融合

差旅电子凭证网上报销改革是推进信息化建设与政府内部管理有机融合的具体行动，是推动票据电子化应用以及相关会计档案电子化存储的重要举措。根据国电联办和财政部工作部署，云南省作为全国10个试点地区之一，自2019年起开展预算单位差旅电子凭证网上报销改革试点，首批在省本级部分预算单位和玉溪、普洱、西双版纳等3个州（市）开展试点，并逐步扩大试点范围。截至2020年底，云南省各级预算单位累计3231家已实施差旅电子凭证网上报销改革。

一是规范业务流程，实现无缝衔接闭环式管理。严格制定业务流程规范、电子凭证规范和系统对接建设规范等制度规范，建立全省工作标准化体系。出差人员在网上完成报销流程将报销数据发送财务人员，财务人员通过摆渡盘将报销数据导入公务卡管理子系统，形成差旅报销明细，与单位用款额度挂接后，通过国库集中支付电子化子系统完成电子支付还款，会计集中核算子系统自动记账，整个过程“无缝对接”，从支付到核算一体化闭环管理，既方便又安全。

二是规范系统建设，实现不同系统之间有机衔接。严格制定系统对接建设规范，升级完善公务卡管理、国库集中支付电子化和会计集

中核算等三个一体化财政管理子系统，与“公务之家”系统无缝对接，实现从出差申请、网络预订到核算报销的全部差旅行为外网闭环管理，支付还款、会计入账和凭证保管等全部财务核算实现内网闭环管理。

三是规范凭证标准，实现会计凭证电子化标准化管理。近年来，在社会相关领域陆续实现全电子化背景下，财务会计核算始终未能摆脱纸质原始凭证，所有电子票据到会计记账存档环节依然需要打印成纸质，财务人员工作负担较重。云南省通过统一规范电子凭证标准，推行差旅电子凭证网上报销，在财政财务管理领域实现了纸质凭证向电子凭证的转变，打通了国库集中支付电子化的“最后一公里”，保障了会计凭证资料的真实性和完整性，更好地促进了电子发票、电子票据、电子账务的应用，为全社会积极培育电子商务、电子政务和财务电子化管理发展环境。

四是规范公务开支，实现行政成本有效降低。通过差旅电子凭证网上报销改革，差旅的申请、审批，车（机、船）票、酒店的预订、支付和报销等环节全部“网上走”，实现了对公职人员公务差旅活动的全方位记录，使差旅经费报销全程可控，差旅记账依据清晰可查，有效杜绝了改革前因对相关规定把握不准、审核把关不严等导致超范围超标准差旅支出、凑票报销、虚假报销、套取差旅补助以及由此产生的“四风”问题，进一步规范了公务人员差旅行为。同时，公务人员出差实现全程无纸化、自动化、智能化，有效降低党政机关运行成本。

（五）以财政资金运行监测分析平台建设为中心，实现对所有财政资金进行全生命周期追踪分析

云南省财政厅运用大数据思维，依托预算管理一体化系统，积极

探索建立财政资金运行监测分析平台，对全省各级财政的收支执行、转移支付、库款规模等情况进行实时监测预警，并以大屏展示和专题分析等形式，动态反映全省各级财政运行状况，实时掌握每一笔财政资金分配使用的全过程，实现对中央转移支付及省、市、县、乡四级所有财政资金以项目为单元进行全生命周期追踪分析和风险监测。

一是打通整合内外系统，实时获取生产数据。监测分析平台通过与预算管理一体化、财税库银横联等系统对接和贯通，直接从财政生产系统中自动提取基础数据，从税务、人行、市场监管等部门获取外部数据，把割裂的“信息孤岛”和“数据烟囱”整合为统一整体，收集汇聚财政内部的“左右数据”、跨层级的“上下数据”、跨部门的“内外数据”，形成统一接入、覆盖全省、统筹利用的天然“财政国库数据中心”。在此基础上，加强数据分析利用，通过对收集汇聚的海量数据进行系统自动分析和人工综合分析，更加准确、及时、全面、客观地了解预算执行过程和结果，有利于发现目前预算执行管理中存在的突出问题，找到解决措施，不断提高预算执行管理水平。

二是全景展现收支数据，横向纵向比对分析。监测分析平台实时动态获取各级财政收支、资金运行和会计核算等全流程数据信息，并通过对财政历史数据的加工，综合运用数据仓库技术和数据模型方法，对数据进行分主题、分层次、多角度的综合分析和深度利用，形象地展现全省“收支地图”，直观地了解、掌握全省财政资金运行现状，还可综合展示财政重点关注的民生、教育、卫生、扶贫等方面的资金支出总体情况，满足预算联网监督、扶贫等各类专项资金监管、单位会计核算等“大数据”对接需要，为开展财政大数据运用、深度挖掘数据价值、辅助经济政策制定等提供可靠的数据支撑。

三是动态监控穿透监管，资金风险可测可控。监测分析平台实现对全省各级财政部门和预算单位的穿透式财政监管，从技术上以电子支付凭证流转为主线，对各级财政资金支付进行实时监测。一笔电子支付凭证好比一列承载了财政资金的高铁，通过系统功能可以准确定位或追踪每一笔正在发生的财政资金支付业务，就像高铁运行监测系统，何时进站，何时出站，何时到站，一目了然，从而实时掌握全省各级财政资金使用情况。

四是强化跟踪问效管理，提升资金使用绩效。监测分析平台依托“制度+技术+信息”优势，构建“事前阻断、事中纠偏、事后监督”的全方位动态监控管理体系，动态反映全省各级财政的收支执行情况并进行监控预警，财政部门可实时掌握每一笔财政资金分配使用的全过程。通过监控结果运用，进一步硬化预算执行刚性约束，确保资金跟着项目走，有效提升财政资金的使用效益。

五是灵活拓展平台功能，提高管理决策水平。监测分析平台从生产系统自动提取基础数据，确保了数据来源真实可靠，可以从财政收入、支出、余额以及国库现金流入和流出与库底资金变动等总量数据进行深入分析，也可以从细分行业、产业、重点、非重点收入数据和功能分类、经济分类和项目支出数据等结构数据进行深度挖掘，根据不同管理需要，进行多层次、跨系统、跨级次、跨年度的财政数据综合分析，为财政收支预测、财政预算管理决策、绩效评价与问责等提供可靠的数据支撑，为进一步加强财政管理、完善宏观政策提供更快、更多、更有价值的决策参考。

三、经验启示

（一）建立运行有效的现代财政制度，需要利用信息化手段建立全过程的财政监督体系

利用信息化手段建立贯穿于财政行为事前、事中、事后全过程的财政监督体系，积极防范和化解财政运行风险，是加快推进财政管理改革、积极构建现代财政制度的必然选择。一是利用信息化手段，强化事前监督。发挥数据分析、预测的功能，通过对历年各预算单位实际收支情况的分析，重点对当年预算编制工作进行综合研判，努力提高预算编制的科学性和准确性。二是凭借信息化手段，推进事中监督。利用信息化手段加强对预算执行环节的监测，实时追踪预算执行情况，及时反映财政资金使用绩效。三是依托信息化手段，完善事后监督。事后监督聚焦于预算和财务计划的执行情况、决算的审查，检查经济活动及各项事业的进行是否符合国家计划的要求，是否取得应有的效益等。

（二）建立透明和责任可追溯的现代财政制度，需要横联纵通的信息化手段支撑

纵向上，建设涵盖项目库、预算编制、预算指标、预算执行、会计核算、决算等财政核心业务的一体化系统，形成核心要素规范统一、财政业务协同顺畅、财政信息高度共享、对外服务优良便捷、系统运行安全高效的信息化支撑体系，实行项目全生命周期管理和动态监控，实现预算指标全流程“顺向可控，逆向可溯”的管理目标。横向上，全面打通财政与预算单位之间，政府预算和部门预算、单位预

算之间的财务数据通道，实时获取各预算单位资金实际收支数据，并据此进行监测分析和多维监控，从源头上加强财政资金管理。通过信息化手段实现数据横联纵通，财政管理各环节透明规范，有效提升财政管理规范化、资金监管精准化、辅助决策科学化、财政信息化集约化水平，满足财政治理现代化需要。

（三）建立动态的财政治理机制，需要以充分挖掘利用财政数据资源为基础

随着财政信息化建设的深入推进，各类电子数据不断向财政集中，财政部门汇聚和积累了大量数据，成为天然数据中心。财政部门要充分挖掘利用数据资源，着力强化数据指标统计工作，重点加强对财政支持经济社会发展各领域资金的口径设计和数据统计；创新数据管理方式，加快推进标准一致、格式统一、互通互融的数据中心建设，建立可实现数据分析、决策支持的数据仓库；提升数据分析技术，加强与相关科研机构、高校、企业的合作，利用其先进的数据挖掘和分析技术，为财政管理服务；改进民意调查方法，加强与统计部门及民意调研机构的沟通合作，在加强数据共享的基础上，将计量统计分析工具运用到社会调研中。

（四）建立高效的现代财政制度，需要运用大数据的思维并通过技术手段提供保障

运用大数据思维，紧密结合财政改革发展大局做好顶层设计，建立统一的财政数据格式，实现业务应用系统的数据共享，逐步构建标准统一的财政数据资源仓库。同时，整合财政信息资源，借助云计算技术建设财政大数据中心，实现财政服务器资源的有效整合，进而提

高超大规模数据处理能力，实现财政数据的集中存储和统一管理，为大数据处理提供支撑。加强财税数据的获取、组织、分析能力，通过分析揭示隐藏在数据背后的财税业务发展规律，提升政府的社会治理能力和公共服务能力，提高政府各部门之间的协同效率。通过深入分析财政业务，综合运用财政、经济、数据模型方法和数据仓库技术，对数据进行分主题、分层次、多角度的综合分析和深度利用，为及时了解财政政策落实情况和资金运行情况、实施宏观调控等提供有力依据。

【思考题】

1. 如何通过信息技术手段更加有效地获取财政“上下”“左右”“内外”数据资源?

2. 如何运用大数据有效推动加快建立现代财政制度?

促进制度长期可持续发展
——财政部推动尽快实现养老保险全国统筹

【引言】 党中央、国务院高度重视提高企业职工基本养老保险统筹层次、实现养老保险全国统筹工作。习近平总书记在党的十九大报告中提出，要尽快实现养老保险全国统筹①；在党的十九届四中全会上进一步强调，适当加强中央在养老保险方面事权，加快建立基本养老保险全国统筹制度，并指示抓紧制定全国统筹方案，加强精算平衡，拿出具体的时间表、路线图②。为贯彻落实党中央、国务院的决策部署，人力资源社会保障部、财政部研究起草了《企业职工基本养老保险全国统筹改革方案》。2020年2月14日，习近平总书记

---

① 《习近平：决胜全面建成小康社会　夺取新时代中国特色社会主义伟大胜利——在中国共产党第十九次全国代表大会上的报告》，中国政府网，http：//www. gov. cn/zhuanti/2017 - 10/27/content_5234876. htm，2017年10月。

② 《中共中央关于坚持和完善中国特色社会主义制度　推进国家治理体系和治理能力现代化若干重大问题的决定》，中国政府网，http：//www. gov. cn/zhengce/2019 - 11/05/content_5449023. htm，2019年11月。

主持召开中央全面深化改革委员会第十二次会议，审议通过了《企业职工基本养老保险全国统筹改革方案》。会议强调，要坚持公平统一、权责一致、循序渐进，推动养老保险全国统筹制度更加公平可持续，全面建成覆盖全民、权责清晰、保障适度、可持续的多层次社会保障体系。①

【摘要】尽快实现养老保险全国统筹是党的十九大明确的重要改革任务，是近年来改革和完善基本养老保险制度的重要举措，关系到制度长期可持续和广大人民群众的基本养老保险权益。本文从我国基本养老保险制度发展脉络入手，明确了我国养老保险全国统筹的内涵。从人口老龄化加剧、基本养老保险基金收支矛盾以及现行制度存在的制度性缺陷和管理漏洞等方面，阐述养老保险全国统筹改革的必要性和紧迫性。在此基础上，介绍了目前养老保险全国统筹工作的进展情况，总结了推动养老保险全国统筹的实践经验。

【关键词】养老保险　全国统筹　可持续

一、背景情况

近年来，我国基本养老保险制度覆盖范围不断扩大，待遇水平稳步提高，基金实力持续增强，为保障人民生活、促进经济发展、维护社会稳定发挥了重要作用。但随着人口老龄化程度的加剧、社会经济体制改革的深入，尤其是人口大范围自由流动以及劳动形式的多样化，给制度可持续运行造成了较大的压力。党的十八大以来，我国开展了养老保险制度顶层设计工作，确定了一揽子的改革方案，其中最

① 《习近平：完善重大疫情防控体制机制　健全国家公共卫生应急管理体系》，载于《人民日报》2020年2月15日第1版。

核心、难度最大、内容最复杂、影响范围最深远的当属养老保险全国统筹制度改革。

（一）从分割走向统一：中国养老保险全国统筹的历史背景

世界上大多数建立现代养老保障制度的国家，如美国、德国、日本、瑞典、挪威、智利、新加坡等国家，无论是多方共担的养老保险模式，还是国家保障的国民年金制度，还是基金完全积累的年金模式，普遍是通过中央立法，由中央政府或其授权的专门机构进行统一管理，在发展过程中较少涉及管理体制或统筹层次的变化。而我国基本养老保险制度的发展则较为不同，总体上经历了从分割走向统一、统筹层次不断变化的过程。

早在1951年，政务院就颁布了《中华人民共和国劳动保险条例》，正式在我国建立了退休制度和养老保险制度。1991年，《国务院关于城镇企业职工养老保险制度改革的决定》（国发〔1991〕33号）首次确立了国家、企业和个人三方共担的原则，成为我国企业职工养老保险制度改革的第一个里程碑。到1995年，为适应社会主义市场经济体制改革，《国务院关于深化企业职工养老保险制度改革的通知》（国发〔1995〕6号）进一步明确了企业职工养老保险制度改革的目标、原则和主要任务，确立了社会统筹与个人账户相结合的制度模式。1997年，《国务院关于建立统一的企业职工基本养老保险制度的决定》（国发〔1997〕26号）将制度进行整合统一，在全国范围内实施统一社会统筹与个人账户相结合的基本养老保险制度。2005年，国务院发布了《关于完善企业职工基本养老保险制度的决定》（国发〔2005〕38号），我国企业职工基本养老保险的制度构建基本完成。

考察我国基本养老保险制度的发展历程，可以发现其从分割逐步走向统一的特点，具体体现为三个“逐步”。

1. 基本制度逐步统一规范

我国企业职工基本养老保险的基本制度是在摸索中不断完善起来的。在覆盖范围上，20世纪50年代的劳动保险仅针对国有企业，1986年劳动用工制度改革后将劳动合同制工人纳入，到1991年明确养老保险共担机制后，制度的覆盖范围为全民所有制企业。直到1995年，才最终将各类企业和个体劳动者纳入覆盖范围。在缴费政策上，20世纪50年代建立的劳动保险全部由企业缴费。从国发〔1991〕33号文件开始，职工个人开始缴纳养老保险费，目前缴费比例为8%。在缴费基数方面，制度规定和执行情况一直比较复杂，国发〔1995〕6号文件最早详细规定了个人缴费基数和企业缴费基数的核定办法。但在执行中，缴费工资基数上下限和企业缴费基数的确定方法一直比较混乱。直至2019年，国家出台的《降低社会保险费率综合方案》最终明确，单位缴费比例为16%，个人缴费比例为8%，个人缴费基数上下限为全口径就业人员平均工资的60%～300%。在支出政策方面，劳动保险时期，退休费按照本人标准工资的一定比例计发。此后各地开始开展了计发办法改革试点，逐步加大养老金待遇与劳动贡献大小、缴费时间长短和缴费多少的联系。经过多年探索，最终形成了目前统账结合制度模式下的计发办法和待遇调整办法。

2. 管理层级自下而上逐步提高

劳动保险制度时期，全国总工会统筹管理全国的社会保险事务，并负责对地方工会管理的保险基金进行调用和调剂。国发〔1991〕33号文件的印发推动了各地养老保险制度试点，到1995年，养老保险的统筹层次主要在县级，而且国有企业、集体企业和外商投资企业一般分割而治。国发〔1995〕6号文件虽然对现行基本制度模式的形成作出了巨大贡献，但没有对统筹层次的提高提出要求。同时，该文件提出了两个截然不同的制度模式和实施办法供各地选择，造成了一个省内多种不同的制度模式共存的情况。这为日后制度的统一和统筹层次的提高埋下了伏笔。从国发〔1997〕26号文件开始，国家逐步开展提高统筹层次的改革。2007年，劳动与社会保障部印发了《关于推进企业职工基本养老保险省级统筹有关问题的通知》（劳社部发〔2007〕3号），对推进省级统筹提出了具体要求和标准。文件印发后，各地推进省级统筹工作有了重要进展，省内基本制度逐步实现统一。但基金收支管理不统一的问题未得到根本的解决，形成了两种模式。一种是基金省级统收统支的模式，2019年前仅有不到1/3的省份实现了这种模式。其特点是，基金收支全部收归省级统一管理，当期基金收入由省内各地征收后归集至省级基金专户，当期基金支出由省级基金专户根据预算或实际发放需要拨付至下级，用于待遇发放。另一种模式是省级基金调剂的方式。其特点是，基金收支由省内地市或市县级统筹区域进行管理，当期收支由属地管理，省级根据一定的办法在省内进行余缺调剂，将收支情况较好地区的结余调剂至困难地区，以确保省内各地区退休人员基本养老金的按时足额发放。

3. 政府责任分担体制逐步建立

除制度和基金收支管理外，我国养老保险制度改革受到中央政府和地方政府事权和支出责任划分状况的深刻影响。尤其是改革开放以来，养老保险制度改革与财政体制的变化几乎同步，逐步建立了养老保险政府责任分担体制。在计划经济时期，财权高度集中在中央，国有企业不缴纳所得税。这一时期，我国养老保险制度基本是以企业负担为主，职工个人不需要缴费。“文化大革命”时期，劳动保险倒退回企业内部保障。1978 年改革开放以后，财政实行分级包干体制，中央财力较弱，没有能力在全国范围内统一组织开展社会福利事业。为此，这一时期启动的养老保险制度基本上是在县级层面进行资金的统筹，上级政府没有补助责任。到 20 世纪末，全国国有企业已经全部实现了市县级以上资金统筹，集体企业在 2200 个市县实现统筹，外商投资企业在 764 个市县实现统筹。1994 年的税制改革后，中央财力逐步增强，宏观调控能力得到提高。分税制改革遵循的“事权和财权相结合”开始在养老保险制度改革方面得到体现，国家开始着手总结各地经验，研究建立统一的养老保险制度。从 1998 年开始，中央开始形成对地方企业职工基本养老保险基金的补助机制，通过转移支付支持地方养老保险制度改革。尤其是国家开始提出确保企业离退休人员基本养老金按时足额发放和国有企业下岗职工基本生活，即“两个确保”后，进一步明确了地方政府承担主体责任，中央财政给予适当补助的机制。但养老保险事权和支出责任并未完全梳理清晰。在事权方面，既有中央统一制定基本政策的事权，也有授权地方细化政策的事权，还有具体经办服务的事权等。在支出责任方面，既有地方管理的养老保险基金支出责任，也有中央财政对地方基金的补助责任，还有地方各级财政确保养老金按时足额发放的兜底责任。随着人口老龄化程度的加深，地方尤其是部分中西部地区和老工业基地省份基金收支矛盾逐步加剧，养老金发放对中央财政补助的依赖越来越大。随着中央财政支出责任的逐步放大，我国养老保险事权和支出责任不匹配的问题也逐步暴露。

总的来看，我国基本养老保险制度改革的基本特点之一是试点先行，自下而上。这导致制度建构初期基本制度长期没有定型，管理体制不稳定，责任分担机制不健全。针对这些问题，2003 年，十六届三中全会提出，建立健全省级养老保险调剂基金，在完善市级统筹的基础上，逐步实行省级统筹，条件具备时实行基本养老金的基础部分全国统筹。2010 年颁布的社会保险法进一步规定，基本养老保险基金逐步实行全国统筹。2011 年，“十二五”规划纲要提出，全面落实城镇职工基本养老保险省级统筹，实现基础养老金全国统筹。党的十九大最终明确要尽快实现全国统筹，全国统筹制度改革即将落地。

（二）何为养老保险全国统筹

从上述发展脉络的梳理情况看，我国基本养老保险统筹层次的提高核心在三个方面：一是基本制度，主要是缴费制度和待遇支出两个环节。二是管理层级，核心的基金收支的管理，也包括信息系统和经办服务管理。三是养老保险事权和支出责任的划分。

学术界对全国统筹的定义基本围绕上述几个方面。有学者提出，统筹是在一定的范围内，统一筹划养老保险基金的征缴、管理和使用，每个统筹区各自负责本区域养老保险基金的平衡，结余主要归统筹区支配和使用，缺口一般由本级政府和本级财政填补。关于统筹层次，有学者认为是在一定的范围内，统一筹集、管理和使用社会保险基金并实现自我平衡的单位所处的层次。具体到全国统筹，有学者认为基本养老保险全国统筹的实质性内涵是统一制度、统一管理机构、统一缴费比例、统一养老金计发办法的基础上，实现基础养老金的统收统支。也有学者认为，统筹层次问题的核心是资金的管理控制权，而政策的统一、标准的规范等，都只是外部的充分条件。

借鉴这些定义，按照中央的改革精神，我们认为，养老保险全国统筹是在坚持社会统筹和个人账户相结合的基本养老保险制度模式下，实现基本制度统一、基金收支管理统一、待遇调整统一、信息系统统一和经办服务管理统一等，明确中央、地方养老保险事权和支出责任，促进制度公平统一和可持续发展。

（三）为什么要尽快实现养老保险全国统筹

目前提出实现养老保险全国统筹，主要有以下几个方面的理由。

1. 实现全国统筹具有充分的理论基础

一是从风险管理的角度。养老保险作为一种保险制度，应遵循大数法则。以规模效应平衡代际之间养老负担，分散年老后收入下降的风险是其基本原理。养老保险制度通过参保人群缴费形成一定规模的保险基金，以实现互助共济的目的。为此，提高养老保险统筹层次可以充分发挥我国基础人口的规模效应，削减个别地区养老保险所面临的支付风险。二是从制度公平的角度。基本养老保险作为一种收入再分配的工具，公平性是重要原则之一，主要表现是同等条件下，不因地区和人群的不同导致制度上的差别对待。从目前省级统筹制度的执行情况看，由于养老保险事权没有完全上收，导致地区之间在缴费政策、待遇计发办法和调整机制等方面有比较大的差异。而要解决这些问题，在省级统筹制度下是比较困难的。三是从事权划分的角度。在市场经济条件下，养老保险作为全国性的公共物品，具有明显的外部性，需要中央政府承担这部分事权。我国人口跨区域流动频繁，由地方政府提供养老保险明显是低效率的。地方政府间一般倾向于出台减轻企业负担的政策，违规减免企业养老保险缴费义务，不仅影响了制度的规范统一可持续，也扰乱了全国统一的市场环境。另外，从信息复杂程度看，养老保险政策本身是比较完整规范的，在执行中需要加工处理的信息和决策比较有限，具备全国统一管理的基础。

2. 人口老龄化程度加深是实现全国统筹的现实需要

近年来，我国企业职工基本养老保险基金收支矛盾问题受到广泛关注，突出特点是结构性矛盾突出。2012 年以来，全国在职参保人员增长率持续低于离退休人员增长率，制度内抚养比（在职参保人数/离退休人数）水平从 2012 年的 3. 1 下降到了 2020 年的 2. 7 左右。基金收支矛盾突出的省份抚养比情况均不乐观，最低的黑龙江省只有 1. 3。受此影响，基金当年收支结余呈逐年下降的趋势，从 2012 年的 4351 亿元下降到了 2019 年的 3456 亿元。一些省份已经出现当期基金收支缺口。2019 年，扣除财政补助和中央调剂金，出现收支缺口的省份为 23 个，缺口共计 5925 亿元。随着基金当年收支结余的持续递减，基金可支付月数（基金滚存结余/基金月支出额）从 2012 年的 19. 5 个月下降到了 2019 年的 17. 8 个月。2020 年，国家为了支持企业复工复产出台了阶段性减免政策，当年基金收入受到比较大的影响，出现缺口的省份扩大，全国基金可支付月数进一步下降至 13. 7 个月。虽然基金总体支付能力有所下降，但制度存在的最突出矛盾是养老负担的极度不平衡。北京、广东等 7 个东部省份基金滚存结余占全国滚存结余的比重接近 2/3，“贫富不均”问题十分突出。因此，推动实现养老保险全国统筹，最大限度地均衡各地养老负担具有突出的现实必要。

3. 实现全国统筹是尽快理顺中央地方间养老保险事权和支出责任的需要

目前，中央地方间养老保险事权和支出责任并没有完全理顺。为了推动养老保险全国统筹，中央正在逐步统一规范各地养老保险基本政策，但地方在政策执行和具体实施上仍有很大权力。与此同时，从弥补基金缺口的责任上看，虽然国务院明确地方政府负有主体责任，但在实践中，中央财政占全国财政补助的比重一直高达90%以上，地方财政对基金的补充非常有限；而且，如果部分地区基本养老金的发放出现问题，中央财政也不得不给予兜底性保障。也就是说，对于地方政府来说，虽然把握着政策执行和适当调整的权力，但基金支付的兜底责任却由中央负担。权责不一致，导致各地政策执行不统一，放松基金收支管理现象时有发生。虽然国家有关部门多次强调养老保险政策的调整应由中央统一出台，但地方出于本地经济发展以及解决突出社会矛盾的考虑，出台了五花八门的政策。这些政策对基金来说主要是减收增支的政策，对全国制度的可持续性造成了难以挽回的负面影响。以提前退休审批为例，据估算，每违规审批一例提前退休，对基金的减收增支规模就超过20万元。同时，近年来地方竞相违规出台一次性补缴政策。临近退休年龄人员一般只需一次性缴纳几万元就可以享受基本养老金。对这些人员来说，退休后3~5年即可收回“成本”，这对基金造成了巨大压力，也损害了制度的公平性。这种短视行为直接造成了制度支撑能力的下降。为了改变目前这种局面，有必要通过全国统筹制度改革，尽快统一上收养老保险事权，理顺政府间责任。

二、主要做法

习近平同志在党的十九大报告中明确提出，按照兜底线、织密网、建机制的要求，全面建成覆盖全民、城乡统筹、权责清晰、保障适度、可持续的多层次社会保障体系。[①] 为了落实中央的总体部署，财政部着眼于保障和改革民生，在推动尽快实现养老保险全国统筹过程中，确保基本养老金按时足额发放，推动养老保险基金中央调剂制度和规范养老保险省级统筹制度，为实现养老保险全国统筹奠定坚实的基础。

（一）采取多种措施确保退休人员基本养老金按时足额发放

一是规范地方基金收支管理工作。实现养老保险全国统筹的最终目的是更好地保障广大参保人员的基本养老保险权益，因此在党的十八大明确全国统筹的任务之后，财政部更加注重确保养老金按时足额发放工作。针对地方放松基金收支管理的问题，配合人力资源社会保障部印发了《关于进一步加强企业职工基本养老保险基金收支管理的通知》（人社部发〔2016〕132 号），对地方在养老保险政策执行上提出了具体要求，强调加强基金征缴管理、严格控制基金支出、建立健全责任分担机制、调整财政支出结构，增强制度可持续性。二是建立中央和省、市、县联动的基本养老保险基金运行风险预警体系。针对近几年制度支撑能力下降的情况，为做好制度运行风险管理，按照中央

---

① 《习近平：决胜全面建成小康社会　夺取新时代中国特色社会主义伟大胜利——在中国共产党第十九次全国代表大会上的报告》，中国政府网，http：//www.gov.cn/zhuanti/2017－10/27/content_5234876.htm，2017 年 10 月。

要求，与有关部门共同建立了风险预警制度，以科学规范的短期预测和长期精算为基础，客观分析各地基金运行情况，准确预测和判断基金风险。同时要求各地高度重视基金风险预警和处置，加强监控管理，及时跟踪，定期分析，快速应对。三是加大中央财政补助力度。为使国家出台的各项基本养老保险待遇政策落到实处，确保基本养老金按时足额发放，1998 年以来，按照党中央、国务院的统一部署和要求，各级财政特别是中央财政大力调整支出结构，逐年加大对基本养老保险基金的补助力度。1998—2020 年中央财政共安排职工基本养老保险补助资金近 5 万亿元。尤其是 2020 年疫情防控期间，为有效弥补落实阶段性减免企业养老保险缴费政策后形成的基金缺口，中央财政进一步加大了补助力度，全年安排资金将近 6000 亿元。

（二）建立基金中央调剂制度

2018 年，财政部牵头研究制定了养老保险基金中央调剂制度方案，方案经中央全面深化改革委员会第二次会议审议通过。2018 年 5 月 30 日，《国务院关于建立企业职工基本养老保险基金中央调剂制度的通知》（国发〔2018〕18 号）正式印发，自 2018 年 7 月 1 日起实施养老保险基金中央调剂制度。养老保险基金中央调剂制度从我国基本国情和养老保险制度建设实际出发，在不增加社会整体负担和不提高养老保险缴费比例的基础上，通过中央调剂基金筹集、基金拨付、基金管理、中央财政补助，合理均衡地区间基金负担，实现基金安全可持续和财政负担可控，确保各地养老金按时足额发放。从实施效果看，这项政策对有效均衡地区间基金负担发挥了关键作用。2020 年，基金中央调剂比例将从上年的 3.5% 提高至 4%，调剂力度将进一步加大。全年中央调剂基金规模将达到7400亿元，包括湖北省在内的22个省份受益1768亿元。基金中央调剂制度的出台和实施，不仅解决了省份间基金结余不可调剂的问题，确保了全国各地区基本养老金的按时足额发放。同时，作为养老保险全国统筹的第一步，基金中央调剂制度也为养老保险全国统筹制度的最终实施积累了经验。

（三）推动规范养老保险省级统筹

省级统筹是实现全国统筹的基础和前提，没有真正意义上的省级统筹就谈不上全国统筹。目前，各地虽然已经初步建立了省级统筹制度，但进展很不平衡。为了夯实全国统筹的制度基础，中央已明确要求，要在2020年底前实现基金省级统收统支。考虑到规范省级统筹制度是深化社会保障制度改革的一项重大举措，涉及省、市、县之间养老保险事权和支出责任的划分，为加快养老保险全国统筹进度，经国务院同意，财政部配合人力资源社会保障部、税务总局印发了《关于规范企业职工基本养老保险省级统筹制度的通知》（人社部发〔2019〕112号），提出了统一养老保险政策等“七统一”的工作标准。具体包括：一是统一养老保险政策。要求全省统一参保范围、缴费比例、缴费工资基数确定办法、待遇项目和标准等。二是统一基金收支管理。明确各省实行基金省级统一集中管理，统收统支。省内基金累计结余要限期全部归集至省级财政专户。三是进一步完善预算管理体制，严格规范收支内容、标准和范围。四是统一责任分担机制。明确省级政府承担全省企业退休人员基本养老金按时足额发放的主体责任，并要求建立养老保险责任分担机制。五是统一集中信息系统。要求实现系统省级集中，以支持养老保险业务全省统一经办和监管。

六是统一经办管理服务。要求各省建立统一的社会保险大数据经办管理平台。七是统一考核奖惩机制。要求各省级政府制定养老保险工作考核办法。目前，各地已实现了基金省级统收统支，并按照“七统一”的要求，对本省基本养老保险政策进行统一规范。按照国务院的要求，财政部正在逐步开展对地方规范省级统筹工作进行验收，确保实现真正意义上的省级统筹。

（四）对养老保险全国统筹模式的探索

党的十九大提出尽快实现养老保险全国统筹的要求后，财政部与有关部门即开展了全国统筹模式等重大问题的研究。总体考虑是既要能够积极稳妥地实现过渡，也要能够真正从体制机制上明确中央地方间养老保险事权和支出责任，既在短期内实现基本养老金的按时足额发放，又能够在中长期内促进制度的可持续性。

养老保险全国统筹的远期目标是基本政策全国统一，基金全国统收统支。目前的改革重点是，以明确中央与地方养老保险事权和支出责任划分为核心，强化基金收支管理，改革完善现有基金中央调剂制度，增强基金支撑能力，确保各地基本养老金的按时足额发放。现阶段，主要是按照党的十九届四中全会的要求，适当加强中央在养老保险方面的事权。继续维持现阶段中央和地方共同承担养老保险事权和支出责任的体制，地方政府特别是省级政府在确保养老金发放方面的主体责任不做大的调整。长期来看，要结合相关改革进展情况评估是否具备实现基金全国统收统支的条件。目前企业职工基本养老保险制度尚存在改革的空间。缴费政策、基金收支管理、待遇调整等方面政策的统一和规范还没有完全到位，渐进式延迟退休方案还没有出台，这些改革的实际效果还需要进一步评估。同时，如果实施基金全国统收统支，需要全国统一的信息系统和经办管理体系给予支撑，以缩短中央和地方信息交换链条，确保养老保险管理权责一致。

2020 年，国务院办公厅正式印发了《企业职工基本养老保险全国统筹改革方案》，正式提出了“五统一、两不变”的改革目标和具体工作任务安排。按照文件要求，各项工作正在稳步推进。

三、经验启示

（一）坚决做到“两个维护”，深入学习领会党中央关于养老保险全国统筹制度改革部署的核心内涵

全面建成小康社会是党中央对人民群众的庄严承诺，建设公平可持续的养老保险制度是这一伟大历史进程中的重要任务。党的十九大把防范化解重大风险作为决胜全面建成小康社会三大攻坚战的首要战役。财政部认识到，打赢防范化解重大风险攻坚战，是推动实现高质量发展的关键之举，是落实以人民为中心发展思想的惠民之举。不断提高政治站位，把推动尽快实现养老保险全国统筹作为做到“两个维护”的重要体现，深刻理解防范化解重大风险的极端重要性和现实紧迫性，切实增强打赢防范化解重大风险攻坚战能力。近年来我国企业职工基本养老保险制度不完善、机制不健全、发展不平衡和不可持续等问题较为突出，部分地区已经出现了基金收支矛盾加大的问题，随着人口老龄化程度加剧可能成为重大风险因素。为此，按照中央有关要求和精神，财政部将改革和完善养老保险制度工作，尤其是推动养老保险全国统筹工作作为防范化解社保领域重大风险战役的重要任

务，通过各种措施，着力做好防范养老保险运行风险，确保养老金按时足额发放。一方面，加强基金风险研判和相关问题的研究。每年均对企业职工基本养老保险基金运行情况及运行风险进行研判预测，提出相关改革和应对措施，并通过多种形式向党中央、国务院汇报。通过建立防范化解企业养老保险基金潜在风险运行机制，要求各地做好风险预警和应急处置工作。针对地方在基金收支管理方面存在的问题，配合有关部门印发了《关于开展企业职工基本养老保险基金收支管理自查自纠工作的通知》，要求各地对基金收支管理中不规范行为进行自查自纠。为贯彻落实中央领导关于加强监管、堵塞漏洞的指示批示精神，与有关部门研究确定了实施违规一次性补缴的排查办法，并出台了对地方扣减资金的办法。另一方面，坚决守住不拖欠退休人员基本养老金的这一“红线”。通过多种方式，强化省级政府主体责任，进一步推动完善省级统筹制度。要求各地建立健全省、市、县基金缺口分担机制，通过盘活存量资金、处置国有资产、财政预算安排等多渠道筹措资金，解决基金收支缺口问题。同时，中央财政在整体收支较为困难的情况下，逐年加大补助力度，近年来总体补助规模均保持了10%左右的增长。与此同时，积极实施养老保险基金中央调剂制度，不断加大调剂比例，及时拨付中央调剂资金，对各地确保退休人员基本养老金的按时足额发放发挥了重要作用。

（二）严格履行“一岗双责”，落实推动养老保险全国统筹制度改革的主体责任

党的十八大以来，以习近平同志为核心的党中央提出了一系列治国理政新理念新思想新战略，为了更好地发挥财政在国家治理的基础和重要支柱作用，财政部在研究推动养老保险全国统筹过程中，注重

以国家治理的角度思考相关问题。我们认为，实现养老保险全国统筹，核心是处理好中央地方间养老保险事权和支出责任。要处理好这个关系，就是要明确中央和地方在养老保险工作中各自的权力和责任边界。我们充分认识到这一工作的艰巨性，始终把党的政治建设摆在首位，认真抓好党风廉政建设主体责任的落实，做到敢抓敢管、严格执纪，以党建工作为引领，推动改革业务工作，真正做到两手抓、两手都要硬。在推动养老保险全国统筹工作中，注重明确责任，通过建机制以促改革。一是建立重点任务工作领导小组制度。为更好地落实中央工作部署，加强推动改革工作的领导，人力资源社会保障部、财政部联合发展改革委、国家税务总局和全国社会保障基金理事会等部门成立了养老保险全国统筹工作领导小组，并设工作领导小组办公室。工作领导小组成立后，起草了《全国统筹工作方案及任务分工》，梳理了工作任务，明确了工作方案和任务分工。工作领导小组定期召开会议，讨论全国统筹模式选择等重大问题，研究部署下一步工作。二是建立重点情况报告制度。养老保险制度改革关乎老百姓的切身利益，关乎改革发展稳定大局。按照党中央、国务院的要求和部署，近几年我们在推进改革和完善基本养老保险制度中，注重加强对有关改革进展和工作考虑的汇报。除定期对养老保险制度运行情况及运行风险进行研判，提出相关改革和应对措施之外，在推动养老保险全国统筹制度改革中，财政部落实重大事项请示报告制度，及时总结报告在实施基金中央调剂制度和落实规范养老保险省级统筹过程中的具体情况和问题，提出关于调整调剂比例等问题的建议。同时，就推动养老保险全国统筹工作的具体安排和总体考虑也能够及时报告，有关工作获得国务院领导同志的高度肯定。

（三）切实抵制“四风”问题，脚踏实地狠抓全国统筹改革相关任务落地落实

财政部严格落实习近平总书记关于作风建设的重要批示精神，在研究落实有关任务时，注重抵制纠正“四风”问题，推进各项改革措施更快落地见效。一是加强调查研究。结合财政社保工作实际，聚焦社保难点热点领域，以问题为导向，扑下身子、贴近基层，积极开展“大调研”活动。为了及时准确了解地方养老保险运行实际情况，多次到地方开展专题调研。通过扎实有效的调研，我们对养老保险政策及执行情况进行了系统整理和剖析，提出地方在政策执行中存在四个“五花八门”，即“缴费基数五花八门、费率政策五花八门、计发办法五花八门、补缴对象五花八门”。在呈报国务院领导有关报告中，将相关情况真实全面准确地反映，为中央领导同志决策提供重要参考。为了有针对性地制定养老保险全国统筹实施方案，尤其明确中央地方养老保险事权和支出责任，借鉴吸收地方在实施省级统筹过程中的有益经验。结合规范省级统筹实地考核验收工作，逐省进行调查研究，将地方的情况吃透、问题搞懂、办法想清。二是及时坚决地落实中央有关工作部署。按照中央关于改革和完善基本养老保险制度的总体部署，有关部门狠抓落实，坚持成熟一项、出台一项。除了推动养老保险全国统筹制度外，完善多层次养老保险体系、开展养老保险基金委托投资、建立基本养老金合理调整机制、完善养老保险个人账户制度、调整统一养老保险费率等改革任务均已取得重要成果。应当说，在有关部门的共同努力下，实现养老保险全国统筹的制度基础已经基本具备。在这些基础性工作中，财政部牵头承担了养老保险基金中央调剂制度方案的研究起草工作。2018 年，在时间紧、任务重的

情况下，财政部集中力量，充分发挥党组织战斗堡垒作用，从着手开展研究工作到《国务院关于建立企业职工基本养老保险基金中央调剂制度的通知》（国发〔2018〕18号）的出台仅用了两个月的时间。另外，财政部积极配合人社部等部门，起草印发了《关于规范企业职工基本养老保险省级统筹制度的通知》，确保了制度的顺利落地。

党的十九大以来，在党中央国务院的坚强领导下，在社会各界的广泛关注下，养老保险全国统筹工作取得了重要进展。2020年2月14日，习近平总书记主持召开中央全面深化改革委员会第十二次会议，审议通过了《企业职工基本养老保险全国统筹改革方案》。审议过程中，习近平总书记对尽快实现养老保险全国统筹作出重要指示。会议强调，要坚持公平统一、权责一致、循序渐进，推动养老保险全国统筹制度更加公平可持续，全面建成覆盖全民、权责清晰、保障适度、可持续的多层次社会保障体系。① 总书记的指示精神是全国统筹制度改革的重要指引。今后几年将是养老保险制度改革的攻坚期，需要有关部门和社会各界的共同努力和参与。我们相信，在党中央的坚强领导下，我们一定会交出一份经得起历史检验和人民重托的满意答卷。

【思考题】

1. 现阶段实现养老保险全国统筹与确保养老金发放的关系是什么？

2. 养老保险全国统筹模式有哪两种？各有何优劣？

① 《习近平：完善重大疫情防控体制机制　健全国家公共卫生应急管理体系》，载于《人民日报》2020年2月15日第1版。

持续打造市场化、法治化、国际化营商环境

——财政部牵头对标国际先进水平优化营商环境实践

【引言】 党的十八大以来，以习近平同志为核心的党中央高度重视优化营商环境工作，将营造良好的营商环境作为重塑政府与市场关系，激发市场主体活力和社会创造力，推动经济高质量发展的重要抓手。习近平总书记多次就优化营商环境作出重要指示，李克强总理也多次作出重要指示批示。2017 年以来，我国以参与世界银行（以下简称“世行”）营商环境评估为契机，大力推进“放管服”改革、优化营商环境，持续打造市场化、法治化、国际化营商环境，市场主体获得感显著提升，中国作为全球主要投资目的地的国际形象和国际竞争力也持续稳固。2020 年，中国日均新登记企业 2.2 万户，年末各类市场主体的数量达到 1.4 亿户，比 2012 年增长了 1.3 倍。2020 年中国实际利用外资 1444 亿美元，同比增长 4.5%，引资规模再创历史新高。

【摘要】 财政部认真贯彻党中央、国务院决策部署，牵头推动相关部门和北京、上海等城市积极对标世行评估标准和国际先进经验，

聚焦国内营商环境的短板弱项，出台了大量精准的改革举措，持续打造市场化、法治化、国际化营商环境，取得显著成效。2019 年我国营商环境全球排名第 31 位，比上年提高了 15 位，比 2012 年党的十八大召开时的 91 位提升了 60 位。2018 年、2019 年我国连续两年被世行认定为全球营商环境改善幅度最大的 10 个经济体之一。同时，财政部加强改革经验国内国际双向交流，积极引入国际先进经验，对外讲好中国营商环境改革故事，为国内各地竞相优化营商环境营造良好氛围，持续巩固我国作为全球主要投资目的地的国际地位。

【关键词】世界银行　营商环境　改革

一、背景情况

优化营商环境是重塑政府与市场关系，激发市场活力和社会创造力，推动经济实现高质量发展的重要抓手，也是推进国家治理体系和治理能力现代化的重要组成部分。党的十八大以来，党中央、国务院高度重视优化营商环境工作，并作出一系列重要部署。特别是在新冠肺炎疫情对全球和中国经济造成巨大冲击、中国经济社会发展面临极为复杂严峻的内外部形势情况下，党中央、国务院将优化营商环境作为做好“六稳”工作、落实“六保”任务的重要突破口，再次彰显中国坚定不移全面深化改革开放的战略定力和强大动力。

2017 年 7 月 17 日，习近平总书记主持召开中央财经领导小组第十六次会议，习近平总书记发表重要讲话强调，要改善投资和市场环境，加快对外开放步伐，降低市场运行成本，营造稳定公平透明、可预期的营商环境，加快建设开放型经济新体制，推动我国经济持续健康发展。习近平总书记还特别指出，北京、上海、广州、深圳等特大城市要率先加大营商环境改革力度。[①] 2018 年 11 月 5 日，习近平总书记在出席首届中国国际进口博览会时指出，营商环境只有更好，没有最好。2019 年 11 月 5 日，习近平总书记在出席第二届中国国际进口博览会时再次强调，中国将不断完善市场化、法治化、国际化营商环境，放宽外资市场准入，继续压减负面清单，完善投资促进和保护、信息报告等制度。[②] 2020 年 8 月 20 日，习近平总书记主持召开扎实推进长三角一体化发展座谈会时指出，要对标国际一流标准改善营商环境，以开放、服务、创新、高效的发展环境吸引海内外人才和企业安家落户，推动贸易和投资便利化，努力成为联通国际市场和国内市场的重要桥梁。[③]

党的十九届五中全会审议通过的《中共中央关于制定国民经济和社会发展第十四个五年规划和二〇三五年远景目标的建议》提出，持续优化市场化法治化国际化营商环境。

李克强总理多次就优化营商环境作出指示批示，强调深化“放管服”改革和优化营商环境是改革开放的一个关键举措，是正确处理政府和市场关系的重大改革之举，也是当前实现“六稳”、办好我们自己的事的重要举措，要坚持不懈深入推进。

2013—2017 年，我国营商环境改革取得一定进展，但与国际先进水平、市场主体期待相比，仍有不少差距和进一步优化的空间。特别

① 《习近平：营造稳定公开透明的营商环境　加快建设开放型经济新体制》，载于《人民日报》2017 年 7 月 18 日第 1 版。

② 《开放合作　命运与共——在第二届中国国际进口博览会开幕式上的主旨演讲》，载于《人民日报》2019 年 11 月 6 日第 3 版。

③ 《习近平在扎实推进长三角一体化发展座谈会上强调》，载于《人民日报》2020 年 8 月 23 日第 1 版。

是各地营商环境水平参差不齐，相当一部分地区营商环境水平还不够高，仍存在着隐形门槛多、融资难、用工难、办事流程烦琐、政府部门服务意识不强、监管效率不高、数据和信息共享难等问题，改革政策落地“最后一公里”仍有待打通。如何更好地重塑政府与市场的关系，使市场在资源配置中起决定性作用，并更好地发挥政府作用，特别是政府如何更好地简政放权、释放活力，加强监管、管出水平，优化服务、提供便利等都是亟待解决的问题。

按照党中央、国务院部署，从 2017 年开始，财政部作为中国与世行合作的窗口部门，主动加大了与世行在营商环境评估领域的合作，全面借鉴世行《全球营商环境报告》的评估体系和评估方法，坚持以外促内的原则，牵头推动相关部门和北京、上海两市作为世行营商环境评估样本城市，从开办企业、办理建筑许可、获得电力、登记财产、获得信贷、保护中小投资者、纳税、跨境贸易、执行合同、办理破产、政府采购等 11 个方面，进行有针对性的改革。从企业全生命周期的视角，以企业感受为标准，持续深入推进企业注册一网通办、简化建筑许可办理程序、缩短办电时间、加大减税降费力度等 200 余项改革措施，不断压减企业办事时间、程序、费用，提高政府监管质量和效率，加大制定修订法律法规力度，推动制度建设，及时将改革过程中形成的良好做法和经验以法律法规的形式予以固化，巩固改革成果。经过三年多的努力，我国营商环境水平显著改善，企业和群众获得感切实提升。

我国“放管服”改革优化营商环境成效不但得到市场主体的肯定，也得到国际社会的广泛认可，2018—2019 年中国在世行《全球营商环境报告》的排名持续大幅提升，极大地提振了国内外对中国经济发展的信心。2019 年 10 月，世行发布《全球营商环境报告 2020》，中国营商环境总体得分为 77.9 分，在全球 190 个经济体中排名第 31 位，比上年大幅提升了 15 位，比 2012 年党的十八大刚刚召开时的 91 位提升了 60 位。2018 年和 2019 年，中国连续两年被世行认定为全球营商环境改善幅度最大的十个经济体之一，其中获得电力、执行合同等领域的营商环境已达到全球最佳水平。

为充分发挥世行营商环境评估以评促改、以点带面的作用，财政部在推动京沪两市加大改革力度的同时，大力推动优化营商环境改革经验的交流分享。在国内，总结京沪两市改革经验，形成可复制推广的建议清单，组织改革经验交流会、研讨会、培训等知识分享活动，供各地互学互鉴，带动国内其他城市营商环境改善。在国际上，利用世行平台正面宣传中国"放管服"改革优化营商环境的经验和成效，同时持续学习借鉴其他国家优化营商环境的成功经验，为国内持续深化改革提供有益参考。随着中国营商环境的不断改善，市场主体活力和社会创造力被有效激发，对扩大就业、推进经济转型升级、实现高质量发展起到了重要的支撑作用。

二、主要做法

作为对标世行评估标准优化营商环境工作的国内主要牵头部门之一，财政部认真贯彻落实党中央、国务院决策部署，深入研究世行的评估方法和指标体系，紧密结合中国"放管服"改革的实际，扎实推动相关部门和北京市、上海市对标世行评估标准和国际先进经验，聚焦营商环境短板弱项，深化相关领域改革，持续打造市场化、法治化、国际化营商环境，同时，加大改革经验的交流分享力度，讲好中国营商环境改革故事，为国内各地竞相优化营商环境营造良好氛围，巩固我国作为全球主要投资目的地的国际地位。

（一）学透评估标准和方法，为深化改革提供标尺

财政部对世行《全球营商环境报告》进行了深入研究，厘清世行营商环境评估的设计理念、评估方法、指标体系、数据采集等方面的情况，为统筹开展评估工作奠定坚实基础。针对评估方法论中尚不完善的地方，按照取其精华、搁置争议的原则，紧密结合中国实际，积极稳妥推进相关领域改革。

自 2003 年起，世行每年发布《全球营商环境报告》，从企业全生命周期的角度，对全球 190 个经济体的营商环境进行评分和排名。截至 2020 年，评估指标包括开办企业、办理建筑许可、获得电力、登记财产、获得信贷、保护中小投资者、纳税、跨境贸易、执行合同、办理破产等 10 个方面；观测指标包括政府采购等。每个经济体按照常住人口数量选择 1 个城市作为评价对象，并自 2014 年起对包括中国在内的 11 个人口数量超过 1 亿的经济体分别选取两个常住人口最多的城市作为该经济体的样本城市参与评分和排名。我国参与评分排名的样本城市为北京市和上海市，权重分别为 45% 和 55%。世行《全球营商环境报告》本着“一个政府、一个窗口、一个网站”的理念，对企业或项目生命周期实施全流程评估，在具体评估过程中对每个指标均有特定的假设企业类型或者项目案例，采取企业视角进行评估。

世行《全球营商环境报告》数据来自各经济体政府部门，以及企业、会计师事务所、律师事务所等市场主体或专业机构，并以市场主体的反馈以及法律、政策条文作为最重要的评分依据，以政府部门的

反馈作为参考，进行打分排名。世行《全球营商环境报告》排名对各经济体营商环境、招商引资吸引力以及国际竞争力都有较大影响，也被国际上广泛应用。穆迪、标普、世界经济论坛等均在其相关报告中援引世行《全球营商环境报告》的分析和结论。尽管世行评估方法在假设案例、相关指标的设计等方面仍有一些不足，但其完全基于企业视角进行定量评估，鼓励推行“一个政府、一个窗口、一个网站”的理念，注重简政放权和加强监管并重等，对国内优化营商环境具有积极借鉴意义，可以善加利用，发挥以外促内的作用。

（二）强化组织领导，凝聚改革合力

财政部认真学习领会习近平总书记关于优化营商环境的重要讲话和指示精神，以及李克强总理关于对标世行评估标准和国际先进经验优化营商环境的系列重要指示批示精神，按照党中央、国务院决策部署，坚持以人民为中心的发展理念，将优化营商环境作为财政中心工作之一抓紧抓实抓好。在财政部党组的领导和指挥下，财政部会同相关部门和北京、上海两市建立了对标世行评估标准优化营商环境的工作机制，为全面深化营商环境改革、加强与世行的沟通协调等提供了有力的组织保障。

在国家层面上，由财政部作为主要牵头单位之一负责对标世行评估标准和国际先进经验优化营商环境的总体工作。针对世行评估的每一项指标，设1～2个牵头部门和若干参与部门，共同负责该指标领域的改革。牵头部门和参与部门全面指导地方相关部门就相关领域开展有针对性的改革，并总结推广改革经验。在改革过程中，涉及制定修订法律法规的相关工作由司法部牵头推动。各部门分工明确，密切协作，加强信息分享，形成改革合力，工作机制运转良好。

在地方层面上，参评城市具体负责相关指标改革工作。北京、上海两市市委、市政府主要领导高度重视对标世行评估标准优化营商环境工作，亲自部署，亲自推动。两市均成立了由主管副市长牵头、多部门参与的对标世行评估标准优化营商环境改革工作专班，在高质量完成国家层面部署的改革任务之外，还主动加码，结合地方经济高质量发展的需要，主动出台更多改革措施，推动地方营商环境不断改善。2018 年以来，北京、上海两市相继推出营商环境改革“1.0 版”“2.0 版”“3.0 版”，在许多重点环节和难点问题上都取得突破，为全国立标杆、做示范。

（三）推进贯彻落实，确保改革效果

1. 建立改革工作台账，明确改革任务和时间节点

为使改革更有针对性，并为更好地抓好改革举措的落地见效，财政部会同相关部门和北京、上海两市，从 2018 年开始针对世行《全球营商环境报告》反映的失分点制定年度工作计划，形成了年度《对标世界银行评估标准优化营商环境改革任务台账》，共梳理列示了 300 多项有针对性的改革措施，从企业办事便利度最大化角度重塑服务流程，在世行各评价指标所涉领域推进全流程改革。

2. 用好实地督查措施，确保改革政策落实

为确保改革举措取得实效，打通政策落地的“最后一公里”，财政部会同有关部门定期组织优化营商环境专项督查，通过访谈市场主体及律师、会计师等专业人士，对北京、上海两市的政务服务大厅进

行随机暗访等多种形式，核验改革落地实际成效，促进北京、上海两市政府和有关部门落实各项改革举措。

财政部及时将相关改革政策落实情况向国务院汇报，进一步压实相关部门以及参评城市改革任务落实责任。特别是对于历年在世行评估中由于出台政策较晚、样本企业少等原因未被世行采信的改革措施，督促相关部门和参评城市在次年的参评过程中提早谋划、提前部署，确保改革任务早落地、早见效，并加大改革举措的宣传力度，为下一年度参评工作打好基础，同时切实提高企业和群众的获得感。

3. 加大沟通协调力度，讲好中国改革故事

财政部积极创造和利用各种条件，向世行高级管理层以及营商环境评估团队宣介我国深化“放管服”改革优化营商环境的政策和成效，争取世行全面客观评价中国改革成果。

为推动世行《全球营商环境报告》全面准确反映我国“放管服”改革优化营商环境工作成效，2018—2019 年，财政部每年邀请世行《全球营商环境报告》评估团队来华，与北京、上海两地政府、有关部门和市场主体进行全面的政策磋商和数据核验，并组织相关部门和北京、上海两市政府组成的代表团赴美国华盛顿世行总部，就营商环境部分指标情况与世行开展磋商，做好相关政策的宣传解释工作。2020 年，受新冠肺炎疫情影响，中方与世行营商团队开展了密集的视频磋商，并举办了优化营商环境高级别政策对话会，向世行高级管理层代表和评估团队全面宣介中国“放管服”改革优化营商环境工作成效，取得了良好效果。此外，财政部还通过高层互访、参加世行重要会议等场合，持续宣传我国深化“放管服”改革、优化营商环境的政策和成效，不断增信释疑，推动世行全面客观予以评估。

（四）加强交流推广，促进国内营商环境整体提升

1. 推动双向交流，促进改革经验分享

为系统借鉴国际先进经验助力国内优化营商环境改革，从2018年起，中方与世行共同举办了三次优化营商环境高级别国际研讨会（2018年3月于上海，2018年11月于北京，2019年11月于北京）。其中，2018年11月和2019年11月的两次会议均是在当年《全球营商环境报告》发布之后，我国全球营商环境排名大幅提升的背景下举办的，李克强总理向这两次会议发来贺信，为国内进一步凝聚改革共识、明确改革方向发挥了重要作用。

以上三次会议通过邀请有关经济体政府高级官员以及营商环境改革政策制定者和实践者，世行高级管理层及专家，国内有关部门及地方政府、企业和学界代表等广泛参与，有效促进了优化营商环境改革经验分享，积极宣传了中国优化营商环境改革成效，同时也为国内进一步完善相关改革政策设计提供了有益借鉴。

为进一步学习先进经济体优化营商环境改革经验，财政部还于2018年、2019年组织北京、上海两地政府及相关部门先后赴新加坡、俄罗斯等国调研营商环境，重点围绕这些国家在优化营商环境方面的工作机制及其领先我国的指标领域进行深入研讨，为相关地区和部门持续优化营商环境提供有益参考。此外，我们还结合地方实际需求，积极帮助北京联系新西兰等有关方面，推动双方交流改革经验，并将中国与新西兰在优化营商环境领域的合作作为中新财金对话的重要议题和主要成果之一。

此外，财政部还大力支持国内省市及相关机构利用世行智力资源

开展知识合作。针对我国营商环境改革面临的突出问题，财政部试点性地通过付费技援的方式请世行重点就获得信贷、办理破产等指标进行政策咨询。支持北京市、上海市、南方电网等城市和机构与世行开展知识合作，就开办企业、办理建筑许可、获得电力、跨境贸易、办理破产等指标委托世行开展研究并提出改革建议，为国内改革提供国际智力支持。支持世行为重庆市开展地方营商环境评估，助力重庆对标国际一流标准优化营商环境。

2. 扩大改革影响，推广北京、上海改革经验

财政部通过牵头主办或联合承办优化营商环境改革经验交流培训班、对标世行评估优化营商环境改革经验推广会、研讨会等多场经验交流和知识分享活动，向国内相关城市介绍北京、上海两市优化营商环境改革经验，为其进一步深化“放管服”改革优化营商环境提供借鉴。

与此同时，财政部还会同相关部门和北京、上海两市系统总结我国近年来在对标世行评估标准和国际先进经验优化营商环境过程中推出的成效明显、市场主体欢迎的改革举措和经验做法，形成值得在全国复制推广借鉴的改革举措清单。按照在全国范围内复制推广、供全国借鉴等维度对改革举措进行分类，分步在全国层面进行推广，带动全国营商环境整体改善。

3. 宣传改革成绩，为持续改革营造良好环境

财政部主动加大营商环境改革政策和改革成果的宣传力度，在国内提升改革政策知晓度，在国际上讲好中国故事，提振外界对中国经济发展的信心。一是大力推动相关部门和北京市、上海市不断加大改革政策宣传力度，采取每年组织市场主体开展政策宣传、通过媒体及时发布政策信息、为企业提供管家服务等方式提高企业对改革政策的知晓度。二是财政部还密切结合世行营商环境报告发布的时间节点，与相关部门以及媒体密切配合，通过例行政策吹风会、专家访谈等线上线下相结合的方式，组织媒体集中宣传报道中国营商环境排名和改革情况，营造良好的舆论环境。

三、取得的主要成效

（一）中国营商环境国际排名稳步提升

2017 年以来，财政部大力推动相关部门和城市对标世行评估标准持续打造市场化法治化国际化营商环境。经过不懈努力，我国的改革成效不仅得到国内市场主体的充分认可，也反映在《全球营商环境报告》的排名提升上。2020 年底，根据世行初步反馈的情况，我国 2020 年的营商环境排名有望继续保持稳中有进。

（二）优化营商环境改革措施密集落地

2019 年和 2020 年《对标世界银行评估标准优化营商环境改革任务台账》所列的 258 项改革措施落实了 218 项，除 40 余项涉及制定修订法律法规或长期制度性的改革任务外，台账所列改革任务已全部完成，企业和群众的获得感显著增强，同时也为我国营商环境排名持续提升打下了坚实基础。

与此同时，财政部会同相关部门加大督导力度，有效打通政策落地“最后一公里”，一大批便企惠民政策得到快速落实。例如，在国家层面，海关总署不断深化国际贸易“单一窗口”改革，联通了 25 个相关部门的数据，16 个功能模块覆盖各个港口以及 600 种产品的跨境贸易，持续压缩通关时间和成本；最高人民法院出台了《中华人民共和国企业破产法》相关司法解释，进一步澄清债权人权利，精简破产程序并增加透明度，强化总体破产框架；国家电网通过扩充电网容量，对不超过160千瓦的设备可以直接免费连接到低压公用电网，企业办电时间和成本大幅压缩等。

（三）营商环境改革为经济高质量发展注入新的动力

北京和上海两市作为世行营商环境评估样本城市，在多个领域改革走在全国前列，两市市场主体活力不断增强，改革红利不断转化为经济发展的新动力。截至2020年底，北京市企业登记总户数211.52万户，同比增长1.26%；2020年新设企业20.29万户。上海市企业登记总户数约为292万户，同比增长约7.4%；2020年新设企业46.84万户。根据2019年中华全国工商业联合会对全国200个城市4.1万家私营企业进行的营商环境调查，私营部门对中国总体营商环境满意度正在提升，尤其是对北京、上海的营商环境满意度最高。

通过近年来持续对标世行评估标准优化营商环境，我国营商环境得到显著提升，部分领域营商环境水平已处于世界领先地位。但另一方面，各地营商环境水平仍不平衡，相关领域改革进入深水区，需要进一步加大改革力度。下一步，财政部将继续深入贯彻落实党中央、国务院决策部署，更好统筹国际国内两个大局，牵头推动国内相关部门和城市对标世行评估标准和国际先进经验，深入推进“放管服”改革持续优化营商环境改革，切实提升企业和群众的获得感，同时加大国内国外改革经验双向交流，为国内持续深化改革营造良好环境。此外，财政部还将积极参与引导世行营商环境评估方法论的完善，为世行营商环境评估体系和标准建设贡献更多中国智慧和中国方案，为其他发展中国家推动结构改革，从而促进世界经济的复苏和增长作出积极贡献。

四、经验启示

一是高层领导重视。党中央、国务院高度重视优化营商环境工作，并对对标国际先进优化营商环境提出了明确改革目标和要求。习近平总书记提出要营造国际一流的营商环境，并要求北上广深等特大城市率先加大营商环境改革力度。李克强总理要求加大力度消除市场准入障碍，降低交易成本，并多次主持国务院会议专题研究推动优化营商环境工作。党中央、国务院高度重视并提出具体要求，为做好对标世行评估标准优化营商环境工作指明了方向，提供了遵循。

二是鼓励地方先行先试。坚持顶层设计与基层创新相结合的改革模式，特别注重大力鼓励和支持地方在现行法律法规框架内积极探索出台创新性、差异化的优化营商环境改革举措。大力推动北京、上海作为世行营商环境评估样本城市，在体制机制创新方面走在全国前列，为国内持续深化“放管服”改革闯出新路，形成一批可复制可推广的经验，为促进我国总体营商环境水平的提升发挥良好的示范带头作用。

三是建立多层级、多部门的改革协调机制。财政部牵头对标世行评估标准优化营商环境总体工作，并针对10个世行正式评估指标建立了牵头部门和参与部门的协调联络机制，北京、上海两市成立了市政府主要领导挂帅，上百人参与的工作专班，压实各项改革任务。财政部会同相关部门通过每年制定改革任务台账、定期召开改革推进会、开展专项督查等方式，推动各项改革举措落地见效。

四是加强营商环境改革经验国内国际双向交流。财政部和北京、上海两市通过定期组织营商环境的国际研讨会以及调研活动，主动引进全球最新的改革理念和经验，将京沪两市成熟的改革经验做法在全国复制推广借鉴，带动全国整体营商环境持续改善。同时通过各种平台主动与国际社会共享中国改革经验，为全球营商环境改革提供中国智慧、中国方案。

【思考题】

1. 目前我国在营商环境方面还存在哪些问题和短板?

2. 如何更好地推动相关城市营商环境改革先进经验在更多的地方复制推广，带动全国整体营商环境的改善?

深化改革　强化监督

——北京财政完善预算执行动态监控机制实践

【引言】党的十九届四中全会提出坚持和完善中国特色社会主义制度、推进国家治理体系和治理能力现代化的总目标和总要求，提出要坚持和完善党和国家监督体系。习近平总书记在《依法行使政府监督》一文中指出："加强财政监督，不但可以保障财政资金的正确运用，提高资金使用效果，而且可以发挥国民经济'监测器'和'警示器'的作用。"① 深化财税体制改革，发挥财政监督效力，运用动态监控等手段，把违反"八项规定"行为纳入财政监督，发挥财政监督在严肃财政纪律和规范预算执行的重要保障作用。近年来，北京市预算执行动态监控工作紧紧围绕财政中心工作和财政资金管理要求，牢固树立过"紧日子"思想，坚持厉行节约，反对铺张浪费，强化预算支出管理，深化预算执行动态监控效能，发挥财政监督实效。

① 习近平：《依法行使政府监督》，载于《福建财会》2000 年第 7 期。

【摘要】国库管理既是财政管理的重要组成部分，也是财政发挥职能作用的基础性保障。预算执行动态监控管理是现代财政国库管理体系的重要部分，也是财政监督的重要手段之一。北京市作为财政部首批动态监控试点省份之一，通过近年来不断深化拓展监控范围、改进监控流程、加强重点资金监控、加大问题核查、完善管理机制等举措，违规问题逐年下降，预算单位自纠整改意识明显增强，动态监控效果逐步体现，全市预算执行动态监控管理体系日臻成熟。本文以北京市为案例，通过阐述预算执行动态监控工作开展的总体情况，分析在工作中存在的问题及原因，并提出深化制度建设、动态监控与预算管理一体化建设衔接等建议，为进一步提高动态监控效能，深入推进动态监控管理，强化财政监督提供参考。

【关键词】动态监控　机制　成效

一、背景情况

预算执行动态监控机制是现代财政国库管理体系的重要组成部分，建立动态监控机制，是财政国库制度改革的延伸，自 2001 年起，我国财政国库管理制度改革，其核心是通过建立国库单一账户体系，改革财政资金的传统缴拨方式，建立起适应公共财政发展的现代国库管理体系，目的是进一步加强财政监督，提高资金使用效益；而建立预算执行动态监控机制，是落实国务院《财政国库管理制度改革方案》中“加强监督制约机制”要求的重要措施。2005 年，北京财政根据财政部关于开展地方预算执行动态监控工作的总体部署，启动预算执行动态监控工作。2016 年，按照财政部关于推进地方预算执行动态监控工作的总体要求和部署，在国库司的大力指导下，结合北京市提出构建财政大监督的理念，进一步明确动态监控的工作要求，以扎紧“笼子”提高财政资金使用效益为目标，预算执行动态监控工作紧紧围绕财政中心工作和财政资金使用的要求，从“聚集、精准、扩围”上下功夫，通过不断完善制度、流程、机制以及系统建设，实现监控系统与市级部门（单位）、代理银行和区级财政部门互动的横纵相交立体化监管体系。监控覆盖市级所有预算单位（除涉密单位外），市对区专项转移支付延伸到区级财政部门及街（乡），打通监控最后“一公里”。监控资金包括市级实行国库集中支付的财政性资金、专项转移支付资金。监控重点是否违反经费管理规定、是否执行政府定点采购规定、是否违反“八项规定”、是否规范预算执行管理规定、是否违反现金使用和公务卡规定等内容。建立起从重点预警、实时监控、核实反馈，到纠偏整改、重点核查、违规处理的链条式监控闭环管理模式，全面跟踪财政资金支付活动。

二、主要做法

北京市财政局以习近平新时代中国特色社会主义思想为指导，深入贯彻落实党的十九大和十九届二中、三中、四中、五中全会精神，按照财政部、北京市市委市政府关于深化财政资金监控的决策部署，带头过“紧日子”，不断强化绩效管理，发挥财政监督职能，以动态监控系统为平台支撑，深化对违反“八项规定”行为、重点经费使用、疫情防控资金支出的重点监控，不断提升内控、部门联动监督的效果，加大对财政资金支付行为的监控、预警、整改、纠偏力度，进一步发挥国库集中支付制度从源头预防腐败和动态监控保驾护航的重要作用。

（一）构建智能预警系统

一是搭建资金监控数据网。实现动态监控系统与集中支付系统、政府采购系统、银行账户审批系统、代理银行多系统互联互通，实时获取监控数据。二是建立监控预警审核闭环机制。建立与预算部门（区级财政）监控业务实时交互、预警信息自动下发预算部门、内部多方审核全程留痕、疑似问题移送监督核查、违规问题处理整改、监控结果与部门绩效挂钩的全流程运转机制。三是不断推进预警重点监控。根据财政财务管理有关规定和中央及北京市关于正风肃纪的规定，设置包括财政内部管理、预算单位、代理银行和区级财政部门四个方面近 90 条预警规则，构建有效监控“一张网”和“一盘棋”。

（二）完备制度体系和运行机制

一是夯实基础管理，制定“一方案、一办法、一规定”等一系列制度规定，如《北京市财政局预算执行动态监控工作实施方案》《北京市市级预算执行动态监控管理暂行办法》《市级预算执行动态监控内部管理规定》。二是促进预算执行规范管理，印发《关于进一步规范市级国库集中支付管理有关事项的通知》和《北京市市级预算单位现金提取和使用管理办法》。三是强化正风肃纪管理，印发《北京市财政局关于开展整治违规违反“八项规定”精神突出问题重点监控的通知》，有效促进单位规范预算执行。各区也制定了相关管理办法有效落实，为北京市动态监控开展提供制度保障。

(三)拓围扩面创新监控模式

一是拓展实有资金监控。2018 年,开展预算单位实有资金账户监控试点工作,印发《北京市市级预算单位实有资金动态监控试点方案》,将 14 家预算部门所属 35 家基层预算单位的 53 个实有资金账户纳入预算执行动态监控管理,为推进实有资金监控积累经验。二是实施大额项目资金专项监控。根据大额项目资金管理办法,依据禁令清单实施专项预警和基本预警,将全市 60 项大额资金项目细化到二级明细项目资金,深化监控范围。三是增加现金提取支付前移提醒功能。在集中支付系统支付前端,设置现金提取使用和公务卡结算自动提醒“警示牌”,将资金使用事后预警前移为事前主动规范。

(四)重点监控发挥威慑作用

一是落实“八项规定”重点监控。在对公款购买年货节礼、收送礼品、公款旅游等事项进行监控预警基础上,按照加强用公款违规购买名贵特产资金管理的要求,在“八项规定”监控预警名录库中增加“景泰蓝”“牙雕”“漆器”等 50 个公款违规购买名贵特产预警的关键词,并将商业购物预付卡黑名单等信息纳入筛查范围重点监控。二是规范预算执行监控。重点对预算单位日常公务活动主要涉及的会议费、培训费、差旅费、机动经费等是否改变用途及违反会议、培训管理规定等,采取支付凭证摘要信息与经济分类科目一致性匹配度筛查,进行重点监控。三是完善政府采购监控。通过动态监控系统与北京市政府采购供应商库直联比对,加大对违反执行会议、物业管理、印刷、汽车租赁等 12 项政府采购定点机构规定进行精准预警。四是强化现金提取监控。采取“制度与系统”相结合方式加强现金管理。制定现金提取和使用办法，从现金提取使用内容和规模双向管控，强化现金提取使用管理；并在集中支付系统中，增加现金提取和公务卡强制结算目录信息支付的前端提醒功能，规范现金提取使用管理。

（五）联动合力强纠偏促整改

一是核查纠偏促整改。对监控反映的市级部门、区级财政的疑似违规问题或不规范问题，采取电话问询、调阅材料、约谈走访、实地检查等方式进行疑点信息核实。经核查确认的违规问题，出具处理意见书并按照规定和程序告知部门整改。二是协同纪委合力监管。积极配合各级纪检部门开展执纪检查工作，在重大节日敏感期间提供贺卡、餐费、月饼、礼品等监控信息线索。同时，协同纪检部门办案提供监控数据信息。

（六）强化动态监控结果应用

一是将动态监控与政府部门绩效考核挂钩。按照北京市市级政府部门绩效考评规定与要求，依据纳入考评的范围，从 2017 年连续 4 年，根据动态监控结果，对存在违规问题等预算部门进行评估打分。二是加大动态监控分析报告反映。建立季度分析报告和预警问题内部通报机制，按季度反映监控疑点问题，编制《动态监控预警违规情况统计表》《部门预警问题反馈情况表》反馈相关处室，督办部门落实整改，规范预算执行。三是深化基层服务促管理。根据部门动态监控预警反映的问题，以问题为导向，有针对性地开展“点对点”培训与服务，讲解政策，分析案例，帮助研究解决基层财务管理中的问题。

2019年，北京市财政局先后走访北京市规委、北京市教委、北京市应急局、北京市丰台区财政局等多家部门，点对点培训辅导300余人。2020年受疫情防控影响，改为电话咨询、线上指导、来文函询等方式，解决预算执行过程的问题。

三、主要成效

近年来，通过预算执行动态监控管理的深入推进，预算部门财务管理和监督水平不断提升，特别是凭借动态监控系统能够实时反映财政资金来龙去脉的优势，对预算部门（单位）形成强大的制约和震慑作用，有效提升部门重视财务管理，增强规范用款，主动预防和减少违规问题发生的意识。一是动态监控反映，随着动态监控范围的逐年扩大，预警问题逐年下降，2020年市级预算单位监控预警资金呈大幅下降的良好态势，与上年同比下降48.07%。同时，体现“过紧日子”要求和受疫情防控因素影响，市级预算单位各类公务活动和经费支出明显下降，动态监控反映市级部门使用公务卡结算资金和提取使用现金分别为3.09亿元和0.93亿元，同比分别下降46.96%和32.54%，公务卡和现金使用方面呈现“双双下降”态势，财政资金的安全性和规范性得到进一步加强。二是预算部门主动纠偏意识显著增强，高度重视监控预警发现的问题，积极主动纠偏整改，监控违规问题呈现逐年持续下降的良好态势。预防和减少违规问题发生，进一步督促单位规范预算执行，截至2020年底，北京市市级预算部门纠偏整改监控违规资金369.06万元，违规问题均及时整改，动态监控纠偏促进整改成效显著。

四、经验启示

预算执行动态监控的目的不仅要逐步减少预警信息，更重要的是通过信息化大数据等手段推进财政监督管理，规范财政资金使用，确保财政资金安全运行。通过对北京市市级部门预算执行动态监控情况分析，在预算执行动态监控工作方面得到以下几点启示。

一是构建科学动态监控系统是监控基础。目前，财政预算管理一体化建设正全面推进，为深化预算执行动态监控管理提供了新的契机，加强国库管理制度机制建设与预算管理一体化建设的有效衔接，充分利用预算管理一体化系统建设搭建的预算管理与执行业务链条完整、资金涵盖面全、业务信息量大、部门多的优势，通过设置简便合理、科学高效监控流程，研究建立事前、事中和事后预警相结合的综合监控模式，建设科学的动态监控系统模块，优化内部流转环节，提高监控预警规则设置的精准性、科学性，更加有效发挥动态监控的效力。

二是深化制度建设是推进动态监控的保障。深化国库集中支付制度改革，加强预算单位实有资金账户管理，逐步扩大国库集中支付范围，将所有单位、所有财政性资金纳入国库集中支付管理，以实现所有财政性资金均通过零余额账户这一个出口支付，逐步将动态监控范围扩大到所有财政资金。加强动态监控管理制度建设，完善预算执行动态监控管理办法及财政资金使用管理规定，明确监控范围、监控重点、监控流程及监控职权等内容，不断细化财政资金管理制度的负面清单。

三是加大预警问题核查监管力度，持续强化协同发挥合力监督。夯实监控数据基础，打通数据孤岛，强化数据归集、共享，深化监控预警大数据运用，构建多方监控大数据共享模式，通过一方预警、多点联动核查监督方式，建立财政、纪检、税务、审计等联合监督，保障财政资金使用安全。健全财政内部审核部门之间的互动机制，保障日常疑似监控预警能适时开展实地核查或联合检查，强化监督整改执行力，建立监控内部审核分工明确、各司其职、高效协同的良好机制，实现监控预警、逐级核查、督办整改、结果反馈等全流程监控，切实发挥财政监督效力，提升动态监控管理质效。

【思考题】

1. 在预算管理一体化建设中如何保障动态监控有效衔接?
2. 如何开展动态监控综合预警提升监控精准度?
3. 如何最大程度发挥动态监控整改纠偏实际效力?

改革完善财政体制　激发基层经济活力

——广西构建完善保障与激励并重的财政体制实践与启示

【引言】党的十八届三中全会强调，财政是国家治理的基础和重要支柱，科学的财税体制是优化资源配置、维护市场统一、促进社会公平、实现国家长治久安的制度保障。[①] 习近平总书记指出，财税体制改革不是解一时之弊，而是着眼长远机制的系统性重构。[②] 坚持稳中求进工作总基调是习近平新时代中国特色社会主义经济思想的重要内容，是推动我国经济持续健康发展的重要方法论。习近平总书记强调，做好“六稳”工作、落实“六保”任务至关重要，“六保”是我们应对各种风险挑战的重要保证，要在“稳”和“保”的基础上积极进取。[③]

---

① 《中央政治局召开会议审议〈深化财税体制改革总体方案〉等》，人民网，http：//jhsjk. people. cn/article/25220297，2014 年 6 月。

② 《习近平：改革要聚焦聚神聚力抓好落实　着力提高改革针对性和实效性》，载于《人民日报》2014 年 6 月 7 日第 1 版。

③ 《习近平看望参加政协会议的经济界委员》，人民网，http：//jhsjk. people. cn/article/31720746，2020 年 5 月。

为此，财政在实现“保基本民生、保工资、保运转”（以下简称“三保”）以及国家宏观调控和兜底稳盘的基础上，也应更好发挥财政体制对地方经济发展的引导和激励作用，促进经济加快发展、高质量发展。

【摘要】 当前广西经济发展进入新阶段，面临一些新情况、新问题、新挑战和新机遇，财政在实现保吃饭和平稳运行的基础上，更要发挥好财政体制对经济发展的引导和激励作用，着力破解体制机制障碍，激励发展，促进发展，加快发展。为此，广西财政厅认真贯彻落实中央和自治区关于深化财税体制改革、“六稳”“六保”重大决策部署，坚持稳中求进工作总基调，进一步解放思想、改革创新、扩大开放、担当实干，兼顾当前和长远，注重系统性、全面性，重点在顶层设计、体制机制和建章立制等方面出新招、出实招、出硬招，打出一套“组合拳”。通过改革完善转移支付制度，调整完善自治区对县财政体制，建立绩效考核与激励机制，推进经济发达乡镇财政管理体制改革等系列举措，全面系统地改革完善财政管理体制，在确保财政运行平稳有序的基础上，进一步激发市县担当作为、创先争优、加快经济发展的积极性、主动性和创造性。改革举措得到自治区主要领导肯定批示，改革经验受到部分省份关注并被河北等省参考借鉴。

【关键词】 转移支付制度　财政管理体制　考核与激励机制

一、背景情况

当前广西财政经济发展进入新阶段，仍处于重要战略机遇期，但也存在体制机制不畅，市县乡发展动力不足，担当作为积极性不够高，特色优势发挥不够等问题。一是全面直管县财政体制一定程度上制约县域经济加快发展。自 2011 年以来，广西全面推行省直管县财政体制改革，有力保障了县级政权运转和经济社会的稳定发展，取得了良好的成效。但随着形势发展变化，全面直管县财政体制也面临一些新情况、新问题。如设区市对所辖县财政扶持力度减弱，管理和监督职责有弱化倾向；中心城市对周边县辐射和带动作用发挥不够，城镇化进程不够快；政策过于强调公平和平均保障，激励发展作用不明显等。对此，自治区政府主要领导指示，要进一步改革完善直管县财政体制，更好地促进县域经济发展。二是财政管理“五难”问题凸显。广西财政管理工作中“财源基础培育难、财政收入组织难、支出进度加快难、绩效理念强化难、政府债务管理难”等“五难”问题愈发突出，部分市县主动性不强、积极性不高，存在“等靠要”思想。三是财政管理工作激励引导不足。转移支付制度仍不够健全完善，自治区对下财政管理工作缺乏激励引导和有效抓手，市县担当作为、创先争优热情不够。四是乡镇经济发展活力激发不够。乡镇当家理财的体制机制不健全，乡财县管的体制弱化了乡镇一级财政主体地位，乡镇干事创业的主动性、灵活性、创新性受限。五是促进园区经济发展的体制机制不够顺畅。广西毗邻粤港澳大湾区、延边、沿海区位优势发挥不够，园区财政体制尚不健全，促进“飞地经济”发展的政策措施不足，制约招商引资和实施“三企入桂”，急需创新突破更好地实现资源整合、优势互补和互利共赢。

为扭转理财被动局面，结合“不忘初心、牢记使命”主题教育，广西财政厅检视当前财政管理工作中的关键环节和主要难题，坚决贯彻落实自治区党委、政府关于进一步解放思想、改革创新、扩大开放、担当实干的工作方针，认真研究探索，大胆借鉴创新，调整完善自治区对县财政体制，构建财政管理工作绩效考核与激励机制，改革完善保障与激励并重的转移支付制度，推进乡镇财政管理体制改革，研究出台促进“飞地经济”发展的财政政策措施，取得了较好成效。

二、主要做法

（一）改革完善均衡性转移支付制度，夯实“保基本”基础

近年来，广西财政厅不断改革完善《自治区均衡性转移支付办法》，进一步完善自治区对下财政分配关系，合理调节各地间财力差异，不断推进基本公共服务均等化。一是注重“促均衡”。基于基本公共服务均等化理念，全面系统修订完善均衡性转移支付制度，包括测算框架体系、标准财政收支、成本差异系数、增减幅调控、补助系数等，使转移支付测算更加科学合理。二是注重“差异化”。创新转移支付测算方法，区分设区市本级、城区、县三套体系测算，实现了分级次单独测算，较好回应了基层有关政策诉求；在成本差异系数中引入人口规模系数、面积规模效应系数，使核定的标准财政支出更加符合实际情况；在平均补助系数的基础上，增加脱贫攻坚、民族自治县等特殊政策补助系数，体现差异化对待。三是注重“加力度”。坚持财力下移，近年来适当超年初预算对下安排均衡性转移支付，逐年加大对市县补助力度，增强基层保障能力。2020 年中央均衡性转移支付增量直达资金，自治区本级第一时间、一分不留，全部直达基层，助力市县财政平稳运行，增强对财力困难地区的托底保障能力，兜牢“三保”底线，压实社会稳定的“压舱石”。

（二）改革完善自治区对县财政体制，激发“快发展”活力

通过广泛调查研究拟定并报请自治区人民政府出台《关于改革完善自治区对县财政体制促进县域经济发展的实施意见》，进一步改革和完善自治区与市、县财政体制关系。一是实行分类管理。适应城镇化发展趋势，注重发挥中心城市带动作用，将所有县自治区财政直管改为部分自治区直管和部分设区市管理，更好地适应城镇化、工业化、信息化发展潮流，充分发挥中心城市对县域的辐射带动协调发展作用。划分市管县的县主要做法：将毗邻设区市的县划归设区市管理，发挥中心城市作用，实现城乡一体化发展，培育经济大县强县；将广西北部湾四市所辖县全部划为市管，有利于北部湾经济一体化以及实施国家确定的北部湾城市群规划；将市域面积小、所辖县个数少的设区市所辖县划为市管，以利于城市化发展；将经济辐射能力较强的设区市所辖县全部划为市管，充分发挥设区市带动发展的作用；将区位优势明显，经济实力较强，发展条件较好，与设区市经济协同发展关系密切的县划为市管，加快区域经济一体化发展。调整后，广西南宁市、柳州市、北海市、钦州市和防城港市全部实行市管县，桂林市的阳朔县、灵川县、永福县，梧州市的藤县，玉林市的北流市，百色市的田阳县、田东县、平果市也实行财政市管县，合计共有23个市管县，其余48个县仍实行自治区财政直管县。二是建立激励机制，激发发展活力。通过安排县域经济发展专项奖励资金，建立市管县税收收入上划奖励机制、招商引资奖励机制、高新技术产业地方税收增量奖励机制、设区市扶持县发展奖励机制等政策，进一步激发设区市扶持所辖县发展的积极性，更好地发挥设区市在城市规划、项目布局、招商引资、地域毗邻管理等方面优势，增强设区市统筹区域发展能力和辐射功能，

强化设区市对县的指导管理和带动发展，做大做强县域经济。三是明晰职责分工，形成支持合力。进一步明确和强化自治区相关部门、设区市和县职责分工，充分发挥自治区政策优势、设区市主体管理优势和县域内生动力优势，形成促进县域经济发展的强大合力。引导自治区相关部门主动适应自治区对县财政体制改革的要求，建立健全管理体制机制，增强服务意识，鼓励、支持和帮助县级深化改革、扩大开放、加快发展，着力营造良好的发展环境；引导设区市加大对县的支持力度，加强对县财政日常业务的管理指导和监督检查，切实履行对县的主体管理责任；引导县坚决克服“等靠要”的依赖思想，主动作为，大力培植财源，做大做强财政蛋糕，提高财政精细化管理水平，科学合理编制预算，优化支出结构，坚持厉行节约，保运转、保民生、保稳定、促发展。四是落实政策措施，加大激励力度。作为改革的配套措施，广西财政厅印发《改革完善自治区对县财政体制促进县域经济发展具体实施办法》，进一步细化和明确收支划分、转移支付、政府债券额度、资金调度、配套资金、财政结算等事宜，政策更具操作性和针对性，确保改革顺利推进。同时，加大激励奖励力度。2017—2020 年，广西财政厅安排下达广西科学发展先进县（城区）、进步县（城区）专项奖励资金，县域经济发展奖励资金，财政管理工作绩效考核与激励资金和落实有关重大政策措施真抓实干成效明显奖励资金共 85. 31 亿元，进一步激励市县加快县域经济发展，率先带头发展。

（三）建立绩效考核与激励机制，营造“勇担当”氛围

广西财政厅出台《广西壮族自治区财政管理工作绩效考核与激励办法》，激发市县创先争优、担当实干，凝聚建设“六强”型财政、

服务壮美广西的磅礴力量。一是建立考核与激励机制。综合考虑优化收入结构、财政预算执行、政府债务管理等10个方面12项指标，对综合考核排名靠前的市县给予奖励激励；同时，采取“正向加分”“反向扣分”考核机制，对发展经济、财政管理等工作成效显著的，给予加分；对财政管理工作存在重大失误或保工资和防范化解政府债务风险不力，造成严重不良影响的，给予扣分。二是加大综合奖励力度。扩大激励范围，激励的市本级原则上不少于4个，县原则上不少于15个；提高奖励额度，激励额度每个市本级原则上不低于10000万元，每个县不低于2000万元；对同时被国务院纳入先进典型名单的市县，进一步增加奖励额度。三是增加专项奖励（约束）因素。对优化收入结构、财政预算执行管理、政府债务管理等9项专项指标排名靠前或靠后、专项工作突出或落后的市县，在有关转移支付奖惩因素测算、国库资金调度、债券分配等方面给予奖励或约束，进一步强化奖优罚劣、奖勤罚懒的政策导向，激励先进，鞭策落后。

（四）推进乡镇财政管理体制改革，发挥“强试点”作用

广西财政厅出台《推进经济发达镇财政管理体制改革的指导意见》，有效解决现有“乡财县管”财政管理体制中乡镇财政主体地位缺失、理财积极性不高、开展工作受制约等突出问题，进一步激发广西乡镇发展活力。一是因地制宜先行先试。根据广西实际，将自治区确立的横县六景镇、宾阳县黎塘镇等15个经济发达镇纳入先行先试范围。同时，充分授权县级政府综合考虑人口较多、发展条件优、发展潜力大、经济基础较好、财政收支规模较大、收入稳定且改革积极性高等因素，自主决定将符合条件的乡镇纳入改革范围。二是科学合理划分县乡收支。保持现有财力格局总体稳定，重新划分县乡收支，客观据

实核定经济发达镇收支基数，在确保县乡财政平稳运行的基础上，适当提高经济发达镇财政收入的留存比例。适度减轻经济发达镇支出责任，经济发达镇“三保”等刚性支出原则上继续由县级财政予以统筹保障。三是建立健全激励机制。根据乡镇发展状况和潜力，实行差别化的奖补政策，对经济发达镇税收收入（不含中央和自治区上划部分）增收部分一定时期内可予以返还或奖励，并在专项资金上给予支持。同时，自治区对积极推进改革且有效激励乡镇发展和增收的市县，在相关转移支付中给予一定奖励。四是加强乡镇机构队伍建设。在规定的机构限额内通过内部盘活、适当调剂等方式，逐步配齐乡镇财政机构负责人、预算总会计、国库、出纳等基本岗位人员，妥善解决相关人员身份、级别等待遇问题。研究考虑乡镇财政局（所）长按副科级任职（原有机构高于副科级别的可继续保留原有级别），提高以财佐政能力，实行人、财、物由乡镇统一管理，为激发乡镇经济发展活力提供必要保障。

（五）研究完善园区财政体制，实现“促共赢”目标

广西财政厅报请自治区人民政府出台《促进“飞地经济”发展财政政策措施》，明确“飞地经济”园区合作方财税利益分享机制和政策措施，支持跨区域共建产业园区，鼓励探索优势互补、互利共赢的“飞地经济”等模式，促进区域经济加快发展。一是放权让利，激励“飞地经济”园区做大做强。在一定时期内，将自治区本级分享税收收入增量部分全部补助“飞地经济”园区，调动园区发展积极性，促进园区加快发展。二是优先支持，可按最优惠政策执行。广西财政厅安排相关资金和政府债券时对“飞地经济”园区优先支持。现有的支持各类产业园区发展的财政政策，政策条件允许的情况下，可按

"飞地经济"园区合作方最优惠的政策执行。三是充分授权，兼顾各方利益。"飞地经济"园区内的国有土地使用权出让收入（扣除中央和自治区政策性刚性支出以及土地收储成本后）和合作方可分享的财政收入，放权由合作方自行协商确定分享比例。四是强化激励，调动市县积极性。对促进"飞地经济"发展成效显著的市县，自治区在财政管理工作绩效考核中给予加分，并给予适当奖励，激发市县发展"飞地经济"的积极性。

三、主要成效

（一）改革获得高度认可

广西财政厅研究制定的《改革完善均衡性转移支付制度》《关于改革完善自治区对县财政体制促进县域经济发展的实施意见》分别获2016年、2017年广西全面深化改革优秀改革方案（每年广西10个），并在《中国财经报》、财政部网站、《广西全面深化改革简报》上刊发，得到自治区主要领导肯定批示。同时，在财政部召开的全国地方预算管理改革工作会议上，广西财政厅作为改革先进省份做了典型经验交流发言。自治区政府常务会审议广西财政厅研究制定的《促进"飞地经济"发展财政政策措施》时，自治区政府主要领导强调，出台"飞地经济"发展财政政策是很有益的探索，探索过程复杂，广西要探索出一条路来，并在实施过程中不断完善。同时，目前发展"飞地经济"全国总体处于研究探索阶段，部分省（区）只针对特定园区出台了"一园一策"，但省级层面统一出台支持"飞地经济"发展的财政政策几乎没有，此项改革广西已走在全国前列。

（二）改革经验得到推广应用

广西改革完善自治区对县财政体制、建立激励机制等做法引起了广东、河北、辽宁、云南等省份的高度关注，并咨询了解相关政策措施。其中，河北省参考借鉴广西做法，出台了《促进县域经济高质量发展十条财政政策》，激励县域经济增强自身造血功能。同时，广西财政厅出台《财政管理工作绩效考核与激励办法》后，部分设区市根据自治区办法，结合各自实际，研究制定相关激励考核办法，激发所辖县区担当实干。

（三）保基本底线牢牢守住

2016—2020 年，广西财政厅下达市县均衡性转移支付 1834.24 亿元，年均增长 9%，超过转移支付总规模年均增幅，助力基层“三保”底线牢牢守住，确保市县财政平稳运行，兜住了经济社会持续健康发展的基本盘。同时，与 2016 年相比，2020 年广西各县的人均财力差异进一步缩小。均衡性转移支付对脱贫攻坚、补齐发展短板和民族自治县的政策倾斜得到较好体现，2020 年广西 54 个贫困县补助额占总补助额的比重达到近 60%，超过人口占比近 20 个百分点；15 个民族自治区县补助额占总补助额的比重达到近 20%，超过人口占比近 10 个百分点，尤其是环江毛南族自治县实现整族脱贫，得到习近平总书记的高度肯定。2020 年 3 月 6 日，习近平总书记在决战决胜脱贫攻坚视频会议上提到，广西河池都安瑶族自治县是贫困县中疫情最为严重的地区。① 2020 年自

---

① 《习近平：在决战决胜脱贫攻坚座谈会上的讲话》，新华网，http：//xinhuanet. com/politics/leaders/2020 - 03/06/c - 1125674682. htm，2020 年 3 月。

治区进一步加大都安县均衡性转移支付补助力度，安排下达资金8.58亿元，支持都安县打赢疫情防控阻击战，促进经济社会稳定发展。

（四）快发展活力有效激发

在激励性财政体制的引导激励下，近年来广西各地经济发展、财源建设活力十足，2019年广西组织财政收入接近3000亿元大关（2020年受疫情影响不可比，全国财政收入普遍下降，相关数据统计到2019年，下同），一般公共预算收入增速位居全国前列，增速下滑态势得到扭转。部分获得自治区奖励资金较多的市县，经济发展活力凸显，主要经济指标保持较快增长。例如，2016—2019年，贵港市GDP年均增长9%，财政收入年均增长14.4%，连续四年排名广西前列（其中，财政收入连续两年广西第一）。对此，贵港市委、市政府专门发来感谢信对改革举措和激励政策表示衷心感谢和高度认可。北海市财政收入增幅连续3年超过两位数，2019年财政收入接近250亿元大关。在自治区县域经济发展激励政策下（巴马瑶族自治县获得奖励金额排广西第三名），巴马瑶族自治县财政收入连续两年增幅超过30%，2019年增幅位列广西第一。

（五）财政体制导向作用显现

将部分自治区财政直管县调整为市管县并建立激励机制后，2017—2019年，市管县GDP年均增速明显快于全区县年均增速；市管县民生支出占比提高速度快于全区县平均水平，民生支出保障更加有力；设区市对所辖县补助力度明显增加，南宁、柳州、北海等设区市本级对所辖市管县的补助额连续3年保持稳定增长，市本级主体管理责任进一步增强；有关设区市对市管县资金超调总规模较大，年均达到40亿元左右。转移支付制度更趋完善，既保基本也强激励，转变了“越落后越得支持、越穷越得照顾”的片面认识和“等靠要”思想，形成了保障与激励并重的科学机制和良好导向。贺州市八步区信都镇探索建立了“镇园合一”财政管理体制，税收收入的增量部分3年内全部留存信都镇（广西东融产业园），“三保”等刚性支出继续由八步区统筹保障，使得乡镇轻装上阵，当家理财积极性有效激发。

四、经验启示

（一）坚持服务大局，充分发挥财政职能

广西财政厅紧紧围绕中央和自治区重大决策部署，坚持稳中求进总基调，兼顾当前和长远，统筹做好“六稳”“六保”工作，认真贯彻落实《中共广西壮族自治区委员会关于进一步解放思想改革创新扩大开放担当实干加快建设壮美广西共圆复兴梦想的决定》（桂发〔2019〕17号）精神，有效发挥财政体制对经济转型升级和民生改善的引导和激励作用，更好地促进经济社会健康发展。

（二）坚持问题导向，深入开展调查研究

结合“不忘初心、牢记使命”主题教育，广西财政厅检视当前财政管理工作中的关键环节和主要难题（如全面直管县存在问题、“五难”问题、乡镇发展活力不够等），坚持问题导向，专门研究制定了相关工作方案，成立调研组，并由广西财政厅主要领导带队赴区内外开展专题调研，学习借鉴河南、安徽、浙江等省份好的经验做法，系

统性研究完善，并广泛征求意见。相关改革方案经自治区党委常委会、自治区政府常务会审议通过后实施。

（三）坚持放权激励，激发各方主体活力

自治区对县财政体制改革，坚持权责匹配、激励相容，自治区加强政策指导，设区市履行主体管理责任，县发挥内生动力，明晰职责，形成合力。发达乡镇财政体制改革，充分授权县根据实际，自主决定乡镇纳入改革试点范围。坚持财权事权匹配，科学合理划分县乡收支，增加乡镇税收收入返还，减少乡镇支出责任，提高乡镇当家理财的积极性、灵活性和创新性。逐步配齐乡镇财政所岗位人员，研究提高乡镇财政局（所）长级别待遇，激发干事创业热情和以财佐政能力。促进“飞地经济”发展财政政策措施，放权让利，将自治区本级分享税收收入增量部分全部补助“飞地经济”园区，激发园区加快发展的内生动力。对促进“飞地经济”发展成效显著的市县，自治区在财政管理工作绩效考核中给予加分，并给予适当奖励，调动各地发展“飞地经济”的积极性。

（四）坚持因地制宜，积极稳妥推进改革

广西的市、县、乡镇个数多、范围广，经济发展情况、财政管理水平参差不齐，差异较大。自治区对县财政体制改革、发达乡镇财政体制改革、促进“飞地经济”发展等，因地制宜，先行先试，不搞“一刀切”。为加快区域经济发展，将区位优势明显、经济实力较强、发展条件较好、与设区市经济协同发展关系密切的 23 个县划为市管，其余 48 个县仍受自治区直管。将自治区确立的 15 个经济发达镇纳入发达乡镇财政体制改革先行先试范围。同时，充分授权县级政府综合

考虑人口较多、发展条件优良、发展潜力大等因素，自主决定将符合条件的乡镇纳入改革范围。鼓励各相关市县结合实际，合理选择适合的跨省、跨市、跨县等“飞地经济”发展模式，涉及合作方权利、义务等具体事项由合作方自行协商确定。

【思考题】

1. 如何更好地引导和激励设区市切实履行对所辖县区的主体管理责任，进一步加大对所辖县区的支持力度?

2. 如何进一步改革完善园区财政体制，激发园区经济发展活力?

3. 如何从顶层设计层面解决乡镇财政所机构编制和财政所所长的级别待遇问题?

【附录】

1. 2020 年自治区均衡性转移支付办法

2. 广西壮族自治区人民政府办公厅关于改革完善自治区对县财政体制促进县域经济发展的实施意见

3. 广西壮族自治区财政管理工作绩效考核与激励办法（试行）

4. 关于深入推进经济发达镇财政管理体制改革指导意见

5. 促进“飞地经济”发展财政政策措施

附录1

2020年自治区均衡性转移支付办法

为进一步完善自治区对下财政分配关系，合理调节各地间财力差异，逐步实现基本公共服务均等化，自治区财政厅制定了2020年自治区均衡性转移支付办法。

一、均衡性转移支付的目标和原则

（一）均衡性转移支付的目标

转移支付制度作为分税制财政体制的重要组成部分，是调节各级政府间财力纵向不平衡和市、县（含县级市，下同）政府之间财力横向不平衡的重要手段。均衡性转移支付的主要目标是均衡各地财力差异、推进基本公共服务均等化。在缓解市县财政困难、重点体现“保基本民生、保工资、保运转”（以下简称“三保”）的基础上，通过建立绩效转移支付制度，调动各市、县发展经济、培植财源的积极性，促进各地加快经济发展、增加财政收入、提高财政收入质量。

（二）均衡性转移支付的基本原则

1. 统一、公正、规范

对所有市县按照统一客观因素、统一测算办法、统一数据来源，体现转移支付资金分配的统一性、公正性、规范性。

2. 充分、客观、合理

通过进一步细化、充实、完善测算因素和方法，使测算方案更加充分、合理，符合各地客观实际。

3. 客观为主，绩效为辅

客观性补助主要围绕实现基本公共服务均等化、均衡各地财力，达到缩小财力差异的目的。绩效性奖励主要对完成全区财政收支目标贡献突出、落实有关重大政策措施真抓实干成效明显和预算执行支出进度较好地区予以奖励，达到鼓励先进的目的。

二、均衡性转移支付的架构体系及组成

（一）转移支付的测算体系

按照设区市本级、城区、县三套体系分别测算客观性补助。

（二）转移支付的组成结构

根据不同政策目标，转移支付包括客观性补助、疫情防控一次性补助、财政收支贡献突出奖励、落实有关政策措施成效明显奖励、预算执行支出进度奖惩和有关支出标准过高约束机制扣款六个部分。

1. 客观性补助

通过标准财政收支缺口测算补助额，以实现缓解基层财政困难，调节地区间财力差异，推进基本公共服务均等化，逐步实现区域间统筹协调发展的政策目标。

2. 疫情防控一次性补助

支持边境8县（市、区）统筹做好疫情防控工作，安排一次性财力补助。

3. 财政收支贡献突出奖励

对为完成2019年全区财政收支目标作出突出贡献的地区给予奖励，激励市县抓好财政收支工作。

4. 落实有关重大政策措施成效明显奖励

根据自治区政府明确的2019年落实有关重大政策措施真抓实干

成效明显的市县名单，给予激励奖励。

5. 预算执行支出进度奖惩资金

根据《广西壮族自治区财政管理工作绩效考核与激励办法（试行）》（桂财预〔2019〕162号）和《广西壮族自治区财政厅关于印发预算执行支出进度与转移支付挂钩办法（试行）的通知》（桂财预〔2018〕304号）精神，对市县2019年财政预算执行管理工作予以奖惩。

6. 有关支出标准过高约束机制扣款

对享受均衡性转移支付且2019年绩效考评奖励发放标准超过全区平均水平的市县，按其发放标准高出全区平均水平部分的一定比例扣款，以约束过高奖励性支出，引导市县科学理财。

三、客观性补助测算办法

客观性补助＝标准财政收支缺口×补助系数＋增减幅调控补助额

标准财政收支缺口＝标准财政支出－标准财政收入

若某地标准财政收支缺口≤0时，原则上不安排补助；若某地标准财政收支缺口＞0时，可纳入补助范围。

（一）标准财政收入的确定

标准财政收入＝标准收入＋标准财力补助

1. 标准收入

标准收入是指对各市、县一般公共预算收入按照全区统一的办法和标准计算所得。由税收收入、非税收入和扣减超收收入构成。

标准收入＝税收收入＋非税收入－超收收入

税收收入：原则上按照2019年实际入库数计算，对部分年度间波动较大的耕地占用税、契税按照前四年平均数计算标准收入。

非税收入：专项收入（剔除探矿权、采矿权使用费及价款收入，排污费收入）和罚没收入按照100%计算标准收入。其余各项非税收入在剔除捐赠收入后，按照统一比例折算为标准收入。

扣减超收收入：为贯彻落实《广西壮族自治区人民政府办公厅关于改革完善自治区对县财政体制促进县域经济发展的实施意见》（桂政办发〔2017〕96号）规定，对市县地方税收收入增幅超过全区平均增幅20%的部分不计为标准收入，鼓励市县加快发展，防止对发展快的地方“鞭打快牛”。

2. 标准财力补助

标准财力补助是指自治区财政核定给予各地的税收返还及补助收入，按照2019年决算数确定，即：

标准财力补助＝返还性收入＋一般性转移支付＋专项转移支付－上解上级支出＋新增债券－暂付款消化额

其中：

返还性收入：包括增值税和消费税税收返还、所得税基数返还、成品油价格和税费改革税收返还、增值税“五五分享”税收返还和其他税收返还。

一般性转移支付：剔除不算作可用财力的资源枯竭城市转移支付、产粮（油）大县奖励资金，革命老区转移支付（按50%计算，下同）、边境地区转移支付（50%）、战后恢复建设补助（50%）等。

专项转移支付：取近3年实际专项转移支付的平均值，并按照统一比例折算。

上解上级支出：包括体制上解和专项上解。

新增债券：按照2019年实际下达市县额度（可统筹部分）的统

一比例折算。

暂付款消化额：为鼓励市县加快消化暂付款规模，对市县较上年消化减少的暂付款，按一定比例从标准财力补助中核减。

（二）标准财政支出的确定

标准财政支出按政府收支功能分类科目分项测算，选取各地总人口、学生数、土地面积、公路里程数等与对应项支出直接相关的指标为主要因素，按照客观因素乘以全区单位因素平均支出计算，根据影响财政支出的客观因素（山地及丘陵面积、石漠化面积、海拔、等级公路、距省级行政中心距离、距市级行政中心距离、乡镇个数、行政村个数、民族因素、边境因素等）确定各地成本差异系数，并通过规模系数（包括人口规模系数、面积规模系数和贫困人口因素）对成本差异系数进行修订，最终再核定标准财政支出。标准财政支出包括一般公共服务支出、公共安全支出、教育支出、文化体育与传媒支出、社会保障和就业支出、医疗卫生与计划生育支出、交通运输支出、节能环保支出、城乡社区支出、农林水支出、住房保障支出、国土海洋气象等支出和其他支出等 13 项，分以下几类分别确定，具体如下：

第一类：根据标准化计算并结合成本差异系数和规模系数确定包括一般公共服务支出、公共安全支出、教育支出、文化体育与传媒支出、医疗卫生与计划生育支出、交通运输支出等 6 项支出。

（1）一般公共服务标准财政支出。

一般公共服务标准财政支出 = 总人口 × 该级次人均支出标准 × 支出成本差异系数

总人口 = 户籍人口数 + 净流入（流出）人口折算数 + 高校学生人数折算数

净流入（流出）人口折算数：考虑农业转移人口市民化增加的财政支出，若常住人口大于户籍人口（表现为人口流入），则对净流入人口按一定比例折算为户籍人口，作为加项。若常住人口小于户籍人口（表现为人口流出），则对净流出人口按一定比例折算为户籍人口，作为减项。

高校学生人数折算数：为进一步支持大学园区建设发展，并考虑到市县为改善高校周围基本公共服务水平需要增加必要的支出。增加考虑高校学生因素，将高校学生人数按一定比例折算为总人口。

同时，考虑到一般公共服务支出与财政供养人员关联较大，因此，在核定一般公共服务标准财政支出时，增加考虑财政供养人口数。即：

核定总人口＝某地总人口×权重＋财政供养人口数×权重

人均支出标准＝该级次一般公共服务全区总支出÷该级次全区总人口

支出成本差异系数＝规模系数×基础成本差异系数

规模系数＝人口规模系数×权重＋面积规模效应系数×权重＋贫困人口系数×权重

基础成本差异系数＝地貌特征因素×权重＋交通状况因素×权重＋乡镇个数因素×权重＋行政村个数因素×权重＋民族因素×权重＋边境因素×权重

人口规模系数、面积规模效应系数：分别根据人口规模、人口密度分档，并适当平滑。

某档规模系数＝该档内人均财政支出÷该级次全区平均人均财政支出

贫困人口系数：根据2019年自治区精准识别后确定的各地贫困人口差异程度确定。

地貌特征因素：根据各地山地及丘陵面积、石漠化面积、海拔差异程度，按不同权重确定。

交通状况因素：根据各地等级公路、距省级行政中心距离、距市级行政中心距离差异程度，按不同权重确定。

乡镇个数因素：根据各地乡镇个数差异程度确定。

行政村个数因素：根据各地行政村个数差异程度确定。

民族因素：根据各地民族自治县、享受民族自治待遇县、少数民族人口占比、民族乡个数、纳入民族地区转移支付范围等差异程度，按不同权重确定。

边境因素：根据各地边境县、享受待遇县差异程度，按不同权重确定。

（2）公共安全标准财政支出。

公共安全标准财政支出＝总人口×该级次人均支出标准×支出成本差异系数

人均支出标准＝该级次公共安全全区总支出÷该级次全区总人口

公共安全支出成本差异系数比照一般公共服务标准财政支出成本差异系数测算办法计算确定。

（3）教育标准财政支出。

教育标准财政支出＝学生数×该级次生均支出标准×支出成本差异系数

生均支出标准＝该级次教育全区总支出÷该级次全区学生数

教育支出成本差异系数比照一般公共服务标准财政支出成本差异系数测算办法计算确定。

（4）文化体育与传媒标准财政支出。

文化体育与传媒标准财政支出＝总人口×该级次人均支出标准×

支出成本差异系数

人均支出标准＝该级次文化体育与传媒全区总支出÷该级次全区总人口

文化体育与传媒支出成本差异系数比照一般公共服务标准财政支出成本差异系数测算办法计算确定。

（5）医疗卫生与计划生育标准财政支出。

医疗卫生与计划生育标准财政支出＝总人口×该级次人均支出标准（不含城乡居民基本医疗保险支出）×支出成本差异系数＋城乡居民参保人数×财政人均补贴标准

人均支出标准＝该级次医疗卫生与计划生育全区总支出（剔除城乡居民基本医疗保险支出）÷该级次全区总人口

医疗卫生与计划生育支出成本差异系数比照一般公共服务标准财政支出成本差异系数测算办法计算确定。

（6）交通运输标准财政支出。

交通运输标准财政支出＝（公路里程×每公里交通支出标准×权重＋常住人口×人均交通支出标准×权重＋乡镇个数×单位乡镇交通支出标准×权重＋土地面积×单位面积支出标准×权重）×支出成本差异系数

每公里交通支出标准＝该级次交通运输全区总支出÷该级次全区总公路里程

人均交通支出标准＝该级次交通运输全区总支出÷该级次全区总人口

单位乡镇交通支出标准＝该级次交通运输全区总支出÷该级次全区乡镇个数

单位面积支出标准＝该级次交通运输全区总支出÷该级次全区土地面积

交通运输支出成本差异系数比照一般公共服务标准财政支出成本差异系数测算办法计算确定。

第二类：部分采用标准化计算支出和部分采用实际支出分别确定

包括社会保障和就业支出、节能环保支出、城乡社区支出、农林水支出、住房保障支出、国土海洋气象支出等6项支出。

（7）社会保障和就业标准财政支出。

城市居民最低生活保障支出和农村最低生活保障支出采取标准化计算，其余据实计算。

社会保障和就业标准财政支出＝最低生活保障标准支出＋该科目下其他款项实际支出

最低生活保障标准支出＝城市居民最低生活保障支出＋农村最低生活保障支出

城市居民最低生活保障支出＝城市低保人数×城市人均支出标准

城市人均支出标准＝该级次全区城市低保支出÷该级次全区城市低保人数

农村居民最低生活保障支出＝农村低保人数×农村人均支出标准

农村人均支出标准＝该级次全区农村低保支出÷该级次全区农村低保人数

（8）节能环保标准财政支出。

由污染防治标准财政支出加上该科目下其他款项实际支出构成。

节能环保标准财政支出＝污染防治财政标准支出＋该科目下其他款项实际支出

污染防治标准财政支出 = 单位 cod（化学需氧量）排放污染防治费用 × cod 排放量 × 该因素占比 + 单位二氧化硫排放污染防治费用 × 二氧化硫排放量 × 该因素占比

单位 cod（化学需氧量）排放污染防治费用 = 该级次全区污染防治支出 ÷ 该级次全区 cod 排放总量

单位二氧化硫排放污染防治费用 = 该级次全区污染防治支出 ÷ 该级次全区二氧化硫排放总量

（9）城乡社区标准财政支出。

由标准化计算支出和实际支出按一定权重确定。

城乡社区标准财政支出 =（单位建成区面积城乡社区支出 × 建成区面积 × 该因素占比 + 人口数 × 人均支出标准 × 人口规模系数 × 该因素占比）× 权重 + 实际支出 × 权重

单位建成区面积城乡社区支出 = 该级次全区城乡社区总支出 ÷ 该级次全区建成区总面积

人均支出标准 = 该级次全区城乡社区总支出 ÷ 该级次全区总人口

其中：人口指设区市本级、城区、县的城镇人口。

人口规模系数比照一般公共服务标准财政支出人口规模系数测算办法计算确定。

（10）农林水标准财政支出。

由农业支出、林业支出和水利支出三项支出相加构成。其中，农业支出、林业支出分别取标准化计算支出和实际支出两者最大值。水利支出由标准化计算支出加上该科目下部分项实际支出构成。

——农业标准财政支出。

农业标准财政支出 = max[(农村人口 × 人均农业支出标准 × 权重 + 耕地面积 × 单位面积农业支出标准 × 权重 + 粮棉油产量 × 单位产量农业支出标准 × 权重),实际支出]

人均农业支出标准 = 该级次全区农业总支出 ÷ 该级次全区总人口

单位面积农业支出标准 = 该级次全区农业总支出 ÷ 该级次全区耕地面积

单位粮棉油产量支出标准 = 该级次全区农业总支出 ÷ 该级次全区粮棉油产量

——林业标准财政支出。

林业标准财政支出 = max[(林地面积 × 单位面积林业支出标准 × 权重 + 实际支出 × 权重),实际支出]

单位面积林业支出标准 = 该级次全区林业总支出 ÷(该级次全区林地总面积 + 该级次全区草地总面积 × 折算比例)

——水利标准财政支出。

水利标准财政支出由标准化计算支出加上该科目下部分项实际支出构成。

水利标准财政支出 = 标准化计算支出 + 该科目下其他项实际支出

标准化测算支出 = 堤防长度 × 单位堤防长度支出标准 × 权重 + 已建成水库总库容 × 单位库容支出标准 × 权重 + 有效灌溉面积 × 单位灌溉面积支出标准 × 权重

单位堤防长度支出标准 = 该级次全区水利总支出 ÷ 该级次全区总堤防长度

单位库容支出标准 = 该级次全区水利总支出 ÷ 该级次全区建成水库总库容

单位灌溉面积支出标准 = 该级次全区水利总支出 ÷ 该级次全区总灌溉面积

(11) 住房保障标准财政支出。

由保障性住房、棚户区改造标准支出加上该科目下其他款项实际支出构成。

住房保障标准财政支出 = 保障性住房标准化计算支出 + 该科目下其他款项实际支出

保障性住房标准化计算支出 = 各类棚户区改造任务量 × 棚户区改造单位支出标准

棚户区改造单位支出标准 = 该级次全区棚户区改造总支出 ÷ 该级次全区棚户区改造总任务量

(12) 国土海洋气象标准财政支出。

取标准化计算支出和实际支出两者最大值。

国土海洋气象标准财政支出 = max(土地面积 × 单位面积国土海洋气象支出标准,实际支出)

单位面积国土海洋气象支出标准 = 该级次全区国土海洋气象总支出 ÷ 该级次全区土地总面积

第三类:据实计算。

对于难以选取客观因素、各地政策差异较大或保障力度较好的国防、科学技术、资源勘探信息等支出、金融支出、援助其他地区支出、粮油物资储备支出、债务还本付息支出、扶贫支出等据实计算,其他支出按一定比例折算。

（三）转移支付补助系数

均衡性转移支付系数由基础补助系数和财政困难程度系数确定。

转移支付补助系数 = 基础补助系数 × 财政困难程度系数

1. 基础补助系数

按照均衡性转移支付总额、各市县标准收支缺口总额以及特殊增加补助系数确定。特殊增加补助系数主要根据《“十三五”全区脱贫攻坚财政投入稳定增长机制工作方案》（桂政办发〔2016〕25号）精神，为进一步加大对脱贫攻坚地区、民族自治县（含待遇县，下同）和重点生态功能区地区的倾斜支持，在全区平均补助系数的基础上，对2020年挂牌督战县和其他贫困县（市、区，含已脱贫摘帽且在巩固期内的县、市、区）分类分档适当提高补助系数；对民族自治县和重点生态功能区县适当提高补助系数。补助系数叠加的，取最高系数不重复测算。

2. 财政困难程度系数

根据市县“三保”支出占标准财政收入比重、标准收支缺口占标准财政支出比重（缺口率）、财政自给率、人均财力、暂付款占一般公共预算支出比重等5项指标计算确定。

财政困难程度系数 = 标准化处理后（“三保”支出/标准财政收入）× 权重 + 标准化处理后（标准收支缺口/标准财政支出）× 权重 + 标准化处理后（一般公共预算收入/一般公共预算支出）× 权重 + 标准化处理后（可用财力/总人口）× 权重 + 标准化处理后（暂付款规模/一般公共预算支出）× 权重

标准化处理 = （某指标 − 该指标均值）÷ 该指标标准差

指标平均值：$\mu = \frac{1}{n}\sum_{i=1}^{n} x$

指标标准差：$\sigma = \sqrt{\frac{1}{n}\sum_{i=1}^{n}(x_i - \mu)^2}$

（四）增减幅调控机制

根据客观性补助测算结果和实际情况，自治区财政对各地客观性补助进行一定的增减幅调控。增减幅调控由滚动计算调控和上下限区间调控构成。

1. 滚动计算调控

为进一步强化转移支付分配与收入质量挂钩的约束机制，平滑各地年度间财政收支波动对转移支付的影响，安排部分资金一并按照当年的收支缺口进行滚动计算分配，即：

客观性补助额 = 滚动计算前的客观性测算补助额 + 滚动计算分配增减额

滚动计算分配增减额 = 滚动计算额度 × 标准财政收支缺口变动率（前后年度间标准财政收支缺口变化情况）

设某地客观性补助额为 G，滚动计算前的客观性测算补助额为 G_1，滚动计算分配增减额为 G_2，则：

$$G = G_1 + G_2$$

$$G_2 = G_m \times (p_{当年} - p_{上年})$$

其中：

G_m：滚动计算额度。

$p_{当年}$：某地当年标准财政收支缺口占全区享受均衡性转移支付地区总标准财政收支缺口的比例。

$p_{上年}$：某地上年标准财政收支缺口占全区享受均衡性转移支付地区总标准财政收支缺口的比例。

2. 上下限区间调控

为保障各地财政运行的稳定性，参照财政部办法中的增减幅控制机制，以自治区对各地客观性补助增长率为基准，对超过（或低于）基准增长率一定幅度的地区适当调减（或调增）增长率。在保持转移支付总规模稳定的基础上，通过调整全区最低增长率和最高增长率，使纳入均衡性转移支付范围地区的客观性补助额增长率处于合理的上下限区间。

为避免客观性补助上年补助基数对转移支付结果的影响，对设区市、城区、县分别采取分类分档差异化增减幅调控机制，对客观补助基数较小的市县适当放开增幅控制。同时，对因发展快、增收多导致没有标准财政收支缺口的市县，客观性补助额只增不减，不做转移支付退出（或退坡）处理。

四、疫情防控一次性补助资金测算办法

根据自治区新冠肺炎疫情防控指挥部《关于给予边境县（市、区）新冠肺炎疫情补助资金的请示的批示》精神，支持边境8县（市、区）统筹做好新冠肺炎疫情防控工作，安排一次性财力补助。

五、财政收支贡献突出奖励资金测算办法

对2019年财政收支完成情况较好、收入质量较高和支出结构较优，并为全区作出突出贡献的设区市、县（市）给予奖励。

六、落实有关重大政策措施成效明显奖励资金测算方法

根据《广西壮族自治区人民政府办公厅关于对2019年落实有关重大政策措施真抓实干成效明显地方予以督查激励的通报》（桂政办发〔2020〕40号）明确的激励名单，对2019年财政管理工作完成情况好的设区市、县（市）给予奖励。

七、预算执行支出进度奖惩资金测算办法

根据《广西壮族自治区财政管理工作绩效考核与激励办法（试行)》（桂财预〔2019〕162号）和《关于印发预算执行支出进度与转移支付挂钩办法（试行）的通知》（桂财预〔2018〕304号）精神，对2019年支出进度综合考核排名前10名的市本级和县给予奖励；对考核排名后20名的市本级和县给予扣款。

八、有关支出标准过高约束机制扣款办法

根据《广西壮族自治区人民政府办公厅关于改革完善自治区对县财政体制促进县域经济发展的实施意见》（桂政办发〔2017〕96号）规定，对市县2019年绩效考评奖励发放标准高出全区平均水平的部分按一定比例给予扣款，约束奖励性支出。

九、均衡性转移支付资金的管理与监督

各市、县要加强对均衡性转移支付资金的监管，提高资金使用效益；要积极培植财源，加快经济发展，努力增加财政收入；要统筹安排，合理使用自治区对下均衡性转移支付及其他财力性补助资金，重点用于“三保”支出，牢牢兜住保工资底线，提高基本公共服务均等化水平，推进民生改善，促进经济社会发展。

附录 2

广西壮族自治区人民政府办公厅关于改革完善自治区对县财政体制促进县域经济发展的实施意见

为贯彻落实《国务院关于改革和完善中央对地方转移支付制度的意见》（国发〔2014〕71 号）、《中共广西壮族自治区委员会广西壮族自治区人民政府关于加快县域经济发展的决定》（桂发〔2017〕16 号）、《广西壮族自治区人民政府关于改革和完善自治区对市县转移支付制度的实施意见》（桂政发〔2015〕46 号）等文件精神，充分调动全区各设区市、县（含县级市，以下统称“县”）当家理财积极性，有效发挥财政体制对经济转型升级和民生改善的引导和保障作用，经自治区人民政府同意，现就改革完善自治区对县财政体制、促进县域经济发展提出如下意见。

一、重要意义

2011 年以来，我区全面实行自治区财政直管县财政体制改革，理顺和规范了自治区以下财政分配关系，减少了管理层级，提高了行政效率，增强了县级财政保障能力，促进了县域经济发展和基本公共服务均等化。但是，随着形势发展，自治区直管县财政体制执行中也出现了一些新情况、新问题，比如，自治区与设区市对县的管理衔接不够顺畅，自治区管理对象过多，设区市管理及监督责任弱化，积极性有待增强；政策过于强调平均公平，激励机制有待强化；设区市对所辖县的财政扶持力度减弱，财政事权和支出责任不匹配；中心城市对周边县辐射和带动作用发挥不够，发展条件好的县发展不够快，县域经济发展缺少排头兵。因此，改革完善现行自治区对县财政体制十分迫切和必要。

二、基本原则

连续一贯，保持稳定。确保全区各级财政现行体制政策规定范围内的利益基本不变，促进设区市、县财政平稳运行。自治区对所有县在转移支付测算上按同一标准公平对待，确保原有财政分配体制的稳定性。

目标导向，强化激励。突出财政体制对地方经济发展的引导和激励作用，建立健全奖优罚劣机制，充分调动设区市、县发展积极性。注重发挥中心城市的辐射功能和带动能力，促进区域协调发展，支持发展条件好、优势突出地区率先发展，做大做强县域经济。

明晰责任，强化管理。进一步明确自治区、设区市和县各自职责，强化设区市对县级财政的主体管理责任，引导和激励设区市加大对县的支持力度，加强对县财政业务的管理指导和监督检查，形成自治区和设区市互相补位、齐抓共管的局面。

三、主要内容

（一）建立自治区财政直管县和市管县分类管理机制

为适应城镇化、工业化发展趋势，进一步发挥中心城市对所辖县的辐射和带动作用，将目前全部县由自治区财政直管改为部分自治区直管和部分设区市直管。自治区财政直管只是自治区财政对县财政有关业务管理方式上的直管，减少管理层级，提高行政效能，不替代设区市作为县上级财政主管部门的职能地位，设区市仍对所辖县负有主体管理责任。市管县在财政管理方式上为设区市直接管理，自治区间接管理。自治区财政直管县与设区市管县只是管理方式上的差别，原则上不改变原有财政分配体制，确保市管县享受自治区财力补助基本不变。

（二）市管县

重点考虑与中心城市距离近、适宜统一规划布局、利于经济社会一体化发展的县由设区市管理，加速县域经济融入城市经济步伐。对经济辐射能力较强的南宁市、柳州市以及纳入北部湾城市群规划的北海市、钦州市和防城港市，全部实行市管县，以增强城市统筹发展能力。

1. 体制补助（上解）基数

自治区财政在核定下达 2017 年体制补助（上解）基数时，仍以县为单位进行测算，核定后合并有关设区市和市管县的体制基数。今后，自治区财政以设区市为单位核定体制补助（上解）基数，有关设区市财政负责所辖市管县的体制基数核定工作。

2. 税收返还

自治区财政核定下达 2017 年税收返还基数时，仍以县为单位进行测算，核定后合并有关设区市、市管县增值税和消费税税收返还基数、所得税收入返还基数、成品油价格和税费改革税收返还基数以及其他税收返还基数。

3. 转移支付

一般性转移支付、专项转移支付继续按中央和自治区现行财政补助政策规定的范围进行分配，仍以县为单位测算，计算方法仍保持不变。资金下达到有关设区市，具体额度通知到有关市管县。

4. 资金调度

自治区财政统一核定各设区市、县资金留解比例，并通知到各设区市和各市管县。各设区市按照自治区核定的留解比例计算与其市管县的资金往来。资金调度由自治区财政拨付到有关设区市，再由设区市拨付到市管县。设区市要制定统一规范的资金调度实施细则，并报财政厅备案，确保市管县资金调度及时足额。

5. 财政结算

年终财政结算项目、结算数额，由自治区财政结算到有关设区市，设区市结算到市管县。

6. 债务管理

市管县的政府债券额度继续按中央和自治区现行政策进行分配，仍以县为单位测算，计算方法仍保持不变。设区市财政统一加强所辖县债务管理并督促落实市管县按期偿还债务。

（三）自治区直管县

除市管县以外的县，仍由自治区直管。相关工作继续按现行自治区财政直管县体制政策执行。

四、建立激励约束机制

为进一步激发设区市扶持所辖县发展的积极性，更好地发挥设区市在城市规划、项目布局、招商引资、地域毗邻管理等方面优势，增强设区市统筹区域发展能力和辐射功能，强化设区市对县的指导管理和带动发展，做大做强县域经济，建立激励约束机制。

（一）设立县域经济发展专项奖励资金

对获得年度“广西科学发展先进县（城区）”的县，自治区财政分别给予5000万元的一次性财力奖励；对获得年度“广西科学发展进步县（城区）”的县，自治区财政分别给予3000万元的一次性财力奖励，用于项目前期工作、产业发展、财源培育等。

（二）建立县税收收入增长奖励机制

对连续3年地方税收收入增幅均超过全区各县平均增幅20%的县，对其上年地方税收收入超出全区各县平均增幅20%的部分，自治区按25%~30%给予奖励；其中属于市管县的，自治区再按25%~30%给予设区市奖励，鼓励设区市支持市管县加快发展，培育县域经济排头兵。

（三）建立市管县税收收入上划奖励机制

对连续3年上划自治区税收收入增幅均超过全区各县平均增幅20%的市管县，对其上年上划额超出全区各县平均增幅20%的部分，自治区按50%~60%给予设区市和市管县奖励，奖励资金的具体分配由设区市与市管县商定。

（四）建立招商引资奖励机制

为鼓励设区市加大对市管县在招商引资、项目布局等方面的倾斜支持，对将符合《西部地区鼓励类产业目录》（国家发展和改革委员会令第15号）有关规定的重大招商引资项目布局到市管县的设区市，自治区按照该项目产生的上划自治区本级税收收入较上年增量部分的20%~25%给予设区市奖励。

（五）建立高新技术产业地方税收增量奖励机制

为引导县支持高新技术产业加快发展，经国家、自治区认定的高新技术企业的企业所得税上划自治区较上年增量部分，自治区给予县一定奖励。

（六）建立设区市扶持县发展奖励机制

为鼓励设区市加大对所辖县（市管县和自治区直管县，下同）补助力度，促进区域协调发展，对连续3年补助所辖县资金总额均增长的设区市，自治区按照设区市对所辖县上年增量补助资金的50%给予设区市奖励。奖励资金由设区市统筹用于所辖县经济社会均衡发展。设区市对所辖县的增量补助资金指设区市动用自有财力安排的资金，不含中央及自治区下达的专项补助资金。

（七）建立税收收入增长与相关转移支付协调机制

自治区在测算相关转移支付时，对市县地方税收收入增幅超过全区平均增幅20%的部分，不计为标准财力，以鼓励市县培植财源，发展经济，努力增收，避免因发展快、增收多影响转移支付。

（八）建立奖励性支出约束机制

对财政自给率和财政保障能力均低于全区平均水平，但绩效考评奖励人均标准高出全区平均水平的自治区直管县，扣减其下年相关转移支付，以约束奖励性支出。

五、强化管理责任

财政厅：综合运用体制和转移支付等政策工具，根据不同市县经济发展和财政状况，因地制宜，分类施策，建立健全管理体制机制。对财政困难县，建立基本财力保障机制，加大财政的倾斜和支持力度，逐步提高其财政保障能力；对财力较好县，建立财力提升奖补机制，视其自身努力程度给予差异化奖补，促进其提高基本公共服务保障能力；对经济发展强县，建立发展奖励机制，合理确定政策目标，调动县级发展经济、培植财源的积极性，促进好县更好，强县更强；对财政自给率低、奖励性工资支出水平过高、支出结构不合理的县，建立约束惩罚机制，消除“养懒人”现象。

自治区业务主管部门：要主动适应自治区对县财政体制改革的要求。严格按照《中华人民共和国预算法》要求及时提出相关资金安排方案，资金方案原则上要细化到市管县和自治区直管县；出台相关政策，除中央明确规定外，未经自治区党委、自治区人民政府批准或会商自治区财政厅同意，严禁要求设区市、县财政安排配套资金，切实减轻设区市、县财政负担；简政放权，将能够下放的项目审批权限尽量下放，扩大市县人民政府在经济发展和管理方面的自主权，强化市县的监督和管理责任。

设区市人民政府：设区市应承担对全部所辖县的主体管理责任。设区市原则上应给予所辖县同等政策待遇，不得自行调整设区市与所辖县间的财政体制，确要调整必须报财政厅同意，一律不得向享受均衡性转移支付的所辖县集中收入和财力，一律不得截留所辖县的转移支付；设区市要建立激励所辖县发展的奖补机制，切实履行对所辖县经济发展、城市规划、项目投资、财政补助的扶持责任，充分发挥中心城市的辐射功能和带动作用，促进所辖区域经济社会协调发展；设区市要履行对所辖县财政改革、政策执行、预算收支、预决算公开、债务管理、信息报送、报表汇总等财政日常工作业务管理指导和监督责任。

县级人民政府：要坚决克服“等、靠、要”依赖思想，积极落实自治区党委、自治区人民政府关于加快县域经济发展的决策部署，明确发展目标，培育壮大特色产业，加快产业转型升级，大力培植财源，做大做强财政蛋糕；要加强财政管理，科学合理编制预算，统筹组织收支，优化支出结构，坚持厉行节约，保运转、保民生、保稳定促发展；要积极贯彻落实好设区市在财政管理方面的决策部署和工作要求。

全区各设区市扶持县发展的财政补助资金文件，要抄送财政厅。各设区市、县要严格遵守财经纪律，确保相关数据材料真实准确。对故意弄虚作假，骗取自治区奖励资金的设区市、县，自治区给予全区通报并全额追回奖励资金，同时在下一年转移支付中全额扣减相应转移支付。

六、工作要求

（一）统一认识，加强领导

改革完善自治区对县财政体制，对进一步理顺和规范全区各级人民政府间财政分配关系，充分调动市县积极性，促进县域经济发展意义重大。全区各级各部门要统一思想认识，加强领导，周密部署，在实践中注重调查研究，及时总结反馈经验，发现解决存在问题，确保改革顺利推进。

（二）增强服务意识，提升服务水平

全区各级各部门要增强服务意识，鼓励、支持和帮助县级深化改革、扩大开放、加快发展，着力营造良好的发展环境。严格按照《中华人民共和国预算法》规定时限下达项目和资金，提前业务办理时间，简化资料报送环节，优化审核审批流程，提高对县级的服务水平，以利于县级推进项目实施，加快支出进度。

（三）加强财政信息化建设，提高资金监管能力

强化财政监管信息化支撑，依托数字财政建设，创新财政资金监管模式，提升监管能力。提高文件传达、指标校核、资金划拨等信息化水平，建立覆盖自治区、市、县的数据交换平台，实现数据大集中、大共享。同时，按照政府信息公开要求及时全面公开预决算信息，发挥公众的监督作用。

本意见执行期限为2017—2020年，到期后再研究是否延期或调整。各设区市的现行规定，凡与本意见不符的，一律停止执行；各设

区市今后出台有关财政体制的文件不得与本意见相违背。如中央财政体制有调整的，我区相应调整自治区对下财政体制。

附件：自治区直管县和市管县名单

2017 年 7 月 15 日

附件

自治区直管县和市管县名单

序号	设区市	县	类别
1	南宁市	横县	市管县
2		宾阳县	市管县
3		上林县	市管县
4		马山县	市管县
5		隆安县	市管县
6	柳州市	柳城县	市管县
7		鹿寨县	市管县
8		融安县	市管县
9		融水苗族自治县	市管县
10		三江侗族自治县	市管县
11	桂林市	阳朔县	市管县
12		灵川县	市管县
13		全州县	自治区直管县
14		兴安县	自治区直管县
15		永福县	市管县
16		荔浦县	自治区直管县
17		平乐县	自治区直管县
18		恭城瑶族自治县	自治区直管县
19		灌阳县	自治区直管县
20		龙胜各族自治县	自治区直管县
21		资源县	自治区直管县

续表

序号	设区市	县	类别
22	梧州市	苍梧县	自治区直管县
23		岑溪市	自治区直管县
24		藤县	市管县
25		蒙山县	自治区直管县
26	北海市	合浦县	市管县
27	防城港市	上思县	市管县
28		东兴市	市管县
29	钦州市	浦北县	市管县
30		灵山县	市管县
31	贵港市	平南县	自治区直管县
32		桂平市	自治区直管县
33	玉林市	容县	自治区直管县
34		博白县	自治区直管县
35		陆川县	自治区直管县
36		北流市	市管县
37		兴业县	自治区直管县
38	贺州市	昭平县	自治区直管县
39		钟山县	自治区直管县
40		富川瑶族自治县	自治区直管县
41	百色市	田阳县	市管县
42		田东县	市管县
43		平果县	市管县
44		德保县	自治区直管县
45		靖西市	自治区直管县
46		那坡县	自治区直管县
47		凌云县	自治区直管县
48		乐业县	自治区直管县
49		田林县	自治区直管县
50		隆林各族自治县	自治区直管县
51		西林县	自治区直管县

续表

序号	设区市	县	类别
52	河池市	罗城仫佬族自治县	自治区直管县
53		环江毛南族自治县	自治区直管县
54		南丹县	自治区直管县
55		天峨县	自治区直管县
56		凤山县	自治区直管县
57		东兰县	自治区直管县
58		巴马瑶族自治县	自治区直管县
59		都安瑶族自治县	自治区直管县
60		大化瑶族自治县	自治区直管县
61	来宾市	象州县	自治区直管县
62		武宣县	自治区直管县
63		金秀瑶族自治县	自治区直管县
64		忻城县	自治区直管县
65		合山市	自治区直管县
66	崇左市	天等县	自治区直管县
67		大新县	自治区直管县
68		龙州县	自治区直管县
69		宁明县	自治区直管县
70		扶绥县	自治区直管县
71		凭祥市	自治区直管县

附录3

广西壮族自治区财政管理工作绩效考核与激励办法（试行）

为全面贯彻落实党的十九大精神，激发全区进一步解放思想、改革创新、扩大开放、担当实干，充分发挥财政是国家治理的基础和重要支柱作用，促进高质量发展，进一步健全完善考核市县财政管理工作水平和努力程度的指标体系及激励制度，构建保障与激励并重的财政管理体制。根据财政部《财政管理工作绩效考核与激励办法》（财预〔2018〕222号），结合我区实际，制定本办法。

一、考核与激励目的

充分发挥各市县积极性、主动性和创造性，鼓励各市县从实际出发干事创业，促进形成担当作为、竞相发展的良好局面，进一步推动市县深化财税体制改革，完善预算管理制度，提高财政资金使用效益，推动加快建立现代财政制度。

二、考核对象

全区14个设区市本级（含所辖城区，以下统称市本级）、71个县（市，以下统称县）。市本级和县单独考核。

三、考核内容和指标

本办法为年度考核。考核内容主要是市县财政管理工作完成情况，具体包括税收收入增长、提高收入质量、财政预算执行、盘活财政存量资金、国库库款管理、预算公开、财政暂付性款项管理、提高财政自给率、政府债务管理、市本级履行所辖县区主体管理责任等10

个方面12项指标。结合预算管理工作目标，设定如下考核指标，考核得分采用120分制。

1. 税收收入增长管理工作（市本级10分，县20分）

考核内容：各市县税收收入情况。分为增量和增幅两项指标，市本级分值比例4∶6，县分值比例8∶12。

第一步，计算各市县税收收入增量和增幅。

第二步，采用正向激励指标调整得分方法（指标调整得分方法如下，下同），将各市县上述两项指标分别调整为指标得分。

第三步，计算各市县税收收入增收管理工作得分。某市县税收收入增收管理工作得分即某市县上述两项指标得分之和。

指标调整得分方法：

（1）正向指标调整得分方法。

某市县某项指标得分＝[某市县某项指标－min(各市县某项指标)]÷[max(各市县某项指标)－min(各市县某项指标)]×分值

（2）反向指标调整得分方法。

某市县某项指标得分＝[max(各市县某项指标)－某市县某项指标]÷[max(各市县某项指标)－min(各市县某项指标)]×分值

其中：max（各市县某项指标）指各市县某项指标的最大值；min（各市县某项指标）指各市县某项指标的最小值。

2. 提高收入质量管理工作（5分）

考核内容：各市县一般公共预算收入中税收收入占比情况。分静态和动态两项指标，分值比例为2∶3。

第一步，计算静态和动态指标：

某市县提高收入质量静态指标＝某市县当年税收收入占一般公共

预算收入的比例

某市县提高收入质量动态指标＝某市县当年税收收入占一般公共预算收入的比例－某市县上年税收收入占一般公共预算收入的比例

第二步，计算静态和动态指标得分：

各市县提高收入质量静态指标得分：采用正向激励指标调整得分方法，将静态指标调整为指标得分；

各市县提高收入质量动态指标得分：采用正向激励指标调整得分方法，将动态指标调整为指标得分。

第三步，计算各市县提高收入质量管理工作得分。某市县提高收入质量管理工作得分即上述两项指标得分之和。

3. 财政预算执行管理工作（15分）

考核内容：各市县一般公共预算支出和政府性基金预算支出进度情况，分值比例为12∶3。

第一步，参照《广西壮族自治区财政厅关于印发预算执行支出进度与转移支付挂钩办法（试行）的通知》（桂财预〔2018〕304号）做法并按照上述分值比例换算，分别计算一般公共预算支出和政府性基金预算支出全年综合考核得分，考核时间为每年4—12月。即：

（1）一般公共预算支出进度当月得分。

当月支出进度＝当年截至当月底的一般公共预算支出÷当年一般公共预算支出目标

其中：

当年一般公共预算支出目标＝当年一般公共预算收入预算数＋上年专款结转数＋当年调入资金数＋当年调入预算稳定调节基金数＋当年新增一般债券＋当年税收返还＋当年预计转移支付－上年上解支

出-当年债券还本支出（通过置换债券安排的除外）

当年一般公共预算支出目标年度终了后据实调整核定。

该项考核每月满分12分，其中：4—11月当月支出进度到达序时进度90%的，得满分（即12分）。超过序时进度90%的，每高1个百分点（不足1个百分点的按比例计算，下同）加0.12分，最多加0.6分。低于序时进度90%的，每低1个百分点扣0.12分；低于序时进度80%的，当月不得分。

12月当月支出进度达到92%的，得满分（即12分）。超过92%的，每高1个百分点加0.12分，最多加0.6分。低于92%的，每低1个百分点扣0.12分；低于80%的，当月不得分。

（2）政府性基金预算支出进度当月得分。

当月支出进度=当年截至当月底的政府性基金预算支出÷当年政府性基金预算支出目标

其中：

当年政府性基金预算支出目标=当年各级人大批复预算数

该项考核每月满分3分，其中：4—12月当月支出进度到达序时进度80%的，得满分（即3分）。超过序时进度80%的，每高1个百分点加0.03分，最多加0.15分。低于序时进度80%的，每低1个百分点扣0.03分，分数扣完为止。

月度综合考核得分为当月一般公共预算支出和政府性基金预算支出进度得分数相加。

第二步，计算各市县全年考核得分。

年度综合考核得分=各月度综合考核得分总数÷考核月数

第三步，计算各市县财政预算执行管理工作得分。某市县财政预算执行管理工作得分即某市县上述两项指标得分之和。

4. 盘活财政存量资金管理工作（10分）

考核内容：各市县财政存量资金规模（包括一般公共预算结转结余、政府性基金预算结转结余、国有资本经营预算结转结余、转移支付结转结余、部门预算结转结余、预算稳定调节基金、预算周转金、其他存量资金）。分为静态和动态两项指标，分值比例为6∶4。

第一步，计算静态和动态指标：

某市县财政存量资金静态指标＝某市县当年财政存量资金规模÷某市县当年财政支出规模

某市县财政存量资金动态指标＝某市县当年财政存量资金规模÷某市县当年财政支出规模－某市县上年财政存量资金规模÷某市县上年财政支出规模

第二步，采用反向激励指标调整得分方法，将各市县上述两项指标分别调整为指标得分。

第三步，计算各市县盘活财政存量资金管理工作得分。某市县盘活存量资金管理工作得分即上述两项指标得分之和。

5. 国库库款管理工作（10分）

考核内容：各市本级、县国库库款管理工作情况。

市本级：包括库款保障水平、库款保障水平偏低的市管县和城区占比、国库集中支付结余消化进度等3项考核指标，分值比例为5∶3∶2。

县：包括库款保障水平和国库集中支付结余消化进度等2项考核指标，分值比例为7∶3。

第一步，根据各市县报送的库款月报数据等，计算指标分月数值：

某月某市县库款保障水平＝某市县月末库款余额÷年内月均库款流出量

其中：库款余额为国家金库中的财政存款（库款净额）；

某月某市本级库款保障水平偏低的市管县和城区占比＝某市本级月末库款保障水平低于0.1的市管县和城区财政部门个数÷某市本级的市管县和城区财政部门个数

其中：设有金库的开发区、高新区等机构，作为单独财政部门统计；

某月某市县国库集中支付结余消化进度＝（某市县上年末国库集中支付结余余额－某市县月末国库集中支付结余余额）÷某市县上年末国库集中支付结余余额

其中：上年末国库集中支付结余，在决算会审前暂用年末执行数，决算会审后改用决算数；

以各市县的库款保障水平、库款保障水平偏低的市管县和城区占比（仅考核市本级）、国库集中支付结余消化进度的分月数值进行平均，得出各市县的3项（或2项）指标。

第二步，计算指标得分：

各市县库款保障水平指标得分：库款保障水平指标处于0.3～0.8之间的，得满分（即5分）；库款保障水平为0.1以下（不含0.1）的，得0分；库款保障水平指标处于0.1～0.3之间的，采用正向激励指标调整得分方法，调整为指标得分；库款保障水平指标为0.8以上的，采用反向激励指标调整得分方法，调整为指标得分。

各市本级库款保障水平偏低的市管县和城区占比指标得分：采用

反向激励指标调整得分方法，将各市本级指标调整为指标得分。

各市县国库集中支付结余消化进度指标得分：采用正向激励指标调整得分方法，将各市县指标调整为指标得分。

第三步，计算各市县国库库款管理工作得分。某市县国库库款管理工作得分即某市县上述3项（或2项）指标得分之和。

6. 预算公开管理工作（10分）

考核内容：各市县预算公开总体进展情况。包括预算公开、决算公开、其他信息公开管理等3项考核指标，分值比例为4∶4∶2。

第一步，通过预算公开专项核查及统计结果得出各市县预算公开、决算公开、其他信息公开管理指标，作为各市县上述3项指标数据。

第二步，采用正向激励指标调整得分等方法，将各市县上述3项指标分别调整为指标得分。

第三步，计算各市县预算公开管理工作得分。某市县预算公开管理工作得分即某市县上述3项指标得分之和。

7. 财政暂付性款项管理工作（10分）

考核内容：各市县财政暂付性款项（财政暂付性款项包括：预拨经费、借出款项和其他应收款等）规模占比和消化情况，分值比例为4∶6。

第一步，计算各市县财政暂付性款项占财政支出的比重和消化进度。

某市县财政暂付性款项规模占比＝某市县当年末财政暂付性款项规模÷某市县当年财政支出规模

某年某市县财政暂付性款项消化进度＝（某市县上年末财政暂付性款项规模－某市县当年末财政暂付性款项规模）÷某市县上年末财政暂付性款项规模

第二步，计算指标得分：

（1）考核年度无财政暂付性款项的市县，财政暂付性款项管理工作得满分（10分）。

（2）2019年及以后新增形成的财政暂付性款项累计余额超过一般公共预算支出和政府性基金预算支出之和5%的市县，财政暂付性款项管理工作得0分。

（3）考核年度存在财政暂付性款项，且2019年及以后新增形成的财政暂付性款项累计余额未超过一般公共预算支出和政府性基金预算支出之和5%的市县，按以下计算得分。

各市县财政暂付性款项规模占比指标得分：采用反向激励指标调整得分方法，将各市县指标调整为指标得分。

各市县财政暂付性款项消化进度指标得分：财政暂付性款项比上年增加的，得0分；财政暂付性款项消化进度小于等于0的，得0分；财政暂付性款项消化进度大于0的，采用正向激励指标调整得分方法，将各市县指标调整为指标得分。

第三步，计算各市县财政暂付性款项管理工作得分。某市县财政暂付性款项管理工作得分即上述两项指标得分之和。

8. 提高财政自给率管理工作（10分）

考核内容：各市县提高财政自给率情况。分静态和动态两项指标，分值比例为5∶5。

第一步，计算静态和动态指标：

某市县提高财政自给率静态指标＝某市县当年一般公共预算收入占一般公共预算支出的比例

某市县提高财政自给率动态指标＝某市县当年财政自给率－某市

县上年财政自给率

第二步，计算静态和动态指标得分：

各市县提高财政自给率静态指标得分：财政自给率小于等于5%的，得0分；财政自给率大于5%的，采用正向激励指标调整得分方法，将各市县指标调整为指标得分。

各市县提高财政自给率动态指标得分：采用正向激励指标调整得分方法，将动态指标调整为指标得分。

第三步，计算各市县提高财政自给率管理工作得分。某市县提高财政自给率管理工作得分即上述两项指标得分之和。

9. 政府债务管理工作（10分）

考核内容：各市县政府债务管理情况。新增一般债券支出进度、新增专项债券支出进度、隐性债务化解情况、一般债务利息支出率、专项债务利息支出率分值比例为2∶2∶2∶2∶2。

第一步，计算政府债务管理工作各项指标得分。

（1）新增一般债券支出进度。

新增一般债券支出进度＝累计支出新增一般债券÷（累计发行新增一般债券＋上年新增一般债券结转资金）

若新增一般债券支出进度＝100%，得2分；95%≤新增一般债券支出进度＜100%，得1.6分；90%≤新增一般债券支出进度＜95%，得1.2分；85%≤新增一般债券支出进度＜90%，得0.8分；80%≤新增一般债券支出进度＜85%，得0.4分；新增一般债券支出进度＜80%，得0分。

（2）新增专项债券支出进度。

新增专项债券支出进度＝累计支出新增专项债券÷（累计发行新

增专项债券＋上年新增专项债券结转资金）

若新增专项债券支出进度＝100%，得2分；95%≤新增专项债券支出进度＜100%，得1.6分；90%≤新增专项债券支出进度＜95%，得1.2分；85%≤新增专项债券支出进度＜90%，得0.8分；80%＜新增专项债券支出进度＜85%，得0.4分；新增专项债券支出进度＜80%，得0分。

（3）隐性债务化解情况。

隐性债务化解情况＝累计已化解存量隐性债务÷累计隐性债务化解任务

若隐性债务化解进度≥100%，得2分；未达100%，得0分。

（4）一般债务利息支出率。

一般债务利息支出率＝一般债务付息支出÷一般公共预算支出

一般债务利息支出率＜10%，采用反向激励指标调整得分方法；一般债务利息支出率≥10%，得0分。

（5）专项债务利息支出率。

专项债务利息支出率＝专项债务付息支出÷政府性基金预算支出

专项债务利息支出率＜10%，采用反向激励指标调整得分方法；专项债务利息支出率≥10%，得0分。

第二步，计算各市县政府债务管理工作得分。某市县政府债务管理工作得分即上述指标得分之和。若存在无相关指标情况，则按指标个数权重计算指标得分。

10. 市本级履行所辖县区主体管理责任工作（10分）

考核内容：各市本级履行所辖城区和县的主体管理责任情况。分履行所辖城区主体管理责任和履行所辖县主体管理责任两项指标，分值比例为5∶5。

（1）履行所辖城区主体管理责任情况。考核内容：各市本级与所辖城区均衡度情况。分静态和动态两项指标，分值比例为2∶3。

第一步，计算静态和动态指标：

某市本级与所辖城区均衡度静态指标=某市本级所辖城区当年人均财力÷市本级当年人均财力

某市本级与所辖城区均衡度动态指标=某市本级所辖城区当年人均财力÷市本级当年人均财力－某市本级所辖城区上年人均财力÷市本级上年人均财力

第二步，计算静态和动态指标得分：

各市本级与所辖城区均衡度静态指标得分：采用正向激励指标调整得分方法，将各市本级指标调整为指标得分。

各市本级与所辖城区均衡度动态指标得分：采用正向激励指标调整得分方法，将各市本级指标调整为指标得分。

第三步，计算各市本级履行城区主体管理责任得分。某市本级履行城区主体管理责任得分即上述两项指标得分之和。

（2）履行所辖县主体管理责任情况。所辖县“保工资、保运转、保基本民生”等“三保”保障、政府性债务风险控制、库款支付保障、财政收支平衡等方面没有出现重大问题的市本级，得满分（即5分）；所辖县出现上述问题的，原则上不得分（即0分）。

11. 其他财政管理工作绩效指标（20分或－20分）

（1）正向加分项。因其他财政管理工作成效显著，获得财政部或自治区财政厅通报表彰的市县；参与或完成财政部或自治区财政厅重点专项工作质量较高或成绩突出的市县；抓财政收支工作努力程度突出，贡献较大的市县酌情加分，以上最多加20分。

（2）反向扣分项。因财政管理工作存在重大失误，被上级或本级党委、政府，纪委、财政部门、审计部门书面通报批评的（审计报告及财政检查报告不作为通报批评依据）市县；因财政管理工作不按上级有关要求组织开展（如报送材料等），造成有关工作被动或难以推进，出现严重不良影响的市县；因主体管理责任履行不力导致所辖县（城区）出现财政赤字的市本级或自身财政管理不规范导致出现财政赤字的县；因弄虚作假虚报数据等影响考核结果的市县酌情扣分，以上最多扣20分。

12. 特殊情况

市县有下列情况之一者，整个财政管理工作考核不得分（即0分）。

（1）因“保工资、保运转、保基本民生”等“三保”保障不力，出现欠发或缓发国家标准工资等造成群体性上访、或被媒体曝光报道、或形成严重社会不稳定问题的。

（2）因新增隐性债务、出现政府性债务风险产生严重影响的。

四、评审程序

（1）各市县要按照自治区激励办法，将考核年度相关数据及时报送自治区财政厅。

（2）自治区财政厅根据国库执行快报、库款月报等各项统计数据，对市县各项考核指标进行评分，并根据评分结果从高到低进行综合排名，综合排名靠前的作为奖励市县名单。其中奖励的市本级原则上不少于4个，县原则上不少于15个。

（3）根据财政部考核情况和相关要求，结合各市县综合得分情况，自治区财政厅向财政部书面推荐财政管理工作方面的先进典型市本级、县名单，由财政部将推荐的先进典型市本级、县名单报送国务院审定。

五、激励约束措施

（一）综合考核奖励激励

对综合考核排名靠前被确定为先进典型的市县，由自治区财政厅给予通报表扬并在相关转移支付测算中通过奖励因素给予资金奖励。奖励资金额度原则上每个市本级不低于10000万元、每个县不低于2000万元。对同时被国务院纳入先进典型名单的市县，除上述奖励外，自治区财政厅根据财政部下达奖励资金情况和自治区本级财力，进一步增加奖励资金额度。

（二）专项指标激励约束机制

1. 税收收入增长和提高收入质量管理工作

为鼓励市县加快发展，防止对发展快的地方“鞭打快牛”，消除因发展快而少得转移支付的顾虑。一是自治区财政厅在测算均衡性转移支付时，对市县地方税收收入增幅超过全区平均增幅20%的部分不计为标准财力。二是自治区财政厅在测算均衡性转移支付时，对因发展快、增收多导致没有标准财政收支缺口的市县，维持客观性补助额不变，不做转移支付退出（或退坡）处理。三是贯彻落实《广西壮族自治区人民政府办公厅关于改革完善自治区对县财政体制促进县域经济发展的实施意见》（桂政办发〔2017〕96号）规定，自治区财政厅在测算县域经济发展奖励资金时，落实县税收收入增长奖励机制、市管县税收收入上划奖励机制、招商引资奖励机制和高新技术产业地方税收增量奖励机制等，并加大对符合奖励条件市县的奖励力度。

2. 财政预算执行管理工作

对该项指标年度综合考核排名前10名的市本级和县，自治区财政厅通过均衡性转移支付或县级基本财力保障机制奖补资金予以奖励，每个地区奖励金额不少于1000万元；对该项指标年度考核得分后20名的市本级和县，自治区财政厅相应扣减每个地区上述转移支付不少于500万元。其中，该项指标年度综合考核得分在13.5分以上（含13.5分）的，不纳入扣减范围。

3. 国库库款管理工作

对国务院纳入先进典型名单的市县以及自治区确定为先进典型的市县，自治区财政厅根据其月末库款保障水平情况，在正常调度资金基础上，按照市本级最高20000万元、县最高10000万元的总额度，优先安排提前调度资金支持。

4. 财政暂付性款项管理工作

为鼓励市县加快消化财政暂付性款项规模，自治区财政厅在测算均衡性转移支付时，对市县较上年消化减少的财政暂付性款项，按一定比例从标准财力补助中核减。

5. 提高财政自给率和盘活财政存量资金管理工作

为鼓励市县提高自身造血能力，加大财政存量资金盘活力度，自治区财政厅在测算均衡性转移支付时，对提高自给率和盘活财政存量资金得分排名靠前的市县，适当提高客观性补助增幅；对提高自给率得分排名靠后的市县，适当控制客观性补助增幅。

6. 政府债务管理工作

对新增政府债券支出进度、化解隐性债务存量进展情况、政府债务风险情况良好，政府债务管理工作得分排名靠前的市县，自治区财政厅给予新增限额的倾斜支持；对政府债务管理工作得分排名靠后的市县，给予新增限额相应扣减。

7. 市本级履行所辖县区主体管理责任工作

自治区财政厅在测算均衡性转移支付时，对不存在标准财政收支缺口但履行所辖县区主体管理责任得分排名靠前的市本级，给予资金奖励。对存在标准财政收支缺口且履行所辖县区主体管理责任得分排名靠前的市本级，在给予客观性补助的同时，进一步给予资金奖励。

六、其他事项

本办法由自治区财政厅负责解释，自2019年起施行。

附录 4

关于深入推进经济发达镇财政管理体制改革指导意见

为贯彻落实《自治区党委办公厅 自治区人民政府办公厅印发〈关于深入推进经济发达镇行政管理体制改革的实施意见〉的通知》（桂办发〔2018〕29 号）精神，扎实推进我区经济发达镇（含乡，下同）财政管理体制改革，探索建立适应经济发达镇的财政管理模式，进一步激发经济发达镇发展的内生动力，现提出如下指导意见。

一、指导思想

以习近平新时代中国特色社会主义思想为指导，全面贯彻党的十九大和十九届二中、三中全会精神，紧紧围绕统筹推进“五位一体”总体布局和协调推进“四个全面”战略布局，贯彻落实新发展理念，深入实施乡村振兴战略，遵循《中华人民共和国预算法》，以分税制财政管理体制为基础，建立与经济发达镇行政管理体制相匹配、顺应城乡融合发展的财政管理体制，充分发挥财政的基础和重要支柱作用，有效调动乡镇当家理财、发展经济、改善民生的积极性和主动性，为促进城乡统筹发展，加快建设壮美广西、共圆复兴梦想提供财政体制机制保障。

二、基本原则

（一）坚持改革创新，完善体制机制

以改革创新为抓手，健全完善经济发达镇财政管理体制机制，充分赋予和发挥乡镇级财政职能作用。以问题为导向，重点解决经济发达镇财政管理中主体职能缺失、机构不健全、人员不到位、发展能动性不足、效能不高等核心问题。

（二）坚持因地制宜，实施分类管理

坚持实事求是、审慎适度，依据公共财政职能和乡镇政府履行职能的需要，充分考虑地区经济发展水平、城镇化程度、辐射带动力及发展潜力，在上级财政部门指导下，县（市、区）（以下简称“县级”，下同）结合实际自主确定经济发达镇财政管理体制改革的试点范围和具体改革方案，实行差别化的财政管理体制。

（三）坚持统筹兼顾，确保稳健推进

在试点的基础上，稳健有序地推广改革。既要保障纳入改革的乡镇既有财力格局总体稳定，又要兼顾县级财政的统筹能力，确保县乡两级财政及各项经济社会事业平稳运行。

三、改革范围

（1）经自治区深入推进经济发达镇行政管理体制改革工作小组审定开展行政管理体制改革的15个经济发达镇。具体包括：横县六景镇、宾阳县黎塘镇、柳东新区雒容镇、兴安县溶江镇、岑溪市马路镇、合浦县白沙镇、港口区企沙镇、灵山县陆屋镇、港南区桥圩镇、博白县龙潭镇、右江区四塘镇、八步区信都镇、宜州区德胜镇、兴宾区迁江镇、江州区新和镇。

（2）除上述15个经济发达镇外，后续经自治区深入推进经济发达镇行政管理体制改革工作小组审定开展行政管理体制改革的乡镇。

（3）县级自主增加纳入改革范围的乡镇。县级政府可综合考虑人口较多、发展条件优、发展潜力大、经济基础较好、财政收支规模较大、收入稳定且改革积极性高等因素，增加选取县级政府所在地、毗邻城市或重要交通枢纽以及辖区内设立或规划有工业园区、特色产业集中区的乡镇一并纳入改革范围。按精简高效原则，鼓励乡镇与园区按“镇区合一”模式建立一级财政。自主纳入改革范围的乡镇名单，应逐级报备设区市财政局、自治区财政厅备案。

四、改革主要内容

（一）强化乡镇财政职能建设

建立和完善乡镇独立一级财政，赋予乡镇政府财政收入组织、支出安排、资金管理、强农惠农政策落实、国有资产管理、政府采购、会计管理、农村财政财务综合改革工作管理等职能，管理、指导和监督村级组织、农村集体经济资金财务、会计核算和财务收支行为，统筹做好其他财政职责范围内的各项工作，发挥乡镇财政在提供基本财力、服务基层政权组织运转、支持农村社会保障体系、培育新财源、服务农村经济发展、开展乡镇财政资金监管等方面的重要作用。

（二）科学合理划分县乡收支

建立财政事权和支出责任相适应的县乡（镇）收入分配关系，客观据实核定经济发达镇收支基数。在收入划分中，保持现有财力格局总体稳定，发展创造的增量财力向经济发达镇倾斜。对于县乡共享的财政收入，适当提高经济发达镇财政收入的留存比例。适度减轻经济发达镇支出责任，应由县级政府承担的支出责任不得转移给经济发达镇承担，经济发达镇“保工资、保运转、保基本民生”等刚性支出原则上继续由县级财政予以统筹保障。县级政府不得截留、挤占经济发达镇的财政收入和财力，削弱经济发达镇的财政保障能力。

（三）切实加强财政预算管理

按照量入为出、收支平衡的原则，独立编制经济发达镇预决算草案，不列赤字，向本级人民代表大会报告本级预决算草案，履行审议批准程序；强化预算执行管理，经本级人民代表大会批准的预算，非经法定程序，不得擅自调整。健全预算编制、预算执行、财政监督、绩效管理“四位一体”的预算管理模式，强化财政资金运行全过程监管，确保财政预算收支平衡。严格依法组织收入，严禁收入混库串库、协税拉税或买税等行为，杜绝虚增、空转税费收入。乡镇不得违规自行举债。

（四）推动设立乡镇一级金库

具备条件的经济发达镇应单独设立或恢复金库；如不具备条件，可在县级金库分账核算，实行专账管理，并根据经济发展情况逐步设立乡镇金库。同步推进国库集中收付制度改革，实行国库集中收付电子化管理，提高预算收支电子化水平，保障国库资金安全高效运行，有效防范和化解资金风险。加强乡镇国库管理，严禁挤占国库库款。

（五）建立健全奖励激励机制

根据乡镇发展状况和潜力，县级政府科学制定发展目标，实行差别化的奖补政策，对经济发达镇税收收入（不含中央和自治区上划部分）增收部分一定时期内可予以返还奖励，并统筹上级财政专项资金，大力支持经济发达镇产业、社会事业和基础设施建设发展。自治区加大对经济发达镇的支持力度，对积极推进改革且有效激励乡镇发展和增收的市县，自治区在相关转移支付中给予一次性奖励。

（六）加强乡镇机构队伍建设

县级要统筹策划，在规定的机构限额内通过内部盘活、适当调剂等方式，合理设置乡镇财政机构。乡镇财政机构需配齐负责人、预算总会计、国库、出纳等基本岗位人员，并妥善解决相关人员身份、级别等待遇问题。经自治区深入推进经济发达镇行政管理体制改革工作小组审定实施改革的经济发达镇原则上要组建乡镇财政局，乡镇财政局局长按副科级任职（原有机构高于副科级别的可继续保留原有级别），实行人、财、物由乡镇统一管理。

五、保障措施

（一）加强组织领导

各级政府要切实履行领导责任，把经济发达镇财政管理体制改革工作列入重要议事日程，确保改革精神贯彻落实到位。自治区要加强对下指导，及时研究解决改革中遇到的困难和问题。市县政府要大力推动改革工作，设区市要负总责，县级于2019年底前制定改革实施方案，并经设区市人民政府同意后报自治区财政厅备案，乡镇从编制2021年度预算起开始实施。

（二）加强统筹协调

财政、税务、人民银行等部门要加强统筹协调，有效推动相关政策和改革举措形成合力，产生积极叠加效应。县级政府要进一步优化支出结构，积极支持经济发达镇建设发展，着力提升县域内基本公共服务均等化水平。

（三）加强考核督促

自治区将经济发达镇财政管理体制改革工作纳入财政管理工作绩效考核与激励范围。市县政府要把改革工作作为年度考核的重要内容，科学制定工作目标，及时总结改革的经验做法，发挥好典型引导作用，确保改革顺利平稳推进。

本指导意见自印发之日起执行。设乡镇的城区政府经设区市政府同意可参照本指导意见执行。

附录5

促进“飞地经济”发展财政政策措施

为贯彻落实中央关于新时代推进西部大开发形成新格局有关文件精神，支持跨区域共建产业园区、基地，鼓励探索“飞地经济”等模式，支持实施“央企入桂”“民企入桂”“湾企入桂”行动，发挥财政政策对区域经济发展的引导和激励作用，促进区域经济加快发展，制定本财政政策措施。

一、基本原则

“飞地经济”主要指有关地区打破行政区划界限，创新跨区域合作模式，探索政府引导、企业参与、优势互补、园区共建、利益共享的经济发展合作模式。“飞地经济”发展主要遵循以下原则：

（一）促进发展

以促进“飞地经济”合作区（以下简称“合作区”）加快发展为出发点，优先考虑做大合作区经济、财政规模，充分调动各方积极性，促进合作区经济高质量发展。

（二）优势互补

充分发挥各地区比较优势，促进各类资源优化配置，共同参与合作区建设和运营管理，统筹兼顾各方利益，实现优势互补、互利共赢。

（三）充分授权

各相关市县可结合实际，合理选择适合的跨省、跨市、跨县等“飞地经济”发展模式；鼓励外省根据发展需要，与我区共同协商确定“飞地经济”发展模式。涉及合作方权利、义务等具体事项由合作方自行协商确定。

（四）强化激励

全区各级各有关部门要积极支持合作区建设发展，适时研究出台相关政策措施，加大激励力度，调动各地区加快发展“飞地经济”的积极性。

二、主要内容

（1）合作区的土地出让事项原则上纳入飞入地统一管理。合作区内的国有土地使用权出让收入扣除中央和自治区政策性刚性支出以及土地收储成本后，具体分享比例由合作方自行协商确定。

（2）合作区的财政收支数据纳入飞入地统计。

（3）按现行财政体制，合作区的财政收入按规定上缴中央和自治区本级后属于合作方可分享部分，具体分享比例由合作方自行协商确定。

（4）因开发合作区产生的政府债务，其偿还责任分担机制由合作方自行协商确定。

（5）自合作区获批复认定的下一年起，自治区从合作区分享的税收收入较上年增量部分全部补助合作区。

（6）合作区按规定继续享受自治区相关转移支付补助政策。国家实施的各项政策性补助，按照国家规定继续执行。

（7）自治区在安排自治区工业和信息化发展专项资金、广西北部湾经济区发展专项资金、产业发展奖励资金等补助资金以及政府债券时，对符合条件的合作区优先给予支持。

（8）对于飞入地和飞出地现有支持各类产业园区发展的财政政策，在具备条件和政策允许的情况下，合作区可按各方最优惠的政策执行。

(9) 对促进“飞地经济”发展主动作为、成效显著的市县，自治区在财政管理工作绩效考核中给予加分，并在相关转移支付测算中给予一次性奖励。具体评估考核办法另行制定。

三、其他

(1) 合作区由飞入地的设区市人民政府自愿申请，按程序报自治区人民政府认定，并按照“有进有出”原则动态调整。具体审核程序和认定细则由自治区有关业务主管部门制定。

(2) 本政策措施仅适用于经自治区人民政府批复认定的合作区。对被自治区人民政府撤销的合作区，本政策措施自撤销之日起停止执行。

(3) 本政策措施由自治区财政厅负责解释。

(4) 本政策措施执行期限为2021—2025年。在执行过程中，如遇国家政策调整，自治区适时进行相应调整。

持之以恒贯彻落实中央八项规定精神

——财政部健全完善厉行节约反对浪费制度体系实践

【引言】 艰苦奋斗、勤俭节约是我们党的优良传统作风，在革命、建设、改革各个历史时期，党中央都高度重视厉行节约反对浪费工作，大力倡导勤俭办一切事业。党的十八大以后，以习近平同志为核心的党中央以作风建设开局，把厉行节约反对浪费工作放到突出位置来抓。习近平等中央领导同志针对“舌尖上的浪费”“车轮上的铺张”“楼堂馆所的豪华”等多次作出重要批示，要求采取有力措施，予以坚决整治。特别是2013年2月，习近平总书记作出重要批示，强调“要抓住制度建设这个重点，以完善公务接待、财务预算和审计、考核问责、监督保障等制度为抓手，努力建立健全立体式、全方位的制度体系，以刚性的制度约束、严格的制度执行、强有力的监督检查、严厉的惩戒机制，切实遏制公款消费中的各种违规违纪违法现象。”[①] 习近平

① 在人民日报《专家学者对遏制公款吃喝的分析和建议》等材料上的批示，人民网，http：//jhsjk. people. cn/article/25413247，2014年8月。

总书记的重要批示，明确了抓厉行节约反对浪费工作的关键所在，体现了靠制度抓问题、管根本、谋长远的战略思考。

财政部深入学习贯彻习近平新时代中国特色社会主义思想，充分发挥财政在国家治理中的基础和重要支柱作用，不断健全厉行节约反对浪费制度体系、规范加强预算管理，将中央八项规定精神和厉行节约反对浪费要求具体化、制度化、规范化，增强针对性、操作性、可行性，全力以赴抓好落实，推动中央八项规定精神落地生根，成风化俗。

【摘要】党的十八大提出要抓住制度建设这个重点，切实遏制公款消费中的各种违规违纪违法现象。财政部坚决贯彻习近平总书记批示精神，充分发挥财政在国家治理中的基础和重要支柱作用，基本搭建起全方位、立体式厉行节约反对浪费制度体系。

习近平总书记在党的十九大报告中指出，不断推进国家治理体系和治理能力现代化，构建系统完备、科学规范、运行有效的制度体系。财政部坚持以习近平新时代中国特色社会主义思想为指导，在前期取得阶段性成果的基础上，持续拓展制度覆盖范围，细化管理举措，适时动态调整支出标准，积极支持和推进相关领域改革，不断健全完善制度体系，推动中央八项规定精神贯彻落实工作不断取得新进展、新成效。

【关键词】中央八项规定精神　厉行节约反对浪费制度建设　公务支出管理

一、背景情况

党的十八大以前，各级党政机关、企事业单位讲排场、比阔气、铺张浪费等现象屡见不鲜，违规公款吃喝、公款旅游、私车公用、修建豪华楼堂馆所、大搞节庆论坛活动、会议过多过滥等问题十分突出。党的十八大召开后，以习近平同志为核心的党中央全面从严治党，狠抓作风建设，彻底整治“四风”问题。2013—2017 年，财政部按照中央办公厅“1 +20”厉行节约反对浪费制度体系建设统一部署，集中制（修）订中央和国家机关会议费、差旅费、培训费、外宾接待经费管理办法，以及因公临时出国、因公短期出国培训经费管理办法等制度；配合相关部门研究制定了国内公务接待、公务用车制度改革、楼堂馆所建设使用、培训疗养机构改革等十多项制度和改革方案；督促指导地方各级财政部门制（修）订了一批厉行节约反对浪费的经费管理办法、细则及配套政策，仅省级财政部门出台的制度就达 200 多个，基本搭建起全方位、立体式厉行节约反对浪费制度体系，初步实现了各项公务活动经费管理有章可循，资金分配有标准、预算执行有依据、监督检查有标尺。

党的十九大报告指出，“不断推进国家治理体系和治理能力现代化……构建系统完备、科学规范、运行有效的制度体系”“巩固拓展落实中央八项规定精神成果，继续整治‘四风’问题”。对照党的十九大要求，我们清醒地看到，厉行节约反对浪费制度体系建设成绩只是阶段性的，需要我们时刻绷紧艰苦奋斗勤俭节约这根弦，以抓铁有痕、踏石留印的劲头，持续用力，久久为功，持续推进公务支出领域治理体系和治理能力现代化。

二、主要做法

制度建设永远在路上，这是一句口号、一项承诺，更是一份沉甸甸的责任。党的十九大以来，我们坚持以习近平新时代中国特色社会主义思想为指导，在前期取得阶段性成果的基础上，持续拓展制度覆盖范围，细化管理举措，适时动态调整支出标准，积极支持和推进相关领域改革，不断健全完善制度体系，推动中央八项规定精神贯彻落实工作不断取得新进展、新成效。

（一）根据实际需要制定新制度，逐步拓展制度范围

党的十八大之后，集中制（修）订了会议、差旅、培训、因公出国等主要通用性支出管理办法，但还有一些领域没有制度规范和支出标准。党的十九大之后，我们坚持管理办法和支出标准全覆盖的目标，查漏补缺，不断拓展制度覆盖范围。一是2017年制定了《中央和国家机关基层党组织党建活动经费管理办法》，首次对使用财政资金开展党建活动作出明确规定，促进基层党组织党建活动规范有序。二是在已出台中央和国家机关会议、党中央和国务院重要会议、在华举办国际会议、会议定点管理等制度的基础上，2018年制定了《全国人民代表大会会议、政协全国委员会全体会议经费管理办法》，加强和规范全国“两会”会议经费支出管理，实现了会议支出管理全覆盖。三是2017—2019年制定“一带一路”国际合作高峰论坛、金砖国家领导人厦门会晤、上海合作组织青岛峰会、中非合作论坛北京峰会、首届中国国际进口博览会等经费保障管理指导意见，规范重大主场外交活动经费保障。

（二）细化完善现行制度，增强制度操作性

党的十八大以后集中制（修）订的制度总体执行情况较好，此前普遍存在的向下转嫁费用、超范围超标准接待以及由此产生的“四

风”问题得到有效遏制。但随着经济社会的发展和体制机制改革的推进，也遇到了一些问题，如有些规定不够细化、有些规定不适应现实需要等，我们密切跟踪制度执行情况，不断细化完善现有制度。一是2017年会同国管局修订印发《党政机关办公用房管理办法》，进一步规范党政机关办公用房管理，推进办公用房资源合理配置和集约节约使用。二是2019年印发《关于规范差旅伙食费和市内交通费收交管理有关事项的通知》，进一步细化差旅伙食费、市内交通费收交的具体规定，明确交纳标准、交纳方式和管理要求，增强约束力和可操作性。三是2020年会同中直管理局研究修订《中办机要交通局外埠押运交通食宿安排及费用支出管理暂行办法》，进一步规范中办机要交通局外埠押运交通食宿安排及费用支出管理，保障机要交通工作顺利开展。

（三）动态调整支出标准，保持制度适用性

从多年来的实践看，支出标准大概三四年时间就需要调整。为避免“一个标准管好多年”的问题，建立了开支标准动态调整机制，使开支标准与市场价格之间形成联动，定期调整。一是为更好地保障大国外交工作开展、进一步规范和加强因公临时出国经费管理，2017年印发《关于调整因公临时出国住宿费标准等有关事项的通知》，调整部分国家（地区）住宿费标准，进一步明确有关执行问题。二是针对公车改革后党政机关公务用车管理的新情况、新问题，2017年会同国管局修订印发《党政机关公务用车管理办法》，分类调整公务用车配备的排气量、价格等标准。

（四）转变管理理念，优化管理方式

党的十八大之前，各级党政机关财经纪律松弛，有章不循现象普

遍，与此相适应，我们在制（修）订制度时强调“管理+控制”，控制过程、控制细节。党的十八大以来，党风政风出现根本性转变，公务人员财经纪律观念、合规用款意识、预算绩效理念不断增强。我们积极适应形势变化，主动转变管理理念，从以“管理+控制”为主向以“管理+服务”为主转变，本着为公务活动和公务人员服务的理念修订完善管理举措。一是贯彻落实习近平总书记在2018年“两院”院士大会上关于“不能让繁文缛节把科学家的手脚捆死了，不能让无穷的报表和审批把科学家的精力耽误了”[①] 的讲话精神，2019年分别印发《关于停止执行会议年度计划执行情况报告制度的通知》和《关于停止执行培训年度计划备案及执行情况报告规定的通知》，改进和优化会议、培训费用管理，减轻部门报送材料负担。二是贯彻落实党中央、国务院关于完善财政科研项目资金管理精神，2019年会同科技部等部门联合印发《关于扩大高校和科研院所科研相关自主权的若干意见》，进一步明确项目承担单位对难以取得发票的住宿费用可实行包干制，科技、教育部门适时选择部分高校和科研院所探索开展国内差旅费报销改革试点，从政策层面为科研院所进一步开展差旅费管理改革试点指明方向。

（五）积极支持和推进相关领域改革，从体制机制上铲除滋生蔓延不良风气的温床和土壤

坚持完善制度与深化改革并重、厉行节约与推动发展并行，通过体制机制改革逐步实现公务人员从“不敢浪费”到“不能浪费”“不愿浪费”的转变。一是积极推动公务用车制度改革，“车轮上的铺

① 《习近平在中国科学院第十九次院士大会、中国工程院第十四次院士大会上的讲话》，载于《人民日报》2018年5月29日第2版。

张”失去赖以生存的基础。改革党政机关公务用车实物供给方式，取消一般公务用车，实现从“养人养车”向“买服务”“建机制”转变。改革后公务用车和司勤人员数量大幅压缩，公务用车购置及运行经费大幅减少。二是大力改进统一着装管理，“以费控装”的被动局面得到扭转。聚焦统一着装体制机制老问题以及机构改革后面临的新情况，确定了改进和规范统一着装管理的“一揽子”方案。把握机构改革后行政执法队伍数量大幅减少、人员规模得到有效控制的契机，制定印发《综合行政执法制式服装和标志管理办法》，推动实现生态环境保护、交通运输、农业、文化市场、应急管理、市场监管等六大领域百万执法人员统一着装。三是积极稳妥推进中央和国家机关培训疗养机构改革，从源头上铲除滋生“四风”的土壤。坚持市场化、社会化改革方向，按照政企分开、事企分开、管办分开、主辅分开的原则，彻底改革培训疗养机构经营管理体制，在中央和国家机关、中央企业、中央金融企业、北戴河地区四个改革领域中，率先启动第一批改革，按照自上而下、集中整体推进方式创造性开展第二批改革工作，得到改革牵头单位充分肯定，相关做法在其他三个改革小组推行。

从实际成效看，全方位、立体式厉行节约反对浪费制度体系不断健全，在党风政风根本性好转的大背景下，各项制度得到有效执行，效果显著。据统计，中央和地方2013—2018年“三公”经费财政拨款支出均实现六连降。2018年全国行政事业单位财政拨款会议费、培训费支出850亿元，较2012年的1477亿元减少627亿元，下降42%。

三、经验启示

回顾近年来厉行节约反对浪费制度体系建设工作，有以下几方面的深刻启示。

一是制度建设要持之以恒，久久为功。具体制度是一定时期的产物，同一定的环境相适应。时代在变、环境在变，制度也必须相应调整完善，包括管理理念、管理措施、支出标准等。实践从正反两个方面告诉我们，没有完美的“顶层设计”和一劳永逸的制度，只有持续用力、与时俱进，坚持立、改、废、释相结合，不断完善管理举措，适时动态调整支出标准，才能保持制度体系的生命力和执行力；僵化的管理理念、陈旧的管理措施、滞后的支出标准不仅难以执行、影响工作，而且会诱发各种违规违纪行为。

二是制度建设要改革创新，从体制机制上破除顽疾。奢靡浪费问题由来已久，从根源上清除也非一日之功。在党风政风根本性好转的大背景下，各级干部财经纪律观念、合规用款意识、预算绩效理念不断增强，从一开始不习惯到知敬畏、守底线，自觉遵守各项制度，“不敢浪费”的环境已经形成。但要清醒地看到，“不能浪费”“不愿浪费”的基础还不牢靠，特别是因公出国、公务接待、机关后勤、培训疗养等老大难问题，都是难啃的硬骨头。诊治这些沉疴顽疾，必须坚持用改革的办法，大胆地进行制度创新，才能突破重点难点。

三是制度建设要永远坚持勤俭节约思想，大力倡导勤俭办一切事业。习近平总书记反复强调要坚持艰苦奋斗、勤俭节约的思想，对党和政府过紧日子提出明确要求。2019 年 3 月，习近平总书记在参加内蒙古代表团审议时指出，“艰苦奋斗、勤俭节约，不仅是我们一路走来、发展壮大的重要保证，也是我们继往开来、再创辉煌的重要保证”。[①] 在

① 《上下同心再出发——习近平总书记出席 2019 年全国两会　人大代表、政协委员共商国是纪实》，载于《人民日报》2019 年 3 月 15 日第 1 版。

推进厉行节约反对浪费制度体系建设的过程中，要始终秉持艰苦奋斗、勤俭节约的思想，坚决抵制享乐主义、奢靡之风，合理适度确定支出标准，引导和约束公务人员精打细算、坚持勤俭办一切事业。

四是制度建设要整体推进，统筹协调。厉行节约反对浪费制度涉及方方面面，有吃、住、行的问题，还有办公条件、公务设备、日常办公用品等问题；有国内公务活动中的节约问题，也有国（境）外活动的节约问题，需要统筹研究，对不同的事务环节整体考虑，做到各项制度之间相互衔接，避免交叉重复。特别是对于公务活动中的一些共性问题，比如差旅费、会议费、培训费中的吃住行等标准，要相互协调、基本平衡。

五是制度建设要落实落细，扎紧织密制度的笼子。建立严格严密的制度体系，宜从大处着眼，小处入手，否则制度容易泛化、虚化。公务接待在哪儿吃、怎么吃，公务用车怎么配、怎么管，因公出差坐什么、住哪儿，这些问题看似很小很具体，却关乎厉行节约反对浪费的成效，关乎公务活动的保障。从实际出发，明确红线、底线，才能使各项公务活动经费管理有章可循，增强制度的操作性。

【思考题】

1. 厉行节约反对浪费制度体系建设主要包含哪些方面？现行有效的制度文件主要有哪些？

2. 随着社会经济发展，哪些领域尚未出台统一制度规范，或者哪些现行制度需要根据实际情况进行修订完善？

惩治微腐败　提升获得感
确保惠民惠农政策落地见效

——财政部等七部委扎实开展惠民惠农财政补贴资金“一卡通”专项治理

【引言】党的十八大以来，习近平总书记创新发展了我们党对“人民”“群众”“人民群众”的深刻认知，对以人民为中心作出一系列新论断，体现出马克思主义中国化最新成果的理论光辉和中国特色社会主义本质的内在规律性，是党员干部开展工作实践活动的根本遵循。近年来，财政部门深入贯彻落实习近平总书记重要讲话精神，增强“四个意识”、坚定“四个自信”、做到“两个维护”，紧扣全面建成小康社会目标任务，不断加大惠民惠农财政补贴力度，有效治理补贴政策落实和资金管理使用中存在的突出问题，在保障和改善民生、强化社会保障兜底政策等方面发挥了不可或缺的作用。

【摘要】财会监督是财政部门的重要职能，是党和国家监督体系的重要组成部分，在贯彻党中央重大决策部署、深化财税改革、规范预算管理、严肃财经纪律等方面发挥着重要作用。以惠民惠农财政补贴资金“一卡通”专项治理为例，此项工作是为贯彻习近平总书记重要讲话精神，落实国务院领导同志重要批示精神，由财政部牵头，会同有关部委于2019年组织开展的专项工作，覆盖全国31个省份、1520个县，涉及各级各类补贴资金6662亿元，查出问题金额约205亿元，党纪和政务处分7400多人次。从着力整治群众身边的腐败问题入手，严肃查处了补贴政策落实和资金管理使用中存在的突出问题，有效维护了人民群众最关心、最直接、最现实的利益问题，被称为财政部门“近年来最贴近百姓的一项检查”。为确保党的政策落到实处，财政部还会同有关部委，坚持标本兼治，完善顶层设计，出台指导意见，进一步扎紧制度的笼子，不断增强人民群众获得感、幸福感、安全感。

【关键词】以人民为中心　财会监督　惠民惠农　获得感

一、背景情况

近年来，惠民惠农力度不断加大，大量财政补贴资金通过直接汇入受益群众专门开设的银行卡、存折等支付工具的方式发放，对方便服务群众起到了积极作用。但在“一卡通”使用管理过程中，一些基层干部违规代持群众“一卡通”，虚报冒领、贪污侵占、截留挪用财政补贴资金等违反财经法纪问题时有发生，严重影响了惠民惠农政策的有效落实，降低了群众的获得感和满意度。例如，凉山州喜德县民政局救灾救济股股长程鹏菲等人，利用收买的身份信息开设民政补贴“一卡通”，一年之内套取高寒山区农牧民特困群众生活救助金200多万元，造成恶劣影响。2018年5月，中央领导同志在四川视察调研期间，对“一卡通”管理问题高度重视，要求四川方面把“一卡通”管好用好。2018年6—9月，四川省在全省范围内，组织开展了“一卡通”管理问题专项治理，查出问题金额22.53亿元，有关情况引起国务院领导同志高度重视，李克强总理、韩正副总理、胡春华副总理、肖捷国务委员作出重要批示，要求摸清情况，举一反三，拿出有针对性的规范和治理措施。为做好贯彻落实，2019年4—9月份，财政部牵头，会同农业农村部、民政部、国务院扶贫办等七部委，站在政治和全局的高度，通力合作，精心组织，在全国范围内联合部署开展了惠民惠农财政补贴资金“一卡通”专项治理。

二、主要做法

专项治理发现，惠民惠农财政补贴“政出多门”“卡出多行”“人卡分离”“一人多卡”等问题比较突出，发放不及时、服务不到位等广受群众诟病，部分地区补贴项目散碎交叉情况突出，部分地区存在虚报冒领、贪污侵占补贴资金等严重侵害群众利益的情况。问题存在的原因是多方面的，主要包括认识不到位、制度不健全、管理跟不上、监管合力不强等。虽然部分省份采取了一些治理措施，也取得了初步效果，但从全国整体情况看，多数省份尚未拿出有针对性的规范和治理措施。为将专项治理抓实、抓好、抓出成效，我们深入谋划，精心组织，主要做法和成效如下：

（一）在深刻理解初心使命上下功夫，切实把以人民为中心的理念体现在具体工作中

党的十九届四中全会从坚持和完善党的领导体系，提高党科学执政、民主执政、依法执政水平的高度，提出要建立不忘初心、牢记使命的制度。为中国人民谋幸福、为中华民族谋复兴，是中国共产党人

的初心和使命，是激励一代代中国共产党人前赴后继、英勇奋斗的根本动力。为民监督、为国理财，是财政监督的初心和使命，是激励财政监督系统全体党员干部恪尽职守、夙夜在公的精神追求。中央国家机关是政治机关，权力责任集中、党员干部集中，是联系人民群众和党中央的重要枢纽，是党中央重大部署的推动者、贯彻执行的督促者、落实情况的反映者和群众呼声的回应者。对上，要把党中央重大决策部署细化为具体的工作举措，报告反映落实情况，研究提出工作建议；对下，要督促做好贯彻执行，了解和反映社情民意，回应百姓关切。我们牢记财会监督的初心使命，以实际行动把初心使命体现在具体的工作中。

（二）在深入了解实情民意上下功夫，当好落实情况的反映者和群众呼声的回应者

打赢脱贫攻坚战是我们党向全社会作出的庄严承诺。财政惠民惠农资金用得怎么样、好不好，百姓关心、社会关注。财政部党组高度重视，要求切实加强资金监管，让财政惠民惠农资金真正用到刀刃上，推进精准扶贫。我们将财政惠民惠农资金监管放在重要位置，深入基层深入群众，掌握政策落实的真实情况和突出问题，先后深入四川、湖南等多个地区，走村入户、明察暗访。调研中基层群众反应强烈，要求规范管理、惩治腐败，给老百姓一个明白账、放心账。调研掌握了大量第一手材料。调研后形成专题报告，提出了开展惠民惠农财政补贴资金“一卡通”专项治理的建议，有关情况专题上报部党组，并按照部党组要求，专题呈报国务院。国务院高度重视，多位领导同志作出重要批示，同意财政部会同有关部门在全国范围开展“一卡通”专项治理。

（三）在切实回应群众关切上出实招，做好党中央重大部署的推动者、贯彻执行的督促者

服务群众就要从关系人民群众切身利益的问题抓起。“一卡通”专项治理，不以查处多大金额的违规问题为目标，而是坚持聚焦着力如何建立健全“斩断伸向惠民惠农尤其是扶贫脱贫资金的黑手”的长效机制，争取以“一卡通”专项治理为契机，标本兼治、正本清源，提出“整合资金项目、理顺发放渠道、确保群众知用、及时足额到位”治理建议，推动形成党中央惠民惠农政策落实长效机制。此次“一卡通”专项治理坚持标本兼治，取得较好成效，得到中央领导同志充分肯定。

1. 推动设立政策、资金、问题台账

一是政策台账。例如，四川省梳理形成398项补贴项目清单；湖南省初步建立298项补贴项目清单。二是资金台账。专项治理涉及享受补贴群众3.42亿人次，各级各类财政补贴资金6662亿元，其中，中央3508亿元、省级1688亿元、市级420亿元、县级1046亿元。三是问题台账。要求实行销号管理，严肃处理问责。

2. 总结形成一批可复制可推广治理措施

一是补贴发放方面。例如，四川省将社会保障卡作为惠民惠农补贴资金发放的唯一载体，实现补贴资金集中精准发放。二是系统建设方面。例如，安徽省开发惠农补贴资金“一卡通”管理系统。三是日常监管方面。例如，湖南省依托全省“互联网+监督”平台，将各类惠民惠农、扶贫资金集中在互联网上公开。对这些可复制可推广的治理措施，我们已通过《中国财经报》《监督评价简报》《情况通报》《财政监督》杂志等多种方式予以广泛宣传，供各地各部门学习借鉴，起到较好示范和带动效果。

3. 督促指导基层严格落实问题整改

初步统计，全国向纪检监察部门主动说明情况30266人、移交纪检监察部门问题线索13061条，党纪处分7400多人次，通报曝光案件2395件、人员3508人。有关人员主动上缴资金1.55亿元，追缴收回资金5.71亿元，返还发放资金12.68亿元，管理不规范问题整改金额84.06亿元。

4. 研究出台加强管理的指导意见

专项治理查出问题金额较大、类型较多、原因复杂。虽然部分省份采取了一些治理措施，但这些措施都是点上的、碎片化的，多数省份尚未建立标本兼治的长效机制。在着力整治群众身边的腐败问题基础上，财政部会同农业农村部、国务院扶贫办等七部委，采取更有针对性的措施，进一步扎紧制度的笼子。经国务院同意，研究出台《关于进一步加强惠民惠农财政补贴资金“一卡通”管理的指导意见》。这是贯彻落实李克强总理批示精神的重要举措；是从制度上解决惠民惠农财政补贴资金“一卡通”管理存在的突出问题、提升各项补贴政策和资金使用绩效、巩固脱贫减贫成果和加大兜底保障的重要手段；对切实解决好人民群众最关心、最直接、最现实的利益问题，不断增强人民群众获得感、幸福感具有非常重要的意义。

三、经验启示

（一）要提高站位，自觉以党的政治建设统领，紧紧围绕中央重大决策部署开展工作

“一卡通”专项治理抓得好、有成效，主要原因是注重以党的政

治建设为统领，在业务工作中深入贯彻习近平总书记以人民为中心的发展思想、自觉践行全心全意为人民服务的根本宗旨。党的十九届中央纪委四次全会明确将财会监督作为党和国家监督体系的重要组成部分，为做好新时代财会监督工作指明了前进方向、提供了根本遵循。财会监督的作用发挥，直接影响到国家治理体系和治理能力现代化，关系到党和国家监督体系的建立健全，责任重大，在今后的工作中，我们一定要深刻领会、准确把握习总书记重要讲话精神，站在政治和全局的高度，紧紧围绕中央重大决策部署开展工作，切实发挥财会监督职能作用。

（二）要深刻理解，自觉服务服从和配合党内监督，在党和国家监督体系的框架内全面履职

“一卡通”专项治理取得较好成效，得益于党中央、国务院对不断保障和改善民生工作的高度重视，得益于财政部党组的坚强领导，得益于各地党委、政府的通力配合，得益于纪检监察部门的大力支持。如专项治理过程中，四川、甘肃等省份直接由省纪委监委牵头，中央纪委国家监委驻财政部纪检监察组带队赴多地调研。部分地区专项治理成效在十九届中央纪委四次全会上，也得到了中央纪委国家监委主要负责同志的肯定和表扬。今后的工作中，财会监督各项工作首先要坚持政治属性，找准在党和国家监督体系中的职责定位，在党中央的统一领导下，在部党组的监督指导下，在中央纪委国家监委的监督督促下，全面履行职能，积极发挥作用，既确保党中央决策部署有效贯彻落实，又通过分析研究发现的问题，积极为党中央建言献策。

（三）要一以贯之，始终把保障和改善民生作为各项工作的出发点和落脚点

“一卡通”专项治理工作中，我们牢牢把握了解社情民意，回应人民关切，纠正群众身边“微腐败”，让党的政策落实到老百姓身上，人民群众获得感增强、满意度提升，成为这项工作的最大亮点和最大成绩。中央国家机关是政治机关，必须始终自觉践行全心全意为人民服务的根本宗旨，把顺应民心、尊重民意、关注民情、致力民生作为根本遵循，把人民对美好生活的向往作为一切工作的出发点和落脚点。财会监督的初心和使命就是为国理财、为民监督。衡量工作成效的标准，就是要看百姓对我们的工作满意不满意。今后的各项工作，要一以贯之，始终把保障和改善民生作为各项工作的出发点和落脚点，不忘初心、牢记使命，以勇于担当、永不懈怠的精神状态，以真抓实干、埋头苦干的实际行动，为做好新时期财会监督工作作出新的贡献。

【思考题】

1. 如何将以人民为中心发展思想落实到具体业务工作上，立足岗位，全面履职，确保惠企利民各项财税政策落地见效?

2. 围绕惠民惠农财政补贴政策整合、支付改革、资金监管、公开公示等重点环节，如何采取更有针对性的措施，进一步完善顶层设计、深化治理成效，坚决斩断伸向惠民惠农尤其是扶贫脱贫资金的“黑手”?

3. 如何在财会监督的重大专项工作中，自觉做到以党内监督为主导，主动在信息沟通、线索移交、成果共享等其他监督中贯通协调，形成合力，切实提升监督检查工作成效?

深化财政改革　建立健全制度

——黑龙江关于建立事权、支出责任和财力相适应制度的做法

【引言】习近平总书记在党的十九大报告中提出“加快建立现代财政制度，建立权责清晰、财力协调、区域均衡的中央和地方财政关系。”① 党的十九届四中全会通过的《中共中央关于坚持和完善中国特色社会主义制度　推进国家治理体系和治理能力现代化若干重大问题的决定》中提出，“优化政府间事权和财权划分，建立权责清晰、财力协调、区域均衡的中央和地方财政关系，形成稳定的各级政府事权、支出责任和财力相适应的制度。”② 党的十九届五中全会通过的《中共中央关于制定国民经济和社会发展第十四个五年规划和

---

① 《习近平：决胜全面建成小康社会　夺取新时代中国特色社会主义伟大胜利——在中国共产党第十九次全国代表大会上的报告》，中国政府网，http：//www. gov. cn/zhuanti/2017 - 10/27/content_5234876. htm，2017 年 10 月。

② 《中共中央关于坚持和完善中国特色社会主义制度　推进国家治理体系和治理能力现代化若干重大问题的决定》，中国政府网，http：//www. gov. cn/zhengce/2019 - 11/05/content 5449023. htm，2019 年 11 月。

二〇三五年远景目标的建议》中提出，“明确中央和地方政府事权与支出责任，健全省以下财政体制，增强基层公共服务保障能力。”①

【摘要】党的十九大以来，黑龙江省财政部门紧紧围绕习近平总书记关于深化财政改革的重要论述，按照党中央、国务院和财政部的决策部署，逐步建立事权、支出责任和财力相适应的制度。支出划分方面，积极推进省以下财政事权和支出责任划分改革，组织实施基本公共服务领域共同财政事权划分改革，制定医疗卫生、科技、教育、交通运输等分领域划分改革方案，坚持事权清单化、支出责任规范化、基本公共服务保障标准制度化。收入划分方面，将包括增值税、企业所得税在内的11个地方级税种收入在省和市县之间重新划分，建立起了利益共享、风险共担、相互激励的税收分享机制。财力方面，坚持激励与约束、“造血”与“输血”相结合的原则，加大对市县财力性转移支付规模，提高市县基本公共服务均等化水平；分类实施省级分享增量税收返还政策，促进市县抓招商、抓项目、抓投资的积极性；建立“五保”支出保障机制，综合考虑市县政策性减收增支等实际情况，加大对基层特别是财政困难市县的财力倾斜。同时，建立规范的地方政府举债融资机制，防范政府性债务风险向公共财政风险转化，影响地方财政收支平衡。通过各项改革协调推进，省和市县政府间事权和财权逐步优化，基本建立起权责清晰、财力协调、区域均衡的省和市县财政关系。

【关键词】财政事权和支出责任划分　税收收入划分　财力协调

---

① 《中共中央关于制定国民经济和社会发展第十四个五年规划和二〇三五年远景目标的建议》共产党员网，https：//www. 12371. cn/2020/11/03/ARTI1604398127413120. shtml，2020 年 10 月。

一、背景情况

1994年，黑龙江省与国家同步实行分税制财政体制改革，确定省与市县收入基数、税收返还基数，建立一般性转移支付制度；2005年起，逐步探索建立"省管县"财政管理体制，财政收支、税收返还、转移支付等由省核定到县，资金调度到县，政府债务、预算编制管理到县。经过多年探索实践，黑龙江省"省管县"财政管理体制逐渐成熟，财政"省管县"工作取得了明显成效，市县财政均等化水平不断提升，县级财力逐步增强，管理效率有效提高，县域经济健康发展。但是，从省与市县的财政关系看，仍然存在权责不清、财力不均、区域发展不平衡的突出矛盾，主要表现在：一是财政事权和支出责任划分得不够清晰、合理、规范。没有明晰的事权清单，从制度的层面缺少对各级政府行使事权的约束。事权划分不尽合理，一些应由省级负责的事务交给地方承担，如涉及市场公正统一的司法管理、标准化建设等；一些适宜市县负责的事务，省级承担了较多的支出责任，如城乡社区事务。支出责任分担方式不够规范，分担比例和档次设置较多，没有合理体现区域差异。二是税收收入划分不够统一规范，个别税种归属不尽合理。改革前黑龙江省的税收收入划分为：中央四部门（石油、石化、有色金属、电力企业）增值税的25%，大庆外围合作小油田增值税的12.5%、中央企业跨地区经营集中缴纳的企业所得税40%、营业税和土地增值税50%（哈尔滨市及所属县营业税和土地增值税100%作为市县级），以及城镇土地使用税30%部分作为省级收入，其余税收均为市县收入。上述收入划分造成主体税种市县分享比例不统一，拥有油田收入的市县受原油价格和产量影响抗波动能力不足，省级独享税收入库监管难度较大；同时，因实行“省管县”财政管理体制，市不参与所辖县财政收支，市协同管县的积极性不强。三是省推动市县主动发展的财政政策激励措施不足。测算分配省对市县财力性转移支付时，重点考虑市县标准收支缺口、人口、资源禀赋等因素，和市县组织收入能力挂钩较少，转移支付更加倾向于“输血”，市县“被动”接受省级下达的转移支付额度，往往越困难的市县、占有资源越多的市县得到的转移支付越多，不利于激励市县政府主动挖潜税源、组织收入、发展经济。鉴于上述问题，抓紧建立事权、支出责任和财力相适应制度改革势在必行。

二、主要做法

针对省和市县财政关系存在的问题和矛盾，黑龙江省紧紧围绕习近平总书记关于财税体制改革的重要论述，着力从支出责任划分、税收收入划分、财力分配三个方面完善制度设计，协同推进改革。

（一）推进省以下财政事权和支出责任划分改革

财政事权和支出责任划分改革是建立科学规范政府间关系的核心内容，是完善国家治理结构的一项基础性、系统性工程。按照党中央、国务院和财政部部署，黑龙江省财政部门积极发挥组织协调作用，推进省以下财政事权和支出责任划分改革，重点做了以下三个方面的工作。

1. 确定改革总体框架

2017 年，印发《关于推进省以下财政事权和支出责任划分改革的意见》（黑政发〔2017〕9 号），对省以下改革进行了总体部署，确定了省与市县财政事权和支出责任划分的总体框架。省级财政事权方面，将保持全省经济社会稳定、推动区域协调发展等方面的事务集中到省级，如检法事务、基础科学等。市县财政事权方面，将直接面向基层、量大面广、与当地居民密切相关的事务下放给市县，例如社会治安、市政交通、城乡社区事务等。共同财政事权方面，将市县有管理信息优势，但受益范围外溢的事务，由省和市县共同承担，例如义务教育、科技研发、公共文化、就业、跨区域重大基础设施建设等。市以下财政事权方面，明确市对区、县对乡财政事权和支出责任划分，由市县结合本地财政体制自行确定。

2. 组织实施基本公共服务领域共同财政事权划分改革

2018 年，印发《基本公共服务领域省以下共同财政事权和支出责任划分改革方案》（黑政办发〔2018〕57 号）。明确省以下共同财政事权范围，在中央与地方共同财政事权的框架下，将八大类 19 项基本公共服务确定为省与市县共同财政事权，涉及教育事权 8 项、医疗卫生事权 4 项、社会保障事权 7 项。明确基本公共服务保障执行标准，分类明确执行国家标准、执行省定标准、市县自行确定标准的基本公共服务事项，尽力而为、量力而行，不做超越发展水平的民生承诺。规范支出责任分担方式，简化归并省与市县支出责任分担比例，科学测算各级政府支出水平，确保改革后不给基层带来较大支出压力。

3. 积极推进分领域改革

黑龙江省财政厅会同省直相关部门，结合机构改革，稳步推进省与市县分领域财政事权和支出责任划分改革。截至2020年底，已印发医疗卫生、教育、科技、交通运输4个领域划分改革方案。在制定分领域改革方案时坚持三个原则：一是事权清单化。一个领域一个事权清单，一项事权划分对应一项支出责任划分，待分领域改革全部完成后，可形成全部领域事权清单，方便各级政府、各部门行使财政事权有章可循、有据可查。二是支出责任规范化。在保持省与市县财力格局基本稳定的前提下，对教育、医疗卫生等领域按比例分担支出责任的，简化、归并分担比例；并体现差异化分担原则，对享受均衡性转移支付的财力相对困难市县，省级承担更多的支出责任。三是基本公共服务保障标准制度化。对教育、医疗卫生等领域财政事权，分类明确基本公共服务标准制定权限，对某些可提高地区标准的事项，市县在保障国家基础标准和省定标准的前提下，可按照尽力而为、量力而行的原则自行确定标准。

（二）调整省与市县税收收入划分

2016年，为贯彻落实国家增值税收入划分改革方案，在调整省对下增值税收入划分的基础上，一并完善其他税收收入分享办法，黑龙江省政府印发《黑龙江省税收收入分享改革方案》，在保持省管县体制的框架，保持收入格局和利益格局基本不变的基础上，按照统一规范、统筹兼顾、激励约束的原则，确定省对下税收收入划分：将石油企业增值税的50%、省内跨市县和部分跨省市经营总分机构企业所得税的40%、油气田企业资源税的100%作为省本级独享收入；城市维护建设税、耕地占用税、烟叶税的100%全部作为市县级独享收入；其他企业增值税由省与市县按照15∶35比例分享，其他企业所得税和个人所得税由省与市县按照 5∶35 比例分享，其他资源税、房产税、印花税、城镇土地使用税、土地增值税、车船税、契税等 7 个税种由省与市县按照 5∶95 比例分享，市再分享行政区域内县的 5%。2018 年，国务院明确将环境保护税全部作为地方收入后，黑龙江省确定环境保护税由省与市县按 15∶85 分享，市再分享行政区域内县的 5%。黑龙江省税收收入分享改革，实现了地方级税种在省、市、县之间重新划分，建立起了利益共享、风险共担、相互激励机制，有助于推动各级政府共同培育财源、共同监管税源，进一步增强发展经济的积极性。

（三）提高市县财力保障水平

习近平总书记在党的十九大和十九届四中全会的报告上两次提出“建立权责清晰、财力协调、区域均衡的中央和地方财政关系”[①]，黑龙江省按照习近平总书记的要求，在中央和地方财政关系的框架下，着力构建权责清晰、财力协调、区域均衡的省和市县财政关系。

1. 加大省对市县财力性转移支付力度

从 2018 年开始启动新一轮省对市县均衡性转移支付，进一步扩大补助范围和补助力度，均衡性转移支付一定五年，将收入增量部分全部留给市县，不因市县收入增长抵销收支测算缺口，当年政策性增支通过增加转移支付给予补助。预算执行中将财政部下达的财力性转

① 《习近平：决胜全面建成小康社会　夺取新时代中国特色社会主义伟大胜利——在中国共产党第十九次全国代表大会上的报告》，中国政府网，http：//www.gov.cn/zhuanti/2017－10/27/content_5234876.htm，2017 年 10 月；《中共中央关于坚持和完善中国特色社会主义制度　推进国家治理体系和治理能力现代化若干重大问题的决定》，中国政府网，http：//www.gov.cn/zhengce/2019－11/05/content 5449023.htm，2019 年 11 月。

移支付增量部分全部下达给市县，提高市县基本公共服务保障能力。为鼓励市县最大限度释放国务院更大规模减税降费政策红利，对市县落实减税降费政策减收分类给予补助，对困难市县全部给予补助，缓解财政收支压力。

2. 分类实施省级分享增量税收返还政策

《中共中央　国务院关于建立更加有效的区域协调发展新机制的意见》（中发〔2018〕43 号）印发后，黑龙江省财政部门按照党中央、国务院和省委、省政府关于促进区域协调发展的决策部署，创新财政体制机制，对哈尔滨新区、全省开发区、自由贸易试验区、跨境经济合作试验区和其他市县分类实施省级分享增量税收返还政策，将各区域当年上划省级税收收入超过基期年或上年部分，全部或按规定比例返还给所在市县，促进市县抓招商、抓项目、抓投资的积极性。

3. 建立市县“五保”支出保障机制

坚持“县级为主、省级兜底”原则，采取超常规举措解决重点问题，在国家确定的“三保”基础上，自我加压建立“五保”（保工资、保企业养老金发放、保运转、保民生、保偿还到期债务利息）工作机制。实行年初预算审核机制，根据对“五保”支出预算审核结果，对缺口市县提前给予调度财力。实行支付风险预警机制，按月排查比对市县“五保”支出资金保障能力，加强财政支付风险监控分析，及时采取应对措施。实行税收增量激励机制，在对市县实行省级分享增量税收返还政策基础上，对“五保”困难县按税收增幅给予不同奖励，激发内生动力。实行兜底保障机制，对市县年底“五保”支出缺口通过财力补助、救助或资金调度的方式解决，全力兜牢“五保”支出底线。实行支出保障问责机制，对工作不力、“五保”不到位地区进行约谈、通报、批评，确保基层“五保”不出问题。

（四）防范化解债务风险

地方政府性债务作为预算管理的重要组成部分，其规模、结构、偿还能力等因素直接影响地方财政支出水平和综合财力，如不能控制好政府性债务风险，将可能向公共财政风险转化。因此，黑龙江省高度重视债务风险，建立了规范的地方政府举债融资机制。

1. 加强债务风险源头管控

实行限额管理，严格按照财政部核定的限额举借地方政府债务，严格控制地方政府债务规模；加强预算管理，将地方政府债务收支分类纳入预算管理，在年初对市县审核中，重点审查偿债资金安排情况，同时做好债务预决算公开工作；实施项目管理“三个不得立项”，即项目总投资无法落实或资金来源不明确的不得立项，债务风险防控出现重大问题的地区不得立项，未经财政部门评估债务风险的不得立项。

2. 完善风险防控措施

建立并严格执行统计监测、月报预警、风险会商、应急救助和考核问责等防控风险的“五个机制”，做到风险事件早发现、早报告、早干预、早处置；积极推进到期隐性债务展期重组，建立市县融资平台公司到期隐性债务展期重组政银会商推进工作机制，实施月统计落实、季统计需求、季例会、季通报，推动金融机构配合地方融资平台公司开展隐性债务展期重组工作，提高展期重组落实率，缓释市县债务偿还压力；设立政府性债务风险化解周转金，采取“过桥方式”，用于融资平台公司偿还到期债务的资金周转，避免资金链断裂；开展隐性债务风险等级评定通报工作，每半年向市县通报一次隐性债务风险评定结果，督促相关地区加强隐性债务风险常态化管理，并按国家相关规定，要求债务风险评定红色风险等级地区采取相应限制措施。

三、经验启示

党的十九大以来，黑龙江省通过深化财政改革，探索建立事权、支出责任和财力相适应的制度，取得了一些认识和体会。

（一）顶层设计是推进改革的前提

开展财政事权和支出责任划分改革前，由于缺少制度约束，各级政府间财政事权往往是“按既往惯例”划分；支出责任分担方式也没有明确规定，分担比例档次多、不统一；因权责不清，上级政府常常通过专项转移支付“插手”下级事权。党的十八届三中全会从顶层设计明确了建立事权和支出责任相适应制度，《国务院关于推进中央与地方财政事权和支出责任划分改革的指导意见》（国发〔2016〕49号）非常明晰地阐述了财政事权和支出责任划分的原则；党的十九大召开后，财政部在推进基本公共服务领域共同财政事权和支出责任划分改革的基础上，又陆续推进分领域划分改革。黑龙江省遵循中央与地方的改革框架，因地制宜制定省以下财政事权和支出责任划分改革总体方案和分领域改革方案，明确事权清单，规范支出责任，自上而下推进深化改革，让各级政府、各部门履行事权有章可循、有据可依。

（二）统筹协调是推进改革的保障

党的十八届三中全会确定深化财税体制改革总体目标以来，围绕政府间财政关系的各项改革一脉相承，不断向纵深推进。黑龙江省把握各项改革的逻辑关系，首先，深入分析分税制改革和“省管县”财政管理体制执行以来的利弊，适时调整省和市县税收收入划分；继而明确省和市县财政事权划分，制定事权清单，界定支出责任；通过“五保”支出监控等手段，及时掌握市县政府财力变化，通过财力性转移支付、省级分享增量税收返还等方式弥补市县政府履行事权存在的财力缺口，各项改革统筹协调、综合平衡，逐步形成稳定的各级政府事权、支出责任和财力相适应的制度。

（三）激励约束是推进改革的动力

《中共中央　国务院关于建立更加有效的区域协调发展新机制的意见》（中发〔2018〕43 号）指出，“充分调动地方按照区域协调发展新机制推动本地区协调发展的主动性和积极性”“针对不同地区实际制定差别化政策”“建立健全长效普惠性的扶持机制和精确有效的差别化支持机制”。黑龙江省在发挥财政作用支持区域协调发展方面，特别注重激励与约束相结合，“输血”与“造血”相结合。比如，在促进财力协调方面，为解决传统财力性转移支付分配方法不利于调动市县组织收入积极性的问题，黑龙江省创新财政体制机制，在“输血”的基础上更加重视“造血”，根据区域功能定位不同，对哈尔滨新区、全省开发区、自由贸易试验区、跨境经济合作试验区分类实施省级分享增量税收返还政策，对除上述区域外的市县实现的增值税和企业所得税省级增量部分也给予全额返还，以此激励市县培育税源、狠抓项目、强化征管；同时，建立监控机制，防止市县滥用政策套取省级返还资金，约束与经济增长无关的税收转移。再比如，在调整税收收入划分方面，一方面通过市分享所辖县税收收入的5%，激励市协同管县的积极性；另一方面打破企业隶属关系，统一规范省、市、县税收分享比例，约束市“伸手”所辖县重点企业税收的行为。

以上是党的十九大以来，黑龙江省深化财政改革，建立事权、支出责任和财力相适应制度的主要做法和体会。下一步，黑龙江省将继续按照深化财税体制改革的部署，进一步发挥财政在国家治理中的基础和重要支柱作用，加快建立起符合黑龙江省实际的现代财政制度。

【思考题】

1. 政府间财政事权和支出责任划分所遵循的原则是什么？举一个身边的例子。

2. 如何完善转移支付制度，在促进区域均衡发展的同时还能激励下级政府更加主动作为？你所在的地方财政有这样的先进经验吗？

如何有效整顿软弱涣散会计师事务所党组织

——中国注册会计师行业党委“三落实两核实一步抓到底”方法实践

【引言】习近平总书记在党的十九大报告中提出，要加强基层组织建设。要以提升组织力为重点，突出政治功能，把企业、农村、机关、学校、科研院所、街道社区、社会组织等基层党组织建设成为宣传党的主张、贯彻党的决定、领导基层治理、团结动员群众、推动改革发展的坚强战斗堡垒。①

习近平总书记强调，贯彻党要管党、从严治党方针，必须扎实做好抓基层、打基础工作。② 越是情况复杂、基础薄弱的地方，越要健全党的组织、做好党的工作，防止出现“木桶效应”。2019 年 5 月 31 日，习近平同志在“不忘初心、牢记使命”主题教育工作会议上指

---

① 《习近平：决胜全面建成小康社会　夺取新时代中国特色社会主义伟大胜利——在中国共产党第十九次全国代表大会上的报告》，中国政府网，http：//www. gov. cn/zhuanti/2017 - 10/27/content_5234876. htm，2017 年 10 月。

② 《习近平：建设宏大高素质干部队伍　确保党始终成为坚强领导核心》，载于《人民日报》2013 年 6 月 30 日第 1 版。

出，这次主题教育，开展专项整治是一个重要抓手，全过程都要抓紧抓实。除了党中央统一部署之外，各地区各部门各单位要有针对性地列出需要整治的突出问题，进行集中治理。[①]

2019年7月31日，中央“不忘初心、牢记使命”主题教育领导小组、中组部联合印发《关于印发〈在“不忘初心、牢记使命”主题教育中集中整顿软弱涣散基层党组织实施方案〉的通知》，明确“重点整顿软弱涣散村党组织，同时对街道社区、非公企业和社会组织等其他领域软弱涣散基层党组织进行整顿，不设比例、不定指标、应整尽整，切实解决突出问题”。中国注册会计师行业党委抓住主题教育契机，制定方案，采取“三落实两核实一步抓到底”方法，扎实推进软弱涣散会计师事务所党组织整顿工作。

【摘要】社会组织是我国社会主义现代化建设的重要力量，在协调推进“四个全面”战略布局中承担着重要任务，是推进国家治理体系和治理能力现代化的重要参与者、实践者，在促进经济发展、繁荣社会事业、创新社会治理、提供公共服务等方面发挥着不可或缺的重要作用。以注册会计师行业为突破口，探索加强社会组织党建，是党中央交给财政部党组的一项重要政治任务。在中组部指导下，注册会计师行业创建了“条块结合，充分发挥行业党组织作用”的行业党建工作管理体制，探索了社会组织党建新路，得到习近平总书记和有关方面充分肯定。

党的十九大以来，中国注册会计师行业党委贯彻中央要求，坚持把整顿软弱涣散会计师事务所党组织作为扎实推进行业党建工作的有力抓手、落实全面从严治党向基层延伸的重要举措、推进行业高质量

---

① 《习近平在“不忘初心、牢记使命”主题教育工作会议上的讲话》人民网，http://jhsjk.people.cn/article/31204538，2019年1月。

发展的重要基础。在中组部组织二局指导下，中国注册会计师行业党委采取"三落实两核实一步抓到底"的方法，对会计师事务所党组织进行全面摸底排查，集中整顿软弱涣散基层党组织，并形成长效机制，有效带动了注册会计师行业党建工作的纵深发展。

【关键词】整顿软弱涣散　基层党组织　会计师事务所

一、背景情况

（一）行业党建起因和特点

注册会计师行业在我国属于社会组织，虽然是体制外，但社会性显著，不是一般意义上的经济组织、民营企业。在注册会计师行业开展党建工作，既不同于传统的国有企业党建工作，更不同于行政事业单位党建工作，是党建的一个新领域、一项新任务。

注册会计师制度是市场经济的产物。我国注册会计师制度诞生于1918年，由于新中国实行计划经济体制而一度中断。1980年我国恢复重建了注册会计师制度，为加快恢复重建的步伐，会计师事务所挂靠于党政企事业单位，作为事业单位管理。为适应市场经济发展需要，1998年会计师事务所按要求与"挂靠单位"脱钩，改制成为由注册会计师发起设立的市场组织，党组织关系也随之一并与原挂靠单位脱钩，由党政企事业单位相机转入社区街道、人才中心等，客观存在着管理主体不明、职责分工不清，谁都在管、谁都管不到位等问题，全行业党的工作缺乏统一的组织和指导，"散、软、乱"困扰着行业党建工作的开展。

从行业特性看，行业点多线长面广，全国9300多家会计师事务所地域分布、发展水平不尽均衡，机构管理比较复杂。会计师事务所的私有性、合伙性使其各方利益关系相对复杂，面对激烈的市场竞争，会计师事务所生存压力大，从业人员业务工作繁忙。党员及从业人员跨地域执业较为普遍，流动频繁，加之知识层次高，思维活跃，职业诉求比较复杂，在党员管理上有一定的难度。

从管理体制看，我国注册会计师行业的管理体制是由财政部门依法对行业进行监督、指导，注册会计师协会在财政部门党组领导下根据法律授权、政府委托和章程规定承担行业管理职能，对会计师事务所和注册会计师进行统一的系统化管理。31 个省（区、市）均成立了省级协会，一些地级市也成立了协会，逐步形成了比较规范、健全的行业“条条”管理体制。这种管理体制能够超越属地局限，具有整体调控能力和统一的权威性，能够有针对性地对行业进行事前事中事后的监管；能够做到信息共享、业务协同，具有统一思想、政令畅通、步调一致的体制优势。行业管理体制优势，能够为行业党建工作提供组织保障。

从行业党建实践看，党的十七大以来，党中央高度重视社会组织的党建工作。党的十七届四中全会对统筹推进会计师行业等领域党建工作提出明确要求。2008 年全国组织工作会议上对包括会计师行业在内的社会组织党建工作提出了具体要求。从 2008 年开始，财政部党组配合中央组织部进行了深入调研，在此基础上，于 2009 年 10 月中组部、财政部联合制发了《关于进一步加强注册会计师行业党的建设工作的通知》（组通字〔2009〕49 号），全面推进行业党的建设，创建了“条块结合，充分发挥行业党组织作用”的行业党建工作管理体制，使行业党建工作有了明确的责任主体，理顺了会计师事务所党组织和党员隶属关系，理顺了行业党建上下工作关系，把主管部门的领导优势与行业系统的组织优势结合起来，走出了一条加强社会组织党建工作的新路子，得到了党中央、国务院和社会有关方面的充分肯定。习近平总书记2010年1月29日亲临注册会计师行业调研视察，提出在新的起点上推进新社会组织党的建设①，并先后对行业党建工作作出4次重要批示；李克强同志先后作出3次重要批示，为行业发展和党的建设指明了方向，有力推进了行业党建工作制度化、常态化、长效化。

（二）会计师事务所党组织建设存在的问题

经过十多年的实践探索，注册会计师行业初步建立起党的组织体系，基本理顺了党建工作领导体制，形成了一系列工作运行机制，有了比较好的工作基础，2018年底全国有会计师事务所党组织3595家。但是与其他领域基层党建相比，行业党建工作基础仍然比较薄弱，存在一些突出问题。

一是会计师事务所党组织设置不够优化，单独组建率有待提高。突出表现是联合党组织覆盖会计师事务所过多、党员规模过大。有的联合党组织覆盖会计师事务所160多家，党员200多人；有的片面追求“有形覆盖”，建立联合党支部成了“扒堆凑数”，党组织难以正常开展活动，对党员的教育管理监督流于形式。此外，会计师事务所党组织设置不完全适应会计师事务所规模、组织架构和党员分布实际，符合建立党总支或党委的，没有按要求及时成立党总支和党委。这些都不利于党组织活动开展和党员作用发挥。

---

①《习近平：在新的起点上推进新社会组织党的建设》中央政府门户网站，http://www.gov.cn/ldhd/2010-01/29/content_1523143.htm，2010年1月。

二是党组织“边建边撤”。有些已经单独组建，但由于正式党员流动离开、党员一时不足3名的会计师事务所党组织存在简单并入联合党组织，造成党组织“边建边撤”的现象。根据省级行业党组织党建工作进展情况季度统计数据显示，有些省份独立党组织数量在减少，有的一个季度撤销了近10家，这些现象不利于巩固党的组织和工作覆盖成果。

三是落实党内规章制度不到位。主要是落实《中国共产党支部工作条例（试行）》等不到位，突出表现在党内组织活动不经常，重业务轻党建的情况还普遍存在，党建工作缺乏针对性、实效性，有些工作趋于表面化、形式化，搞成“两张皮”；党组织班子配备不齐、班子成员长期缺位；不按期换届；等等。

这些都是行业党建工作中存在的薄弱环节和突出问题，需要下大力气解决。2016年7月，中组部印发《关于开展集中推进非公企业和社会组织党的组织和工作覆盖的通知》，对非公有制企业和社会组织党的组织和工作覆盖提出了新的要求。其中明确提出，从业人员30人以上的会计师事务所要有党组织。

二、主要做法

2019年，中央“不忘初心、牢记使命”主题教育领导小组与中组部联合印发《在“不忘初心、牢记使命”主题教育中集中整顿软弱涣散基层党组织实施方案》。在中组部组织二局的直接指导下，2019年8月中旬，中国注册会计师行业党委制定了专项整治工作实施方案，要求重点整顿联合党支部覆盖流于形式、党组织班子配备不齐、活动不经常的会计师事务所党组织，不设比例、不定指标、应整尽整，切实解决突出问题。重点整治内容包括：联合党组织覆盖会计师事务所超过5家的；联合党组织覆盖会计师事务所未超过5家但党组织活动不经常的；党组织班子特别是书记配备不齐的；党组织未请示报告不按期换届的；其他需要整顿的。

（一）采取“三落实”方法，压实专项整治责任

一是落实排查摸底责任。2019年9月中旬前，开展集中摸排。31家省级注册会计师行业党委组织摸排软弱涣散会计师事务所党组织工作。直接管理会计师事务所党组织和党员的行业党组织（以下简称“直接管理党员的行业党组织”）为每一家会计师事务所党组织确定联系人，联系人负责对自己联系的党组织进行全面排查摸底，逐一“过筛子”；组织力量有针对性地深入会计师事务所调研摸底，找准查实会计师事务所党组织软弱涣散的突出问题和原因；“一所一策”研究提出整顿措施。

上海行业党组织落实中国注册会计师行业党委要求，坚持用脚排查，确保每个基层党组织“过筛子”；北京、天津行业党组织对予以拆分的联合党支部专门举行工作推进会和所属党员培训班；深圳行业党组织委派党龄较长、工作能力强的行政班子领导同志担任会计师事务所联合党支部书记。

二是落实整改责任。2019年10月底前，开展集中整改。在整改工作中，由直接管理党员的行业党组织书记负总责，采取“三个定”措施推进整改任务落实：指定1名行业党组织班子成员联系整顿对象、确定1名整顿对象责任人、限定完成整顿时间。行业党组织建立

整顿工作台账，实行销号管理，整顿一个销号一个。

第一，对覆盖会计师事务所超过5家的联合党组织，要求按覆盖会计师事务所不超过5家的原则进行拆分组建，其中符合单独组建标准的，按要求单独组建党组织；不符合单独组建标准的，按照“就近就便、配强书记”的原则组建联合党组织，或者将拆分出来的党员就近编入独立会计师事务所党组织。

第二，对于联合党组织覆盖会计师事务所未超过5家但党组织活动不经常的，通过加强对书记的培训和督导、从外部选派联合党组织书记或者按照“以大带小”、结对帮扶的方式带动联合党组织开展活动。

第三，对于党组织班子特别是书记配备不齐的，要求限期按规定程序补齐。

第四，对党组织未请示报告不按期换届的，要求对相关党组织负责人进行批评教育，督导限期按规定程序换届。

三是落实督导责任。财政部党组把抓好专项整治作为推进新时代全面从严治党的重大政治任务，认真履行行业主管部门的作用，落实行业党建主体责任，精心组织，严督实导。财政部党组书记、部长刘昆同志亲自审定执业机构主题教育指导意见，批准成立财政部执业机构主题教育领导小组（以下简称“领导小组”），由财政部党组派出6个巡回指导组，加强指导。程丽华副部长、许宏才副部长分别担任领导小组组长、副组长，领导小组6家成员单位，即财政部资产管理司、会计司、监督评价局、机关党委、中国注册会计师协会、中国资产评估协会负责人担任巡回指导组组长。巡回指导组分片对31个省（区、市）进行督导，结合各自的职责分工，制定本小组的工作计划，使每一项工作任务都更加细化、实化、具体化，明确时间表、任务书、路线图，确保每一项工作任务都落实到人。巡回指导组通过随机电话访谈、要求地方每双周报送工作进展等方式，进行跟踪督导；通过列席会议、座谈交流、实地抽查、当面询问等方式，跟踪督导、层层督导、实地督查，推动专项整治任务落实落地。6个巡回指导组深入联系省（区、市）开展2轮全覆盖督查。对督导中发现存在工作推进不力的，及时提出意见建议，并在一定范围内予以通报。

省级财政部门和行业党委是承上启下的“关键层级”，发挥着上下联动的枢纽作用。财政部领导小组成员在调研指导中，普遍与省级财政部门负责人加强沟通，督促提醒扛起行业党建主体责任。在财政部示范带动和督导下，各省（区、市）和有关地市财政部门党组成立领导指导小组。有的财政部门“一把手”主持召开党组会专题研究，有的亲自参加重大活动，到会计师事务所调研指导。各省（区、市）合计派出督导组138个，多措并举，分片督导本地区整改落实情况。

（二）采取“两核实”方法，对排查摸底工作进行“回头看”

10月，针对前一阶段督导部分省（区、市）集中整顿软弱涣散基层党组织专项整治工作发现的问题，对集中整顿软弱涣散基层党组织排查摸底工作进行“回头看”，进一步落实各级党组织责任，确保排查摸底工作全面、扎实、准确。

一是核实排查摸底信息。排查摸底工作作为专项整治基础和前提，既关系到基层党组织建设是否规范，又取决于行业党建党组织主体责任链条是否健全。各级财政部门党组织、行业党组织、会计师事务所党组织严格落实全面从严治党主体责任，将排查摸底工作摆上重要议事日程，专题研究，明确分工责任，跟踪督导把关，确保排查工作组织严密，步骤合理。在排查摸底过程中，要求省级行业党组织对全部会计师事务所党组织逐一“过筛子”，不留死角；不闭门造车、不关起门来拟定数字、不搞“数字游戏”；不能要求会计师事务所党组织多次提供信息，增加负担；不能对会计师事务所党组织提供的信息仅仅作简单汇总，不询问不核查。各联系人根据排查摸底情况，填写会计师事务所党组织信息统计表，并反馈会计师事务所党组织核实，之后按照“一所一表”汇总上报中国注册会计师行业党委，由中国注册会计师行业党委汇编成册。

二是核实整治清单。各地行业党组织与列入整治清单的会计师事务所党组织一一沟通核实，并召开行业党委会审议核实整治清单，避免随意增减整顿对象。同时将各地区上报排查摸底会计师事务所党组织数量，与中国注册会计师行业党委季度统计掌握的各地区会计师事务所党组织数量进行对比，确保排查摸底对象全覆盖。

工作中，行业党组织积极与属地上级党组织加强沟通汇报，确保条块政策、数据的衔接一致，避免出现报送行业党组织与报送组织部门整顿对象名单不一致的现象。

（三）采取“一步抓到底”方法，督促专项整治工作落实到位

针对可能出现“上热下冷”“中梗阻”的问题，领导小组采取一步到底直接抓软弱涣散会计师事务所党组织专项整治，确保上下贯通起来，行动一致起来。

中国注册会计师行业党委指定专人通过电话抽查方式，对会计师

事务所党组织信息统计表信息进行核查、对整改工作落实情况进行核查，对发现存在弄虚作假的，直接反馈财政部门和行业党委主要负责人，不断压实责任链条。

同时，各巡回指导组加强督导指导，采取随机调研、明察暗访等方式，深入存在软弱涣散基层党组织的地区和单位50多个，与上百家基层党组织代表座谈，了解实情，确保专项整治工作取得实实在在的效果。

2019年，行业有会计师事务所党组织3650家，其中独立党组织3032家，联合党组织618家（覆盖会计师事务所2726家）。通过专项整治工作，各省（区、市）共整顿软弱涣散基层党组织134家，其中30家联合党组织优化拆分为105家党组织，51家基层党组织及时进行换届，53家党组织补齐党组织书记。同时，西藏自治区财政厅党组报自治区组织部批准，成立了自治区行业党委。

三、经验启示

在集中整顿软弱涣散基层党组织工作中，领导带头落实是关键，抓住了“关键少数”，一级带着一级干，才能层层传导压力，示范带动“绝大多数”。瞄准问题是导向，只有奔着问题去、盯着问题改，以整改的实际成效来检验成果，才能确保取得实效。总的来看，从总体设计到具体操作都有新探索。

（一）强化责任落实

把落实财政部门主体责任摆在突出位置，强化组织领导和工作督导，压紧压实行业党建责任链条。各级财政部门党组把抓好主题教育作为推进新时代全面从严治党的重大政治任务，认真履行行业主管部门的作用，落实行业党建主体责任，精心组织，严督实导。

领导带头落实责任是关键，抓住了“关键少数”，一级带着一级干，才能层层传导压力，将责任落实落细。集中整顿软弱涣散会计师事务所党组织工作中，明确了各级行业党组织及班子成员、会计师事务所党组织及书记等的责任，强调严格落实主体责任，建立责任追究机制，有力保障了工作的落实。

（二）加强督导指导

通过各级财政部门党组派出的巡回指导组对全面摸底排查情况、集中整顿情况进行督导指导，各级行业党组织对会计师事务所党组织逐个“过筛子”、全面摸排，以及中国注册会计师行业党委的随机电话抽查等多种方式深入了解实情、相互印证，有力保障了整顿工作的扎实、准确，避免“交假账”“交空账”。

（三）建立长效机制

通过集中整顿软弱涣散会计师事务所党组织工作，行业党组织对会计师事务所党组织基本情况的掌握实现了从“0”到“1”的新突破。为巩固整顿软弱涣散基层党组织成果，中国注册会计师行业党委将对汇编成册的会计师事务所党组织信息统计表中的信息每半年更新一次，对新建会计师事务所党组织、党员较少的会计师事务所党组织进行抽查，推动工作常态化、长效化。

【思考题】

1. 如何解决责任压力传导上时紧时松的问题，打破工作中的“梗阻”问题，使行业党建责任和压力有效传导到“神经末梢”?

2. 如何提高成果转化效果? 形成的整改措施，如何有效运用到实际工作中，并形成长效机制?

坚持生命至上　全力救治患者

——湖北财政支持新冠肺炎患者救治实践

【引言】 新冠肺炎疫情发生后，习近平总书记高度重视，亲自指挥、亲自部署，多次主持召开中央政治局常委会会议、政治局会议等专题研究疫情防控工作，多次作出重要指示批示，强调疫情防控是一场保卫人民群众生命安全和身体健康的严峻斗争，要把人民群众生命安全和身体健康放在第一位，全力以赴救治感染患者[①]。2020 年 1 月 25 日，习近平总书记主持召开中央政治局常务委员会会议时强调，“要全力以赴救治感染患者，要加强患者医疗救治费用保障，确保患者得到及时救治，决不能因费用问题耽误患者救治”[②]。2020 年 9 月 8 日，习近平在全国抗击新冠肺炎疫情表彰大会发表重要讲话，指出“在保护人民生命安全面前，我们必须不惜一切代价，我们也能够做

① 《习近平：要把人民群众生命安全和身体健康放在第一位　坚决遏制疫情蔓延势头》，载于《人民日报》2020 年 1 月 21 日第 1 版。

② 《中共中央政治局常务委员会召开会议　研究新型冠状病毒感染的疫情防控工作》，载于《人民日报》2020 年 1 月 26 日第 1 版。

到不惜一切代价，因为中国共产党的根本宗旨是全心全意为人民服务，我们的国家是人民当家作主的社会主义国家。我们全力以赴救治患者，不遗漏一个感染者，不放弃每一位病患者，坚持中西医结合，费用全部由国家承担，最大程度提高了治愈率、降低了病亡率。”①

【摘要】2019 年末，一场突如其来的新冠肺炎疫情席卷全球，截至 2020 年 12 月 31 日，全球累计新冠肺炎确诊病例 81475053 例，累计死亡病例 1798050 例。这是世界历史上罕见的全球性重大公共卫生灾难，也是新中国成立以来在我国发生的传播速度最快、感染范围最广、防控难度最大的一次重大突发公共卫生事件，严重危及人民群众的生命安全和身体健康。湖北省财政厅深入贯彻落实习近平总书记关于疫情防控的重要讲话和指示批示精神，坚决落实党中央、国务院和省委、省政府决策部署，切实有效发挥财政职能作用，全力保障疫情防控经费，出台了新冠肺炎患者救治、临床诊断患者救治、血液透析、急诊非新冠肺炎强制筛查、核酸检测等财政补助政策，实现患者免费救治、免费排查隔离、免费核酸检测，有力保障了人民群众生命安全和身体健康，为打赢疫情防控阻击战提供了坚强的政策和资金保障。

【关键词】新冠肺炎　患者救治　免费

一、背景情况

2019 年末，一场突如其来的新冠肺炎疫情席卷全球。这是世界历史上罕见的全球性重大公共卫生灾难，也是新中国成立以来在我国

① 《习近平：在全国抗击新冠肺炎疫情表彰大会上的讲话》，载于《人民日报》2020 年 9 月 9 日第 2 版。

发生的传播速度最快、感染范围最广、防控难度最大的一次重大突发公共卫生事件，严重危及人民群众的生命安全和身体健康。截至2020年12月31日，全球累计新冠肺炎确诊病例81475053例，累计死亡病例1798050例。中国累计新冠肺炎确诊病例87071例，死亡4634例。湖北省累计新冠肺炎确诊病例68149例，死亡病例4512例。

2019年12月底，武汉市监测发现不明原因肺炎病例。2020年1月20日，国家高级别专家组公布新冠病毒存在人传人现象。1月23日，中央决定暂时关闭离汉通道，随后湖北省内各地都开始采取同样措施。为支援湖北省和武汉市打赢疫情防控阻击战，在中央的号召下，解放军和全国医疗队纷纷驰援武汉市，一举稳定了抗疫秩序。2月12日，武汉市新增病例达到最高的13436例。2月18日，出现疫情拐点，武汉市当日新增病例1660例，之后持续下降。3月18日，武汉市新增病例清零，全国国内新增病例清零。3月23日，中央应对新冠肺炎疫情工作领导小组会议指出，以武汉市为主战场的全国本土疫情传播已基本阻断。4月8日，离汉通道解除管控，武汉市正式解封。4月18日起，湖北省所有市（县、区）疫情风险等级均降为低风险；4月24日，武汉市重症病例清零；4月26日，武汉市住院病例清零。4月29日，习近平总书记在中央政治局常务会议上指出，经过艰苦卓绝的努力，湖北保卫战、武汉保卫战取得决定性成果①。5月2日起，湖北省突发公共卫生应急响应级别由一级调整为二级，疫情防控由应急性超常规防控转向常态化防控。5月10日，武汉突增6名确诊病例，5月14日起武汉开始全民免费核酸检测。6月13日，

① 《中共中央政治局常务委员会召开会议　中共中央总书记习近平主持会议》，载于《人民日报》2020年4月30日第1版。

湖北省突发公共卫生应急响应级别由二级调整为三级。自 2020 年 5 月 18 日以来，湖北省连续 8 个多月没有新增本土确诊病例，安全的湖北得到广泛认可。

二、主要做法

疫情初期，确诊和疑似病例数大幅度增加，湖北省内各地特别是武汉市由于缺乏床位、试剂盒和足够的医护人员、防护物资，确诊和疑似患者在家庭、社区、发热门诊、定点医院之间来回穿梭，医疗体系和资源被严重挤兑。由于新冠肺炎没有特效的治疗药物，主要采取对症支持治疗，部分重症患者常常伴有其他基础病，需要感染、呼吸、ICU 等各方面专家综合治疗，甚至需要用到呼吸机、人工肺等设备，患者治疗费用较高，一般患者难以承受。倘若患者因担心费用问题得不到及时收治，有可能从轻症转为重症，给后续治疗带来巨大困难，危及患者生命健康；甚至还有可能造成大范围的传染，给疫情防控带来更大的挑战。

湖北省财政厅坚决落实党中央、国务院和省委、省政府决策部署，始终把人民群众生命安全和身体健康放在第一位，将疫情防控作为当前最大的政治任务和最重要的工作来抓，主动担当、积极作为，一方面及时研究出台了免费患者救治、免费排查隔离、免费核酸检测等政策，全力保障疫情防控经费，着力推进应检尽检、应治尽治、应隔尽隔，不计代价、不计成本、全力以赴治疗患者，大大地提高了治愈率；另一方面降低或者阻止患者在家庭和社区内的传播，大大降低了感染率，为打赢疫情防控阻击战、武汉保卫战、湖北保卫战取得决定性成果提供了坚强的政策和资金保障。

（一）免费救治患者

新冠肺炎病毒传染性强，对人民的生命健康造成了严重威胁。为确保人民群众生命安全和身体健康，湖北省财政厅果断把医疗救治工作摆在经费保障的第一位，坚持“人民至上”“生命至上”，实施免费治疗解除患者后顾之忧，避免因看不起病而导致病重病亡和扩大传染源，大幅度降低了感染率、病亡率，提升了治愈率。

2020 年 1 月 25 日，财政部、国家卫生健康委联合发布《关于新型冠状病毒感染肺炎疫情防控经费有关保障政策的通知》，明确了新冠肺炎患者救治政策。湖北省财政厅第一时间研究贯彻落实，明确了确诊和疑似患者免费救治政策，对确诊和疑似患者发生的医疗费用实行“先救治，后结算”的原则，在基本医保、大病保险、医疗救助等按规定支付后，个人负担部分由财政给予补助。未参加基本医疗保险的确诊、疑似患者也实行免费救治，其医疗费用由同级财政从相关资金中统筹安排。及时将国家卫生健康委下发的《新型冠状病毒肺炎诊疗方案》中覆盖的医疗服务项目和药品，全部临时纳入医保基金支付范围；异地就医确诊和疑似患者及无症状感染患者，由医疗救治定点医院做好患者信息记录和医疗费用台账，医保支付部分由就医地医保经办机构先行垫付，疫情结束后再统一组织清算。同时，督促市县财政部门严格落实免费救治政策，全力救治重症患者，切实做好防控经费保障工作，确保患者个人不负担费用。

疫情初期，武汉市大量病人集中发病，核酸检测不能及时地满足临床需求。且实践中发现，并不是所有患病的人都能够检测出核酸阳性结果。临床中，医院既要参考核酸检测的化验结果，也要分析 CT 影像，并通过详细询问病史、仔细观察临床表现等措施，做出综合全面的判断分析。为解决诊断和救治的矛盾，针对湖北省疫情特点，国家卫生健康委增加了临床诊断病例。在湖北省内，只要符合发热和/或呼吸道症状及发病早期白细胞计数正常或减少，或淋巴细胞计数减少这 2 条临床表现，则属于疑似病例。在此基础上，如果疑似病例具有肺炎影像学特征，就属于临床诊断病例，以便患者能及早按照确诊病例接受规范治疗，进一步提高救治成功率。为做好临床诊断病例的救治工作，湖北省财政厅主动作为，会同相关部门迅速出台政策，及时将临床诊断病例的救治费用纳入医保支付范围，明确救治费用经医保报销后，剩余部分由财政负担，确保个人不负担费用。临床诊断病例免费治疗，其目的是将所有潜在的新冠肺炎患者纳入救治流程，并由此堵住此前仅通过核酸检测确诊而带来的“假阴性”传播漏洞，为确保患者应收尽收、实现疫情科学防控提供了有效助力。

（二）免费排查隔离

血液透析患者疫情控制具有其独特性，血液透析患者易感、免疫力差，常伴有多种并发症，如心脑血管疾病、糖尿病等。血液透析室属于人群相对密集场所，患者及其陪同人员流动性大，透析患者抵抗力低，属于疫情中需要重点防护的高危人群。为了防患于未然，为保障血液透析患者生命安全，湖北省财政厅会同有关部门出台政策，将血液透析患者新冠肺炎项目筛查费用纳入医保支付范围，明确经医保报销后，个人负担的部分由财政兜底保障，确保所有血液透析患者应检尽检，大大减轻了血液透析患者感染风险。

早排查、早发现，是控制传染源、阻断传播途径、管好易感人群的有效措施。新冠肺炎疫情出现以来，湖北省特别是武汉市大部分医院被征用收治新冠肺炎患者，正常的疾病诊疗受到影响，为做好疫情期间非新冠肺炎患者医疗救治工作，湖北省内开放了部分接诊非新冠肺炎患者的医疗机构。确保非新冠肺炎患者的就诊安全对于疫情防控工作十分重要，湖北省疫情防控指挥部下发通知，对非新冠肺炎患者就诊实行“两筛查一过渡”，“两筛查”指门诊导诊进行第一道筛查，第二道筛查则在急诊科，如果有新冠肺炎的症状，要进行核酸检测或者 CT 检查，疑似病人将到过渡病区进行统一观察治疗，确认没有风险后，才能转到普通病房。所有非病情需要的血常规、CT 影像、核酸检测等排查项目费用按医疗保障政策报销后，剩余部分由财政负担，不增加急诊病人的额外医疗负担。

在没有疫苗和特效药的情况下，以传统隔离方式为主的非医疗干预是阻断重大疫情蔓延的最基本和最有效手段。湖北省在对确诊、疑似病例的密切接触者进行为期 14 天集中隔离的基础上，还对康复患者、无症状感染者和其密切接触者进行 14 天的集中隔离。为满足集中隔离的需要，湖北省通过征用学校、宾馆、培训机构，建设集中隔离点超过 2400 个，隔离床位超过 13 万张。湖北省财政厅会同医疗保障、卫生健康部门出台《湖北省新型冠状病毒肺炎确诊和疑似患者医疗费用结算办法》，对发热门诊、隔离点、康复驿站发生的检测、治疗费用由政府兜底，避免因费用问题影响集中隔离。新冠肺炎疫情期间，凡在定点医院发热门诊留观的患者，留观期间的门诊费及前期的相关费用，强制进行医学隔离的人员、在康复驿站接受观察的人员（含出院后复查）发生的相关医疗费用，由基本医保、大病保险、医疗救助等按政策规定支付后，个人负担部分由同级财政支付。

（三）免费核酸检测

新冠肺炎核酸检测对于临床早发现、早报告、早隔离、早治疗至关重要，是有效防控新冠肺炎疫情的关键技术支撑，也是新冠病毒检测的“金标准”。为确保新冠肺炎患者得到及时救治，疫情之初，湖北省率先明确将确诊和疑似患者在医疗机构治疗期间进行核酸检测、抗体检测费用纳入医保支付范围。此后又启动新型冠状病毒相关检测试剂集中采购，制定全省核酸检测、抗体检测最高限价。

2020 年 4 月 9 日，李克强总理主持召开中央应对新冠肺炎疫情工作领导小组会议，提出“抓紧在重点地区扩大核酸检测和血清抗体检测范围，提高检测率，做好流行病学调查，及时发现感染者，掌握无症状感染者状况。这是维护人民群众生命安全和身体健康的实际举措，可以减少传播风险，对被检测者和他人都是有利的”①。通过核酸和血清抗体检测，不仅可以确认自己的身体健康状况，消除不必要的心理疑虑，同时也可以让家人、同事安心放心。在加强对密切接触者和医学观察人员核酸检测的基础上，湖北省疫情防控指挥部出台政策，关口前移，进一步扩大了检测的范围，将医护人员、教师、公共交通工作人员、监所和养老机构人员等纳入应检尽检范围，湖北省财政厅及时明确应检尽检费用保障渠道，确保应检尽检费用全部由政府兜底。

2020 年 5 月 10 日，武汉新冠肺炎确诊病例“清零”一个多月后，突增 6 名确诊病例。对发现确诊病例的小区实行全封闭硬隔离的同时，

---

① 《李克强主持召开中央应对新冠肺炎疫情工作领导小组会议》，中共中央党校网，https：//www. ccps. gov. cn/zl/yqzjz/202004/t20200410 139380. shtml，2020 年 4 月。

武汉市开始部署全民核酸检测工作，进一步摸清无症状感染者底数。5月14日0时至6月1日24时，武汉市集中核酸检测9899828人，没有发现确诊病例，检出无症状感染者300名、检出率为0.303/万，追踪密切接触者1174名。检测所需经费，原则上由武汉市市、区两级财政按1∶1比例分担，个人不需要承担任何费用。通过集中采购降低成本，单检价格106元/人，混检价格52元/人，武汉市全民核酸检测总支出9亿元左右。

三、主要成效

面对疫情初期病毒迅速扩散蔓延、确诊病例快速增加的危急形势，湖北省财政厅坚持“生命在资金之前”，筹措资金确保患者“零负担”，不惜一切代价救治患者，以实际行动践行“人民至上、生命至上”。想方设法建院增床，筹措资金保障雷神山、火神山、方舱医院等医疗场所建设，实现了从“一床难求”到“床等人”的逆转。湖北省累计开展核酸检测3780万例，累计报告新冠肺炎确诊病例68149例，治愈出院63637例，治愈率达到93%。仅用1个多月的时间就初步遏制了疫情蔓延势头，用2个月左右的时间将本土每日新增病例控制在个位数以内，用3个月左右的时间取得了武汉保卫战、湖北保卫战的决定性成果。

武汉、鄂州等地开展免费全民核酸检测后，市民心里更踏实，城市更安全了，也为全国人民送上“定心丸”，集中核酸检测排查在短期内找出这些无症状感染者并加以隔离观察，从而进一步消除了潜在的风险隐患，增强了人们正常工作生活的信心，提振了城市和市场主体的信心，为湖北省各地经济社会快速恢复和发展提供了安全的环境。

四、经验启示

（一）把牢财政部门政治机关属性

财政是国家治理的基础和重要支柱，财政部门首先是政治机关。新冠肺炎疫情发生后，以习近平同志为核心的党中央高度重视，始终把人民群众生命安全和身体健康放在第一位，习近平总书记指出“全力以赴救治患者，不遗漏一个感染者，不放弃每一位病患者，坚持中西医结合，费用全部由国家承担”[①]。省委书记应勇强调“真正把人民群众生命安全和身体健康放在第一位，坚持生命为重、救治为先、关口前移，全力以赴救治患者”。面对疫情加快蔓延的严重形势，面对疫情对湖北经济的重创，面对空前的财政运行压力，湖北省财政厅始终牢记政治机关的第一属性，坚持“政”在“财”前、以“政”领“财”、“政”令“财”行，不讲条件、不讲困难、不遗余力，按照党中央、国务院和省委、省政府决策部署，将疫情防控作为最重要的政治工作，从增强“四个意识”、坚定“四个自信”、做到“两个维护”的政治高度，坚决扛起了打赢疫情防控阻击战的重大政治责任，迅速行动起来，第一时间出台了包括患者免费救治在内的一系列政策措施，全力以赴筹集资金，支持各级医疗机构不计代价救治患者，尽最大努力防止更多群众感染，尽最大可能挽救更多生命。

---

① 《习近平在全国抗击新冠肺炎疫情表彰大会上的讲话》，载于《人民日报》2020 年 9 月 9 日第 2 版。

（二）坚持人民至上生命至上

公共财政具有公共属性，为防控疫情提供强大资金保障，免费救治患者，是公共财政的本质要求。新冠肺炎疫情发生后，党中央、国务院和省委、省政府要求“应收尽收、应治尽治”，反复要求“全力以赴救治感染患者”“及时收治所有确诊病人”“决不能因费用问题耽误患者救治”。湖北省财政厅集中力量、集中资源，支持购买最先进的设备、最急需的资源，不遗余力进行救治，不计成本挽救生命，最大程度提高了检测率、治愈率，最大程度降低了感染率、病亡率。为满足重症患者救治需要，想尽一切办法筹措人工膜肺（ECMO）设备，能买尽买。对伴有基础性疾病的老年患者，一人一案、精准施策，只要有一丝希望绝不轻易放弃，只要有抢救需要，人员、药品、设备、经费全力保障。疫情发生以来，湖北省治愈病例 63637 例，其中有 3600 多名 80 岁以上老年患者，年纪最大的 108 岁，多位重症老年患者是从死亡线上抢救回来的。一位 70 岁老人身患新冠肺炎，10 多名医护人员精心救护几十天，终于挽回了老人生命，治疗费用近 150 万元全部由财政承担，湖北省财政厅以实际行动践行了“人民至上、生命至上”。

（三）及时出台财政保障政策

新冠肺炎具有较强传染性，对全体人民的生命健康都有威胁。如果费用渠道不明确，患者会有顾虑，不利于及时诊断治疗和控制传染源。疫情发生以来，湖北省财政厅坚决贯彻党中央、国务院和省委、省政府统一部署，及时完善和调整疫情期间的医保政策。会同卫健委、医保局先后出台了确诊、疑似患者免费救治政策，提出“确保患者不因费用问题影响就医、确保收治医疗机构不因支付政策影响救治”的“两个确保”要求。为了打消患者的后顾之忧，让患者放心就诊，对于确诊和疑似患者全部实行先救治、后结算。同时，为了保障医疗机构不担心预算限制，能放心收治，及时调整定点收治医疗机构的总额预算指标，对相关医疗费用单列预算，不占用当年总额预算指标。疫情期间“两个确保”政策对于实现“早发现、早报告、早隔离、早治疗”起到重要推动作用，是应对公共卫生事件的重大制度创新。2003 年的时候我国还没有实现全民参保，所以“非典”时期财政补助政策主要向没有医疗保险的农民和城市困难群众倾斜。此次疫情是我国实现基本医疗保险全覆盖以后第一次面对重大突发公众卫生事件，政府对所有确诊患者和疑似患者都实现兜底保障，免费治疗、免费检测，这是史无前例的，在我国历史上没有，也是世界范围没有的。

（四）全面落实疫情防控经费

湖北省作为疫情防控重灾区、主战场，感染人数最多，在疫情初期病毒发展趋势不明、患者救治费用不可预测的情况下，湖北省财政厅敢于担当作为，在积极争取中央财政支持的情况下，坚持刀刃向内，应减尽减、应整尽整、应统尽统，全额动用各级预备费和预算稳定调节基金，打开所有“坛坛罐罐”全力保防控，从患者救治费用，医务人员临时性工作补助，到基层防疫经费，再到医药物资储备经费……一笔笔真金白银，投向抗疫一线，彰显财政在重大疫情中应急兜底的作用。湖北省财政厅千方百计筹措资金落实患者救治“零负担”政策，确保一个不遗漏、一个不放弃。在众多患者中，有

30 天的婴儿，也有 100 多岁的老人，人均治疗费用达到 5.8 万元，重症患者费用超过 15 万元，一些危重患者更达上百万元。多渠道筹措资金支持建院增床，确保应收尽收、应治尽治。实现 10 天建成火神山医院、12 天建成雷神山医院，改建使用 16 家方舱医院，设立定点医院 255 家、救治床位 11.7 万张，开辟 4079 个隔离点、22.5 万间隔离房间。安排资金保障一线医院医疗设备购置，提升救治能力。筹集资金用于社区村湾封控和离汉离鄂通道管控，统筹资金促进快速提高检测能力，支持武汉开展全员核酸检测，用检测结果证明武汉是安全的、湖北人民是健康的，让武汉人民、湖北人民安心，让全国人民放心。

【思考题】

1. 如何健全应急医疗救助保障机制，在突发疫情等紧急情况时，确保医疗机构先救治、后收费?

2. 如何建立特殊群体、特定疾病医药费豁免制度，减轻困难群众就医就诊后顾之忧?

建设动态监控平台 建立动态监控机制

——财政部加强财政扶贫资金监管实践

【引言】习近平总书记高度重视扶贫资金监管，强调指出，“管理不精细、资金使用新老问题依然存在。”“在资金使用管理方面，一些地方虚报冒领、贪占挪用扶贫资金等问题时有发生，主要发生在乡村两级。一些地方扶贫项目规划不科学不合理，资金闲置浪费。一些地方资金使用不公开不透明，群众不知晓、难监督。”① “扶贫资金是群众的‘救命钱’，一分一厘都不能乱花，更容不得动手脚、玩猫腻！”②

【摘要】建立财政扶贫资金动态监控机制是财政部贯彻落实党中央精准扶贫、精准脱贫方略，强化扶贫资金监管的重大举措。各级财政部门提高政治站位，强化责任担当，克服时间紧、任务重的困难，

① 习近平：《在打好精准脱贫攻坚战座谈会上的讲话》，载于《求是》2020 年第 9 期。

② 《习近平：坚决打赢脱贫攻坚战》，人民网，http：//jhsjk. people. cn/article/29626301，2017 年 11 月。

从无到有逐步推进财政扶贫资金动态监控平台建设，不断建立健全财政扶贫资金动态监控机制，工作目标越来越清晰，系统功能越来越完善，取得了实质性进展，对通过信息化模式开展扶贫资金监管发挥了有效的作用。

【关键词】财政　扶贫资金　监控

一、背景情况

打好精准脱贫攻坚战，是党的十九大确定的三大攻坚战之一，是实现全面建成小康社会的重大举措，是一项必须完成的政治任务。党的十八大以来，以习近平同志为核心的党中央把贫困人口脱贫作为全面建成小康社会的底线任务和标志性指标，把脱贫攻坚摆到治国理政的重要位置，以前所未有的力度加以推进。随着各项扶贫工作的逐步深入，脱贫攻坚战已取得决定性进展，但也出现了一些新情况、新问题，扶贫资金使用中的违法违规问题仍有发生。财政扶贫资金是支持打赢打好精准脱贫攻坚战的粮草军需，资金监管迫切需要创新制度机制，完善监管方式，切实保障资金使用的安全性、规范性和有效性。

（一）管好用好扶贫资金的必然选择

党中央、国务院对加强扶贫资金管理高度重视，明确要求管好用好扶贫资金。习近平总书记特别强调，扶贫资金是贫困群众的“救命钱”，一分一厘都不能乱花，更容不得动手脚、玩猫腻！[①] 扶贫资金

① 《习近平：坚决打赢脱贫攻坚战》，人民网，http：//jhsjk.people.cn/article/29626301，2017年11月。

量大、面广、点多、线长，监管难度大，社会各方面关注度高，要强化监管，做到阳光扶贫、廉洁扶贫。李克强总理强调，要严格监督管理，严惩违法违规行为，确保扶贫资金在阳光下运行，真正用在扶贫开发上。近年来，各级财政部门认真贯彻落实党中央、国务院决策部署，采取多种措施强化扶贫资金管理，取得显著成效，违规违纪问题涉及的资金比例呈现下降趋势。但从审计以及媒体反映和曝光的情况来看，部分地方仍存在虚报冒领、挤占挪用、骗取套取扶贫资金等违法违规问题。审计署对 2017 年扶贫政策落实和资金管理进行专项审计时发现，37 个县把 10.92 亿元投向企业、合作社和大户，但未与贫困户建立利益联结；13 个县将 3.21 亿元产业扶贫等“造血”资金直接发放给贫困户；5 个县将 540 多万元用于景观修建、外墙粉饰等；4 个县在易地扶贫搬迁范围、建设标准等环节层层加码，形成资金缺口 2.97 亿元，原定任务也未完成；12 个市县扶贫工作中存在超标准接待问题，涉及 1700 多万元。为了切实管好用好扶贫资金，财政部门的管理工作必须升级换挡，把监管关口前移，在年度预算执行中及时预警和发现资金使用的违法违规问题，采取有效措施予以纠正或制止，抓早抓小、堵塞漏洞，防止事后无法追回资金、小问题演变为大问题。

（二）落实“精准扶贫、精准脱贫”基本方略的迫切要求

习近平总书记指出，要在精准扶贫、精准脱贫上下更大功夫，做到扶持对象精准、项目安排精准、资金使用精准、措施到户精准、因村派人精准、脱贫成效精准。[①] 资金使用精准对财政扶贫资金管理提

① 《习近平：在深度贫困地区脱贫攻坚座谈会上的讲话》，载于《人民日报》2017 年 9 月 1 日第 2 版。

出了新的更高要求，脱贫攻坚到了啃硬骨头、攻坚拔寨的冲刺阶段，财政部门必须严格按照精准扶贫、精准脱贫的要求，在“精准”上下功夫，实现各级扶贫资金信息上下贯通、财政部门的监控信息系统与相关扶贫部门的信息系统共享数据资源，打通扶贫资金管理“最先一公里”和“最后一公里”，确保脱贫攻坚目标顺利实现。

（三）推进预算管理体制改革的有效措施

党的十九大从全局和战略的高度，强调要加快建立现代财政制度，并明确了建立全面规范透明、标准科学、约束有力的预算制度，全面实施绩效管理。全面加强财政扶贫资金管理，创新监管制度机制，是支持打赢打好精准脱贫攻坚战的重要保障。通过监控扶贫资金预算安排、下达、支出、绩效目标执行等情况，建立预算安排与绩效目标、资金使用效果挂钩的激励约束机制，以此为突破口和“试验田”，紧紧围绕提升财政资源配置效率，将绩效理念和方法融入预算编制、执行和监督的全过程，关注资金支出结果和政策目标实现程度，对于逐步建立和完善现代预算制度具有十分重要的意义。

二、主要做法

财政部党组认真学习领会、贯彻落实习近平总书记关于加强扶贫资金管理的重要指示精神，成立由财政部党组书记刘昆同志任组长的财政部脱贫攻坚领导小组，负责统筹研究、协调推进和督促落实财政扶贫重点工作。2018 年 3 月 23 日，财政部党组书记刘昆同志主持召开专题会议研究加强扶贫资金管理，对全面加强各级各类扶贫资金管理作出部署，要求进一步系统学习习近平总书记扶贫重要论述，针对防止扶贫资金截留挪用、闲置浪费等问题想办法、出实招、见实效，提出了建立财政扶贫资金动态监控机制的设想及横向到边、纵向到底，监控到项目到人到企业的监控思路，要求通过建立扶贫资金总台账和建设财政扶贫资金动态监控平台（以下简称“动态监控平台”），精准监控资金使用，保证扶贫资金“十个杯子十个盖”，确保资金使用精准，脱贫成效精准。

（一）深入调研，摸清建立扶贫资金动态监控机制的基础条件

为贯彻落实《中共中央 国务院关于打赢脱贫攻坚战的决定》《中共中央 国务院打赢脱贫攻坚战三年行动的指导意见》《国务院办公厅关于转发财政部、国务院扶贫办、国家发展改革委扶贫项目资金绩效管理办法的通知》等重要文件精神，财政部相关司局组成联合调研组，先后赴河南、福建、贵州等地深入调研，召开8个重点省份工作座谈会，听取各方面的意见建议，研究建立动态监控机制的重点和难点，讨论技术实现方式和实施路径。总体来看，建立覆盖和贯通各级财政的财政扶贫资金动态监控机制已具备一定基础。一是全国各级财政针对本级支出的预算执行动态监控实践为开展财政扶贫资金动态监控奠定了思想基础，提供了组织和人员保障。中央财政预算执行动态监控范围已覆盖170多个中央部门及所属1.5万余家基层预算单位，地方各级财政预算执行动态监控工作正在着力推进并已取得突破性进展，动态监控理念逐步深入人心，培养和锻炼了一批监控人才队伍。二是部分地区利用动态监控系统为积极探索开展扶贫资金监控工作提供了有益借鉴。2017年，福建省、河南省覆盖省市县乡四级财政的

扶贫资金动态监控系统已正式上线运行，初步实现了省内扶贫资金监控全覆盖。江苏省徐州市财政局积极推进“阳光扶贫”监管系统平台建设，初步实现对扶贫资金可查询、可追踪、可预警。三是财政业务专网已基本实现中央到省市县上下联通，奠定了全国财政扶贫资金监控的网络环境基础。

同时，建立财政扶贫资金动态监控机制仍面临不少困难和挑战。一是扶贫资金来源渠道多，涉及范围广，管理要求复杂。有的资金明确全部用于扶贫，有的资金下达时无法或没有明确是否用于扶贫，需要落实到扶贫项目才能确认；一些资金要求“专款专用”，另一些资金要求整合使用，还有一些资金在贫困县可以整合、在其他县不允许整合等。二是多数地区基本上只限于监控本级的预算执行情况，转移支付资金由于预算逐级下达和配套的复杂性，难以实现从上至下的追踪和监控。三是各级财政部门使用的预算指标、资金支付、动态监控等系统各不相同，数据标准、编码规则也不统一，没有实现纵向贯通，存在大量信息“孤岛”。

（二）统筹谋划，提出建立扶贫资金动态监控机制工作思路

财政部党组和财政部脱贫攻坚领导小组多次召开会议，研究部署监控机制建设工作，提出工作思路和实施路径。对标“真扶贫、扶真贫、真脱贫”的要求，财政扶贫资金动态监控坚持“精准扶贫、精准脱贫”的基本方略，将预算安排是否真实、资金下达是否及时、资金支付用途是否合规、受益对象是否精准、资金使用是否达到预期目标等作为监控的着力点和落脚点。

一是掌握信息、明确责任。通过建立覆盖各级财政的动态监控平台，对财政扶贫资金运行逐环节全过程进行动态监控，全面反映和掌

据各级各类财政扶贫资金预算安排、分配下达、资金支付、到人到户到企业的所有信息，理清财政部门、主管部门、预算单位、地方政府的职责，及时向各级领导和有关方面报告完整的财政扶贫资金运行情况。

二是规范管理、防范风险。通过对各级财政部门和相关单位扶贫资金“信息流＋工作流”的穿透式动态监控和预警，发现和反映扶贫资金使用中存在的不当或违规做法，找出扶贫资金管理工作的“堵点”和薄弱环节，督促有关方面及时采取有针对性的措施加以整改和纠正，补短板、强弱项，不断规范和加强财政扶贫资金管理，提高扶贫工作效率，防范可能出现的风险。

三是协同推进、提升绩效。通过自上而下建立财政扶贫资金总台账和自下而上建立扶贫项目库，同时接入项目绩效目标和其他部门相关数据，实现资金和项目匹配、项目与绩效挂钩，推动形成各部门齐抓共管、协同推进的工作机制，提升财政扶贫资金使用效益。

四是分步实施、探索模式。财政扶贫资金动态监控涉及各级各类财政资金、省市县乡各级政府、专项扶贫和行业扶贫等多个部门，点多、面广、情况复杂。做好这项工作需要充分考虑方方面面各种情况，充分整合内部外部各种资源，有计划、分步骤实施，努力探索财政资金监管新模式，为其他财政资金监管提供借鉴。

（三）多措并举，全力推进财政扶贫资金动态监控机制建设

监控平台建设从 2018 年 4 月启动以来，财政部坚决贯彻落实部党组决策部署，密切配合、攻坚克难，全力推进监控平台建设。各级财政部门提高政治站位，强化责任担当，克服重重困难，做了大量扎实细致的工作。

1. 建立财政扶贫资金总台账

以县级脱贫攻坚规划和项目库为依据，依托动态监控平台，建立财政扶贫资金总台账，反映扶贫资金预算安排总量和构成、分配下达、实际支付以及项目支出进度、绩效目标执行等完整信息。

一是明确财政扶贫资金范围。《财政部关于全面加强脱贫攻坚期内各级各类扶贫资金管理的意见》确定了纳入总台账的中央财政扶贫资金清单，地方各级财政部门参照中央资金范围，确定了地方各级扶贫资金的具体范围。

二是明确财政扶贫资金动态监控业务要求。细化各类财政扶贫资金的监管要求和需要动态监控的基本要素，研究设置了动态监控指标和预警规则，为分类监控提供了基础条件。

三是确定总台账核算体系。统一制定财政扶贫资金总台账核算体系，建立全国动态汇总机制，明确动态监控平台业务配置标准和操作规范。

四是形成全国总台账。通过动态监控平台自上而下逐级分解、下达财政扶贫资金预算，自下而上建立扶贫项目库，形成全国扶贫资金和扶贫项目总台账，实行精细化管理。

2. 建立动态监控平台

按照“中央财政统建统管、中央和省级财政两级部署、市县级财政操作使用”的思路，依托金财工程应用支撑平台2.0，搭建覆盖各级财政的动态监控平台，实施精准监控，提高财政扶贫资金使用绩效。

一是推动动态监控平台上线运行。财政部牵头完成动态监控平台主体设计、功能模块开发、上下联网贯通等工作，地方各级财政部门做好配套和支持工作。2018 年 6 月，动态监控平台上线运行，各级财政部门在动态监控平台登录扶贫资金预算指标，逐级分解下达预算。

二是实现动态监控平台与国库集中支付系统对接。财政部统一开发动态监控平台与地方各级财政国库集中支付系统的标准接口。地方各级财政部门按接口规范完成对接，将每一笔扶贫资金支付信息导入动态监控平台，实现扶贫资金、项目的预算指标和预算支出匹配。

三是开发扶贫项目资金绩效目标执行监控功能。财政部牵头负责扶贫项目资金绩效目标执行监控功能组件的开发和部署。地方各级财政部门按照有关规定，运用组件开展绩效目标的填报和执行监控。

四是实现动态监控平台与全国扶贫开发信息系统的建档立卡信息共享。通过动态监控平台与全国扶贫开发信息系统建档立卡信息共享机制，为精准识别和监控打下基础。

五是推进其他外部数据信息资源共享。地方各级财政部门按照《国务院办公厅关于印发政务信息系统整合共享实施方案的通知》要求，在保障数据安全的前提下，创造条件逐步建立与扶贫、人力资源社会保障、民政、教育等部门和单位及银行间的扶贫资金管理信息共享机制，在动态监控平台标准组件基础上扩展和优化功能，推动上下级、内外部数据深度融合，努力实现横向到边、纵向到底，提高动态监控的精准性和有效性，打通监管“最后一公里”。

3. 建立和完善动态监控管理制度机制

各级财政部门根据财政扶贫资金动态监控目标任务，加快制度建设，健全工作机制，加大监控力度，提高工作效率。

一是制定制度规程。财政部印发《财政部关于全面加强脱贫攻坚期内各级各类扶贫资金管理的意见》《财政扶贫资金动态监控工作实施方案》，明确扶贫资金动态监控工作的目标任务、实施路径和工作要求。印发《财政部财政扶贫资金动态监控工作规程》，明确动态监控主体、监控内容、监控方式、疑点信息的处理及监控情况报告等事项，促进监控工作制度化、规范化。

二是建立工作机制。按照中央统筹、省负总责、市县抓落实的总体要求，研究建立发现问题、纠正偏差、及时反馈的逐级监控体系。省级财政部门履行辖区内财政扶贫资金动态监控主体责任，按月向财政部报告扶贫资金动态监控情况。财政部驻有关省、自治区、直辖市监管局按照属地原则，监督扶贫资金预算执行总体情况和相关工作落实情况和效果，及时向财政部反馈。财政部对存在扶贫资金预算执行率低、资金使用不精准等问题且整改不到位的省份加强督导，向扶贫工作主管部门或相关资金项目管理部门反馈情况。

三是完善配套制度。各级财政部门围绕动态监控需求，对涉及扶贫资金的管理制度和业务规范进行梳理和完善，以规范管理促进扶贫项目效益有效发挥，起到“四两拨千斤”的效果。

三、工作成效

在各级财政部门的共同努力下，监控平台建设工作取得实质性进展。监控平台数据越来越丰富，各级财政部门运用监控平台加强和改进财政管理工作，取得初步成效。

（一）建立财政扶贫资金总台账，初步摸清了全国扶贫项目资金底数

研究制定财政扶贫资金台账科目和账务核算体系，为实现资金与

项目匹配、全国动态汇总提供基础架构。各级财政部门通过监控平台自上而下分解下达扶贫资金，自下而上建立扶贫项目库，形成全国扶贫资金和扶贫项目总台账，反映扶贫资金预算安排总量和构成、分配下达、资金支付以及项目支出进度、绩效目标执行等信息。2020 年纳入总台账管理的资金包括中央层面涉及的中央财政专项扶贫资金、农村义务教育薄弱学校改造补助资金等 41 项资金和地方有关扶贫资金。

（二）初步实现了扶贫资金监控到项目到人到企业的监控功能

监控平台于 2018 年 6 月在各地上线，预算指标、扶贫项目库、绩效管理、资金支付、到人到户补助、监控预警、大数据分析等管理组件相继完成开发和部署。在财政部门和相关部门接入各类数据的基础上，能够按日监控预算分配下达、资金支付、绩效目标执行、到人到户补助发放等情况。预算分配下达监控方面，上级财政通过监控平台传输扶贫资金转移支付预算指标，下级财政进行接收并在分配每一笔资金时，从上级转移支付或本级财力找到一项或几项具体资金来源，实现上下级预算指标相互“咬合”，形成自上而下追踪资金的完整链条，保证扶贫资金“十个杯子十个盖”。通过监控平台完整记录资金分配过程、时间和具体经手人员，可以反映资金分配到哪一级财政、哪一个处（科、股）室，哪一个部门和单位，实现过程可记录、责任可追溯。资金支付监控方面，监控要素涵盖了预算项目、付款人和账户、支付金额、支付时间、资金用途、收款人和账户、结算方式等信息，可以细化反映扶贫资金的具体流向和用途，实现监控到项目到人到企业。绩效目标执行监控方面，开发绩效目标和指标填报、自评、审核、评价功能模块，可以对全国分省和分类型扶贫项目主要产出、受益建档立卡贫困人口数量、带动增加贫困人口收入等情况进行监控和分析。到人到户补助资金监控方面，开发到人到户补助资金发放监控功能模块，将国务院扶贫办8000多万建档立卡贫困人口信息及时导入监控平台并分发到各省，实现补助资金发放情况与建档立卡数据进行比对和预警。

（三）初步建立监控工作常态化机制

各级财政部门制定了动态监控工作规程并建立了动态监控情况报送制度，推动监控工作常态化、规范化。为促进地方落实，财政部通过工作群按日通报各省工作进度，督促落后地区加大力度。针对监控平台反映的问题，财政部先后向有关省份发送《关注函》百余份，通报执行进度，指出资金使用疑点信息，提出整改要求。各地高度重视，积极核实整改。

（四）初步发挥了发现和纠正问题的作用

地方财政部门、财政部扶贫资金归口管理司和有关监管局通过日常监控，督促加快预算下达和支出进度，发现和纠正了一批地方在扶贫项目资金管理中存在的违规问题。一些地区以警告、约谈、通报批评、诫勉谈话等方式处理了相关部门责任人员。

四、经验启示

财政扶贫资金动态监控工作机制的建立，是加强扶贫资金监管、助力如期完成脱贫攻坚目标任务的有力抓手，为阳光扶贫、廉洁扶贫夯实了基础，更好地发挥了财政在脱贫攻坚中的职能作用。

（一）建立扶贫资金动态监控工作机制是践行以人民为中心发展思想的必然要求

精准扶贫、精准脱贫，是习近平以人民为中心发展思想最深刻、最集中、最生动的体现和阐释，充分展现了习近平总书记真挚的为民情怀、务实的思想作风和科学的思想方法。建立财政扶贫资金动态监控机制是落实精准扶贫、精准脱贫基本方略的重大举措，通过“制度 + 大数据 + 技术”的方式，斩断伸向扶贫领域的“黑手”，让弄虚作假者无处遁形，有效推动精准扶贫，增强贫困群众获得感、幸福感、安全感。

（二）把全面从严治党要求贯穿扶贫资金动态监控全流程是发挥扶贫资金监管成效的根本保证

加强纪律性，革命无不胜。各级财政部门坚决履行主体责任，把全面从严治党要求贯穿于扶贫资金动态监控全流程，与监控工作同部署、同落实、同推进。强化扶贫资金预算下达、资金使用过程监控，及时发现并纠正苗头性问题，严防“跑冒滴漏”，扎实推进扶贫资金动态监控机制落到实处、见到实效，确保资金发放到位、规范使用，助力如期高质量打赢脱贫攻坚战。

（三）搭建贯通中央、省、市、县的监控平台是财政资金信息化模式监管的有益探索

根据脱贫攻坚“中央统筹、省负总责、市县抓落实”的管理体

制，监控平台按照“中央财政统建统管、中央和省级财政两级部署、市县级财政操作使用”的思路开发建设和部署实施，保证了全国标准统一，实现了扶贫资金从中央到省、市、县的“穿透式”监控，形成了全国扶贫资金监管“一盘棋”的格局。监控平台已实现在中央和有脱贫攻坚任务的28个省（区、市）、339个地市、3043个县（地市县均含开发区、实验区）稳定运行，配置用户10余万个。实现了通过信息系统全过程监控财政扶贫资金的路径贯通，为将来对其他转移支付资金上下贯通监控趟了路子，较好地发挥了“试验田”的探索作用。

【思考题】

1. 如何理解建立财政扶贫资金动态监控机制的重大意义?

2. 为什么说建立财政扶贫资金动态监控平台是财政资金信息化模式监管的有益探索，发挥了“试验田”的作用?

推进涉农资金统筹整合
打造乡村振兴齐鲁样板

——山东加快推进涉农资金统筹整合的实践探索

【引言】2017年8月，习近平总书记在中央全面深化改革领导小组第三十八次会议上指出，“探索建立涉农资金统筹整合长效机制，是推进农业供给侧结构性改革的重要途径。要加强财政支农政策顶层设计，优化财政支农投入供给，推进行业内资金整合与行业间资金统筹相互衔接配合，理顺涉农资金管理体系，创新涉农资金使用管理机制，改革和完善农村投融资体制，切实提高国家支农政策效果和支农资金使用效益。”① 2017年12月，习近平总书记在中央农村工作会议上强调，“国家投到‘三农’上的项目不少，但碎片化严重，‘九龙治水’的事还不少，大家各管一摊，都在‘撒胡椒面’，钱不能拢起来用，最后问题解决不了。要下决心解决支农项目支离破碎的问题，加快建立涉农资金统筹整合长效机制。仅从县一级整合是不够的，要

① 《习近平主持召开中央全面深化改革领导小组第三十八次会议》，中国政府网，http://www.gov.cn/xinwen/2017-08/29/content_5221323.htm，2017年8月。

探索从顶层开始整合。”①

【摘要】2017年以来，山东省坚决贯彻落实中央关于探索建立涉农资金统筹整合长效机制的决策部署，坚持问题导向，紧紧围绕推进乡村产业振兴、人才振兴、文化振兴、生态振兴、组织振兴，加强财政支农政策顶层设计，深化涉农资金管理体制改革，优化财政支农投入供给，按照“统一领导、规划引领、顶层设计、上下联动、结果评价”的原则，从省级层面整起，自上而下对各领域、各级次涉农资金实施横向到边、纵向到底的全面整合，实现了涉农资金设置体系、管理体制和分配方式的重大变革，为实施乡村振兴战略、打造乡村振兴齐鲁样板、打赢脱贫攻坚战提供了制度支撑和资金保障，走出了一条具有山东特色的涉农资金统筹整合之路。

【关键词】涉农资金　统筹整合　乡村振兴

一、背景情况

党的十九大提出实施乡村振兴战略，这是党中央从党和国家事业全局出发、着眼于实现“两个一百年”奋斗目标、顺应亿万农民对美好生活的向往作出的重大决策，是新时代做好“三农”工作的总抓手。习近平总书记对山东乡村振兴寄予厚望，赋予山东打造乡村振兴齐鲁样板的重大政治任务和历史使命。2018年3月，习近平总书记参加第十三届全国人大一次会议山东代表团审议时，就实施乡村振兴战略作出重要指示，要求山东充分发挥农业大省优势，打造乡村振兴齐

① 《在中央农村工作会议上的讲话》，搜狐网，http://sohu.com/a/327579800_120206836，2017年12月。

鲁样板[1]。2018 年 6 月，习近平总书记在视察山东时再次强调，“农业大省的责任首先是维护国家粮食安全。要把粮食生产抓紧抓好，把农业结构调活调优，把农民增收夯实夯牢，把脱贫攻坚战打好打赢，扎实实施乡村振兴战略，打造乡村振兴齐鲁样板。”[2] 兵马未动，粮草先行。实施乡村振兴战略，需要大量真金白银的投入。要打造好乡村振兴齐鲁样板，首先要解决好“钱从哪里来”的问题。

近年来，山东省认真落实“三农”工作重中之重、农业农村优先发展的工作要求，公共财政更大力度向“三农”倾斜，财政涉农资金持续稳定增长，为全省农业农村改革发展提供了有力保障。但由于体制机制等多方面的原因，涉农资金使用管理长期存在专项数量多、支出政策多、主管部门多、交叉重复多等问题，形不成合力，花不出效益。为解决这些问题，山东省先后探索实施了县级农业生产资金打包整合、莱芜市整市推进涉农资金整合、涉水涉地资金整合、扶贫资金统筹整合、省级涉农资金管理改革等多领域、多层次的试点，取得了一些成效，积累了一些经验。但这些整合大多是“自下而上”实施的试点试验，有些是区域性的，有些是行业性的，并未触及涉农资金管理体制机制等深层次问题。有的地方表示，虽然权限下放了，但各部门都有管理要求，担心考核通不过、整合被追责；有的地方把整合工作简单交给有关部门去抓，部门整合层次低、顾虑多、思路窄，效果不理想；有的地方借口上级部门“谁也得罪不起”，不愿推动实质性整合，基层“不敢整、不想整、整不动”的问题一直难以从根本上解

① 《习近平参加山东代表团审议》，新华网，http：//www.xinhuanet.com/photo/2018－03/08/c_11225086413.htm，2018 年 3 月 8 日。

② 《习近平在山东考察时强调　切实把新发展理念落到实处　不断增强经济社会发展创新力》，新华网，http：//www.xinhuanet.com/2018－06/14/c_1122987584.htm，2018 年 6 月。

决。2017 年初，中央全面深化改革领导小组提出“探索建立涉农资金统筹整合长效机制”的改革任务。2017 年 12 月，国务院印发《关于探索建立涉农资金统筹整合长效机制的意见》（国发〔2017〕54 号），要求各地紧紧围绕实施乡村振兴战略，将涉农资金统筹整合作为深化财税体制改革和政府投资体制改革的重要内容，加快改革步伐。

二、主要做法

为深入贯彻习近平总书记重要指示精神和中央决策部署，山东省把加快推进涉农资金统筹整合作为实施乡村振兴战略的关键一招，坚持问题导向，加大改革力度，从根本上破解涉农资金统筹整合的体制机制障碍，把各级各类涉农资金整合起来，握指成拳，形成乡村振兴资金合力。2018 年 6 月，中共山东省委办公厅、山东省人民政府办公厅印发《关于加快推进省级涉农资金统筹整合的实施意见（试行）》（鲁办发〔2018〕29 号），在全省范围内全面启动涉农资金统筹整合工作。

（一）高位推动多方协同，确保全省“一盘棋”

山东省委、省政府高度重视涉农资金统筹整合工作，省委主要领导同志亲自研究、亲自部署、亲自推动，省政府专题会议、省政府常务会议、省委常委会会议层层审议，谋划改革时间表、路线图，全省上下在思想上、制度上、行动上形成“一盘棋”、拧成“一股绳”，汇聚强大工作合力。一是坚持统一领导。为增强工作推进的整体性、系统性、协调性，省级涉农资金统筹整合由省委农业农村委员会统一领导，并纳入市县党政领导班子和领导干部乡村振兴战略实绩考核体系，要求市县党委、政府扛牢涉农资金统筹整合主体责任，建立健全“党委政府主导、党委农办牵头、职能部门配合”的工作推进机制，确保将中央重大决策和省委、省政府部署要求落实到位。二是坚持规划引领。各级围绕《山东省乡村振兴战略规划（2018—2022 年）》，明确乡村振兴重点领域、重大项目、主导产业，以规划引领涉农资金统筹使用和集中投入，不同年度之间可以统筹安排重点任务和实施区域，每年“规划一片、建设一片、建成一片”，集中优势资源，实现重点突破。三是坚持顶层设计。聚焦乡村振兴规划确定的目标任务，从省级层面加强涉农资金统筹整合，设立乡村振兴重大专项资金，明确支持方向、建设标准、考核机制和奖惩措施，引导和带动市县开展涉农资金统筹整合。四是坚持上下联动。按照全省“一盘棋”的思路，省级指导市县参照省级做法加大本级涉农资金统筹整合力度，把省级切块下达的涉农资金与本级资金统筹安排、捆绑使用，集中实施符合乡村振兴战略规划、多行业融合、集中连片治理的重点项目。五是坚持结果评价。省级下放项目管理权限，赋予市县涉农资金统筹整合的自主权。省委农业农村委员会统一安排涉农资金使用的审计监督和结果评价，并根据监督评价结果加大问责追责力度。

（二）横向到边纵向到底，实现三个“全覆盖”

山东省涉农资金统筹整合力求“能整则整、应整尽整”，是覆盖全省、横向到边、纵向到底的全面整合。一是各市县区域全覆盖。全省 16 个市 173 个县（市、区，含各类开发区、功能区）整建制全面推进涉农资金统筹整合。二是各领域涉农资金全覆盖。纳入统筹整合范围的既有农业基础设施建设和生产发展方面的资金，也有农村基础设施和生态环境保护方面的资金，还包括乡村组织和文化建设等领域的资金。三是各级次涉农资金全覆盖。按照“上下联动”的思路，既整合中央和省级涉农资金，也整合市级、县级涉农资金，把中央、省、市、县四级涉农资金全部纳入乡村振兴“资金池”，最终实现“一个渠道进水、一个池子蓄水、一个龙头出水”。具体资金范围可以概括为“两整两不整”。“两整”，是指省、市、县三级安排的涉农资金原则上全部纳入统筹整合范围；对中央涉农资金严格按照国发〔2017〕54 号文件和专项资金管理办法规定进行统筹整合，指导性任务资金在符合中央管理要求的前提下纳入统筹整合范围，实行“大专项 + 任务清单”管理。“两不整”，是指农业补贴类资金、中央约束性任务资金和实行项目管理的资金，原则上不纳入统筹整合范围；农村教育、医疗卫生、社会保障等已实行城乡一体化管理、到人到户的资金，不纳入统筹整合范围。

（三）刀刃向内流程再造，彻底下放“使用权”

坚持问题导向，以刀刃向内的勇气，从省级层面全面推动“四项改革”，实现“四个转变”。

一是改革涉农资金设置体系，变“零钱”为“整钱”。以往开展的整合，涉农资金管理体制机制没有发生根本性改变，整合的工作压力和矛盾焦点都集中在县级。有的县形容涉农资金就像一张纸，上级把纸撕碎了，又让县里再把纸拼起来，不符合工作规律，难度太大。这次涉农资金统筹整合，从顶层设计发力，实行“自上而下”推进，省级将分散设置的30多项400亿元涉农专项资金纳入统筹整合范围，统一设立乡村振兴重大专项资金，从源头上拆掉资金项目的“藩篱”，彻底解决“上面不整合、下面整不动”的难题。省级乡村振兴重大专项资金分为两大类：一类是省级统筹安排资金，主要用于省委、省政府确定的乡村振兴重大任务以及农业生产救灾和水利防汛抗旱等支出，占资金总量的10%左右；另一类是切块分配市县使用资金，主要由市县统筹用于乡村振兴，约占资金总量的90%。

二是改革涉农资金管理体制，变“分散”为“统一”。以前省级涉农资金分散在20多个职能部门管理，各部门“各唱各的调”“各吹各的号”，很难形成有效合力。针对这一问题，山东省彻底改变以职能部门为主体的涉农资金管理体制，省级乡村振兴重大专项资金由省委农业农村委员会按照“统一集中、统一决策、统一分配、统一考核”的“四统一”原则管理，职能部门转变思想观念、工作理念和管理方式，负责提报需求、制定标准、加强指导，参与监督考核等工作。其中，对于省级统筹安排资金，按照“职能部门（或市县）报需求、领导小组定任务、职能部门定标准、财政部门预算评审下资金”的方式进行管理；切块分配市县使用资金，按照“乡村振兴有规划、财政部门切资金、市县统筹使用”的方式进行管理。

三是改革涉农资金分配方式，变“项目法”为“因素法”。省市两级涉农资金统筹整合后，改变以前按行业、按项目分配资金的办法，综合考虑乡村振兴重点任务以及农业农村基础指标，按因素法集中统一切块分配，实行目标到县、任务到县、资金到县、权责到县的“四到县”管理模式，除约束性任务明确资金规模外，其余部分不再区分支出方向，项目怎么安排、资金怎么使用，自主权全部交给县里。纳入整合范围的中央涉农资金严格按照中央部署要求和资金管理办法分配，需要落实配套资金的，由县级按要求从各级切块资金中统筹安排解决。

四是改革涉农资金评价机制，变“单项评价”为“综合评价”。资金使用和项目安排权限彻底放给市县后，省级把更多的精力放在绩效管理上，积极转变绩效评价方式，统一组织开展综合绩效评价，除中央明确要求的资金项目外，原则上不再组织单项评价。统一组织。涉农资金统筹整合综合绩效评价在省委农业农村委员会统一领导下，由省级财政部门组织开展，各市县财政部门具体实施，省市相关职能部门共同参与。统筹兼顾。既评价市县两级涉农资金统筹整合工作开展情况，又评价统筹整合的涉农资金规模和使用成效，重点关注乡村振兴实绩，省委、省政府确定的重点任务、重大工程和重点项目实施效果，以及社会满意度。科学规范。建立规范的评价工作流程和科学的评价指标体系，运用定量与定性分析结合、横向与纵向对比结合等方法进行综合绩效评价，提高绩效评价结果的客观性和准确性。激励约束。涉农资金统筹整合综合绩效评价结果作为以后年度乡村振兴重大专项资金分配的重要因素，且权重不低于10%。对评价结果优秀的，增加下一年度资金分配，对评价结果较差的，减少下一年度资金分配。对因整合不力导致资金沉淀闲置的一律收回省市财政调整使用。

（四）科学谋划有序推进，抓紧抓实“关键点”

省级财政部门通过政策宣讲、会议培训、调研指导、通报督导等方式，加强对县级涉农资金统筹整合的推动落实，引导所有市县工作重心从“要到钱”转向“花好钱”，确保涉农资金统筹整合取得实效，推动乡村振兴战略取得实质性突破。

一是加强规划引领，确保“接得住”。资金整合的难点不在于资金本身，而是在于各自独立、互不衔接的行业规划上，只有规划整合了，统筹衔接起来，相互之间不再自说自话甚至“神仙打架”，资金才能有效整合。山东省坚持“谋定而后动”，2018 年 4 月在全国率先出台省级乡村振兴战略规划，将各类行业规划有机融入其中，形成了全省城乡融合、区域一体、多规合一的乡村振兴战略规划。引导每个县结合实际，科学编制乡村振兴战略规划，一张蓝图绘到底，一本规划统到底，以高质量的规划引领涉农资金统筹使用和集中投入。

二是加强统筹协调，确保“用得好”。乡村振兴需要大量真金白银投入，即使统筹整合了，短期内也难以做到全面开花、面面俱到。各市县立足乡村振兴战略规划，科学编制涉农资金统筹整合年度实施方案，统筹考虑产业、人才、生态、文化、组织振兴需要，分清轻重缓急，统筹安排年度重点任务和实施区域，集中资金、聚焦发力，高起点、高标准实施多规融合、集中连片治理，切实做到“谋划一项、干成一项，规划一片、建成一片”，推动乡村全面振兴。

三是加强撬动引导，确保“引得来”。引导金融资源投入乡村振兴，2020 年末全省银行机构普惠型涉农贷款余额 4818 亿元，同比增长 14.71%。运用担保费补助、业务考核综合奖补、贷款贴息等扶持政策，充分发挥农业信贷担保分险、赋能作用，为新型农业经营主体提供优惠便捷的政策性农业信贷担保服务，截至 2020 年底，山东农担公司在保余额达到 277 亿元。在 14 个县开展财政金融政策融合支持实施乡村振兴战略制度试点，2020—2022 年各项贷款累计投放总量不低于 4000 亿元，三年增量不低于 500 亿元。出台引导工商资本投资乡村振兴奖补政策，对工商资本新增投资1亿元以上的乡村振兴项目，省市县财政联动按新增投资额1%的比例给予奖补。放宽乡村振兴基金设立门槛和优惠政策，省新旧动能转换引导基金投资现代高效农业、现代海洋产业的比例由20%提高至30%，省、市、县政府共同出资比例由40%提高至50%。截至2020年底，全省新旧动能转换基金已设立现代高效农业基金投资项目58个，投资金额36亿元，带动金融和社会资本投入140亿元。

（五）点面结合辐射带动，打造齐鲁样板"示范区"

统筹整合的涉农资金，集中投入产业振兴、人才振兴、文化振兴、生态振兴和组织振兴，做好"点、线、片、面"结合文章，打造一批乡村振兴示范样板，带动实现整体提升。"点"上重点支持创建美丽乡村，省级每年支持创建示范村500个，到2020年达到2000个左右。"线"上重点实施美丽村居"四一三"行动，打造胶东、鲁中、鲁西南、鲁西北4大风貌区，建设10条风貌带，培育300个美丽村居试点。"片"上重点支持实施乡村振兴齐鲁样板示范区创建，3年计划创建600个示范区，每个示范区集中连片覆盖20个村、20平方公里左右面积，集聚资源要素、有序推进建设。"面"上实施乡村振兴"十百千"工程，利用3年时间，打造30个乡村振兴示范县、300个示范乡镇、3000个示范村。

（六）上下联动综合评价，全面检验整合"总成效"

为全面检验全省涉农资金统筹整合成效，总结推广各地经验做法，山东省组织完成了2019年度、2020年度涉农资金统筹整合综合绩效评价工作。一是评价范围“全覆盖”。对全省16市173个县（市、区，含各类开发区、功能区）开展综合绩效评价，并对各市综合排名前1/3的县（市、区）进行重点评价，确保评价工作横向到边、纵向到底。二是评价组织“高标准”。评价内容涵盖组织领导推动、资金整合管理、资金安排使用、重点任务完成、乡村振兴齐鲁样板建设成效、社会满意度等六个方面，实现了对各地统筹整合工作的全方位、立体化评价。聘请第三方机构专家参与，抽调市县财政部门业务骨干开展交叉互评，实现了市县自评与省级评价、非现场全面评价与现场重点评价“双结合”。三是结果运用“实打实”。落实激励约束机制，将综合绩效评价结果与涉农资金分配挂钩，在今后分配省级乡村振兴重大专项资金时，对“优秀”和“良好”等次的市给予倾斜，对“合格”等次的市减少资金规模，体现奖优罚劣，推进涉农资金统筹整合取得更好成效。

2019—2020年，山东省财政统筹中央和省级资金，分别安排乡村振兴重大专项资金407亿元、466亿元，带动市县投入390亿元、410亿元，全省两年统筹整合涉农资金1673亿元，集中保障专项扶贫、重点水利工程和灾后防洪减灾工程建设、村级组织运转经费、黄河滩区居民迁建、高标准农田建设、农业高质量发展、农村人居环境整治等重点任务落实，支持建设高标准农田1658万亩，实施小清河等95条河流治理、2100座病险水库除险加固，新建改造“四好农村路”2.5万公里，完成农村危房改造8.38万户、农村户厕改造79万户，创建省级美丽乡村1000个，60万黄河滩区群众迁入新居，村级组织运转经费保障标准提高到村均11万元，县乡两级新时代文明实践中心基本实现全覆盖。2020年全省粮食总产量1089亿斤、蔬菜总产量

1 亿吨、水果总产量 1800 万吨、肉蛋奶总产量 1444 万吨、水产品总产量 860 万吨，为保障粮食安全和重要农产品供给做出了突出贡献。

三、经验启示

山东省推进涉农资金统筹整合，是贯彻落实中央关于探索建立涉农资金统筹整合长效机制的生动实践，突破了一些过去难以突破的关口，解决了一些多年来想解决的难题，为全国深化涉农资金管理体制改革提供了有益探索。

（一）坚持党的领导，以战略思维谋全局

党建工作是各项工作的基础，是落实党的方针政策和各项工作任务的保障。乡村振兴必须把坚定党管农村这一重大原则落到实处，确保党在农村工作中始终发挥总揽全局、协调各方的领导核心作用。涉农资金统筹整合是实施乡村振兴战略的重要支撑和保障，政策性强、涉及面广、关注度高，各级各部门必须增强“四个意识”、坚定“四个自信”、做到“两个维护”，依靠党的领导来谋划推进。目前，山东省已形成省、市、县、乡、村五级书记一起抓乡村振兴的工作格局，各级党委政府高度重视、统筹谋划、统一组织、合力推进涉农资金统筹整合、推动乡村全面振兴。

（二）坚持统筹协调，以实事求是定方针

山东省财政部门发挥统筹协调作用，以乡村振兴战略规划及各项行业规划为引领推动涉农资金统筹整合，始终坚持中央政策与山东实

际相结合，按照中央资金实行“行业间统筹、行业内整合”、省及省以下资金全面整合的大原则，精准施策，有效调动了行业部门和地方政府的积极性。同时，坚持问题导向、目标导向，针对不同发展阶段的主要矛盾问题，科学编制年度实施方案，尽力而为、量力而行，确保了涉农资金统筹整合不超越发展阶段、不提脱离实际的目标。从当前看，加强了性质相同、用途相近的涉农资金统筹使用，促进了功能互补、用途衔接的涉农资金集中投入；从长远来看，推动了行业间涉农资金在预算编制环节的源头整合，有利于逐步实现同一工作事项按照职责分工由一个行业部门统筹负责。

（三）坚持以人为本，以助农惠民把方向

统筹整合涉农资金，目的是通过优化涉农资金供给机制，支持乡村振兴，进而维护最广大农民的根本利益。山东省以打造乡村振兴齐鲁样板为出发点和落脚点，一方面，审慎制定统筹整合范围和各项约束性工作任务，在赋予地方更多自主权的同时，在乡村建设中不断夯实民生福祉，不断提升农民群众的获得感、幸福感；另一方面，积极推进涉农资金统筹整合综合绩效评价，将人民群众满意度作为重要评价指标，认真倾听基层和农民的声音，增强各级各部门尊重农民意愿、顺应群众期盼的思想自觉和行动自觉，推动涉农资金统筹整合行稳致远。

（四）坚持政策集成，以创新思维增动力

有效解决农业农村发展面临的各种矛盾和问题，不是单纯依靠涉农资金统筹整合就能做到的，既需要科学配置、合理安排资金，又需

要统筹兼顾、综合协调。山东省紧扣“财”为“政”服务的财政本质，针对农业农村工作面临的新形势新要求，在深化涉农资金统筹整合的同时，强化政策集成，积极创新财政资金投入方式，加强财政、金融、担保、保险、产业引导基金的协调联动，放大财政资金乘数效应，撬动工商资本、金融资本和社会资本投入，形成了财政优先保障、金融重点倾斜、社会积极参与的多元化投入格局，切实保障了乡村振兴战略“粮草军需”。

【思考题】

1. 如何进一步增强乡村振兴规划与涉农资金统筹整合的有效衔接，实现资金与任务精准匹配、精准对接?

2. 如何调动职能部门在涉农资金统筹整合中的积极性，形成齐抓共管、步调一致的乡村振兴工作格局?

【附录】

涉农资金统筹整合工作流程图

附录

涉农资金统筹整合工作流程图

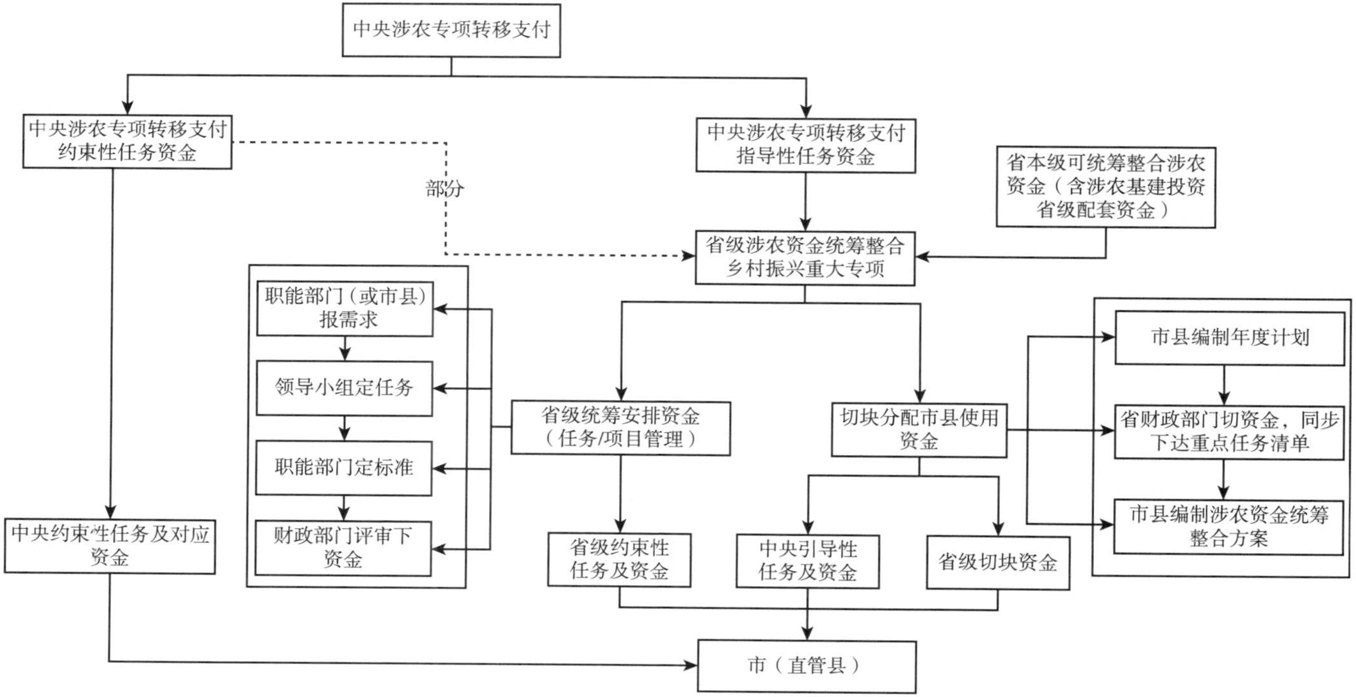

扎实推进污染防治资金和项目监管

——财政部天津监管局积极助力污染防治攻坚

【引言】党的十八大以来，以习近平同志为核心的党中央把生态文明建设作为统筹推进“五位一体”总体布局和协调推进“四个全面”战略布局的重要内容。党的十九大报告中，习近平总书记指出：“要坚决打好防范化解重大风险、精准脱贫、污染防治的攻坚战，使全面建成小康社会得到人民认可、经得起历史检验。”[①] 2018 年全国生态环境保护大会上，习近平总书记强调：“生态环境是关系党的使命宗旨的重大政治问题，也是关系民生的重大社会问题。广大人民群众热切期盼加快提高生态环境质量。我们要积极回应人民群众所想、所盼、所急，大力推进生态文明建设，提供更多优质生态产品，不断满足人民群众日益增长的优美生态环境需要。”“打好污染防治攻坚战

---

① 《习近平：决胜全面建成小康社会　夺取新时代中国特色社会主义伟大胜利——在中国共产党第十九次全国代表大会上的报告》，中国政府网，http：//www. gov. cn/zhuanti/2017 – 10/27/content_5234876. htm，2017 年 10 月。

时间紧、任务重、难度大，是一场大仗、硬仗、苦仗，必须加强党的领导。各地区各部门要增强‘四个意识’，坚决维护党中央权威和集中统一领导，坚决担负起生态文明建设的政治责任。”①

【摘要】近年来，天津贯彻落实新发展理念，加快调整产业结构，划定生态保护红线，加强散乱污企业、散煤治理，推进京津冀及周边地区大气污染联防联控……采取了一系列有力措施推动污染防治和生态环境保护工作，并取得积极进展。但由于历史欠账较多、财政收支矛盾突出、项目管理水平受限等原因，目前天津市污染防治工作还面临着一些问题和风险，主要表现为防治效果有待提升、资金绩效存在短板、财政风险有所抬头等。

为解决以上问题，天津监管局在部党组的坚强领导下，认真学习贯彻党中央、国务院打好污染防治攻坚战的一系列决策部署，提高政治站位，强化责任担当，切实履行监管职责，从抓实中央污染防治转移支付资金监管、深化污染防治项目债务监管、强化承担污染防治职能的中央预算单位监管、加强污染防治专项检查工作等方面入手，扎实推进污染防治资金和项目监管并取得显著成效，确保中央重大方针政策在天津落实落地，积极助力天津市打好污染防治攻坚战、实现高质量发展。

【关键词】财政监管　污染防治　攻坚战

一、背景情况

近年来，天津贯彻落实新发展理念，加快调整产业结构，划定生

① 《习近平出席全国生态环境保护大会并发表重要讲话》，中国政府网，http：//www.gov.cn/xinwen/2018－05/19/content_5292116.htm，2018年5月。

态保护红线，加强散乱污企业、散煤治理，推进京津冀及周边地区大气污染联防联控……采取了一系列有力措施推动污染防治和生态环境保护工作，并取得积极进展。但由于历史欠账较多、财政收支矛盾突出、项目管理水平受限等原因，目前天津市污染防治工作还面临着一些问题和风险，主要表现为以下几个方面。

一是污染防治效果有待提升。2017 年，中央第一环境保护督察组对天津市开展环境保护督察时发现，天津市污染防治工作虽然取得积极进展，但压力传导不足、责任落实不够、工作不到位等问题依然存在，与中央要求、直辖市定位和人民群众期盼尚有明显差距。督察组认为，天津市污染防治存在大气环境治理仍显薄弱、水环境问题较为突出、“散乱污”企业集聚、环境整治和生态修复不到位等问题。

二是资金绩效存在短板。近年来，中央加大污染防治专项转移支付力度，支持地方打好污染防治攻坚战。同时，天津市也积极筹措资金，全力保障污染防治资金投入，有力推动天津市污染防治工作健康发展，但污染防治资金绩效仍然存在一些短板，影响了项目效果的发挥。例如，一些项目中止或进展迟缓，中央资金长时间闲置；一些项目变更批复不及时或履行变更手续不及时；结转结余资金沉淀，地方配套资金到位迟缓；资金管理未执行国库集中支付；等等。

三是财政风险有所抬头。监管中我们发现，天津市污染防治项目欠账多、任务重、投资大、短期内无法形成收益，对财政资金投入的依赖度高。近年来，天津市落实国家减税降费政策，全面推行地方涉企行政事业性“零收费”，财政收入规模大幅下降。同时，“三保”

支出、政府债务还本付息等刚性支出较大，财政收支矛盾突出，资金平衡压力很大。在各级财政不断增加污染防治投入的情况下，财政负担明显加重，债务风险显著增加。

二、主要做法

在部党组的坚强领导下，天津监管局深入学习领会习近平生态文明思想，认真贯彻落实党中央、国务院关于打好污染防治攻坚战的一系列决策部署，提高政治站位，强化责任担当，切实履行财政监管职责，扎实推进污染防治资金和项目监管并取得显著成效，确保中央重大方针政策在天津落实落地，积极助力天津市打好污染防治攻坚战、实现高质量发展。

（一）强化组织领导，建立健全长效工作机制

对照习近平生态文明思想，结合财政监管工作实际，天津监管局提高政治站位，强化组织领导，成立污染防治工作领导小组，建立健全长效工作机制，把财政支持打好污染防治攻坚战、加快推进生态文明建设摆在全局工作突出位置。

1. 提高政治站位，深化理论学习

天津监管局深入学习习近平总书记生态文明思想，深刻认识生态环境保护的重要性，全方位多层次开展污染防治专题学习讨论，把思想和行动统一到党中央打好污染防治攻坚战的重大决策部署上来。2019 年以来，天津监管局多次召开党组（扩大）会议，专题学习传达习近平总书记关于污染防治重要讲话和有关文件精神，并将污染防

治专题纳入局党组理论中心组学习内容，结合财政部污染防治和生态文明建设领导小组《财政支持打好污染防治攻坚战 加快推进生态文明建设的意见（2019—2020年）》、中共财政部党组《关于推进2020年全面从严治党工作的若干措施》等文件精神和天津市污染防治工作实际开展重点学习研究，通过集体学习研讨和个人自学，提高政治站位、强化责任担当，深刻认识支持打好污染防治攻坚战的重大意义。

2. 建立长效机制，层层压实责任

天津监管局污染防治领导小组统筹全局、协调指导，完善保障措施和机制，各处室分工协作，形成合力，确保各项任务措施落到实处。一是形成研究部署长效机制。2019年以来，局长办公会定期研究财政支持打好污染防治攻坚战工作，局领导听取相关工作进展情况汇报，研究部署下一步重点工作。二是印发任务清单督促落实。2019年5月，天津监管局印发《支持打好污染防治攻坚战任务落实清单》，明确责任人和落实期限，层层压实责任；向天津市相关部门下发《关于进一步加强污染防治监管工作的通知》，督促共同扎实做好污染防治工作。三是制定落实实施办法。财政部污染防治和生态文明建设领导小组印发《财政支持打好污染防治攻坚战 加快推进生态文明建设的意见（2019—2020年）》，天津监管局第一时间研究制定实施办法，并在监管工作中将各项措施执行落实到位。

3. 加大宣传力度，营造浓厚氛围

天津监管局创新工作方法，加大宣传力度，营造出支持打好污染防治攻坚战的浓厚氛围。一是在办公楼设立宣传屏，将污染防治专题纪录片等资料纳入滚动播放内容，宣传污染防治工作。二是制作污染防治攻坚战专题展板，宣传习近平生态文明思想和中央大政方针，展现天津监管局支持打好污染防治攻坚战工作成果。三是在协同办公平台上开辟三大攻坚战专栏，及时上传污染防治有关文件资料，供局内干部学习参考。四是加强信息宣传力度，及时将天津监管局污染防治工作进展、发现的问题和建议组织形成相关材料，向财政部、天津市政府和有关媒体进行反映。

4. 借力代表委员，提升专业水平

邀请全国人大代表、天津环境保护科学研究院副院长温娟参加污染防治监管“回头看”、清洁取暖绩效评价等工作。温娟代表高度评价了中央财政资金在污染防治工作中发挥的重要作用，对天津监管局开展的污染防治工作给予了充分肯定。邀请全国政协代表、国家海洋信息中心主任何广顺开展联合调研，为天津市发展海洋经济、防治海洋污染建言献策，形成调研课题《大力发展海洋经济　激发高质量发展新功能》，得到天津市委常委、常务副市长马顺清批示。多次对周潮洪、李琳梅等专家代表委员开展走访服务和专题汇报，共商共研污染防治建议，加深代表委员对监管局工作的支持和理解，提升污染防治监管水平。

（二）主动作为认真履职，抓实中央污染防治转移支付资金监管

为全面履行财政支持污染防治政治责任，天津监管局一方面加强中央专项转移支付日常监管，确保资金及时拨付使用、尽快发挥效益；另一方面牢固树立全面预算绩效管理理念，持续追踪问效，将监管工作向基层、向重点项目、向资金末端扎实推进。

1. 强化执行监控，污染防治绩效监管扎实有力

开展全面监控，单独设立《中央污染防治专项资金台账》和

《中央生态环境专项资金项目台账》，对中央资金项目做到家底清、底数明；抓实重点监控，对污染防治重点资金开展绩效监控督导，发现中央污染防治资金严重超期未分配、某公司燃煤锅炉改造项目出现重复申报等问题；关注整改落实，及时下发问题清单，督促有关部门尽快拨付中央资金、重新调整拟支持项目。

2. 主动履职作为，监管“回头看”成效显著

先后选取9项与污染防治资金相关的专项工作开展整改“回头看”，发现相关问题整改取得了阶段性成果，但仍存在项目进展迟缓、中央资金闲置、项目变更批复不及时、国库集中支付制度执行不到位等突出问题。为此，天津监管局分别向市财政局、生态环境局、水务局、规资局下达整改意见。

3. 加强抗疫特别国债监管，重点项目监控亮点突出

贯彻落实党中央、国务院关于建立特殊转移支付机制资金的决策部署和财政部工作要求，对天津市用于生态环境保护和污染防治的22.25亿元抗疫特别国债资金进行全面监控，持续关注资金支持的重点污染防治项目绩效情况，助力天津市污染防治工作提质增效。撰写专题材料《监测调研显示直达资金分配使用情况良好　惠企利民成效正在显现》被财政部上报中办、国办。追踪北辰新区污水处理厂配套管网、西青生活垃圾综合处理厂等项目，关注施工进展和资金拨付进度，督促资金到位、推动项目落地；追踪抗疫特别国债资金用于冬季清洁取暖项目建设补贴和运行补贴情况，为严防散煤复燃、巩固清洁取暖成效奠定坚实基础。

（三）聚焦重点项目，大力推动天津市冬季清洁取暖提质增效

北方地区冬季清洁取暖是习近平总书记亲自部署推动的重大民生

工程，也是天津市开展大气污染防治工作、打赢蓝天保卫战的重中之重。天津监管局把财政支持天津冬季清洁取暖监管工作列入全局重点工作计划，紧紧抓住资金项目绩效这个“牛鼻子”，确保中央冬季清洁取暖试点政策落地见效。

1. 绩效监管贯穿全程，推动取得显著成效

自2018年以来，天津监管局落实全面预算绩效管理要求，以钉钉子的精神，持续追踪天津市冬季清洁取暖项目进展情况，将绩效监管贯穿于该项工作全过程。多次前往重点区县蹲点调研、解剖麻雀，实地走访参改农户、燃气公司和施工单位，深入掌握实际情况；定期走访主管部门，建立工作联动机制，开展专题座谈交流，掌握项目进展、资金使用和主要困难等情况；着力发现并积极解决存在问题，关注问题整改落实情况，立足财政监管职责推动问题科学合理解决。在天津监管局的督促和推动下，天津市冬季清洁取暖工作取得显著成效，三年共完成120万户改造任务，除不具备改造条件的部分山区外，全市冬季清洁取暖做到了应改尽改，全域特别是农村地区取暖方式发生巨大变革，PM2.5等污染物减排效果明显，空气质量不断改善，为人民温暖清洁过冬、打赢蓝天保卫战作出了重要贡献。

2. 深入调研切中肯綮，助力破解困难问题

2019年，天津监管局深入开展天津市冬季清洁取暖专题调研，先后对主管部门、重点区县和参改农户进行数十次走访座谈。调研发现，天津市清洁取暖工作推动扎实有力，但也存在着建设资金筹措蕴含债务风险、先期运行财政补贴发放不够及时等困难和问题。为此，天津监管局及时向有关部门反映，助力防范和化解潜在风险，督促及时兑付运行补贴，提升人民群众的获得感、幸福感。向财政部报送专题材料《清洁取暖工作中基层财政的困难和风险应引起重视》，向天津市政府报送《防风险　惠民生　切实提升清洁取暖项目绩效的调研报告》，报告得到市委常委、常务副市长马顺清同志批示。报告提出的问题引起了市发改委、财政局、住建委等部门的高度重视，在工作中逐一整改落实、举一反三，为2020年清洁取暖工作顺利通过绩效评价、完成项目验收奠定了良好基础。

3. 扎实开展绩效评价，总结推广成功经验

2020年5—6月，按照财政部部署，天津监管局精心谋划、扎实做好冬季清洁取暖试点资金绩效评价工作。评价发现，天津市冬季清洁取暖工作成效显著，最终评价结果为优，评分在全国试点城市中名列前茅。经调研，从中央资金撬动作用明显、地方上下扎实推动等方面对天津市冬季清洁取暖工作的成功经验进行总结提炼，形成专题材料上报财政部和天津市，时任天津市委副书记、市长张国清批示："很感谢天津监管局的指导、支持和鼓励！"市委常委、常务副市长马顺清批示："国家的奖补是对我们工作的极大激励。"上报信息《天津市发挥中央资金撬动作用　推动冬季清洁取暖试点工作取得明显成效》被财政部《每日要情》采用并报送部领导，《全国人大代表积极参与清洁取暖试点资金现场绩效评价和调研》被财政部《财政监督评价简报》采用。

4. 持续关注项目运维，解除群众后顾之忧

天津市冬季清洁取暖三年建设期已经结束，建设任务已经全部完成，天津监管局将工作重点转入保障项目安全稳定运行、最大限度发挥建成设施效用上。关注运行补贴政策延续情况，推动天津市及时出台运行补贴延续政策，财政补贴再延长三年不退坡，提前打消群众顾虑，巩固清洁取暖改造成果；关注运行补贴发放和特殊困难群体负担情况，确保广大农村参改群众用得起、用得暖；关注管线设施运行管护，督促主管部门及时发现和排除安全隐患，保障清洁取暖能源供应，确保建成管线设施安全稳定运行。围绕项目运维中发现的困难问题，向财政部报送《天津市冬季清洁取暖试点资金绩效调研报告》，其中“从现有大气污染防治资金中安排部分资金，专项用于清洁取暖运行补助”的政策建议被财政部资环司采纳。

（四）聚焦风险防控，深化污染防治项目债务监管

防范化解污染防治项目债务风险，既是防范化解地方政府债务风险的需要，也是打好污染防治攻坚战的客观要求。天津监管局将污染防治项目风险防控作为监管重点，深化污染防治项目债务监管，确保不发生区域性风险。

1. 加强污染防治 PPP 项目监管

在摸清新增债务支持污染防治项目底数的基础上，加强污染防治 PPP 项目监管，2019 年对天津市 17 个涉及污染防治的 PPP 项目进行了专题调研。调研中，与财政部门和 PPP 项目单位分别进行座谈，选择项目进行实地走访、现场调研，了解项目的前期准备、投入、融资、建设、运营等情况。调研发现，部分项目财政承受能力论证不完整，北辰等 3 个区垃圾处理厂项目均做了涉及本区域内垃圾处理的政府支出责任能力论证，未按照市容委要求对临近区的部分垃圾处理工作政府支出责任做财政承受能力论证；部分项目应设未设 PPP 项目绩效考核指标，宁河区的三个“煤改气”项目，区财政补贴资金尚未落

实，项目合同中未设定绩效考核指标。经监管局沟通协调，市财政局督促有关区级财政部门认真整改。

2. 加强污染防治债务日常监管

利用平台端口，夯实包括污染防治项目在内的政府债务信息基础，完善债务管理台账和监管分析，做好对债券发行的实时跟踪。建立健全污染防治债券数据报送机制，实现动态监控，督促市区财政及时报送政府债券余额、支出使用情况、应还本金与利息金额、实际偿付情况等，实时掌握债券资金的发行、使用、偿还和结余，确保资金安全；完善联动机制，建立污染防治项目重点风险事项监管体系，强化实地督导，增强高风险地区债务风险预警，发挥就地就近优势，及时发现苗头性、趋势性风险隐患问题，督导各区及时采取措施化解风险。

3. 积极关注污染防治重点项目风险

2019 年初开展的天津市“三保”调研中，发现蓟州区财政局违规向企业借款、导致“三保”形势严峻的事实，进而发现为保护于桥水库生态环境、进行库区移民搬迁正是导致企业违规借款的重要原因。调研小组全面搜集蓟州区“三保”和财政运行情况相关资料，详细了解资金测算依据和变动原因，了解蓟州区“三保”薄弱环节和工作保障措施。在此基础上，调研小组紧紧抓住工资发放时间节点这一关键环节，循着当月 5 日后蓟州区工资未按时发放的线索，及时掌握了蓟州区财政违规向企业借款、影响“三保”落实的相关事实。同时，调研小组督促蓟州区财政局向相关企业催要借款、积极筹措资金，确保守住工资底线。追回部分借款、工资发放到位后，调研小组延伸至相关借款企业了解情况、宣传政策，深入分析本次风险事件发生原因，并综合考虑各方面因素研判蓟州区“三保”形势，提出解决问题的意见建议。在及时向财政部报告反映的同时，向区政府发出了风险警示监督函，提醒区政府推进污染防治工作的同时做好风险防控。此项调研获得了天津市常务副市长马顺清的重要批示：“蓟州区政府认真研究整改，财政资金出借必须依法合规，不得超过规定限额，到期必须归还；‘三保’底线必须守住，机关事业人员工资发放一天也不能拖延；市财政局帮助指导整改，对整改情况进行专报。”有关部门和区县高度重视，推动全市财政部门开展财政暂付款自查整改，“三保”风险和财政金融风险得到有力控制。

（五）关注污染防治职能发挥，强化中央预算单位监管

天津监管局对驻津中央预算单位承担污染防治职责情况进行详细梳理发现，天津市气象局、自然资源部天津海水淡化与综合利用研究所、天津海事局、农业农村部环境保护科研监测所、生态环境部海河流域北海海域生态环境监督管理局5家中央预算单位承担着污染防治相关职能，并进一步加强对上述单位的预算监管和服务，为其污染防治职能的有效发挥提供有力保障。

1. 加强预算审核，保障履职能力

2016年以来，中央财政通过部门预算对5家单位安排污染防治职能专项资金1.77亿元，有力支持了5家单位在大气污染防治气象服务、农业环境监测、农田污染防治、农业生态、乡村生态环境、海洋污染防治监督治理等方面的履职需要。

2. 加强执行监控，规范财务管理

结合日常工作中的财政直接支付审核、财政授权支付监控、银行账户管理等职责，加强对5家单位预算执行环节的规范监管，督促单

位提升财务管理水平，有效保障单位履职能力。

3. 实施绩效管理，开展调查研究

为深入了解各单位履职及全面实施预算绩效管理相关情况，深入农业农村部环境保护科研监测所开展调研，了解到目前该单位正积极推进预算绩效管理并取得了一定成效，绩效管理理念逐步树立，全过程预算绩效管理工作机制正初步形成，财政资金使用效益和保障履职能力均得到不同程度提升。另外，局领导还带队前往天津海水淡化与综合利用研究所，围绕发展海洋经济、治理海洋污染、助力天津高质量发展开展调研，从节约用水，大力发展海水淡化及综合利用等方面提出可行性建议。

（六）围绕中心查问题，专项检查工作成效突出

2016—2020 年，按照财政部的统一布置，天津监管局共开展两次污染防治相关专项检查工作，工作中加强政策学习，开展查前调研，精心制定检查方案，重点围绕污染防治资金使用管理开展检查，两项检查共查出有问题金额近 50 亿元。

1. 新能源汽车推广应用补助资金专项检查

对天津市新能源汽车生产企业生产销售情况、新能源汽车用户推广运营情况、资金管理情况等进行检查，共发现有问题车辆数千台，涉及财政补贴数亿元。

2. 中央大气污染防治专项资金管理使用情况专项检查

检查中发现，天津市在专项资金使用中存在违反规定扩大开支范围、项目结余沉淀闲置、资金分解下达不及时等问题，涉及资金 40 余亿元，已全部由财政部统一下发整改意见。检查中发现的某单

位违规扩大开支范围，用于黄标车淘汰办公费用的问题，经财政部披露后，引起媒体广泛关注，天津市认真整改，及时收回资金并重新安排了项目。

三、主要成效

通过一系列扎实有力的措施，天津监管局积极履行财政监管职责，在推动中央重大方针政策落实落地，积极助力天津市打好污染防治攻坚战、实现高质量发展方面的成果逐步显现。

（一）发挥中央资金撬动引领作用，督促地方加大污染防治投入

督促天津市财政部门充分发挥中央专项资金的撬动引领作用，通过部门预算、转移支付、发行债券等方式筹措资金，加大支持生态环境保护投入力度，将生态环境保护作为财政投入重点保障和优先支出领域，确保资金投入同污染治理攻坚任务相匹配。近三年来，天津市共投入污染防治财政资金 1075.4 亿元，其中，2018 年 141.76 亿元，2019 年 315.62 亿元，2020 年 618.02 亿元，财政投入逐年大幅上升。资金重点投向生态保护修复、蓝天保卫战、碧水保卫战等领域，并引导带动社会资本投入污染防治 243.8 亿元，充分发挥了污染防治资金保障的重要作用。

（二）传导工作压力、传递监管要求，推动中央决策部署落实落地

以大气污染防治、水污染防治、土壤污染防治、农村环境综合整

治等专项资金监管为切入点，密切联系地方财政、环保、水务、发改等主管部门，积极传导工作压力、传递监管要求，督促提高污染防治责任感，推动中央决策部署在天津落实落地。近年来，天津市大气环境质量持续向好，以煤、工业、车、尘、新建项目“五控”为抓手，煤电机组、燃煤锅炉、25 个重点行业全部完成深度治理，PM2.5 年均浓度逐年下降；地表水质量大幅改善，消减主城区污水管网空白区 2.88 平方公里、雨污合流片区 12.23 平方公里，建成区全部消除黑臭水体，污水日处理能力显著提升；土壤环境质量总体良好，深化农用地、建设用地“两控”治理，建立污染场地名录库；建设一批垃圾处理设施，日处理能力由 2016 年的 1.06 万吨提高到 1.35 万吨；自然生态系统稳中向好，林地、草地面积有所增长，湿地保护修复得到加强，生态环境状况指数从 2016 年的 50.66（一般）提高到 70.23（良好）。

（三）积极履职尽责，监管成效得到广泛认可

天津监管局《2018—2020 年支持打好污染防治攻坚战专题报告》获得程丽华副部长重要批示；4 篇污染防治专题材料先后得到了时任天津市委副书记、市长张国清和市委常委、常务副市长马顺清的批示；上报污染防治相关信息 1 篇被财政部《每日要情》采用并报送部领导，1 篇被财政部报送上级机关，多篇被财政部门户网站和有关司局工作通讯采用。《中国财经报》以《做深做实做细——财政部天津监管局中央污染防治专项资金监管侧记》为题，对天津监管局污染防治监管工作成效进行了专题报道；财政部经济建设司、自然资源与生态环境司多次发来感谢信，对开展的污染防治相关监管工作给予肯

定。在天津监管局的督促推动下，中央污染防治资金分配下拨速度明显加快，资金项目管理规范程度明显提升，推动解决了基层长期存在的国库集中支付制度执行不到位等问题，与天津市财政、生态环保、水务、发改、自然资源、农村农业等主管部门密切配合，通过扎实有力的工作树立了天津监管局在污染防治监管业务方面的权威形象，建立了顺畅高效的污染防治工作协同机制，优质的监管服务获得了相关部门的高度认可、树立了监管权威。

四、经验启示

天津监管局积极履行财政监管职责、助力天津打好污染防治攻坚战的扎实工作和生动实践，不仅推动了中央污染防治方针政策在天津落实落地，也为其他地区打好污染防治攻坚战提供了借鉴和参考。经梳理总结提炼，主要经验有以下几点。

（一）坚持党的领导，发挥党建引领作用

实践反复证明，办好中国的事情，关键在党。天津监管局践行“坚持党对一切工作的领导”重要要求，深入贯彻习近平新时代中国特色社会主义思想和党的十九大精神，树牢“四个意识”、坚定“四个自信”、坚决做到“两个维护”，将党中央关于打好污染防治攻坚战的决策部署和部党组的工作要求统一到思想上、落实到行动中。一是成立以局党组书记为组长、党组成员为副组长的污染防治工作领导小组，污染防治方面的重大事项、重要问题、重要工作由领导小组研究决定。二是深化理论武装，持续深入学习贯彻习近平总书记关于打

好污染防治攻坚战、推进生态文明建设重要指示精神，切实提高政治站位、强化责任担当。三是充分发挥党支部战斗堡垒作用，将“三会一课”、组织生活会、谈心谈话、民主评议等制度的落实与财政支持打好污染防治攻坚战等中央重点工作有机结合。四是坚持做好党建引领大文章，扎实推动党务、政务、业务、服务深度融合，激发全局党员干部在支持打好污染防治攻坚战工作中干事创业、担当作为的积极性、主动性和创造性，发挥好党员的先锋模范带头作用。

（二）高站位谋长远，妥善处理几种关系

污染防治攻坚战绝不是一朝一夕就能取得胜利的，必须做好长期作战准备，持之以恒加强监管，天津监管局结合工作实际总结出需要妥善处理好的几种关系。一是处理好长远与眼前的关系。污染防治是一项需要长期坚持的重要工作，无法毕其功于一役，工作中既要杜绝急功近利思想，也要警惕厌战情绪，克服松懈畏难情绪，做好打持久战的思想准备。二是处理好污染防治与经济发展的关系。既要防止以污染防治为由搞“一刀切”，影响经济社会发展，也不能因为经济下行压力较大，放宽放松环保要求，要科学地把污染防治和高质量发展有机统一起来。三是处理好污染防治与风险防控的关系。污染防治工作必须与重大风险防控工作紧密结合，在污染防治工作中要有效发挥好财政部门的职能作用，充分考虑财政承受能力和可持续性，严控违规举债，防范财政风险。

（三）抓实综合监管，不断创新监管理念

支持打好污染防治攻坚战各项工作中，天津监管局不断创新监管

理念，以综合监管各项措施拓展监管深度和广度，有力提升监管效率和水平。在领导小组的统一部署下，各处室在各自监管职责内关注污染防治有关工作，从政策、项目、资金、债务、专项检查等多角度审视污染防治效果，形成全局上下齐抓共治局面，推动污染防治资金监管工作走向深入。一是结合地方财政运行监控工作，加强对污染防治攻坚领域财政支出保障情况的分析研究。二是结合中央驻津单位预算管理工作，加强对污染防治相关项目的资金监管。三是加强中央污染防治转移支付资金监管，监控中央和地方污染防治资金投入、使用、产出情况。三是关注污染防治领域产生的金融、债务风险。四是按照财政部部署，加强对污染防治攻坚领域财政政策执行情况的监督。

（四）加强协调联动，齐抓共管形成合力

污染防治工作涉及面广、综合性强，天津监管局从财政监管视角出发，与多部门通力合作、齐抓共管，共同做好支持打好污染防治攻坚战的各项工作。一方面，天津监管局加强与部内司局、兄弟监管局的沟通协调，进一步完善沟通协调机制，互通工作情况，实现信息共享、取长补短；联合开展专项监管，对跨区域污染防治项目，统一确定重点项目、统一行动、统一处理口径，充分体现监管的协同效应。另一方面，加强与市财政、生态环境局、发改委、规资局等部门的横向沟通协调，打通信息交流渠道，在资金监管方面充分发挥职能部门作用，帮助职能部门履职尽责，形成监管合力。在调查研究和绩效评价等工作中，积极借助职能部门在专业知识、项目经验上的优势，不断提升污染防治资金监管水平。

【思考题】

1. 财政监管部门应如何推动中央关于打好污染防治攻坚战的决策部署在地方落实落地?

2. 为防范污染防治工作中的财政和债务风险，财政部门、监管部门和主管部门应分别采取什么措施?

一个理念　两条指引　三项管控　四类挂钩

——天津积极探索零基预算管理4G新模式

【引言】2019年3月5日，习近平总书记参加十三届全国人大二次会议内蒙古代表团审议时强调，“过去我们党靠艰苦奋斗、勤俭节约不断成就伟业，现在我们仍然要用这样的思想来指导工作。吃不穷、穿不穷、计划不到一世穷。党和政府带头过紧日子，目的是为老百姓过好日子，这是我们党的宗旨和性质所决定的。不论我们国家发展到什么水平，不论人民生活改善到什么地步，艰苦奋斗、勤俭节约的思想永远不能丢。艰苦奋斗、勤俭节约，不仅是我们一路走来、发展壮大的重要保证，也是我们继往开来、再创辉煌的重要保证。”①

【摘要】近年来，天津市坚持以习近平新时代中国特色社会主义思想为指导，认真贯彻落实党中央、国务院关于“过紧日子”的部署要求，积极探索零基预算管理4G新模式，以实际支出需求为导向，

---

① 《习近平：保持加强生态文明建设的战略定力　守护好祖国北疆这道亮丽风景线》，载于《人民日报》2019年3月6日第1版。

以资金使用绩效为核心，坚持精打细算、节用裕民，主动挖潜、盘活存量，硬化约束、强化统筹，实行预算总收入在全市“大盘子”下统筹使用，集中财力保民生、促发展，推动预算管理方式转变和效能提升，最大限度地发挥财政资金的规模效应、整体效益。

【关键词】过紧日子　零基预算　财政改革

一、背景情况

天津市作为全国四大直辖市之一，地理位置优越，是首都北京的门户，油、气、盐、煤等资源丰富，是近代工业发源地之一，工业基础雄厚，是我国北方重要的工业基地。作为我国北方最大的港口城市和沿海开放城市，是中蒙俄经济走廊主要节点、海上丝绸之路的战略支点、“一带一路”交汇点、亚欧大陆桥最近的东部起点。近年来，随着我国进入高质量发展新阶段，国内外环境正经历深刻变化，世界经济仍处在国际金融危机后的深度调整期，保护主义、单边主义上升，经济全球化遭遇逆风和回头浪，天津也面临着风险挑战叠加、结构性体制性周期性问题相互交织的局面。当前，天津市正处于转变发展方式、优化经济结构、转换增长动力的关键时期，经济下行压力加大，财政收支也面临着严峻形势。主要表现在：一是财政收入大幅下降。受经济结构调整、落实大规模减税降费政策等因素影响，全市一般公共收入由2016年的2723亿元降至2020年的1923亿元，收入增幅由10%下降到－10.2%，特别是2017年出现了27年以来首次负增长，可安排财力规模逐年下降。二是刚性支出增加较多。打好三大攻坚战、实施京津冀协同发展、深化供给侧结构性改革、推进创新驱动发展等方面都需要重点支持，“衣食住行、业教保医”等民生领域还有不少短板需要加大投入，财政支出存在较大缺口，每年都须动用预算稳定调节基金予以弥补。财政收支的“一减一增”造成短期内预算平衡压力十分突出。由于过去财政收入长期保持高速增长，预算分配基本采用“基数+增长”的方式，通过历史沿革形成了部门固定的预算盘子，导致部分财政资金用不出、花不完，使用效益偏低。面对严峻的财政形势，天津市委、市政府坚决贯彻落实习近平总书记关于“艰苦奋斗、勤俭节约”的重要指示精神，敢于刀刃向内动真格、积极开动脑筋想办法，把实行零基预算作为财政改革的突破口，加快建立规范透明、标准科学、约束有力的现代财政制度。从天津预算管理改革历程来看，主要分为以下三个阶段。

（一）“基数+增长”阶段

2016年以前，天津市经济长期处于增长阶段，特别是2008—2016年更呈现高增长态势，主要表现为以下两个特点。

一是财政收入增幅明显高于地区生产总值增幅。全市地区生产总值由6354亿元增长到17885亿元，年均增长13.8%。同期，全市一般公共收入由676亿元增长至2724亿元，年均增长19%，快于地区生产总值增速5.2个百分点（见图1）。财政收入占地区生产总值比重也由2008年的10.6%提高到2016年的15.2%。

二是税收收入占比逐年下降。全市税收收入由2008年的546亿元增加至2016年的1624亿元，年均增长14.6%；非税收入由129亿元增加到1099亿元，年均增长30.7%，非税增速高于税收增速1倍（见图2）。与此同时，税收占比由80.9%回落至64.9%，比重下降了16个百分点，比全国平均水平低15个百分点左右，收入结构有待进一步优化。

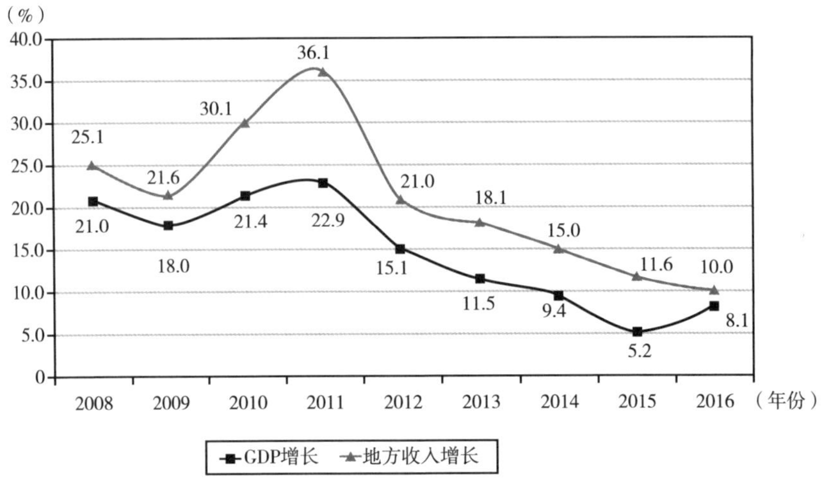

图1　2008—2016年天津市财政收入增幅与GDP现价增幅对比

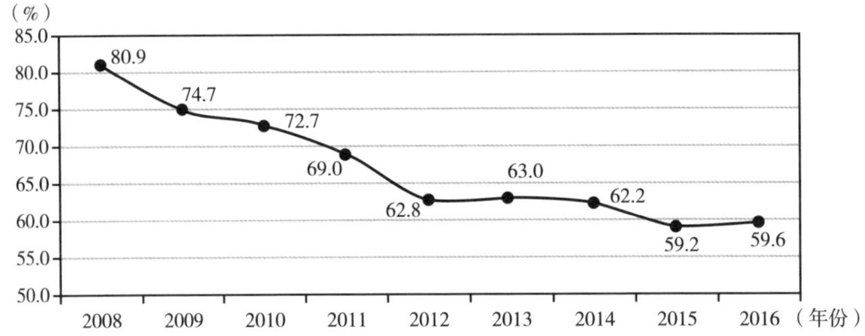

图2　2008—2016年天津市税收占比情况

由于财政收入长期保持高速增长，形成了大量的新增财力可供分配，市级支出预算主要采用“基数＋增长”的编制模式，在既有部门预算的基础上，结合下一年度收入增长预计情况统筹分配预算资金。在基本支出方面，连续17年调增人员公用支出定额标准，2016年基本支出占可统筹财政资金比例达到39.8%，近五年年均递增9%；财政供养人员由2013年的21.7万人增加到2016年的22.96万人，年均递增1.4%。在项目支出方面，实行专项资金管理模式，市级共设立111个专项，分配到各主管部门，一些部门在申报项目时往往存在“占盘子”的惯性思维，通过大量延续性项目维持既有“盘子”和预算基数，并提出大量新的增支需求，急于上新项目、大项目，以争取获得财政资金优先分配，部门的“切块盘子”逐年扩大。

（二）探索零基预算阶段

2017年以来，天津市经济发展由速度规模型开始向质量效益型转变，把战略重点转到拼质量、拼效益、拼结构、拼绿色度上来，主动用政府收入的减法，换企业效益的加法和市场活力的乘法。在坚决贯彻国家减税降费政策的同时，实打实、硬碰硬，自加压力、主动作为，全面清理取消地方收费项目，实行地方涉企行政事业性“零收费”，并对收费基金实行“三个一律免征”，2017年和2018年全市一般公共收入同比下降10.4%和8.8%。相应地，市级可动用的财力规模也大幅下降。随着财政收支缺口不断扩大，原有的“基数+增长”的预算资金分配模式逐步无法维持。

为盘活财政存量资源，提高资金使用效益，弥补财政减收带来的支出缺口，2017年4月，天津市出台了《天津市市级预算单位财政拨款结余结转资金管理办法》（津政办发〔2017〕55号），实施更加严格的结余结转资金清收规定，将基本支出结转的50%收回财政统筹，其余50%部分结转下年由单位继续使用；将项目支出结转超过1年且执行率不足30%的资金全部收回预算统筹平衡。2018年7月，天津市又出台了《天津市人民政府办公厅关于加强市级财政管理硬化预算约束的意见》（津政办发〔2018〕20号），进一步严格预算追加审批程序，严禁无预算、无用款计划、超预算和超计划拨付资金，着力解决部门在年度预算执行中频繁追加调整等问题。2018 年 12 月，天津市市委书记李鸿忠同志在市委第十一届五次全会暨经济工作会议上指出，“现在我市的财政比较困难，要办的事又多，搞部门切块、‘天女散花’，办不成大事。财政要实行零基预算，预算总收入在全市‘大盘子’下统筹使用，分配给部门的，不要认为就是你的了，不用、用不好，就要随时收回，集中使用。要把有限的资金用在刀刃上，最大限度地发挥财政的规模效应、整体效益”。

（三）全面实施零基预算阶段

按照市委、市政府部署要求，2019 年初，市财政局率先在市级部门启动零基预算改革。在编制市级支出预算时，要求各部门打破“预算基数”的传统概念，配合市财政建立“预算一年一定”“项目能进能出”的资金分配机制。充分考虑财力可能，将项目按照轻重缓急排序，优先保障最急迫、最重要的项目，其他支出当缓则缓、当减则减。在社保医疗等民生领域，科学评估补助标准，不一味追求高福利；在城建交通领域，注重公共设施养护，不搞铺摊子；在教育科研领域，强化提升教育质量和科研成果转化投入，填补市场短板；在行政政法领域，坚持过紧日子，大力压减一般性消耗性支出，把有限的资金用在刀刃上。

为进一步健全长效管理机制，2019 年上半年，市财政部门先后赴广东、上海、重庆等省市就专项资金、项目库、政府投资等方面开展专题调研，学习借鉴兄弟省市经验做法，起草天津市零基预算改革的政策文件。结合天津实际情况，重点围绕规范基本支出、专项资金整合、政府投资联动、项目库管理、健全预算绩效、盘活资源资产、压实主责主业等7个方面，天津市研究制定了20项改革措施，对强化财政供养人员源头管控、实行专项资金分级管理、统筹平衡政府投资年度计划与预算、严格财政项目库管理等工作提出具体的改革路径。为确保零基预算改革能够真正落地见效，市财政部门又邀请了34个市级单位召开座谈会，广泛听取意见建议。经过半年多的反复研究和细化完善，零基预算的理念逐步得到了共识。2019年12月，天津市正式印发了《天津市人民政府办公厅印发关于严格实施零基预算管理工作方案的通知》（津政办发〔2019〕45号），在全市范围内全面推行零基预算改革。

二、主要做法

天津市零基预算改革可以概括为“4G”模式，即：围绕一个理念（goal），打破部门预算固化格局；明确两条指引（guide），优化项目资金顺序；实行三项管控（govern），强化预算全流程控制；建立四类挂钩（grip），形成预算资金闭环管理。

（一）围绕一个理念（goal），打破部门预算固化格局

编实编细预算是科学分配财政资金、实施预算绩效管理的前提和基础。天津市引导各部门牢固树立“真过紧日子”的理念，坚持精打细算，从全局出发谋划年度目标任务，不再考虑以前年度预算基数和历史沿革，打破部门界限、项目使用限制，根据实际需求编制预算，力求资金精准服务项目。

1. 推行以零为基点编制预算

首先，市财政部门根据经济形势、财税政策和收入预计等情况测算下一年度可统筹财力，优先保障人员工资、机构运转、基本民生、政府偿债后，确定其他专项资金支出总额，各主管部门预算安排不得突破总体限额。其次，市财政部门根据各主管部门支出事项资金需求、上一年度预算执行情况、绩效评价结果、新增项目事前绩效评估报告等，提出专项资金分配建议，报市人民政府审定。最后，各部门根据专项资金规模，充分评估本部门现有人员力量、项目实际需要、项目实施条件等，以零为基点，分轻重缓急编报具体项目支出预算，打破“基数 + 增长”的累计进加做法。对直接面向基层、量大面广、由各区实施更为便捷有效的项目，实行“大专项 + 任务清单”管理模式，由各主管部门编制分区转移支付预算，各区编报具体项目。

2. 严格项目预算申报审核

市财政部门统一建立财政项目库，除维持政府运转的基本支出外，财政预算安排的项目支出一律纳入项目库管理，未入库项目不得进入预算编制、预算追加和预算调整的范围。入库项目必须有充分的立项依据、明确的实施周期和资金拨付计划、合理的预算需求、绩效目标和社会资本引入等，项目完成前期审核论证、履行部门“三重一大”程序等，确保具备可执行性，预算批复后即可实施。对于已确定支出标准但预算难以满足的项目，由主管部门相应调整支出标准、任务目标和工作量，如涉及政府及部门政策规定的，按程序提交修订。

3. 实行专项资金分级管理

改变专项资金“碎片化”管理现状，将性质相同、用途相近、管理分散的市级专项资金重新优化整合，划分为“战略领域”（一级）、

“财政事权”（二级）、“政策任务”（三级）三个级次，并形成相应目录。其中，“战略领域”目录体现党中央、国务院重大决策部署、重大发展战略和市委、市政府部署要求，由市财政部门统一确定；“财政事权”目录体现各部门职能边界和事权责任，由市财政部门会同各主管部门共同确定，原则上每个领域的“财政事权”目录归口一个部门管理；“政策任务”目录由各主管结合年度工作计划和重点任务设置，统筹安排具体项目。例如，2019 年天津市对以前年度连续安排的工业技改、科技型中小企业、高新技术产业化等专项重新整合，集中财力设立智能制造专项资金 100 亿元，有力地推动了人工智能、大数据、集成电路等智能产业集聚发展。

（二）明确两条指引（guide），优化项目资金顺序

科学分配财政资金、提高资金使用效益是预算工作的重中之重。天津市坚持按照“资金跟着项目走”的原则，在项目预算安排上创新实行“项目排序”“资金排序”双指引，避免资金“沉睡趴窝”，最大限度提升财政资源的配置效率。

1. 建立预算安排的正负面清单，区分项目轻重缓急

在编制 2019 年市级支出预算时，将人员工资、机构运转、基本民生、重点项目、政府偿债等 5 类支出，作为优先保障事项；对非重点的一般性基建支出、购置新建办公用房、不具备实施条件的建设项目、超财政承受能力、分散建设的信息化项目等 5 类支出列入负面清单，不予安排预算。2020 年 6 月，天津市出台了严把支出关口“真过紧日子”16 条措施，在上年正负面清单基础上进一步细化，实行“禁止类”与“限制类”支出事项管控清单，对当年增人增资、用房

设备、场馆建设、节会展演、规划编制等5类支出列入“禁止类”清单，一律核减预算统筹平衡；对行政成本、提标扩围、涉企补贴等3类支出列入“限制类”清单，从严审核压减规模，最大限度减少财政收支缺口。

2. 推行预算“现金流”管理，实现项目与资金同步

市财政部门在安排项目预算时，突出财政资金的“现金流”管理理念，根据项目执行条件和付款时间科学预测分期现金流，对于项目当年难以形成实际支出的、资金后补助的、不能细化至具体用途和使用单位的，当年不予安排或递延转年安排。通过严把项目预算的实施条件，市级预算执行进度得到大幅提升，在财政部通报2019年全年地方预算执行支出进度考核中，天津市一般公共预算支出进度位居全国第1位。

（三）实行三项管控（govern），强化预算全流程控制

优化预算执行、强化过程控制是杜绝任性花钱、提升预算绩效的必然要求。天津市围绕预算编制、预算执行、预算平衡各环节，实行“项目预算总额”“硬化执行约束”“统筹调度平衡”3项管控措施，强化过程监督，提高统筹能力，切实维护预算严肃性。

1. 在预算编制环节，实行预算总额控制

坚持管钱与管事相结合，明确各部门在申报项目时不得突破部门总限额及专项限额，做到“总限管控规模、专限体现导向”。例如，2020年市级一般公共支出预算1102亿元，在优先保障人员工资265亿元、机构运转55亿元、基本民生584亿元、政府偿债资金17亿元的基础上，确定部门项目支出总限额181亿元，为部门申报预算设定了“天花板”。

2. 在预算执行环节，实行预算刚性约束

一是从严控制预算追加范围。年度预算经市人大审议批准后，除遇国家政策变化或突发性等情况外，市财政部门不予办理预算追加。二是严格履行审批程序。对于确需追加的事项，由各部门向市人民政府提出申请，经分管财政的市领导批转至市财政部门进行审核，结合年初预算安排、部门经费结余、年度财力和预算执行进度情况，提出书面意见报市人民政府，由市长或市长委托分管财政的副市长审批。例如，2019年市级部门预算追加得到有效控制，追加金额比上年下降39%。

3. 在预算平衡环节，实行资金统筹调度

加强政府性基金与一般公共预算统筹衔接，将国资预算调入一般预算比例由20%提高至30%。同时，灵活调度债券资金、存量资金、事业基金等各类资金，实行财政库款和预算安排协调联动，充分利用财政部提前下达的政府债务限额，置换年初预算中符合条件的公益类资本性支出，优化资金资源配置，将腾挪的资金更多用于保障和改善民生支出。

（四）建立四类挂钩（grip），形成预算资金闭环管理

狠抓制度建设和执行，扎笼子、堵漏洞、强监管，天津市通过建立四类挂钩机制，强化财政业务运行，发挥各项措施功能、相互依托，建立更加有效的激励约束机制。

1. 实行预算安排与执行进度挂钩

强化预算执行的主体责任，建立全市预算执行进度定期通报机制，分别将一级预算单位的一般公共支出、八项支出、部门预算结转结余消化等3项指标，以及16个区一般公共支出、政府性基金支出、

盘活存量、财政运行分析等4项指标纳入统计监测，实行考核排名通报。对执行进度偏慢、绩效情况较差的项目，各主管部门要限期整改，问题严重的要暂缓或停止拨款。

2. 实行预算安排与结余结转挂钩

天津市把盘活沉淀资金作为平衡预算的重要抓手，在国家规定结转两年以上的存量资金收回财政统筹使用的基础上，实施更为严格的清收规定，对各主管部门基本支出结转的50%，以及项目支出超过两年，或预算下达当年执行率不足30%的结余部分，由市财政部门收回统筹使用；对各主管部门年初预算于当年9月底仍未细化到使用单位和具体用途的项目支出，以及当年10月底执行率不足30%的结余部分，一律收回预算统筹安排。同时，建立各主管部门结转结余情况与转年预算挂钩机制，对跨年度项目存在结转结余的，相应核减下一年度预算安排规模。例如，天津市交通管理科技设施项目建议书批复规模11.7亿元，2017年市财政拨付市交管局项目资金4.6亿元，截至2018年底资金结转2.1亿元，因此在2019年市财政不再安排相关预算。

3. 实行预算安排与盘活资产挂钩

按照摸清家底、分类处置、统筹分配的原则，分别由市财政、国资、规划和自然资源部门牵头对市级行政事业单位资产、国有企业资产、土地资源进行全面清理盘查，核实闲置资产的数量和价值，实行分类处置：对行政事业单位闲置或低效使用房屋，通过市场化方式或指定机构运营管理；对政府投资股权，适时有偿变现并及时纳入预算；对股权划归国有投资、运营公司的市属企业实现的混改产权转让收入，扣除转让费用后全额上缴国资收益；对闲置土地资源，加快地块整理和出让进度，尽快回笼前期投资。例如，2019年市水务局深挖潜在可利用的水资源资产，积极盘活独流减河左堤路堤资源资产3亿元，取得的收入优先用于弥补水务设施维修养护资金缺口，实现了沉睡资源的再利用。

4. 实行预算安排与绩效审计挂钩

市财政部门依托审计整改、预算绩效职能集中的优势，建立市级预算安排与审计问题、绩效结果挂钩的激励约束机制，根据审计问题和绩效结果实行分类分档排名，构建反馈、整改、提升绩效的良性循环。按照奖优罚劣的原则，对绩效评价结果较好的项目优先保障资金需求，对绩效一般的项目要督促整改，对评价结果较差、审计问题较多的项目压减或取消预算安排。例如，2020 年市财政部门根据以往年度历次审计发现的资金沉淀、支出效率不高等问题，对问题较大的项目，在转年预算安排时相应压减，实际压减预算超过 60 亿元，充分激发资金使用单位盘活存量资金的积极性。

经过一年多的实践检验，天津市零基预算改革工作正在蹄疾步稳、紧锣密鼓地持续推进，为对冲经济下行压力、缓解预算平衡困难、打破资源配置固化发挥了重要作用，各项工作也取得了积极成效：一是打好了行政开支“铁算盘”。政府部门带头“过紧日子”，大力压减了不必要的行政开支，从严管控“三公”经费，2020 年一般性支出同比下降了 25.1%。二是做到了项目安排“零基数”。彻底打破了传统的“基数+增长”模式，以零为基点，项目预算安排实行“一年一定”，根据轻重缓急据实安排支出，一般项目预算压减幅度达到 50%。2019 年 11 月，“天津市加强财政开源节流保障重点项目实施”改革举措被列入国务院第六次大督查典型经验做法。三是推动了市级专项资金“重整合”。建立专项资金分级管理模式，市级 158 个部门近3000项专项资金重新归并整合为14类一级和120余项二级专项资金目录，改变了专项资金“碎片化”的管理现状。四是实现了存量资金“大起底”。持续开展市级部门结余结转资金清理，清理范围实现了“加力扩围”，2019年、2020年市区两级分别收回资金90亿元、31亿元，真正把用不出、用不好的钱“颗粒归仓”。

三、经验启示

（一）高位推动是改革的强引擎

零基预算改革是天津市贯彻落实习近平总书记重要指示精神的一项具体举措，市委、市政府高位推动、凝聚共识，为财政改革提供了强大组织保障。市委第十一届五次全会暨经济工作会上，市委、市政府主要负责同志提出要“严格实行零基预算，要把有限的资金用在刀刃上”。随后，零基预算改革成为天津市全面深化改革重点改革任务。市政府制定出台了关于严格实施零基预算管理的工作方案，从制度层面确立改革路径和准线，为改革顺利开展奠定了坚实基础。

（二）问题导向是改革的原动力

历史总在矛盾中前进，机遇和挑战同生并存，变压力为动力、化危机为机遇，靠的是主动求变的意识。面对财政收支平衡日益困难的压力，天津市财政部门不回避、想办法，从预算编制这个最基础、最根本的环节入手，坚定不移落实零基预算改革要求，倒逼苦练内功，从困难中捕捉和创造财政资金配置效率、效益“双提升”的机遇。当前，财政体制改革已步入深水区，重要领域、关键环节的每一项改革都是理念的重塑和格局的再造，深化改革没有捷径可走，视危为机、自我革新是破解发展难题的必由之路。

（三）系统协同是改革的助推剂

党的十九大报告把“着力增强改革系统性、整体性、协同性”作为全面深化改革取得重大突破的一项重要经验，并把这一论述写入党章。财政体制改革是辩证统一的整体，各领域改革举措要在政策目标上相互支撑、在操作方法上有序衔接，避免碎片化的调整修补。在零基预算改革推进过程中，天津财政从压减非重点支出、整合项目资金、执行过程管控、盘活存量资金等多方面共同发力，抓重点、补短板、强弱项，打好“开源”和“节流”的政策组合拳，提升了改革的整体效能。

【思考题】

1. 面对突如其来的新冠肺炎疫情，各级财政部门如何利用零基预算的理念，对冲疫情给经济社会带来的影响，为疫情防控提供“财政力量”?

2. 如何利用零基预算理念，落实党中央提出的“积极的财政政策要更加提质增效”的要求?

后 记

为帮助财政系统干部全面学习领会习近平新时代中国特色社会主义思想，深刻把握党中央关于建立现代财税体制的重要决策部署，总结工作经验、提炼工作方法，指引和鼓励财政系统干部在深化财政改革发展中作出更大贡献，财政部（人事教育司）组织编选了本书。

参与本书编写工作的人员有（按姓氏笔画排序）：于喆、万平、王东伟、王建勋、王昱东、王雯倩、王舒勃、尹学群、田红梅、付申才、冯卫东、冯毅、刘兴云、刘守保、刘荣毅、刘健、关礼、孙良权、苏航、李卫华、李坤、李建通、李秋实、杨秀文、杨海峰、汪海、张记朋、张远东、张国鹏、张岩松、范翔、林贻武、周燕、庞博、项中新、胡国刚、胡宗能、胡振虎、袁庆海、徐洪林、高大伟、郭衍鹏、黄明、曹吉珍、龚俸、韩杰、程伟、舒惠好、潘向东、潘波、薛鑫堂；参与本书评审工作的专家有：石英华、白彦锋、吕冰洋、刘尚希、赵福昌、胡志浩、徐玉德、程瑜、傅志华。在编选过程中，中国财政科学研究院、中国财经出版传媒集团等单位给予了大力支持。在此，谨对所有给予本书帮助支持的单位和同志表示衷心感谢。

由于水平有限，书中难免有疏漏和错误之处，敬请广大读者对本书提出宝贵意见。

编 者
2021 年 10 月

本书编选委员会

主　编：刘　昆

成　员：王建凡　李敬辉　王小龙　符金陵　郜进兴
彭　华　陈智远　刘尧功　凡科军　赵志红
李红霞　周强武　吴祥云　李春阳